Autor - Oleg Nashchubskiy
Übersetzerin - E. Borovkova

Geschlechtsspezifische Gewalt.
Wie man aufhört, Opfer zu sein.

UA Herz.
Private gemeinnützige Stiftung.

Waisenhäuser, die vom Krieg zwischen Russland und der Ukraine betroffene Kinder betreuen, erhalten 50 % des Gewinns aus dem Verkauf dieses Buches.

✧ Dieses Buch ist auf Amazon erhältlich. com wurde gleichzeitig in sieben Sprachen veröffentlicht : Englisch, Spanisch, Deutsch, Französisch , Portugiesisch, Italienisch und Ukrainisch.

✧ Das Buch ist bereits in gedruckter Form erhältlich, auf hochwertigem Papier mit Hardcover, das eine höhere Stabilität und Haltbarkeit garantiert.

✧ Das Buch wird auch im bedruckten Softcover-Format verkauft, wodurch es bequemer bei sich getragen werden kann.

✧ Natürlich können Sie dieses Buch auch in einer digitalen Version erwerben, was viel günstiger ist und es Ihnen ermöglicht, das Buch auf jedem modernen Gerät zu lesen.

Alle meine Bücher, als Fortsetzungen dieser Buchreihe über die psychologische Erziehung von Kindern, sowie alle weiteren Bücher mit praktischen und theoretischen Praxismaterialien finden Sie bei Amazon unter Eingabe meines Nachnamens in die Suche: Nashchubskiy

Einführung

Geschlechtsspezifische Gewalt ist ein komplexes und vielschichtiges Thema, für das viele Menschen, selbst wenn sie keine direkte Erfahrung als Opfer oder Täter haben, immer noch Schwierigkeiten haben, es zu verstehen.

Zunächst ist es wichtig zu erkennen, dass geschlechtsspezifische Gewalt nicht auf körperliche Gewalt beschränkt ist. Dazu gehören auch emotionaler, psychologischer und wirtschaftlicher Missbrauch sowie Drohungen und Kontrolle. Die meisten Fälle geschlechtsspezifischer Gewalt entstehen nicht durch Gewalt, sondern durch den Wunsch, eine andere Person zu kontrollieren und zu unterdrücken.

Auf die Frage, warum Männer geschlechtsspezifische Gewalt ausüben und Frauen in solchen Beziehungen bleiben, können die Antworten vielfältig sein und von der konkreten Situation abhängen. Beispielsweise können Männer geschlechtsspezifische Gewalt anwenden, um Macht und Kontrolle in Beziehungen zu behalten, und Frauen können aufgrund von Angst, Abhängigkeit, wirtschaftlicher Verwundbarkeit oder kulturellen und sozialen Dynamiken in solchen Beziehungen bleiben.

Geschlechtsspezifische Gewalt ist ein umfassendes und komplexes gesellschaftliches Problem , das viele Aspekte des menschlichen Lebens betrifft. Sie kann sich in verschiedenen Formen und Kontexten manifestieren, einschließlich im familiären Umfeld, in sozialen Beziehungen, im Arbeitsumfeld usw. Es ist wichtig zu verstehen, dass geschlechtsspezifische Gewalt nicht auf körperliche Handlungen beschränkt ist, obwohl sie häufig eine ihrer Erscheinungsformen sind. Dazu gehören auch emotionaler Missbrauch, psychischer Missbrauch, wirtschaftlicher Missbrauch sowie Drohungen und Verhaltenskontrolle.

Eine der Hauptursachen für geschlechtsspezifische Gewalt ist der Wunsch, eine andere Person zu kontrollieren und zu unterdrücken. Dies kann auf Macht- und Statusungleichheiten zwischen den Partnern sowie auf kulturelle und soziale Einstellungen zurückzuführen sein, die die Ungleichheit zwischen den Geschlechtern unterstützen und verstärken. Darüber hinaus können Stereotypen über Männlichkeit und Weiblichkeit zur Entstehung und Aufrechterhaltung geschlechtsspezifischer Gewalt beitragen, indem sie Verhaltensnormen schaffen, die solche Handlungen rechtfertigen oder normalisieren.

Es ist wichtig zu verstehen, dass geschlechtsspezifische Gewalt alle Menschen treffen kann, unabhängig von Geschlecht, Alter, Rasse, sozialem Status oder anderen Merkmalen. Obwohl Frauen die Mehrheit der Opfer geschlechtsspezifischer Gewalt ausmachen, können auch Männer Opfer sein, was in der Gesellschaft oft nicht oder nur unzureichend gewürdigt wird.

Geschlechtsspezifische Gewalt kann sowohl Frauen als auch Männer und Menschen jeder Geschlechtsidentität betreffen. Es ist wichtig zu verstehen, dass geschlechtsspezifische Gewalt nicht auf weibliche Opfer beschränkt ist, obwohl Frauen und Mädchen einen erheblichen Anteil der Opfer ausmachen. Allerdings können auch Männer, Jungen und Menschen mit anderen Geschlechtsidentitäten Opfer geschlechtsspezifischer Gewalt werden.

Untersuchungen zeigen, dass auch Männer Opfer geschlechtsspezifischer Gewalt sein können, allerdings können Häufigkeit und Formen der Gewalt je nach kulturellen, sozialen und anderen Faktoren variieren. Geschlechtsspezifische Gewalt ist ein komplexes und vielfältiges Thema, das die Aufmerksamkeit und Unterstützung aller Opfer erfordert, unabhängig von ihrer Geschlechtsidentität.

Die Bekämpfung geschlechtsspezifischer Gewalt erfordert einen systemischen Ansatz, der Aufklärung und öffentliches Bewusstsein für das Problem, die Stärkung rechtlicher und rechtlicher Reaktionen, die Unterstützung der Opfer und die Arbeit an der Veränderung kultureller Normen und Stereotypen in Bezug auf das Geschlecht umfasst. Die Überwindung geschlechtsspezifischer Gewalt erfordert die Beteiligung der gesamten Gesellschaft und Anstrengungen auf allen Ebenen – von der persönlichen bis zur globalen Ebene.

Geschlechtsspezifische Gewalt umfasst ein breites Spektrum an Formen, darunter körperliche, emotionale, sexuelle und wirtschaftliche Gewalt sowie Drohungen und kontrollierendes Verhalten. Es kann sich in verschiedenen Lebensbereichen manifestieren, darunter im familiären Umfeld, in sozialen Beziehungen, im Arbeitsumfeld usw.

In unserer Welt, in der wir nach Gleichheit und Gerechtigkeit streben, bleibt das Thema geschlechtsspezifische Gewalt eines der wichtigsten und relevantesten. Geschlechtsspezifische Gewalt ist nicht nur ein körperliches Problem, sondern auch ein komplexes soziokulturelles Phänomen, das verschiedene Aspekte des menschlichen Lebens umfasst. In unserem Buch betrachten wir dieses Problem in all seinen Erscheinungsformen und Aspekten und untersuchen die verschiedenen Arten von Gewalt, ihre Ursachen und Folgen sowie Möglichkeiten, sie zu überwinden und zu verhindern.

Im ersten Teil tauchen wir in die Welt der Arten geschlechtsspezifischer Gewalt ein und enthüllen deren vielfältige Natur: von physischer Gewalt bis hin zu emotionaler, psychologischer und wirtschaftlicher Gewalt. Wir werden jeden Typ einzeln betrachten und seine Ursachen, Wirkmechanismen und Folgen für die Opfer analysieren.

In Teil 2 befassen wir uns eingehender mit den Treibern und

Ursachen geschlechtsspezifischer Gewalt und untersuchen die Rolle kultureller Stereotypen, sozialer Erwartungen, Macht und Kontrolle. Wir werden die persönlichen und psychologischen Faktoren erforschen, die zur Entstehung und Aufrechterhaltung geschlechtsspezifischer Gewalt in der modernen Gesellschaft beitragen.

Der dritte Teil unseres Buches widmet sich der Unterstützung von Opfern geschlechtsspezifischer Gewalt. Wir behandeln die Bereiche Grundversorgung, Sicherheit, psychische Gesundheit sowie rechtliche und soziale Unterstützung und bieten den Lesern praktische Ratschläge und Ressourcen, um sich selbst und die Menschen in ihrer Umgebung zu unterstützen.

Im vierten Teil wenden wir uns der Prävention und Bekämpfung geschlechtsspezifischer Gewalt zu und diskutieren die Rolle von Bildung, Programmen und Kampagnen, die Zusammenarbeit mit Tätern und das Engagement der Gemeinschaft bei der Lösung dieses Problems.

Im letzten Teil unseres Buches werden die darin vorgeschlagenen Hauptideen noch einmal besprochen und die Leser zum Handeln aufgefordert. Wir hoffen, dass unsere Arbeit nicht nur eine Wissensquelle, sondern auch eine Inspirationsquelle für diejenigen wird, die sich für eine Welt ohne geschlechtsspezifische Gewalt einsetzen.

Wir laden Sie auf eine Reise durch die komplexen Wege geschlechtsspezifischer Gewalt ein, bei der wir gemeinsam versuchen werden, ihre Natur, ihre Folgen und Wege zu ihrer Überwindung zu verstehen.

❖ · ❖ · ❖ · ❖ · ❖ · ❖ · ❖ · ❖ · ❖ · ❖ · ❖ · ❖ · ❖ · ❖ · ❖

Teil 1: Geschlechtsspezifische Gewalt.

Kapitel 1.
Einführung in das Thema.

Geschlechtsspezifische Gewalt ist eines der dringendsten und wichtigsten Probleme der modernen Gesellschaft und betrifft Millionen Menschen auf der ganzen Welt. Der Begriff „geschlechtsspezifische Gewalt" umfasst jedoch nicht nur körperliche Angriffe oder Belästigungen, sondern eine ganze Reihe unterschiedlicher Formen von Gewalt, die auf Macht- und Statusungleichheiten zwischen den Geschlechtern beruhen.

Das Konzept der geschlechtsspezifischen Gewalt ist weit verbreitet und umfasst verschiedene Lebensbereiche, darunter familiäre Beziehungen, den öffentlichen Raum, den Arbeitsplatz usw. Es umfasst nicht nur körperliche Gewalt, sondern auch emotionale, psychische, sexuelle und wirtschaftliche Gewalt sowie Bedrohungen und Kontrolle.

Körperliche Gewalt kann sich durch Schläge, Schläge und Gewalttaten äußern, aber auch emotionale und psychische Gewalt kann nicht weniger zerstörerisch sein und tiefe emotionale und psychische Wunden hinterlassen. Sexuelle Gewalt umfasst ein breites Spektrum an Straftaten, das von unerwünschter Berührung und Belästigung bis hin zu Vergewaltigung und Sexhandel reicht. Wirtschaftliche Gewalt wiederum äußert sich in der Einschränkung des Zugangs zu Finanzmitteln und Ressourcen, wodurch Abhängigkeit und Kontrolle entstehen.

Es ist wichtig zu verstehen, dass geschlechtsspezifische Gewalt nicht auf körperliche Handlungen beschränkt ist. Sie beruht oft auf Macht- und Statusungleichheiten zwischen den Geschlechtern, die in soziokulturellen Normen und Stereotypen verwurzelt sind. Vorurteile über Männlichkeit und Weiblichkeit sowie Überzeugungen über das „richtige" Verhalten und die Rollen jedes Geschlechts können geschlechtsspezifische Gewalt in der Gesellschaft verstärken und aufrechterhalten.

Daher ist das Verständnis und das Bewusstsein für das Problem geschlechtsspezifischer Gewalt ein wichtiger Schritt zu seiner Lösung. Unser Buch zielt darauf ab, ein tieferes Verständnis für die Natur und das Ausmaß geschlechtsspezifischer Gewalt zu erlangen und praktische Anleitungen und Ressourcen zur Bekämpfung des Problems bereitzustellen. Im Folgenden werden wir die verschiedenen Aspekte und Formen geschlechtsspezifischer Gewalt genauer betrachten, mit dem Ziel, das Bewusstsein zu schärfen und dazu beizutragen, eine sichere und gerechte Gesellschaft für alle ihre Mitglieder zu schaffen.

Geschlechtsspezifische Gewalt ist eines der dringendsten und dringendsten Probleme der modernen Gesellschaft. Es betrifft Millionen von Menschen auf der ganzen Welt und hat verheerende Auswirkungen auf ihr Leben, ihre Gesundheit und ihr Wohlbefinden.

Es ist wichtig zu verstehen, dass geschlechtsspezifische Gewalt nicht auf körperliche Handlungen wie Schläge und Vergewaltigungen beschränkt ist. Dazu gehören auch emotionaler, psychischer, sexueller und wirtschaftlicher Missbrauch sowie die Bedrohung und Kontrolle einer anderen Person. Diese Formen der Gewalt können sich sowohl im familiären Umfeld als auch am Arbeitsplatz, in Bildungseinrichtungen, an öffentlichen Orten usw. manifestieren.

Das Problem geschlechtsspezifischer Gewalt betrifft insbesondere Frauen und Mädchen, die die Mehrheit der Opfer ausmachen. Es ist jedoch wichtig zu verstehen, dass auch Männer und Jungen Opfer geschlechtsspezifischer Gewalt werden können, obwohl ihre Fälle in der Gesellschaft häufig nicht ausreichend gemeldet oder unsichtbar bleiben.

Geschlechtsspezifische Gewalt hat schwerwiegende Folgen für die Opfer, darunter körperliche Verletzungen, psychische Traumata, psychische Gesundheitsprobleme, soziale Isolation und wirtschaftliche Abhängigkeit. Es birgt auch Sicherheitsrisiken und beeinträchtigt die persönliche Selbstbestimmung und Autonomie.

In der modernen Gesellschaft ist das Problem

geschlechtsspezifischer Gewalt nicht nur eine Frage der persönlichen Sicherheit, sondern auch eine Frage der sozialen Gerechtigkeit und der Menschenrechte. Es betrifft alle Ebenen der Gesellschaft und erfordert einen systematischen Lösungsansatz, der Aufklärung, Sensibilisierung, Stärkung der Gesetzgebung, Rechtsschutz und soziale Unterstützung umfasst.

Die Bekämpfung geschlechtsspezifischer Gewalt erfordert nicht nur gesetzgeberische und menschenrechtliche Anstrengungen, sondern auch Veränderungen kultureller Normen, Stereotypen und Geschlechterverhältnisse. Dies ist eine Herausforderung für die gesamte Gesellschaft, die die aktive Beteiligung und Aufmerksamkeit jedes Einzelnen erfordert.

Vor diesem Hintergrund ist das Verständnis und die Bekämpfung geschlechtsspezifischer Gewalt von entscheidender Bedeutung für die Schaffung einer gerechteren, gerechteren und sichereren Gesellschaft für alle ihre Mitglieder.

Geschlechtsspezifische Gewalt ist eine Form der Gewalt, die auf ungleicher Macht und Statusungleichheit zwischen den Geschlechtern beruht und sich in verschiedenen Lebensbereichen manifestieren kann, darunter in familiären Beziehungen, im sozialen Umfeld, am Arbeitsplatz und anderen. Dabei handelt es sich nicht nur um körperliche Gewalt, sondern auch um emotionale, psychische, sexuelle und wirtschaftliche Gewalt sowie um Drohungen und Kontrolle über das Verhalten einer anderen Person.

Die Klärung zentraler Begriffe und Definitionen im Zusammenhang mit geschlechtsspezifischer Gewalt umfasst folgende Aspekte:

1. Geschlecht ist ein soziokulturelles Konzept, das erwartetes Verhalten, Rollen, Normen und Stereotypen für Männer und Frauen in der Gesellschaft definiert. Das Geschlecht ist sozial konstruiert und kann je nach Kultur und Zeit unterschiedlich sein.

2. Gewalt – physische, emotionale, psychologische oder sexuelle Handlungen oder Drohungen, die darauf abzielen, einer anderen Person Schaden zuzufügen, Leid zuzufügen oder Kontrolle über sie zu erlangen.

3. Geschlechtsspezifische Gewalt ist eine Form der Gewalt, die auf Macht- und Statusungleichheit zwischen den Geschlechtern beruht und sich in verschiedenen Lebensbereichen manifestieren kann. Dazu können körperliche Gewalt (Schläge, Vergewaltigung), emotionale Gewalt (Beleidigungen, Drohungen), psychische Gewalt (Manipulation, Kontrolle), sexuelle Gewalt (unerwünschte Berührungen, Belästigung) und wirtschaftliche Gewalt (eingeschränkter Zugang zu Finanzen, Ressourcen) gehören.

4. Macht- und Statusungleichheit ist ein zentraler Aspekt geschlechtsspezifischer Gewalt, bei der eine Partei aufgrund ihrer

Geschlechtsidentität mehr Macht und Kontrolle über die andere Partei hat. Dies kann auf kulturelle, soziale oder wirtschaftliche Faktoren sowie auf Stereotypen und Vorurteile über die Rollen und das Verhalten von Männern und Frauen zurückzuführen sein.

Das Verständnis dieser Begriffe und Definitionen hilft, die Natur und die Mechanismen geschlechtsspezifischer Gewalt besser zu verstehen, was wiederum dazu beiträgt, sie zu überwinden und zu verhindern.

Wie sich geschlechtsspezifische Gewalt von anderen Formen der Gewalt unterscheidet :

1. Grundlage und Ursache: Geschlechtsspezifische Gewalt basiert auf Macht- und Statusungleichheiten zwischen den Geschlechtern, während andere Formen der Gewalt durch verschiedene Faktoren wie Konflikte, Drogen oder psychische Störungen verursacht werden können.

2. Charakter des Opfers und des Täters: Bei geschlechtsspezifischer Gewalt sind die Opfer meist Frauen und Mädchen, die Täter Männer. Bei anderen Formen der Gewalt kann es unterschiedliche Kombinationen von Opfern und Tätern geben, die nicht unbedingt mit dem Geschlecht zusammenhängen.

3. Erscheinungsformen: Geschlechtsspezifische Gewalt kann physische, emotionale, psychische, sexuelle und wirtschaftliche Gewalt sowie Drohungen und Kontrolle umfassen, während andere Formen der Gewalt möglicherweise ein begrenzteres Spektrum an Erscheinungsformen aufweisen.

4. Kulturelle und soziale Faktoren: Geschlechtsspezifische Gewalt wird häufig mit kulturellen und sozialen Stereotypen über die Rollen und das Verhalten von Männern und Frauen in Verbindung gebracht, während andere Formen der Gewalt möglicherweise eher mit bestimmten Umständen oder Situationen zusammenhängen.

5. Auswirkungen auf die Gesellschaft: Geschlechtsspezifische Gewalt hat tiefgreifende und weitreichende Auswirkungen auf die Gesellschaft und beeinträchtigt soziale Beziehungen, das psychische Wohlbefinden und die wirtschaftliche Entwicklung. Andere Formen der Gewalt können ebenfalls schwerwiegende Auswirkungen auf die Gesellschaft haben, sind jedoch möglicherweise nicht so kulturell und sozial verknüpft wie geschlechtsspezifische Gewalt.

Diese Unterschiede helfen, die Art und das Ausmaß des Problems geschlechtsspezifischer Gewalt zu verstehen, was für die Entwicklung wirksamer Strategien zur Prävention und Bekämpfung dieser Art von Gewalt wichtig ist.

Geschlechtsspezifische Gewalt gibt es in vielen Formen, und wir werden sie alle behandeln. Beginnen wir mit der Untersuchung der beliebtesten bzw. leider häufigsten Opfer geschlechtsspezifischer Gewalt –

körperlicher Gewalt.

Körperliche Gewalt ist eine Form geschlechtsspezifischer Gewalt, die durch körperliche Angriffe und Gewalt gegen eine Person erfolgt. Hier sind abstrakte Beispiele, Merkmale und Folgen körperlicher Gewalt:

Beispiele:

- Schlagen, Schlagen, mit Fäusten, Gegenstände.

- Würgen, Würgen.

- Gegen eine Wand oder einen Boden drücken.

- Brutaler körperlicher Ausdruck von Aggression.

Eigenschaften:

- Verletzung: Körperliche Misshandlung kann zu schweren Verletzungen wie Brüchen, Schürfwunden, Prellungen, Verbrennungen usw. führen.

- Gewaltanwendung: Der Täter nutzt aktiv seine körperliche Stärke oder Überlegenheit, um das Opfer zu dominieren und zu kontrollieren.

- Wiederholte Angriffe: Körperliche Gewalt ist oft durch wiederholte oder systematische Angriffe gekennzeichnet, was die Angst und Verletzlichkeit des Opfers erhöht.

- Ziel der Kontrolle: Das Ziel des Vergewaltigers besteht darin, das Opfer zu kontrollieren, indem er seine Macht und Dominanz demonstriert.

Folgen:

- Körperliche Verletzungen: Offensichtliche Verletzungen wie Blutungen, Brüche, Schürfwunden und Prellungen.

- Psychische Folgen: Angst, Unruhe, Depression, posttraumatisches Stresssyndrom.

- Soziale Folgen: Soziale Isolation, Verlust des Vertrauens in andere, Verlust des Selbstwertgefühls.

- Kreislauf des Missbrauchs: Körperlicher Missbrauch geht oft mit emotionalem und psychischem Missbrauch einher, wodurch ein Kreislauf des Missbrauchs entsteht, der nur schwer zu durchbrechen ist.

Diese Beispiele, Merkmale und Konsequenzen helfen, die Schwere und Zerstörungskraft körperlicher Gewalt als Form geschlechtsspezifischer Gewalt zu verstehen und die Notwendigkeit zu verstehen, sie zu stoppen und zu verhindern.

Emotionale und psychische Gewalt ist eine Form geschlechtsspezifischer Gewalt, die auf Manipulation, Drohungen, Demütigungen und anderen Handlungen basiert, die darauf abzielen, das Opfer durch Manipulation seiner Emotionen und seines Geisteszustands zu kontrollieren und zu unterdrücken. Es handelt sich nicht um körperliche Gewalt, sie kann aber auch destruktiv sein und tiefe emotionale Wunden hinterlassen.

Beispielszenarien:

1. Demütigungen und Beleidigungen: Der Täter kann das Opfer

ständig kritisieren, erniedrigen und beleidigen.

2. Isolation: Der Täter kann das Opfer von seinen Freunden und seiner Familie isolieren, wodurch es sich einsam und von ihm abhängig fühlt.

3. Manipulation: Der Täter kann Lügen, Versprechungen und Drohungen nutzen, um das Verhalten des Opfers zu manipulieren und von ihm die gewünschten Ergebnisse zu erzielen.

4. Drohungen: Der Täter kann dem Opfer mit körperlicher Gewalt, Selbstverletzung oder sogar Selbstmord drohen, um es zu zwingen, sich seinem Willen zu unterwerfen.

5. Isolation von Ressourcen: Der Täter kontrolliert möglicherweise den Zugang des Opfers zu Finanzen, Transportmitteln oder anderen Ressourcen, um es zu unterdrücken und seine Macht zu erhöhen.

Auswirkungen auf das Opfer:

1. Emotionales Trauma: Das Opfer kann aufgrund ständiger Demütigungen und Beleidigungen unter ständigem Stress, Angstzuständen, Depressionen und einem geringen Selbstwertgefühl leiden.

2. Soziale Isolation: Das Opfer kann aufgrund der Manipulationen des Täters von seinen Angehörigen und seiner Unterstützung isoliert werden, wodurch es verletzlicher und abhängiger von ihm wird.

3. Verlust der Selbstbestimmung: Das Opfer kann das Vertrauen in sich selbst und seine Entscheidungsfähigkeit verlieren, da seine Meinung vom Täter ständig ignoriert oder kritisiert wird.

4. Kreislauf des Missbrauchs: Emotionaler und psychischer Missbrauch sind oft Teil eines Kreislaufs des Missbrauchs, der aufgrund seiner verborgenen und manipulativen Natur schwer zu durchbrechen sein kann.

Diese Beispiele und Auswirkungen helfen, die Zerstörungskraft und Tiefe emotionalen und psychischen Missbrauchs zu verstehen und zu verstehen, wie wichtig es ist, ihn zu erkennen und zu verhindern.

Sexuelle Gewalt ist eine Form geschlechtsspezifischer Gewalt, bei der der Täter sexuelle Handlungen, Drohungen oder Nötigung einsetzt, um das Opfer zu kontrollieren und zu unterdrücken. Es kann ein breites Spektrum an Verhaltensweisen umfassen, von unerwünschten Berührungen bis hin zu Vergewaltigungen, und geht oft mit körperlicher und emotionaler Misshandlung einher.

Formen und Kontexte sexueller Gewalt:

1. Häusliche sexuelle Gewalt: Diese Gewalt kommt innerhalb der Familie oder in intimen Beziehungen vor und kann nicht einvernehmliche sexuelle Handlungen oder erzwungene sexuelle Handlungen zwischen Partnern umfassen.

2. Sexuelle Belästigung: Hierbei handelt es sich um eine Form sexueller Gewalt, bei der der Täter ohne Zustimmung des Opfers

unerwünschte sexuelle Handlungen oder Äußerungen vornimmt. Dazu können unerwünschte Berührungen, aufdringliche Fragen zum Thema Sex oder Drohungen gehören.

3. Vergewaltigung: Hierbei handelt es sich um Gewalt, bei der der Vergewaltiger das Opfer körperlich oder durch Drohungen dazu zwingt, ohne seine Zustimmung eine sexuelle Handlung auszuführen. Vergewaltigung kann körperliche Gewalt, Drohungen, Gewalt mit einer Waffe oder Gewalt unter Drogeneinfluss umfassen.

Auswirkungen auf das Opfer:

1. Traumatische Auswirkungen: Ein Opfer kann aufgrund sexueller Übergriffe ein schweres Trauma, eine posttraumatische Belastungsstörung, Depressionen und Angststörungen erleiden.

2. Verlust von Vertrauen und Sicherheit: Sexuelle Gewalt kann das Sicherheitsgefühl und das Vertrauen des Opfers in andere, einschließlich seiner Angehörigen und Intimpartner, beeinträchtigen.

3. Körperlicher Schaden: Vergewaltigung und andere Formen sexueller Gewalt können zu körperlichem Schaden, Infektionen, Schwangerschaft und sexuell übertragbaren Infektionen führen.

4. Verlust des Selbstwertgefühls und sexuelle Dysfunktion: Das Opfer kann Schamgefühle, Schuldgefühle und ein geringes Selbstwertgefühl sowie sexuelle Probleme und Funktionsstörungen aufgrund sexuellen Missbrauchs verspüren.

Diese Beispiele und Auswirkungen tragen dazu bei, die Schwere und Zerstörungskraft sexueller Gewalt als eine Form geschlechtsspezifischer Gewalt zu erkennen und die Notwendigkeit hervorzuheben, sie zu stoppen und zu verhindern.

Wirtschaftliche Gewalt ist eine Form geschlechtsspezifischer Gewalt, bei der der Täter die Kontrolle über die Finanzen, Ressourcen und die wirtschaftliche Abhängigkeit des Opfers nutzt, um Macht und Kontrolle über das Opfer aufzubauen und aufrechtzuerhalten. Dazu können eingeschränkter Zugang zu Finanzmitteln, finanzielle Unterdrückung, Zwangsarbeit oder wirtschaftliche Benachteiligung gehören.

Beispiele für wirtschaftliche Gewalt:

1. Finanzielle Kontrolle: Der Täter kann die Bankkonten, Kreditkarten und andere finanzielle Ressourcen des Opfers kontrollieren und so seinen Zugang zu Geld einschränken.

2. Finanzielle Unterdrückung: Der Täter kann sich weigern, Geld für lebenswichtige Ausgaben wie Nahrung, Kleidung oder medizinische Versorgung bereitzustellen, wodurch das Opfer gezwungen wird, auf ihn angewiesen zu sein.

3. Zwangsarbeit: Der Täter kann das Opfer dazu zwingen, ohne Bezahlung oder mit minimalem Lohn zu arbeiten, wodurch es daran gehindert wird, einen anderen Job zu finden oder sich finanziell selbst zu

versorgen.

4. Wirtschaftliche Benachteiligung: Der Täter kann das Eigentum des Opfers zerstören oder verzieren, wodurch ihm der Lebensunterhalt entzogen wird und der finanzielle Ruin droht.

Auswirkungen auf das Opfer:

1. Abhängigkeit und Kontrolle: Wirtschaftlicher Missbrauch führt aufgrund seiner finanziellen Verwundbarkeit zu einer Abhängigkeit des Opfers vom Täter, was es dem Täter ermöglicht, Kontrolle zu erlangen und sein Verhalten zu manipulieren.

2. Angst und Hilflosigkeit: Das Opfer hat möglicherweise Angst, die finanzielle Unterstützung oder die Unterstützung für sich selbst und ihre Kinder zu verlieren, was dazu führt, dass es in einer schädlichen oder gefährlichen Beziehung bleibt.

3. Soziale Isolation: Wirtschaftlicher Missbrauch kann zur sozialen Isolation des Opfers führen, da es aufgrund finanzieller Probleme möglicherweise nur eingeschränkt in der Lage ist, mit anderen zu kommunizieren oder Hilfe zu erhalten.

Diese Beispiele und Auswirkungen tragen dazu bei, die verheerenden Auswirkungen wirtschaftlicher Gewalt zu erkennen und zu verdeutlichen, wie wichtig es ist, sie zu stoppen und zu verhindern.

Bei geschlechtsspezifischer Gewalt kommt es zu Drohungen und psychologischem Druck, um das Opfer zu kontrollieren und zu unterdrücken. Dies kann sich durch verschiedene Formen von Drohungen, Manipulationen und psychologischen Taktiken äußern, die beim Opfer Gefühle der Angst, Furcht und Hilflosigkeit hervorrufen.

Formen und Mechanismen von Bedrohungen und Manipulationen:

1. Androhung von Gewalt: Der Täter kann mit körperlicher oder sexueller Gewalt oder Gewalt gegen die Angehörigen oder das Eigentum des Opfers drohen.

2. Drohungen, die Unterstützung zu verweigern: Der Täter kann damit drohen, finanzielle Unterstützung zu verweigern, Beziehungen zu beenden oder sich aus sozialen Netzwerken zurückzuziehen, wenn das Opfer seinem Willen nicht nachkommt.

3. Emotionale Erpressung: Ein Täter kann Schuld-, Scham- oder Angstgefühle nutzen, um das Opfer zu zwingen, das zu tun, was er will.

4. Verwendung von Kindern: Der Täter kann Kinder als Mittel zur Bedrohung oder Manipulation einsetzen und damit drohen, sie dem Opfer wegzunehmen oder ihm Schaden zuzufügen.

So gehen Sie mit Bedrohungen und Manipulationen um:

1. Unterstützung erhalten: Opfer sollten Hilfe bei engen Freunden, Familienangehörigen, Fachleuten oder Organisationen suchen, die in schwierigen Situationen Unterstützung und Beistand leisten können.

2. Aufklärung und Sensibilisierung: Opfer sollten über die

Anzeichen geschlechtsspezifischer Gewalt, ihre Rechte und die verfügbaren Ressourcen für Schutz und Unterstützung aufgeklärt werden.

3. Entwicklung eines Sicherheitsplans: Opfer können einen Sicherheitsplan entwickeln, der Schritte enthält, um sich und ihre Kinder im Falle einer Bedrohung oder Gefahr zu schützen.

4. Suche nach Rechtsbehelfen: Opfer können rechtlichen Beistand und Schutz suchen, einschließlich der Einreichung einstweiliger Verfügungen oder der Kontaktaufnahme mit den Strafverfolgungsbehörden.

5. Psychologische Unterstützung: Opfer können sich an Psychologen oder Therapeuten wenden, um psychologische Unterstützung und Unterstützung bei der Bewältigung der traumatischen Erfahrung geschlechtsspezifischer Gewalt zu erhalten.

Diese Strategien helfen Opfern, mit Bedrohungen und Manipulationen umzugehen, weitere Auswirkungen zu verhindern und Wege zur Freilassung und Genesung zu finden.

Geschlechtsspezifische Gewalt ist ein schreckliches Phänomen, das bis in die Tiefen der Gesellschaft vordringt und manchmal auch die engsten Beziehungen betrifft. Sie kommt in Form von Drohungen und psychischem Druck daher und verursacht den Opfern unvorstellbare Schmerzen und Leid. Diese Art von Gewalt ist oft unsichtbar und bleibt hinter verschlossenen Türen, was es schwieriger macht, sie zu erkennen und zu bekämpfen.

Für die Gesellschaft ist es äußerst wichtig, das Problem der geschlechtsspezifischen Gewalt in seiner ganzen Tiefe zu verstehen, denn nur wenn wir seine Tragweite verstehen, können wir auf Fortschritte bei der Überwindung hoffen. Denn geschlechtsspezifische Gewalt hat verheerende Auswirkungen nicht nur auf die Opfer, sondern auch auf deren Familien und die Gesellschaft insgesamt.

Opfer geschlechtsspezifischer Gewalt stehen vor unvorstellbaren Härten. Sie sind mit physischen und psychischen Traumata konfrontiert und verlieren ihr Gefühl der Sicherheit und des Vertrauens in andere. Gewalt hinterlässt nicht nur Spuren im körperlichen und emotionalen Zustand, sondern auch auf gesellschaftlicher Ebene, zerstört Familien und schafft eine Atmosphäre der Angst und Gewalt.

Daher ist es notwendig, geschlechtsspezifische Gewalt zu bekämpfen, den Opfern Unterstützung und Schutz zu bieten, Gewalt in all ihren Formen zu verurteilen und sich für die Schaffung einer Gesellschaft einzusetzen, in der jeder das Recht auf Sicherheit, Respekt und Chancengleichheit hat.

Geschlechtsspezifische Gewalt hat tiefgreifende und verheerende Auswirkungen auf die psychische Gesundheit der Opfer sowie auf das Wohlergehen der Gesellschaft insgesamt. Hier sind die Hauptaspekte dieses Einflusses:

1. Psychische Traumata für Opfer: Opfer geschlechtsspezifischer Gewalt leiden häufig unter schwerwiegenden psychischen Folgen wie einer posttraumatischen Belastungsstörung (PTBS), Depressionen, Angststörungen und einem beeinträchtigten Selbstwertgefühl. Diese Traumata können langfristige Auswirkungen auf die Opfer haben und sich auf ihr Privatleben, ihre Arbeit, ihre Beziehungen und ihre soziale Teilhabe auswirken.

2. Kreislauf von Gewalt und Rückfällen: Geschlechtsspezifische Gewalt wird oft Teil eines Kreislaufs der Gewalt, in dem Opfer wiederholt von ihren Tätern angegriffen werden. Dieser Kreislauf kann für die Opfer zu ständigem Stress und Angst führen und es ihnen erschweren, sich von ihrem Täter zu befreien.

3. Wirtschaftliche Kosten: Geschlechtsspezifische Gewalt kann schwerwiegende wirtschaftliche Folgen für die Opfer haben, wie z. B. den Verlust des Arbeitsplatzes, den Verlust der finanziellen Unabhängigkeit und eine Beeinträchtigung des finanziellen Wohlergehens. Dies kann zu weiterer sozialer Isolation und Schwierigkeiten bei der Rehabilitation führen.

4. Ausbreitung von Gewalt in der Gesellschaft: Geschlechtsspezifische Gewalt schafft eine Atmosphäre der Angst, Gewalt und des Misstrauens in der Gesellschaft, die zu einer weiteren Ausbreitung von Gewalt und erhöhten Kriminalitätsraten führen kann. Dies schafft ein unsicheres Umfeld für alle Mitglieder der Gesellschaft, nicht nur für Opfer von Übergriffen.

5. Wirtschaftliche und soziale Kosten: Geschlechtsspezifische Gewalt verursacht erhebliche wirtschaftliche und soziale Kosten für die Gesellschaft als Ganzes, einschließlich der Kosten für Gesundheitsfürsorge, Rechtsschutz, psychologische Unterstützung und Rehabilitation der Opfer sowie Arbeits- und Produktivitätsverluste.

Insgesamt zerstört geschlechtsspezifische Gewalt nicht nur das Leben einzelner Menschen, sondern hat auch schwerwiegende negative Folgen für die Gesellschaft als Ganzes. Daher ist die Bekämpfung dieses Problems ein wesentlicher Bestandteil der gesellschaftlichen Entwicklung und der Schaffung eines sicheren und gesunden Umfelds für alle ihre Mitglieder.

Hier natürlich ein kurzer Überblick über Statistiken und Forschungsergebnisse zu geschlechtsspezifischer Gewalt:

1. Ausmaß des Problems: Nach Angaben der Weltgesundheitsorganisation (WHO) erlebt jede dritte Frau auf der Welt im Laufe ihres Lebens körperliche oder sexuelle Gewalt durch einen Partner oder Täter.

2. Gefährdung von Frauen: Frauen sind die Hauptkategorie der Opfer geschlechtsspezifischer Gewalt. Daten zeigen, dass zwischen 15 %

und 71 % der Frauen in allen Ländern über körperliche oder sexuelle Gewalt durch einen Partner berichten.

3. Häusliche Gewalt: Die meisten Fälle geschlechtsspezifischer Gewalt ereignen sich im Rahmen familiärer Beziehungen. Etwa 38 % aller Morde an Frauen auf der Welt werden von ihren Partnern begangen.

4. Exposition von Kindern: Auch Kinder sind häufig geschlechtsspezifischer Gewalt ausgesetzt. Etwa 120 Millionen Mädchen unter 20 Jahren (etwa 1 von 10) erleben sexuelle Gewalt.

5. Unterschätzung des Problems: Das Ausmaß des Problems geschlechtsspezifischer Gewalt wird immer noch erheblich unterschätzt. Viele Fälle werden aufgrund von Stigmatisierung, Angst und mangelndem Zugang zu Rechtsschutz und Rechtshilfe nicht oder nur unzureichend gemeldet.

Diese Daten heben den Vorhang über das Problem der geschlechtsspezifischen Gewalt nur geringfügig. Trotz der Bemühungen vieler Menschenrechtsorganisationen und Regierungsbehörden bleibt geschlechtsspezifische Gewalt eines der schwerwiegendsten Probleme der modernen Gesellschaft und erfordert umfassende Aufmerksamkeit und Maßnahmen zur Prävention und Bekämpfung.

Liebe Opfer geschlechtsspezifischer Gewalt, ich schreibe Ihnen mit einem herzlichen Aufruf zum Handeln. Ich verstehe, dass Sie unvorstellbare Prüfungen durchgemacht haben und mit Härten konfrontiert waren, die niemand ertragen sollte. Allerdings ist die Stärke und Entschlossenheit, die Sie jeden Tag zeigen, unglaublich.

Es ist wichtig zu erkennen, dass geschlechtsspezifische Gewalt nicht Ihre Schuld ist. Kein Mensch hat es verdient, einem solchen Horror ausgesetzt zu sein. Jetzt ist es jedoch an der Zeit, die Kontrolle über Ihre Situation zu übernehmen und nach Veränderungen zu streben.

Ihr Problembewusstsein und Ihre Entschlossenheit zur Veränderung spielen eine entscheidende Rolle im Genesungsprozess und bei der Überwindung von Schwierigkeiten. Denken Sie daran, dass Sie damit nicht allein sind. Es gibt eine riesige Gemeinschaft von Menschen und Ressourcen, die bereit sind, Sie bei jedem Schritt auf dem Weg zur Genesung und Befreiung zu unterstützen.

Machen Sie den ersten Schritt, indem Sie um Hilfe und Unterstützung bitten. Dies kann ein Gespräch mit einem vertrauenswürdigen Freund oder einer Familie sein, die Kontaktaufnahme mit Fachleuten für psychische Gesundheit oder Sozialdienste oder auch einfach die Suche nach Informationen über verfügbare Ressourcen und Dienste. Denken Sie daran, dass Sie Sicherheit, Respekt und Liebe verdienen. Ihre Stimme ist wichtig und Ihr Recht auf ein Leben in einer sicheren und gesunden Umgebung ist unbestreitbar. Bleiben Sie stark und denken Sie daran, dass wir gemeinsam etwas bewirken können.

Kapitel 2.
Die Bedeutung der Bekämpfung geschlechtsspezifischer Gewalt.

Für diejenigen Seelen, die die Hauptlast geschlechtsspezifischer Gewalt spüren , wird jeder Tag zu einer Herausforderung. Dies ist nicht nur traumatisch und demütigend, sondern untergräbt auch das Selbstwertgefühl, das Selbstvertrauen und den Glauben an die eigenen Fähigkeiten. Die Bedeutung der Auseinandersetzung mit dem Problem der geschlechtsspezifischen Gewalt für eine solche Person steht außer Zweifel. Jeder Moment der Angst und Unsicherheit, der durch geschlechtsspezifische Gewalt verursacht wird , bringt eine eigene Schwere ins Herz und in den Geist. Dies wirkt sich auf Ihre Denkweise und Ihr Selbstbild aus und führt Sie von der Freude, dem Vertrauen und der Zuversicht in die Zukunft ab.

Bei der Bekämpfung geschlechtsspezifischer Gewalt geht es um mehr als nur die Unterbindung spezifischer Aggressionshandlungen. Dies ist die Wiederherstellung der Menschenwürde und die Erhebung des Geistes. Es bedeutet, die Kraft zurückzugewinnen, an sich selbst zu glauben und nach seinen Zielen zu streben, ohne ständig tyrannisiert zu werden. Jede Maßnahme zur Bekämpfung geschlechtsspezifischer Gewalt öffnet die Tür zu neuen Möglichkeiten und führt zur Befreiung von den Fesseln der Angst und Unsicherheit.

Für diejenigen, die unter geschlechtsspezifischer Gewalt leiden , besteht die Lösung dieses Problems darin, wieder ein Gefühl von Sicherheit und Ruhe zu erlangen. Dies ist eine Gelegenheit, sich nicht mehr hinter einer Maske zu verstecken und so akzeptiert zu werden, wie man ist. Dies ist eine Chance auf echte Freiheit davor, jeden Tag beleidigt, gedemütigt und verletzt zu werden. Jeder Schritt zur Beendigung geschlechtsspezifischer Gewalt ist ein Schritt zur Wiedererlangung verlorener Würde und Glück.

Maßnahmen zur Bekämpfung geschlechtsspezifischer Gewalt eröffnen auch neue Möglichkeiten für Wachstum und Selbstentwicklung. Wenn ein Mensch von der Last des ständigen Stresses und der Angst befreit ist, kann er sich auf seine Hobbys, Interessen und Ziele konzentrieren. Die Fähigkeit, sich sicher auszudrücken und in einem sozialen Umfeld erfolgreich zu sein, fördert ein gesundes Selbstbewusstsein und Selbstvertrauen.

Darüber hinaus ist die Bekämpfung geschlechtsspezifischer Gewalt wichtig, um ein gesundes und unterstützendes Gemeinschaftsumfeld zu schaffen. Geschlechtsspezifische Gewalt schadet nicht nur den direkten Opfern , sondern zerstört auch die Gesellschaft als Ganzes, da sie einen

Kreislauf aus Gewalt und Ungerechtigkeit anheizt. Maßnahmen zur Bekämpfung geschlechtsspezifischer Gewalt fördern eine Kultur des Respekts, der Toleranz und des Verständnisses, was zu weniger Konflikten und einem unterstützenderen und empathischeren Umfeld für alle Mitglieder führt.

geschlechtsspezifischer Gewalt bedeutet natürlich auch, die Menschenrechte auf Freiheit und Sicherheit zu schützen und zu fördern. Jeder Mensch hat das Recht, mit Würde und Respekt behandelt zu werden, und geschlechtsspezifische Gewalt untergräbt dieses Recht. Das Ergreifen von Maßnahmen zur Bekämpfung geschlechtsspezifischer Gewalt ist eine Bestätigung unseres Engagements, die Würde und Sicherheit jedes Mitglieds der Gesellschaft zu schützen.

Der Umgang mit geschlechtsspezifischer Gewalt ist aus mehreren Gründen für die von Gewalt betroffene Person von großer Bedeutung :

1. Psychisches Wohlbefinden: Langfristiger Kontakt mit geschlechtsspezifischer Gewalt kann zu schwerwiegenden psychischen Problemen wie Depressionen, Angstzuständen, posttraumatischen Belastungsstörungen und einem geringen Selbstwertgefühl führen. Die Bekämpfung geschlechtsspezifischer Gewalt trägt dazu bei, die psychische Gesundheit des Opfers zu erhalten und das emotionale Wohlbefinden zu verbessern.

Eine längere Exposition gegenüber geschlechtsspezifischer Gewalt kann schwerwiegende Folgen für das psychische Wohlbefinden des Opfers haben. Dieser Prozess beginnt damit, dass geschlechtsspezifische Gewalt beim Opfer anhaltenden Stress und Angst erzeugt. Eine allmählich zunehmende Angst vor weiteren Angriffen oder Mobbing kann zur Entwicklung von Angststörungen wie einer generalisierten Angststörung oder einer sozialen Phobie führen.

Neben Angstzuständen sind auch Depressionen eine häufige psychische Folge geschlechtsspezifischer Gewalt. Ständiger Spott, Demütigung und Isolation können das Selbstwertgefühl schwächen und beim Opfer Gefühle der Hilflosigkeit hervorrufen, die wiederum zu Depressionen führen können. Auch bei Opfern geschlechtsspezifischer Gewalt kann sich ein posttraumatisches Stresssyndrom entwickeln , insbesondere wenn sie körperlicher oder emotionaler Misshandlung ausgesetzt waren.

geschlechtsspezifischer Gewalt einhergehen, zählen auch ein geringes Selbstwertgefühl und Unsicherheitsgefühle. Ständige Angriffe auf die Identität und das Selbstwertgefühl können dazu führen, dass das Opfer beginnt, an seinen Fähigkeiten und seinem Wert als Person zu zweifeln.

Die Bekämpfung geschlechtsspezifischer Gewalt ist von entscheidender Bedeutung für die Erhaltung der psychischen Gesundheit und die Verbesserung des emotionalen Wohlbefindens des Opfers. Die

Bereitstellung von Unterstützung, die Schaffung eines sicheren Umfelds und die Umsetzung wirksamer Strategien zur Bekämpfung geschlechtsspezifischer Gewalt können dazu beitragen, Stress und Angst zu reduzieren, die Entwicklung von Depressionen und anderen psychischen Gesundheitsproblemen zu verhindern und das Selbstwertgefühl und Selbstvertrauen des Opfers zu verbessern.

2. Soziale Anpassung: Der Kontakt mit geschlechtsspezifischer Gewalt kann zu sozialer Isolation führen und den Aufbau gesunder zwischenmenschlicher Beziehungen erschweren. Die Lösung des Problems geschlechtsspezifischer Gewalt ermöglicht es dem Opfer, seine soziale Anpassung wiederherzustellen, das Vertrauen in andere wiederherzustellen und die Verbindungen zu anderen Menschen wiederherzustellen.

Soziale Anpassung spielt im Leben eines Menschen eine wichtige Rolle und geschlechtsspezifische Gewalt kann diesen Prozess erheblich erschweren. Der Kontakt mit geschlechtsspezifischer Gewalt kann zu sozialer Isolation führen, da sich das Opfer unwohl fühlt oder Angst hat, mit anderen in Kontakt zu treten, aus Angst, gemobbt oder belästigt zu werden.

Aufgrund geschlechtsspezifischer Gewalt kann es für das Opfer schwierig sein, gesunde zwischenmenschliche Beziehungen aufzubauen. Möglicherweise vermeidet sie den Kontakt mit anderen und verliert dadurch Gelegenheiten, Freundschaften zu schließen oder enge Beziehungen aufzubauen. Dies kann zu Gefühlen der Einsamkeit, der Wertlosigkeit und noch schwerwiegenderen psychischen Problemen führen.

Die Lösung des Problems geschlechtsspezifischer Gewalt ist von großer Bedeutung für die Wiederherstellung der sozialen Anpassung des Opfers. Sobald ein Opfer Unterstützung und Schutz vor geschlechtsspezifischer Gewalt erhält , gewinnt es wieder Vertrauen in andere und fühlt sich im Umgang mit anderen sicherer und selbstbewusster. Nach und nach kann sie ihre sozialen Fähigkeiten wiedererlangen, lernen, anderen Menschen zu vertrauen und gesunde Beziehungen aufzubauen, was ihre Lebensqualität und ihr Wohlbefinden erheblich verbessert.

3. Schulische Leistungen: Geschlechtsspezifische Gewalt kann sich aufgrund von Stress, Ablenkung und geringem Selbstwertgefühl negativ auf die schulischen Leistungen und Erfolge des Opfers auswirken. Die Auseinandersetzung mit dem Problem der Gewalt fördert eine sichere und unterstützende Lernumgebung, die es dem Opfer ermöglicht, sich auf die Schule zu konzentrieren und seine Bildungsziele zu erreichen.

Geschlechtsspezifische Gewalt kann schwerwiegende negative Auswirkungen auf die schulischen Leistungen und Bildungschancen des

Opfers haben. Ein Opfer geschlechtsspezifischer Gewalt leidet unter ständigem Stress und Ängsten, was ihre Aufmerksamkeit vom Studium ablenkt und es schwierig macht, neuen Stoff zu lernen. Stress und Angst können auch zu Konzentrations-, Gedächtnis- und Lernproblemen führen, die die schulischen Leistungen beeinträchtigen können.

Darüber hinaus kann es bei einem Opfer geschlechtsspezifischer Gewalt aufgrund des ständigen Gefühls der Verletzlichkeit und Hilflosigkeit zu einem geringen Selbstwertgefühl und einer verminderten Motivation kommen. Dies kann zu einem Verlust des Interesses am Lernen, vermindertem Ehrgeiz und einem Verlust des Vertrauens in die eigenen Fähigkeiten führen, was sich wiederum auf die schulischen Leistungen auswirkt.

Die Bekämpfung geschlechtsspezifischer Gewalt ist von entscheidender Bedeutung für die Bereitstellung einer unterstützenden Lernumgebung, in der das Opfer seine Bildungsziele erreichen kann. Die Unterstützung von Lehrern, Schulverwaltern und der gesamten Gemeinschaft trägt dazu bei, einen sicheren Raum ohne Gewalt und Diskriminierung zu schaffen. Wenn sich das Opfer geschützt und unterstützt fühlt, kann es sich auf sein Studium konzentrieren, seine akademischen Fähigkeiten weiterentwickeln und im Studium erfolgreich sein. Daher verbessert die Auseinandersetzung mit geschlechtsspezifischer Gewalt nicht nur die schulischen Leistungen des Opfers, sondern auch sein allgemeines Wohlbefinden und seine zukünftigen Lebensaussichten.

4. Körperliche Gesundheit: Einige Formen geschlechtsspezifischer Gewalt , wie etwa körperliche oder verbale Gewalt, können schwere gesundheitliche Schäden beim Opfer verursachen. Die Bekämpfung geschlechtsspezifischer Gewalt trägt dazu bei, die Sicherheit des Einzelnen zu gewährleisten, die die Grundlage für das körperliche Wohlbefinden bildet.

Die körperliche Gesundheit ist einer der wichtigsten Aspekte des Wohlbefindens von Menschen, die geschlechtsspezifischer Gewalt ausgesetzt sind. Verschiedene Formen geschlechtsspezifischer Gewalt können die körperliche Gesundheit des Opfers erheblich schädigen und nicht nur psychische, sondern auch körperliche Spuren hinterlassen.

Körperliche Misshandlungen wie Schlagen, Treten oder Stoßen können zu Verletzungen, Prellungen, Knochenbrüchen und anderen schweren Verletzungen führen. Auch verbale Drohungen und schüchterne Kommentare können beim Opfer Stressreaktionen hervorrufen, die sich negativ auf das körperliche Wohlbefinden auswirken können, wie etwa Kopfschmerzen, Verdauungs- und Schlafprobleme.

Die Bekämpfung geschlechtsspezifischer Gewalt ist der Schlüssel zur Gewährleistung der Sicherheit und des Schutzes des Einzelnen. Die Vorbeugung und Bekämpfung von Vorfällen körperlicher und verbaler

Gewalt trägt dazu bei, körperliche Schäden zu verhindern und die Gesundheit des Opfers zu erhalten. Dazu gehört das aktive Eingreifen von Institutionen wie Schulen oder Arbeitsplätzen, um ein sicheres und unterstützendes Umfeld zu schaffen, in dem Gewalt und Aggression nicht toleriert werden.

Der Schutz eines Menschen vor körperlichen Gefahren sichert nicht nur sein körperliches Wohlbefinden, sondern schafft auch die Voraussetzungen für seine psychische und emotionale Genesung. Wenn sich eine Person sicher fühlt, kann sie sich auf ihre körperliche Gesundheit, Selbstfürsorge und Erholung von vergangenen traumatischen Ereignissen konzentrieren. Daher spielt die Bekämpfung geschlechtsspezifischer Gewalt eine wichtige Rolle, um nicht nur das körperliche, sondern auch das allgemeine Wohlbefinden des Opfers zu gewährleisten.

5.   Selbstbestätigung   und   Selbstentwicklung: Geschlechtsspezifische Gewalt kann die Selbstbestätigung und Selbstentwicklung eines Individuums behindern und seine Individualität und einzigartigen Eigenschaften unterdrücken. Der Umgang mit geschlechtsspezifischer Gewalt fördert ein gesundes Selbstwertgefühl, Selbstvertrauen und die Fähigkeit, das eigene Potenzial auszuschöpfen.

Selbstbestätigung und Selbstentfaltung spielen eine wichtige Rolle bei der Persönlichkeitsbildung und geschlechtsspezifische Gewalt kann diese Prozesse ernsthaft stören. Die Einwirkung geschlechtsspezifischer Gewalt kann zu einem Verlust des Selbstvertrauens und des Selbstwertgefühls sowie zur Unterdrückung von Individualität und einzigartigen Persönlichkeitsmerkmalen führen.

Geschlechtsspezifische Gewalt schafft ein negatives Umfeld, in dem sich der Einzelne unwichtig und unwürdig fühlt und sein Potenzial nicht ausschöpfen kann. Opfer beginnen möglicherweise, an ihren Fähigkeiten zu zweifeln und zögern, ihre Meinungen und Ideen zu äußern, aus Angst, lächerlich gemacht oder kritisiert zu werden. Dies kann zu Isolation, Kommunikationsvermeidung und Einschränkung der eigenen Interessen und Ambitionen führen.

Allerdings spielt die Lösung des Problems geschlechtsspezifischer Gewalt eine wichtige Rolle für die Möglichkeit der Selbstbestätigung und Selbstentfaltung des Einzelnen. Durch die Schaffung einer sicheren und unterstützenden Umgebung, frei von Gewalt und Bedrohungen, kann sich der Einzelne wohl und selbstbewusst fühlen. Die Unterstützung anderer, einschließlich Eltern, Lehrer und Freunde, trägt zur Entwicklung eines gesunden Selbstwertgefühls und Selbstvertrauens bei.

Darüber hinaus öffnet die Lösung des Problems geschlechtsspezifischer Gewalt die Tür zur Selbstentfaltung und zur Verwirklichung des individuellen Potenzials. Wenn sich eine Person sicher und unterstützt fühlt, kann sie ihre Ideen frei äußern, ihre Talente entwickeln und danach streben, ihre Ziele zu erreichen. Dies trägt zur Bildung eines gesunden Selbstwertgefühls und Selbstvertrauens bei, was wiederum den Prozess der Selbstbestätigung und Selbstverwirklichung erleichtert.

Daher trägt die Bekämpfung geschlechtsspezifischer Gewalt nicht nur zur Schaffung eines sicheren und unterstützenden Umfelds bei, sondern ist auch ein wichtiger Faktor für die Entwicklung eines gesunden Selbstwertgefühls, Selbstvertrauens und persönlicher Entwicklungsmöglichkeiten.

6. Sicherheit und Wohlbefinden: Die Bekämpfung geschlechtsspezifischer Gewalt schafft ein sicheres und unterstützendes Umfeld für alle Mitglieder der Gesellschaft, das zum allgemeinen Wohlbefinden beiträgt und das soziale Gefüge stärkt.

Die Sicherheit und das Wohlergehen von Gemeinschaften sind eng mit der Bekämpfung geschlechtsspezifischer Gewalt verbunden. Gewalt schafft ein Klima der Angst, Furcht und Unsicherheit, das sich negativ auf das Wohlergehen aller seiner Mitglieder auswirkt. Die Lösung dieses Problems ist der Schlüssel zur Schaffung eines sicheren und unterstützenden Umfelds für alle Menschen, unabhängig von Alter, Geschlecht, Rasse oder sozialem Status.

In einer Gesellschaft, in der geschlechtsspezifische Gewalt thematisiert wird, können sich die Menschen geschützt und auf ihre Sicherheit verlassen. Dies fördert das Vertrauen und die soziale Bindung seiner Mitglieder und schafft die Grundlage für gesunde Beziehungen und Zusammenarbeit. Eine sichere Umgebung fördert auch das emotionale und psychische Wohlbefinden und ermöglicht es den Menschen, ihr Potenzial auszuschöpfen und nach Selbstverwirklichung zu streben.

die Bekämpfung geschlechtsspezifischer Gewalt ist für die Schaffung einer harmonischen Gesellschaftsstruktur wichtig. Geschlechtsspezifische Gewalt stört häufig soziale Beziehungen und führt zu Konflikten und Spannungen in der Gesellschaft. Die Bekämpfung dieses Phänomens trägt zum Aufbau friedlicher und für beide Seiten verständnisvoller Beziehungen zwischen den Menschen bei, was wiederum zur Stabilität und zum Wohlstand der gesamten Gesellschaft beiträgt.

Sicherheit und Wohlbefinden sind grundlegende Aspekte eines qualitativ hochwertigen Lebens für jeden Menschen. Die Bekämpfung geschlechtsspezifischer Gewalt verbessert nicht nur das individuelle Wohlbefinden der Betroffenen, sondern trägt auch zu einer gerechteren, menschlicheren und einladenderen Gesellschaft insgesamt bei.

7. Verringerung des Risikos psychosomatischer Erkrankungen: Langfristige Einwirkung geschlechtsspezifischer Gewalt kann das Risiko für die Entwicklung verschiedener psychosomatischer Erkrankungen wie

Kopfschmerzen, Magenbeschwerden, Schlaflosigkeit und andere erhöhen. Die Bekämpfung geschlechtsspezifischer Gewalt trägt dazu bei, dieses Risiko zu verringern und die körperliche Gesundheit zu erhalten.

Die langfristige Einwirkung geschlechtsspezifischer Gewalt kann schwerwiegende negative Auswirkungen auf die körperliche Gesundheit einer Person haben und insbesondere das Risiko für die Entwicklung verschiedener psychosomatischer Erkrankungen erhöhen. Psychosomatische Erkrankungen sind körperliche Manifestationen von Stress und psychischen Problemen und können Kopfschmerzen, Magenbeschwerden, Schlaflosigkeit, Muskelschmerzen und andere Symptome umfassen.

geschlechtsspezifische Gewalt verursachter Stress kann den Spiegel des Hormons Cortisol im Körper deutlich erhöhen, was wiederum zu einer Funktionsstörung des Immunsystems und einer erhöhten Anfälligkeit für verschiedene Krankheiten führen kann. Beispielsweise können häufige Kopfschmerzen und Schlaflosigkeit eine Folge des ständigen Stresses und der Angst sein, die mit geschlechtsspezifischer Gewalt einhergehen. Magenbeschwerden können auch durch psychischen Stress verursacht werden und zu einer schlechten Verdauung und anderen Problemen führen.

Die Bekämpfung geschlechtsspezifischer Gewalt spielt eine wichtige Rolle bei der Verringerung des Risikos psychosomatischer Erkrankungen. Die Schaffung einer sicheren und unterstützenden Umgebung kann den Stress und die Angst der Überlebenden verringern. Dies wiederum kann zu einem verbesserten körperlichen Wohlbefinden und einem verringerten Risiko für die Entwicklung verschiedener Krankheiten führen. Darüber hinaus können präventive Maßnahmen und psychologische Unterstützung im Rahmen der Bekämpfung geschlechtsspezifischer Gewalt den Überlebenden helfen, mit Stress umzugehen und das Gleichgewicht im Körper wiederherzustellen.

Daher fördert die Bekämpfung geschlechtsspezifischer Gewalt nicht nur das psychische Wohlbefinden, sondern spielt auch eine Schlüsselrolle bei der Erhaltung der körperlichen Gesundheit und der Verhinderung der Entwicklung psychosomatischer Erkrankungen bei Überlebenden.

8. Entwickeln Sie Fähigkeiten zur Stressbewältigung: Chronischer Kontakt mit geschlechtsspezifischer Gewalt kann beim Opfer zu einem hohen Maß an Stress führen. Der Umgang mit geschlechtsspezifischer Gewalt erfordert die Entwicklung von Stressbewältigungsstrategien, die im Alltag nützlich sein können und Ihnen helfen, besser mit negativen Emotionen umzugehen.

Chronischer Kontakt mit geschlechtsspezifischer Gewalt kann für das Opfer zu einem hohen Stressniveau führen. Emotionaler Stress, Ängste und Gefühle der Hilflosigkeit können einen erheblichen Einfluss auf ihren psychischen Zustand haben. Zur Bekämpfung geschlechtsspezifischer

Gewalt gehört nicht nur die Verhinderung weiterer Vorfälle geschlechtsspezifischer Gewalt , sondern auch die Vermittlung wirksamer Stressbewältigungsstrategien für die Opfer.

Die Entwicklung von Fähigkeiten zur Stressbewältigung wird für Überlebende geschlechtsspezifischer Gewalt zu einem wichtigen Aspekt. Mit geeigneten Stressbewältigungsstrategien können Opfer mit negativen Emotionen und Situationen, die in ihrem täglichen Leben auftreten können, besser umgehen. Zu diesen Fähigkeiten können Entspannungstechniken wie Atemübungen, Meditation und Yoga sowie praktische Zeitmanagement- und Organisationsstrategien gehören, die dazu beitragen können, zugrunde liegende Stressquellen zu reduzieren.

Die Entwicklung von Strategien zur Stressbewältigung kann nicht nur im Zusammenhang mit der Bekämpfung geschlechtsspezifischer Gewalt nützlich sein , sondern auch zur Verbesserung des psychischen Wohlbefindens im Allgemeinen. Wenn Sie lernen, effektiv mit Stress umzugehen, kann dies das Opfer widerstandsfähiger gegen zukünftige negative Einflüsse machen, seine Fähigkeit zur Selbstwahrnehmung steigern und seine Lebensqualität verbessern.

Darüber hinaus trägt die Entwicklung von Fähigkeiten zur Stressbewältigung auch dazu bei, die psychische Belastbarkeit und die Fähigkeit des Opfers zu stärken, sich an widrige Umstände anzupassen. Dies trägt dazu bei, das Risiko psychischer Probleme wie Depressionen oder Angststörungen zu verringern und ihr Selbstwertgefühl und Selbstvertrauen zu stärken.

Insgesamt ist die Entwicklung von Stressbewältigungsstrategien ein wichtiger Teil der Bekämpfung geschlechtsspezifischer Gewalt , da sie den Überlebenden hilft, besser mit negativen Emotionen und Situationen umzugehen, ihre Widerstandsfähigkeit erhöht und zu einer allgemeinen Verbesserung ihres psychischen Wohlbefindens beiträgt.

9. Erhöhtes Selbstbewusstsein und Selbstverständnis: Der Prozess der Auseinandersetzung mit geschlechtsspezifischer Gewalt kann die persönliche Entwicklung der Opfer anregen und es ihnen ermöglichen, sich selbst, ihre Gefühle und Reaktionen auf Stresssituationen besser zu verstehen. Dies kann die Entwicklung von Selbstbewusstsein und Selbstbestimmung fördern.

Der Prozess der Auseinandersetzung mit geschlechtsspezifischer Gewalt hat das Potenzial, die persönliche Entwicklung des Opfers anzuregen, indem er ein größeres Selbstbewusstsein und Selbstverständnis fördert. Wenn eine Person geschlechtsspezifische Gewalt erlebt , wird sie mit verschiedenen emotionalen Herausforderungen und Stresssituationen konfrontiert, die sie dazu zwingen können, sich genauer mit sich selbst und ihrer Identität auseinanderzusetzen.

Im Prozess der Auseinandersetzung mit geschlechtsspezifischer

Gewalt wird sich das Opfer seiner Gefühle, Reaktionen und seines Verhaltens in verschiedenen Situationen bewusst. Sie hinterfragt möglicherweise ihre eigenen Stärken, Schwächen, Werte und Überzeugungen und wie diese ihre Interaktionen mit der Welt um sie herum beeinflussen. Dieser Prozess des Selbstverständnisses ermöglicht es dem Opfer, sich selbst, seine Bedürfnisse und Vorlieben besser zu verstehen, was wiederum zur Entwicklung des Selbstbewusstseins beiträgt.

Die Entwicklung des Selbstbewusstseins ist ein wichtiger Aspekt des persönlichen Wachstums, da es einem Menschen ermöglicht, seinen Platz in der Welt, seine eigenen Wünsche und Ziele zu verstehen und sich selbst so zu akzeptieren, wie er ist. Dies ermöglicht es einem Opfer geschlechtsspezifischer Gewalt, eine positivere und gesündere Sicht auf sich selbst zu entwickeln und so sein Selbstwertgefühl und Selbstvertrauen zu stärken.

Darüber hinaus kann der Prozess der Auseinandersetzung mit geschlechtsspezifischer Gewalt zur Entwicklung der Selbstbestimmung des Opfers beitragen. Indem man sich seiner eigenen Werte, Überzeugungen und Lebensziele bewusst wird, kann man besser verstehen, wer man ist und was man im Leben erreichen möchte. Dies hilft ihm, fundiertere Entscheidungen zu treffen, zufriedenstellendere Beziehungen aufzubauen und größeren persönlichen und beruflichen Erfolg zu erzielen.

Daher spielt der Prozess der Auseinandersetzung mit geschlechtsspezifischer Gewalt eine Schlüsselrolle bei der Förderung der persönlichen Entwicklung des Opfers und ermöglicht ihm, sich selbst, seine Gefühle und Bedürfnisse besser zu verstehen. Die Entwicklung von Selbstbewusstsein und Selbstverständnis trägt zum Aufbau von Selbstwertgefühl und Selbstvertrauen bei und fördert eine größere Selbstakzeptanz und die Entwicklung gesünderer, belastbarerer zwischenmenschlicher Beziehungen.

10. Soziale Gerechtigkeit unterstützen: Die Bekämpfung geschlechtsspezifischer Gewalt hilft nicht nur dem einzelnen Opfer, sondern trägt auch dazu bei, eine gerechtere und respektvollere Gesellschaft als Ganzes zu schaffen. Indem wir ein Opfer geschlechtsspezifischer Gewalt unterstützen , unterstützen wir die Grundsätze der sozialen Gerechtigkeit und Gleichheit.

Die Bekämpfung geschlechtsspezifischer Gewalt ist der Schlüssel zur Förderung sozialer Gerechtigkeit und zur Schaffung respektvoller Gesellschaften. Geschlechtsspezifische Gewalt ist oft ein Ausdruck von Ungleichheit und Diskriminierung, da Opfer aufgrund ihrer individuellen Merkmale wie Rasse, Geschlecht, sexuelle Orientierung, religiöse Überzeugungen und andere Aspekte ihrer Persönlichkeit oder Identität ausgewählt werden können. Die Bekämpfung geschlechtsspezifischer Gewalt unterstützt die Grundsätze der sozialen Gerechtigkeit und

Gleichheit, indem sie dafür sorgt, dass sich alle Mitglieder der Gesellschaft sicher, respektiert und gleich fühlen.

Durch die Unterstützung von Opfern geschlechtsspezifischer Gewalt setzen wir uns gegen negative Ungleichheiten und Diskriminierung ein. Wir erkennen das Recht jedes Menschen an, frei von Gewalt und Demütigung zu sein, unabhängig von seinen persönlichen Eigenschaften oder seinem Status. Die Unterstützung eines Überlebenden geschlechtsspezifischer Gewalt fördert auch den Respekt vor Vielfalt und Inklusion in der Gesellschaft. Dies unterstreicht, wie wichtig es ist, Unterschiede zu respektieren und den Wert jedes Einzelnen anzuerkennen.

Darüber hinaus trägt die Bekämpfung geschlechtsspezifischer Gewalt dazu bei, soziale Bindungen zu stärken und ein unterstützendes Umfeld in der Gesellschaft zu schaffen. Die Unterstützung von Überlebenden geschlechtsspezifischer Gewalt gibt ihnen das Gefühl, einbezogen und beschützt zu werden, was zu ihrem Wohlbefinden und ihrer Teilhabe an der Gesellschaft beiträgt. Es trägt auch zu einer einfühlsameren und fürsorglicheren Gesellschaft bei, in der sich jeder akzeptiert und respektiert fühlen kann.

Auf diese Weise hilft die Bekämpfung geschlechtsspezifischer Gewalt nicht nur einzelnen Opfern, sondern trägt auch zu einer gerechteren, respektvolleren und integrativeren Gesellschaft insgesamt bei. Indem wir ein Opfer geschlechtsspezifischer Gewalt unterstützen , wahren wir die Werte sozialer Gerechtigkeit, Gleichheit und Respekt für Vielfalt, was das allgemeine Wohlbefinden und die Harmonie in der Gesellschaft fördert.

11. Pflegen Sie gesunde Beziehungen: Die Bekämpfung geschlechtsspezifischer Gewalt trägt dazu bei, gesunde zwischenmenschliche Beziehungen aufrechtzuerhalten und zu stärken. Geschlechtsspezifische Gewalt kann sich negativ auf die Beziehungen des Opfers zu anderen, einschließlich Familie, Freunden und Kollegen, auswirken. Die Folgen geschlechtsspezifischer Gewalt können nicht nur das Opfer selbst, sondern auch sein Umfeld betreffen. Die Auseinandersetzung mit diesem Problem trägt zur Aufrechterhaltung positiver Beziehungen bei und fördert das allgemeine Wohlbefinden.

Die Bekämpfung geschlechtsspezifischer Gewalt spielt eine wichtige Rolle bei der Aufrechterhaltung und Stärkung gesunder zwischenmenschlicher Beziehungen in der Gesellschaft. Geschlechtsspezifische Gewalt kann als Form des Missbrauchs die Beziehungen des Opfers zu anderen, einschließlich Familienmitgliedern, Freunden, Kollegen und sogar Bekannten, ernsthaft beeinträchtigen. Die negativen Folgen geschlechtsspezifischer Gewalt können sich auf ein breites Spektrum von Menschen im sozialen Umfeld des Opfers auswirken.

Geschlechtsspezifische Gewalt betrifft nicht nur das Opfer selbst, sondern auch seine Angehörigen und Kollegen. Menschen, die aufgrund geschlechtsspezifischer Gewalt Verhaltensänderungen oder emotionale Traumata erleben, haben möglicherweise Schwierigkeiten, gesunde Beziehungen aufzubauen oder aufrechtzuerhalten. Dies kann zu Konflikten, Misstrauen und manchmal zum Scheitern einer Beziehung führen, was das psychologische und emotionale Wohlbefinden aller Beteiligten beeinträchtigt.

Die Bekämpfung geschlechtsspezifischer Gewalt trägt dazu bei, positive Beziehungen aufrechtzuerhalten und das allgemeine Wohlbefinden in der Gesellschaft zu verbessern. Die Verhütung und Beendigung geschlechtsspezifischer Gewalt schafft ein sicheres und unterstützendes Umfeld, in dem sich Menschen geschützt und respektiert fühlen können. Dies ermöglicht die Entwicklung von Vertrauen, Zusammenarbeit und Verständnis zwischen Menschen, was die Grundlage für gesunde und produktive Beziehungen ist.

Darüber hinaus trägt die Bekämpfung geschlechtsspezifischer Gewalt dazu bei, Empathie und Mitgefühl in der Gesellschaft aufzubauen. Die Unterstützung eines Opfers geschlechtsspezifischer Gewalt zeigt Sorge und Respekt für die Gefühle und die Würde anderer, was dazu beiträgt, ein einladenderes und unterstützenderes Umfeld für alle Mitglieder zu schaffen. Solche positiven zwischenmenschlichen Interaktionen tragen dazu bei, das soziale Gefüge der Gesellschaft zu stärken und die Grundlage für Solidarität und gegenseitige Hilfe zu schaffen.

Die Bekämpfung geschlechtsspezifischer Gewalt führt nicht nur zu positiven Veränderungen für die einzelnen Opfer, sondern trägt auch zur Bildung einer Gesellschaft bei, die auf den Grundsätzen von Toleranz und Respekt basiert. Das bedeutet, dass eine Gemeinschaft, wenn sie Maßnahmen zur Prävention und Bekämpfung geschlechtsspezifischer Gewalt ergreift, ihren Widerstand gegen abweisendes und aggressives Verhalten zum Ausdruck bringt, indem sie die Bedeutung der Achtung der Rechte und der Würde jedes Mitglieds der Gesellschaft betont. Solche Maßnahmen schützen nicht nur den Einzelnen vor den negativen Folgen geschlechtsspezifischer Gewalt, sondern tragen auch dazu bei, ein Umfeld zu schaffen, in dem sich jeder sicher und respektiert fühlt. Dieser Prozess unterstützt die Entwicklung einer offeneren, integrativeren und empathischeren Gesellschaft, in der die Unterschiede und die Integrität jedes Einzelnen geschätzt werden.

❖·❖·❖·❖·❖·❖·❖·❖·❖·❖·❖·❖·❖·❖·❖

Kapitel 3.
Mythen über geschlechtsspezifische Gewalt.

Weit verbreitete Mythen über geschlechtsspezifische Gewalt können zu Missverständnissen und falschen Vorstellungen über das Thema führen. Hier sind einige verbreitete Mythen über geschlechtsspezifische Gewalt:

1. „Schuld des Opfers": Dieser Mythos geht davon aus, dass das Opfer geschlechtsspezifischer Gewalt die Schuld selbst auf sich genommen hat, sie vom Angreifer selbst auferlegt wurde oder eine solche Behandlung verdient. In Wirklichkeit rechtfertigt keine Handlung oder Verhaltensweise des Opfers Gewalt. Niemand hat es verdient, Gewalt zu erleiden, egal unter welchen Umständen.
Erläuterung:
- Opfer ziehen keine Gewalt an: Geschlechtsspezifische Gewalt ist nicht das Ergebnis des Verhaltens oder der Handlungen des Opfers. Niemand hat es verdient, Gewalt zu erleiden, egal wie er sich kleidet, benimmt oder spricht.
- Gewalt liegt in der Verantwortung des Täters: Die Schuld für geschlechtsspezifische Gewalt liegt allein beim Täter. Es ist das Ergebnis ihrer Entscheidungen und Handlungen, kein Opfer. Niemand hat das Recht, die Integrität einer anderen Person zu verletzen, unabhängig von den Umständen.
- Den Mythos überwinden: Es ist wichtig, das öffentliche Bewusstsein zu schärfen und die Information zu verbreiten, dass keine Handlung oder Verhaltensweise des Opfers Gewalt rechtfertigt. Die Unterstützung und der Schutz der Opfer sollten eine öffentliche Priorität sein und nicht darin bestehen, ihnen die Schuld für ihr eigenes Schicksal in der Gewalt zuzuschieben.
Dieser Mythos kann dazu führen, dass Opfer isoliert werden und nicht in der Lage sind, die Hilfe und Unterstützung zu erhalten, die sie benötigen. Daher ist es wichtig, diesen Mythos aktiv zu bekämpfen, indem man anerkennt, dass niemand es verdient, Gewalt zu erleiden, und dass die Verantwortung für Gewalt allein beim Täter liegt.

2. „Es passiert nur in dysfunktionalen Familien": Dieser Mythos geht davon aus, dass geschlechtsspezifische Gewalt nur in dysfunktionalen oder unterentwickelten Umgebungen auftritt. Das heißt, er argumentiert, dass solche Fälle von Gewalt ausschließlich in Familien mit niedrigem sozialen Status, bei Menschen mit mangelnder Bildung oder Geldmangel vorkommen.
Erläuterung:

- Gewalt ist nicht vom sozialen Status abhängig: Geschlechtsspezifische Gewalt kann in jeder Gesellschaft vorkommen, unabhängig von ihrem sozialen Status oder ihrem Wohlstand. Es ist nicht auf eine bestimmte Personengruppe beschränkt und kann sich in einer Vielzahl von Umgebungen manifestieren.

- Verborgenheit des Problems: Häufig bleiben Fälle von geschlechtsspezifischer Gewalt in wohlhabenderen Familien hinter einem idealen Erscheinungsbild verborgen oder verschleiert. Dies könnte den falschen Eindruck erwecken, dass solche Probleme nur in dysfunktionalen Familien bestehen.

- Prävalenz: Geschlechtsspezifische Gewalt ist ein globales Problem und kann in jeder Kultur, Gesellschaft und Umgebung auftreten. Die Aufklärung und Aufklärung der Öffentlichkeit über dieses Problem sind wichtige Schritte zur Prävention und Bekämpfung.

Dieser Mythos kann dazu führen, dass das Ausmaß des Problems geschlechtsspezifischer Gewalt unterschätzt wird und Maßnahmen zu seiner Lösung verhindert werden. Daher ist es wichtig zu erkennen, dass geschlechtsspezifische Gewalt in allen Umgebungen auftreten kann und dass die Verhinderung ihrer Ausbreitung Aufmerksamkeit und Anstrengungen der gesamten Gesellschaft erfordert.

3. „Männer können keine Opfer sein": Dieser Mythos geht davon aus, dass nur Frauen Opfer geschlechtsspezifischer Gewalt sein können. Es basiert auf Stereotypen, dass Männer immer stark, beschützt und keiner Gewalt ausgesetzt sind.

Erläuterung:

- Auch Männer können Opfer sein: Tatsächlich können auch Männer Opfer geschlechtsspezifischer Gewalt sein. Dies kann physischen, emotionalen, psychischen und sexuellen Missbrauch umfassen. Allerdings bleiben viele Fälle von Gewalt gegen Männer aufgrund von Stereotypen und Vorurteilen unentdeckt.

- Stereotype über Männlichkeit: Stereotype über Männlichkeit und Stärke können dazu führen, dass Männer nicht als potenzielle Opfer von Gewalt angesehen werden und es ihnen als Opfer schwerfällt, Hilfe zu suchen, weil sie befürchten, lächerlich gemacht oder unterbewertet zu werden.

- Wie wichtig es ist, alle Opfer anzuerkennen: Es ist wichtig anzuerkennen, dass auch Männer Opfer geschlechtsspezifischer Gewalt sein können, um sicherzustellen, dass sie Zugang zu Unterstützung und Hilfe haben. Es besteht die Notwendigkeit, Stereotypen in Frage zu stellen und sichere Räume und Ressourcen für alle Opfer, unabhängig vom Geschlecht, zu schaffen.

Dieser Mythos kann dazu führen, dass Fälle von Gewalt gegen Männer unbemerkt bleiben und von der Gesellschaft nicht angemessen thematisiert werden. Daher ist es wichtig zu erkennen, dass auch Männer Opfer geschlechtsspezifischer Gewalt sein können, und ihnen die notwendige Unterstützung und den nötigen Schutz zu gewähren.

4. „Gewalt kommt nur innerhalb der Familie vor": Dieser Mythos geht davon aus, dass geschlechtsspezifische Gewalt nur auf familiäre Beziehungen beschränkt ist. Dies impliziert, dass Gewalt ausschließlich im häuslichen Umfeld und in engen Beziehungen auftritt.

Erläuterung:

- Gewalt in verschiedenen Lebensbereichen: Tatsächlich kann geschlechtsspezifische Gewalt in verschiedenen Situationen und Umgebungen auftreten, einschließlich intimer Beziehungen, am Arbeitsplatz, an öffentlichen Orten und an anderen Orten. Dazu kann körperlicher oder emotionaler Missbrauch ebenso gehören wie sexuelle oder wirtschaftliche Unterdrückung.

- Prävalenz außerhalb der Familie: Gewalt beschränkt sich nicht auf familiäre Beziehungen. Sie kann in den unterschiedlichsten Situationen auftreten und häufig erstrecken sich Fälle geschlechtsspezifischer Gewalt über das häusliche Umfeld hinaus.

- Die Bedeutung des Bewusstseins: Das Bewusstsein dafür, dass Gewalt nicht nur innerhalb der Familie, sondern auch in anderen Situationen auftreten kann, trägt dazu bei, dieses Problem wirksamer zu bekämpfen und den Opfern in verschiedenen Situationen Schutz zu bieten.

Dieser Mythos kann dazu führen, dass das Verständnis geschlechtsspezifischer Gewalt eingeschränkt und ihr Ausmaß unterschätzt wird. Daher ist es wichtig zu erkennen, dass Gewalt in verschiedenen Situationen und Umgebungen auftreten kann, und Maßnahmen zu ihrer Prävention und Bekämpfung zu ergreifen, die nicht nur auf die häusliche Umgebung beschränkt sind.

5. „Opfer können die Gewalt selbst stoppen": Dieser Mythos legt nahe, dass Opfer geschlechtsspezifischer Gewalt die Gewalt einfach verlassen oder beenden könnten, wenn sie es wirklich wollten. Er argumentiert, dass die Opfer die Kontrolle über die Situation hätten und die Gewalt selbst stoppen könnten.

Erläuterung:

- Schwierigkeiten beim Verlassen: In Wirklichkeit kann es für das Opfer äußerst schwierig und gefährlich sein, einen Täter zu verlassen. Viele Faktoren wie wirtschaftliche Abhängigkeit, Androhung von Gewalt oder Angst um das eigene Leben und das Leben der Kinder können ein Opfer davon abhalten, den Täter zu verlassen.

- Unterstützungsbedarf: In den meisten Fällen benötigen Opfer geschlechtsspezifischer Gewalt Unterstützung, Schutz und Beistand, um aus einer gefährlichen Situation herauszukommen. Alleinige Versuche, die

Gewalt zu stoppen, können unzureichend oder sogar lebensbedrohlich sein.

- Systemische Barrieren: Opfer geschlechtsspezifischer Gewalt können oft durch systemische Barrieren behindert werden, wie z. B. fehlende Gesetze zum Schutz der Opfer, eine unzureichende Anzahl von Unterkünften oder eine schwache Reaktion der Strafverfolgungsbehörden auf Gewaltvorwürfe.

Dieser Mythos leugnet die Komplexität und Realität der Situation von Opfern geschlechtsspezifischer Gewalt und ignoriert auch die Notwendigkeit einer systemischen Unterstützung und eines Schutzes für die Opfer. Das Verständnis der Herausforderungen, mit denen Opfer konfrontiert sind, wird dazu beitragen, wirksamere Strategien zur Prävention und Bekämpfung geschlechtsspezifischer Gewalt zu entwickeln.

6. „Gewalt ist keine ernsthafte Bedrohung": Dieser Mythos geht davon aus, dass geschlechtsspezifische Gewalt keine ernsthafte Bedrohung für die Gesundheit und das Wohlbefinden der Opfer darstellt. Es kann der Eindruck entstehen, dass Gewalt etwas Kleines ist, das keine schwerwiegenden Folgen hat.

Erläuterung:

- Körperliche Folgen: Geschlechtsspezifische Gewalt kann zu schweren Verletzungen und körperlichen Schäden führen. Dies kann zu Prellungen, Brüchen, Schürfwunden, Verbrennungen und sogar zum Tod führen. Gewalt kann am Körper des Opfers irreparable Spuren hinterlassen.

- Psychische Folgen: Neben körperlichen Verletzungen hat geschlechtsspezifische Gewalt auch schwerwiegende Auswirkungen auf die psychische Gesundheit des Opfers. Dies kann zu einer posttraumatischen Belastungsstörung, Depressionen, Angstzuständen, Selbstmordgedanken und anderen psychischen Problemen führen.

- Soziale Folgen: Geschlechtsspezifische Gewalt kann das Leben des Opfers zerstören und sich auf seine Beziehungen, Arbeit, Finanzen und sein Selbstwertgefühl auswirken. Es kann zu sozialer Isolation, Stigmatisierung und Vertrauensverlust in andere führen.

Dieser Mythos unterschätzt die Schwere und das Ausmaß des Problems geschlechtsspezifischer Gewalt. Das Verständnis, dass Gewalt sowohl physische als auch psychische katastrophale Folgen für das Opfer haben kann, trägt dazu bei, das Bewusstsein für das Problem zu schärfen und wirksame Maßnahmen zu seiner Prävention und Bekämpfung zu entwickeln.

7. „Opfer können sich schützen": Dieser Mythos geht davon aus, dass Opfer geschlechtsspezifischer Gewalt sich schützen und Gewalt verhindern können. Dabei wird davon ausgegangen, dass die Opfer über

genügend Kraft und Ressourcen verfügen, um sich vor Gewalt zu schützen.

Erläuterung:

- Mangelnde Kapazitäten und Ressourcen: In der Realität mangelt es den Opfern häufig an Kapazitäten und Ressourcen, um sich selbst zu schützen. Dies kann auf wirtschaftliche Probleme, soziale Isolation, mangelnde Unterstützung durch andere oder Angst vor dem Täter zurückzuführen sein.

- Die Notwendigkeit einer gemeinschaftlichen Intervention: Die Bekämpfung geschlechtsspezifischer Gewalt erfordert nicht nur das Handeln der Opfer, sondern auch eine groß angelegte gemeinschaftliche Intervention. Dazu gehört die Entwicklung wirksamer Gesetze zum Schutz der Opfer, die Einrichtung von Unterkünften und Unterstützungszentren, die Bereitstellung von Zugang zu Rechtsbeistand und -beratung sowie die Schulung der Öffentlichkeit darin, Anzeichen von Gewalt zu erkennen und darauf zu reagieren.

- Unterstützung und Schutz: Opfer geschlechtsspezifischer Gewalt benötigen Unterstützung und Schutz durch die Gesellschaft und den Staat. Dadurch fühlen sie sich sicherer und erhöhen ihre Chancen, einer gefährlichen Situation zu entkommen.

Dieser Mythos unterschätzt die Komplexität der Situation von Opfern geschlechtsspezifischer Gewalt und die Notwendigkeit kollektiven Eingreifens der Gemeinschaft, um ihre Sicherheit und ihren Schutz zu gewährleisten. Es betont, wie wichtig es ist, ein unterstützendes und sicheres Umfeld zu schaffen, in dem Opfer Hilfe und Unterstützung erhalten können.

8. „Gewalt wird nur von Fremden ausgeübt": Dieser Mythos geht davon aus, dass geschlechtsspezifische Gewalt ausschließlich von Fremden und nicht von geliebten Menschen oder Partnern ausgeübt wird. Dies impliziert, dass Gewalt meist in unbekannten Situationen und von unbekannten Menschen ausgeht.

Erläuterung:

- Enge Beziehungen: Tatsächlich handelt es sich bei den Tätern am häufigsten um Personen, die dem Opfer nahe stehen, wie etwa Ehepartner, Lebenspartner, Verwandte oder Freunde. Dabei kann es sich um die Anwendung von Gewalt handeln, um das Opfer zu kontrollieren, zu dominieren oder zu unterdrücken.

- Macht- und Kontrollmechanismen: Geschlechtsspezifische Gewalt in intimen Beziehungen basiert oft auf Macht- und Kontrollmechanismen, bei denen der Täter versucht, das Verhalten und die Handlungen des Opfers zu kontrollieren. Dazu können Drohungen, emotionaler und psychischer Missbrauch sowie körperlicher und sexueller Missbrauch gehören.

- Schwierigkeiten beim Erkennen: Da Gewalt häufig in engen Beziehungen auftritt, kann es schwierig sein, sie als Gewalt zu erkennen oder zu erkennen. Opfer können Scham, Angst oder Schuldgefühle verspüren, was es für sie schwierig macht, Hilfe oder Schutz zu suchen.

Dieser Mythos betont, wie wichtig es ist, zu erkennen, dass es in jeder Beziehung, auch in intimen Beziehungen, zu Gewalt kommen kann. Dies zu verstehen hilft, das Verständnis geschlechtsspezifischer Gewalt zu erweitern und auf ihre Präsenz in verschiedenen Lebensbereichen aufmerksam zu machen.

9. „Gewalt passiert nur Menschen einer bestimmten sozialen Schicht oder ethnischen Gruppe": Dieser Mythos geht davon aus, dass geschlechtsspezifische Gewalt auf bestimmte soziale oder ethnische Gruppen beschränkt ist. Es entsteht der Eindruck, dass Gewalt auf bestimmte Personengruppen beschränkt und nicht weit verbreitet ist.

Erläuterung:

- Universalität des Problems: Tatsächlich kann geschlechtsspezifische Gewalt in allen Gesellschaften und Umgebungen auftreten, unabhängig von sozialer Klasse, ethnischer Zugehörigkeit oder kulturellem Hintergrund. Es kennt keine Grenzen und kann über verschiedene kulturelle und soziale Kontexte verteilt werden.

- Kulturelle Stereotypen: Einige kulturelle Stereotypen und Einstellungen können geschlechtsspezifische Gewalt normalisieren oder ihre Verbreitung in bestimmten Gruppen erhöhen. Dies bedeutet jedoch nicht, dass Gewalt auf diese Gruppen beschränkt ist.

- Mangel an Daten: Manchmal ist geschlechtsspezifische Gewalt in bestimmten Gruppen aufgrund von Stereotypen oder kulturellen Barrieren weniger sichtbar, was den falschen Eindruck erwecken kann, dass es in diesen Umgebungen keine Gewalt gibt. Dies bedeutet jedoch nicht, dass das Problem nicht besteht.

Dieser Mythos unterstreicht, wie wichtig es ist, anzuerkennen, dass geschlechtsspezifische Gewalt ein weltweites Problem ist, das nicht auf bestimmte soziale oder ethnische Gruppen beschränkt ist. Dieses Verständnis trägt dazu bei, das Problem der Gewalt in der Gesellschaft umfassender und wirksamer zu bekämpfen.

10. „Opfer geschlechtsspezifischer Gewalt wehren sich immer": Dieser Mythos geht davon aus, dass Opfer geschlechtsspezifischer Gewalt ihren Tätern stets aktiven Widerstand leisten. Es entsteht der Eindruck, dass Opfer die Fähigkeit und Fähigkeit besitzen, Gewalt in jeder Situation zu widerstehen.

Erläuterung:

- Lähmende Gefühle: In Wirklichkeit erleben viele Opfer geschlechtsspezifischer Gewalt Angst, Entsetzen und lähmende Gefühle, die sie möglicherweise daran hindern, Widerstand zu leisten oder zu versuchen, ihren Täter zu verlassen. Dies kann durch ein Trauma, psychischen Druck oder Drohungen des Täters verursacht werden.

- Kontrollmechanismen: Täter nutzen häufig verschiedene Kontroll- und Manipulationsmechanismen, um den Widerstand des Opfers zu unterdrücken und es in ihrer Macht zu halten. Dazu können Drohungen, körperliche oder emotionale Gewalt und Isolation von der Außenwelt gehören.

- Trauma und Stress: Erfahrungen geschlechtsspezifischer Gewalt können zu Trauma und Stress führen und den Widerstand zusätzlich erschweren. Opfer können sich wehrlos und hilflos fühlen, was es für sie schwierig macht, einer gefährlichen Situation zu entkommen.

Dieser Mythos unterstreicht, wie wichtig es ist, zu erkennen, dass Opfer geschlechtsspezifischer Gewalt möglicherweise unterschiedliche Emotionen empfinden und unterschiedlich auf Gewalt reagieren. Dies zu verstehen hilft, Stigmatisierung oder Schuldzuweisungen zu vermeiden, wenn es an aktivem Widerstand mangelt, und stellt sicher, dass Opfer in ihrem Kampf gegen Gewalt unterstützt und unterstützt werden.

11. „Opfer geschlechtsspezifischer Gewalt haben immer die Freiheit, aus einer missbräuchlichen Situation herauszukommen." Dieser Mythos geht davon aus, dass es Opfern geschlechtsspezifischer Gewalt immer freisteht, eine missbräuchliche Situation zu verlassen. Dies impliziert, dass die Opfer die Kontrolle über ihre Situation haben und jederzeit die Möglichkeit haben, den Täter zu verlassen.

Erläuterung:

- Finanzielle Abhängigkeit: Viele Opfer geschlechtsspezifischer Gewalt sind finanziell von ihren Tätern abhängig, was es schwierig macht, eine missbräuchliche Situation ohne finanzielle Unterstützung zu verlassen. Möglicherweise wird ihnen der Zugang zu ihrem eigenen Lebensunterhalt oder ihre wirtschaftliche Unabhängigkeit verweigert, was ihre Fähigkeit zur Auswanderung einschränkt.

- Drohungen und Angst: Täter nutzen häufig Drohungen und Manipulationen, um das Opfer in ihrer Macht zu halten und Versuche zu verhindern, aus der missbräuchlichen Situation herauszukommen. Opfer haben möglicherweise Angst um ihre Sicherheit und die ihrer Kinder, was sie möglicherweise daran hindert, die Entscheidung zu treffen, das Land zu verlassen.

- Verpflichtungs- oder Schamgefühle: Einige Opfer fühlen sich aufgrund eines Verpflichtungs- oder Schamgefühls möglicherweise verpflichtet, in der Beziehung zu bleiben, was sie auch daran hindert, die missbräuchliche Situation zu verlassen.

Dieser Mythos unterstreicht, wie wichtig es ist zu verstehen, dass Opfer geschlechtsspezifischer Gewalt viele Hindernisse haben können, sich von ihrem Täter zu befreien. Unterstützung, Verständnis und Zugang zu Ressourcen können den Prozess des Verlassens einer missbräuchlichen

Situation für Opfer sicherer und zugänglicher machen.

12. „Männer können keine Opfer sein": Dieser Mythos geht davon aus, dass nur Frauen Opfer geschlechtsspezifischer Gewalt sein können, während Männer immer als Täter angenommen werden. Er argumentiert, dass Männer nicht Opfer von Gewalt durch ihren Partner oder in anderen Situationen werden können.

Erläuterung:

- Die Realität männlicher Viktimisierung: Tatsächlich können auch Männer Opfer geschlechtsspezifischer Gewalt werden. Sie können körperlichem, emotionalem, sexuellem oder wirtschaftlichem Missbrauch durch ihre Partner, Familienmitglieder oder andere ausgesetzt sein.

- Stereotype und Stigmatisierung: Der Mythos, dass Männer keine Opfer sein können, kann zur Stigmatisierung und zum Verschweigen ihrer Gewalterfahrungen führen. Dies schafft Hindernisse für Hilfe und Unterstützung und kann das Trauma des Opfers verschlimmern.

- Unterschätzung des Problems: Das Ignorieren von Gewalt gegen Männer führt zu einer Unterschätzung des Problems und erschwert die Entwicklung wirksamer Strategien zu seiner Bekämpfung. Die Berücksichtigung der Erfahrungen von Männern als Opfer geschlechtsspezifischer Gewalt ist wichtig, um dieses Problem in der Gesellschaft zu verstehen und zu bekämpfen.

Dieser Mythos unterstreicht die Notwendigkeit zu erkennen, dass geschlechtsspezifische Gewalt keine Geschlechtergrenzen kennt und jeden treffen kann, unabhängig von seinem Geschlecht oder seiner Geschlechtsidentität. Das Verständnis dafür trägt dazu bei, einen integrativeren und wirksameren Ansatz zur Prävention und Bekämpfung geschlechtsspezifischer Gewalt zu entwickeln.

13. „Geh einfach und alles wird gelöst": Dieser Mythos impliziert, dass Opfer geschlechtsspezifischer Gewalt ihren Täter einfach und einfach verlassen können und alle ihre Probleme automatisch gelöst werden. Er unterschätzt die Komplexität und Gefahr des Prozesses der Befreiung von Gewalt.

Erläuterung:

- Schwierigkeiten beim Abschied: Der Abschied von einem missbräuchlichen Partner bedeutet für viele Opfer finanzielle, emotionale und körperliche Hindernisse. Beim Ausreiseversuch können sie Drohungen, Manipulationen oder Gewalt ausgesetzt sein, was den Entlassungsprozess äußerst schwierig und gefährlich macht.

- Wirtschaftliche Abhängigkeit: Viele Opfer geschlechtsspezifischer Gewalt sind finanziell oder anderweitig von ihren Tätern abhängig, was den Abschied unsicher und riskant macht. Ohne Unterstützung oder finanzielle Mittel können sie Schwierigkeiten haben, sich und ihre Kinder zu ernähren.

- Mangelnde Unterstützung: Opfer erfahren oft einen Mangel an Unterstützung durch die Gesellschaft, Freunde oder Familie, was den Prozess, den Täter zu verlassen, noch schwieriger und isolierender macht.

Dieser Mythos unterstreicht, wie wichtig es ist zu verstehen, dass die Befreiung von geschlechtsspezifischer Gewalt ein komplexer und vielschichtiger Prozess ist, der Unterstützung, Ressourcen und ein sicheres Umfeld erfordert. Es betont auch die Notwendigkeit, öffentliche Unterstützung und Schutz für Opfer von Gewalt in ihrem Befreiungs- und Genesungsprozess zu schaffen.

14. „Gewalt ist ein Privileg der Reichen": Dieser Mythos impliziert, dass geschlechtsspezifische Gewalt ausschließlich in armen oder unterentwickelten Gesellschaften auftritt und in wohlhabenderen Bevölkerungsgruppen nicht vorhanden oder selten vorkommt. Er glaubt, dass Gewalt eine Folge sozialer oder wirtschaftlicher Benachteiligung ist.

Erläuterung:

- Prävalenz von Gewalt: Geschlechtsspezifische Gewalt kommt in allen Bereichen der Gesellschaft vor, unabhängig von sozialem Status, Einkommen oder Bildung. Es kann jeden treffen, unabhängig von seinem Vermögen oder seinem sozialen Status.

- Versteckte Fälle: In wohlhabenden Teilen der Gesellschaft können Fälle geschlechtsspezifischer Gewalt aufgrund sozialer Stigmatisierung, Angst oder mangelndem Bewusstsein verborgen oder unterdrückt werden. Dies kann dazu führen, dass das Problem unsichtbar bleibt oder unterschätzt wird.

- Kulturelle und strukturelle Faktoren: Geschlechtsspezifische Gewalt wird durch kulturelle, soziale und strukturelle Faktoren verursacht, die in verschiedenen Gesellschaften vorhanden sind, unabhängig von ihrem Entwicklungsstand oder Wohlbefinden.

Dieser Mythos unterstreicht die Bedeutung des Verständnisses, dass geschlechtsspezifische Gewalt nicht auf bestimmte soziale oder wirtschaftliche Gruppen beschränkt ist und dass ihre Prävention und Kontrolle auf einem Verständnis ihrer Wurzeln und Ursachen in verschiedenen kulturellen und sozialen Kontexten basieren muss.

15. „Opfer geschlechtsspezifischer Gewalt provozieren immer den Vergewaltiger": Dieser Mythos impliziert, dass Opfer geschlechtsspezifischer Gewalt immer für etwas verantwortlich sind und den Vergewaltiger durch ihr Verhalten oder Handeln provozieren. Es heißt fälschlicherweise, dass Aggression oder Gewalt eine Reaktion auf eine Handlung oder ein Verhalten des Opfers sei.

Erläuterung:

- Verantwortung für Gewalt: Kein Verhalten oder Handeln des

Opfers rechtfertigt Gewalt. Täter übernehmen die volle Verantwortung für ihre Handlungen und Entscheidungen, Gewalt anzuwenden, um eine andere Person zu kontrollieren oder zu demütigen.

- Manipulation und Kontrolle: Täter können Aussagen wie „Es ist ihre Schuld" verwenden, um das Opfer zu manipulieren und zu kontrollieren. Dies dient dazu, ihre Macht zu stärken und ihr gewalttätiges Verhalten zu rechtfertigen.

- Normalisierung von Gewalt: Die Verbreitung eines solchen Mythos kann zur Normalisierung und Toleranz von Gewalt in der Gesellschaft beitragen, was die Verurteilung von Gewalttaten und die Unterstützung der Opfer behindern kann.

Dieser Mythos unterstreicht die Notwendigkeit zu erkennen, dass die Verantwortung für Gewalt immer beim Täter liegt und keine Handlung oder Verhaltensweise des Opfers die Anwendung von Gewalt rechtfertigt. Es unterstreicht auch, wie wichtig es ist, die Kultur der Normalisierung von Gewalt in Frage zu stellen und die Unterstützung für Opfer geschlechtsspezifischer Gewalt zu stärken.

Diese Mythen können die Wahrnehmung geschlechtsspezifischer Gewalt verzerren und deren Prävention und Reaktion behindern. Das Verständnis, dass sie nicht wahr sind, hilft, das Ausmaß des Problems besser zu verstehen und den Opfern Unterstützung zu bieten.

Das Verständnis, dass es sich bei vielen verbreiteten Überzeugungen über geschlechtsspezifische Gewalt um Mythen handelt, kann den Opfern helfen, ihre Situation zu überdenken und zu erkennen, dass sie nicht für das, was ihnen widerfährt, verantwortlich sind. Dies kann der erste Schritt sein, sich von der Gewalt zu befreien und Hilfe und Unterstützung zu suchen.

❖ · ❖ · ❖ · ❖ · ❖ · ❖ · ❖ · ❖ · ❖ · ❖ · ❖ · ❖ · ❖ · ❖ · ❖

Kapitel 4.
Erste Hilfe für Opfer geschlechtsspezifischer Gewalt. Verfügbare Ressourcen zur Unterstützung von Opfern geschlechtsspezifischer Gewalt.

Opfern geschlechtsspezifischer Gewalt zu helfen ist nicht nur notwendig, sondern auch wichtig in den ersten Augenblicken nach dem Vorfall. Dieser erste Schritt kann für das Opfer einen großen Unterschied machen und ihm in Krisenzeiten die Unterstützung bieten, die es braucht.

Erstens kann Erste Hilfe Leben retten und Gefahren für die Gesundheit des Opfers verhindern. Die Bereitstellung medizinischer Versorgung, Sicherheit und Schutz haben oberste Priorität, um weitere Verletzungen und Komplikationen zu vermeiden.

Neben der körperlichen Hilfe ist es jedoch auch wichtig, dem Opfer psychologische Unterstützung und Trost zu bieten. Dies wird dazu beitragen, Stress, Angst und Unbehagen zu reduzieren und zeigt auch, dass das Opfer mit seinem Kampf nicht allein ist.

Auch die Hilfe in den ersten Minuten nach einem Vorfall kann als Ausgangspunkt für den weiteren Genesungsprozess dienen. Die in dieser kritischen Zeit gebotene Unterstützung und der Schutz können eine Schlüsselrolle beim Beginn des Heilungsprozesses und bei der Rückkehr zum normalen Leben spielen.

Es ist wichtig zu verstehen, dass die Bereitstellung von Erster Hilfe nicht nur ein körperlicher Eingriff, sondern auch ein Akt der Unterstützung und Empathie ist. Dies ist der Moment, in dem sich der Überlebende gehört, verstanden und unterstützt fühlt, was ein wichtiger Schritt in Richtung Genesung und Genesung ist.

Die Bereitstellung erster Hilfe für Opfer geschlechtsspezifischer Gewalt ist ein entscheidender Schritt zur Unterstützung und zum Schutz der Überlebenden. Hier sind einige grundlegende Aspekte der Ersten Hilfe und verfügbare Ressourcen für Opfer:

1. Sicherheit: Die Sicherheit des Opfers muss an erster Stelle stehen. Wenn die Situation immer noch ein Risiko darstellt, ist es wichtig, sofort Abhilfemaßnahmen zu ergreifen. Dazu kann es gehören, die Polizei oder den Krankenwagen zu rufen, um sofort einzugreifen und die Sicherheit des Opfers und anderer zu gewährleisten, oder spezielle soziale Organisationen, die Opfer geschlechtsspezifischer Gewalt schützen, anzurufen und um Hilfe zu bitten. Bei der Beurteilung der Sicherheit ist es wichtig, sowohl die physischen als auch die psychischen Aspekte der Situation zu berücksichtigen, da die Bedrohung sowohl von außerhalb als auch von innerhalb des Hauses oder der Familie ausgehen kann. Das Opfer muss aus der gefährlichen Situation entfernt und geschützt werden, um weitere Verletzungen oder wiederholte Gewaltvorfälle zu verhindern.

2. Ärztliche Hilfe: Wenn das Opfer körperliche Verletzungen oder Verletzungen hat, steht die ärztliche Hilfe an erster Stelle. Dies kann das Stoppen von Blutungen und die Bereitstellung erster Hilfe bei Prellungen, Brüchen oder anderen Verletzungen umfassen. Um eine Verschlechterung des Zustands zu verhindern und eine bestmögliche Genesung zu gewährleisten, sollte das Opfer so schnell wie möglich ärztliche Hilfe erhalten. In einigen Fällen kann ein Notfall-Krankenhausaufenthalt erforderlich sein, um schwere Verletzungen zu behandeln oder mögliche innere Verletzungen abzuklären. Es ist wichtig, auf Anzeichen von Verletzungen oder Schmerzen zu achten und umgehend einen Arzt aufzusuchen, um diese zu behandeln und zu behandeln.

3. Psychologische Unterstützung: Opfer geschlechtsspezifischer Gewalt können traumatische Folgen in Form von Stress, Angstzuständen, Depressionen oder einer posttraumatischen Belastungsstörung (PTSD) erleben. Die Bereitstellung psychologischer Unterstützung und Beratung hilft Überlebenden, mit emotionalen Schwierigkeiten umzugehen. Psychologische Unterstützung kann Beratungsgespräche mit einem Psychologen oder Psychiater, Therapiesitzungen oder die Teilnahme an Gruppenprogrammen zur Unterstützung von Gewaltopfern umfassen. Es ist wichtig, dass sich die Überlebenden unterstützt und emotional sicher fühlen, damit sie ihre Gefühle sicher ausdrücken können und die Hilfe erhalten, die sie brauchen, um sich von ihrem traumatischen Erlebnis zu erholen.

4. Rechtsbeistand: Opfer geschlechtsspezifischer Gewalt müssen ihre Rechte kennen und Zugang zu Rechtsbeistand haben. Dazu gehört auch die Konsultation eines Anwalts, der ihnen hilft, ihre Rechte und Möglichkeiten nach dem Gesetz zu verstehen. Ein Anwalt kann dem Opfer Informationen über gerichtliche Verteidigungs- und Schutzverfahren geben, einschließlich der Möglichkeit, eine einstweilige Verfügung oder einstweilige Verfügung zu erwirken. Darüber hinaus kann die rechtliche Unterstützung die Unterstützung bei der Vorbereitung von Dokumenten, der Einreichung einer Anzeige bei der Polizei oder dem Gericht sowie der Vertretung des Opfers vor Gericht umfassen. Es ist wichtig, dass Opfer geschlechtsspezifischer Gewalt wissen, dass sie das Recht auf Verteidigung und ein faires Verfahren vor Gericht haben und dass sie Unterstützung und Hilfe von erfahrenen Anwälten erhalten können.

5. Opferhilfezentren: Es gibt spezialisierte Organisationen und Hilfszentren, die Opfer geschlechtsspezifischer Gewalt unterstützen. Diese Zentren bieten eine breite Palette von Dienstleistungen an, darunter rechtliche, medizinische und psychologische Hilfe.

Zur Rechtshilfe gehören Beratungen mit einem Anwalt, Unterstützung bei der Vorbereitung von Dokumenten, Unterstützung bei Gerichtsverhandlungen und die Wahrung der Interessen des Opfers vor Gericht.

Die medizinische Versorgung bietet Erste Hilfe bei Körperverletzungen, Behandlung von Verletzungen und Rehabilitation von Opfern.

Psychologische Unterstützung hilft Opfern, mit emotionalen Schwierigkeiten wie Stress, Ängsten und Depressionen umzugehen, die durch geschlechtsspezifische Gewalt verursacht werden.

Darüber hinaus können Hilfszentren Opfern, die Zuflucht vor ihrem Täter benötigen, vorübergehende Unterbringung an sicheren Orten anbieten.

Diese Organisationen spielen eine wichtige Rolle bei der Unterstützung und dem Schutz von Opfern geschlechtsspezifischer Gewalt und helfen ihnen, sich zu erholen und schwierige Lebenssituationen zu bewältigen.

6. Telefon-Hotlines: In vielen Ländern gibt es Telefon-Hotlines für Opfer von Gewalt. Diese Hotlines bieten Opfern vertrauliche Unterstützung und Beratung sowie Informationen über verfügbare Ressourcen und Dienste.

Durch einen Anruf bei der Hotline können Opfer alle benötigte Krisenhilfe erhalten, ihre Situation mit einem Fachmann besprechen und Ratschläge zu den nächsten Schritten erhalten.

Telefon-Hotlines sind 24 Stunden am Tag besetzt und in der Regel kostenlos erreichbar. Sie spielen eine wichtige Rolle bei der Bereitstellung von Unterstützung und Information für Opfer geschlechtsspezifischer Gewalt und helfen ihnen, sich weniger isoliert und mehr unterstützt zu fühlen.

Im Falle geschlechtsspezifischer Gewalt sollten Opfer Hilfe bei den nächstgelegenen Strafverfolgungsbehörden, medizinischen Einrichtungen oder Organisationen suchen, die auf die Unterstützung von Gewaltopfern spezialisiert sind. Sie können die notwendige Hilfe leisten und das Opfer an weitere Ressourcen und Dienste verweisen, um seine Sicherheit und sein Wohlbefinden zu gewährleisten.

7. Online-Ressourcen und Unterstützungsgemeinschaften: Online-Ressourcen und Unterstützungsgemeinschaften spielen ebenfalls eine wichtige Rolle bei der Unterstützung von Opfern geschlechtsspezifischer Gewalt. Es gibt viele Websites, Foren, Social-Media-Gruppen und Online-Plattformen, die Opfer von Gewalt unterstützen und ihnen die Informationen und Ressourcen zur Verfügung stellen sollen, die sie benötigen.

Über diese Ressourcen können Opfer vertrauliche Unterstützung erhalten, Erfahrungen mit anderen in ähnlichen Situationen austauschen, sich von Spezialisten beraten lassen und an Diskussionen zu Themen im Zusammenhang mit ihren Problemen teilnehmen.

Online-Ressourcen bieten in der Regel eine breite Palette an Informationen über die Rechte der Opfer, Unterstützungsdienste und den Zugang zu medizinischer, psychologischer und rechtlicher Hilfe. Darüber hinaus können sie Kontaktdaten von Organisationen und Hilfszentren bereitstellen, bei denen Opfer offline zusätzliche Unterstützung erhalten können.

Online-Selbsthilfegemeinschaften bieten Opfern einen sicheren Raum, in dem sie ihre Gefühle zum Ausdruck bringen, Unterstützung erhalten und sich mit Gleichgesinnten solidarisieren können. Es ist wichtig, dass diese Communities von Fachleuten moderiert werden, um die Sicherheit und Privatsphäre der Teilnehmer zu gewährleisten.

8. Medizinische und psychologische Zentren: Medizinische und psychologische Zentren spielen eine Schlüsselrolle bei der Unterstützung von Opfern geschlechtsspezifischer Gewalt und bieten ihnen umfassende Behandlung und Unterstützung zur Wiederherstellung ihrer physischen und psychischen Gesundheit.

Gesundheitszentren sind auf die medizinische Versorgung von Opfern mit Körperverletzungen aufgrund geschlechtsspezifischer Gewalt spezialisiert. Ärzte und medizinisches Personal leisten bei Bedarf Erste Hilfe, behandeln Verletzungen, führen bei Bedarf chirurgische Eingriffe durch und überwachen den Gesundheitszustand der Opfer.

Psychologische Zentren sind auf die psychologische Betreuung und Beratung von Opfern geschlechtsspezifischer Gewalt spezialisiert. Psychologen und Psychotherapeuten helfen Opfern bei der Bewältigung der emotionalen Schwierigkeiten, die mit traumatischen Erfahrungen wie Stress, Angstzuständen, Depressionen, posttraumatischer Belastungsstörung (PTBS) und anderen psychischen Folgen von Gewalt einhergehen.

Darüber hinaus bieten medizinische und psychologische Zentren den Opfern professionelle Hilfe und Unterstützung bei der Wiederherstellung ihres Selbstwertgefühls, der Verbesserung ihrer Lebensqualität und der Entwicklung von Strategien zur Bewältigung der Folgen geschlechtsspezifischer Gewalt. Sie arbeiten eng mit anderen Organisationen und Hilfszentren zusammen, um den Opfern das gesamte Spektrum der notwendigen Hilfe und Unterstützung zu bieten.

9. Selbsthilfe und Selbstbildung: Selbsthilfe und Selbstbildung spielen eine wichtige Rolle dabei, Opfern geschlechtsspezifischer Gewalt dabei zu helfen, ihre Rechte zu verstehen, ihr Selbstwertgefühl zu stärken und Wege zu finden, mit Schwierigkeiten umzugehen.

Selbsthilfe umfasst eine Vielzahl von Strategien und Techniken, mit denen Opfer ihr körperliches und psychisches Wohlbefinden erhalten können. Dazu können Entspannungsübungen, Atemtechniken, Meditation und Yoga-Übungen gehören, um Stress und Ängste abzubauen. Opfer können auch Literatur, Online-Ressourcen und Informationsbroschüren konsultieren, um mehr über ihre Rechte, Selbstschutzmethoden und Bewältigungsstrategien zu erfahren.

Selbstbildung bietet Opfern die Möglichkeit, zusätzliche Fähigkeiten und Kenntnisse zu erwerben, die ihnen helfen, mit den Folgen geschlechtsspezifischer Gewalt umzugehen und in ein normales Leben zurückzukehren. Dazu kann die Teilnahme an Selbstverteidigungstrainings und -seminaren, das Erlernen von Kommunikations- und

Konfliktmanagementfähigkeiten sowie die Teilnahme an Gruppenunterstützungssitzungen gehören, in denen Opfer Erfahrungen austauschen und Unterstützung von anderen erhalten können, die ähnliche Situationen erlebt haben.

Selbsthilfe und Selbstbildung ermöglichen es den Opfern, aktive Teilnehmer am Genesungs- und Genesungsprozess zu werden, was die psychische Heilung, ein verbessertes Wohlbefinden und ein gesteigertes Selbstvertrauen fördert.

10. Zentren und Organisationen: In vielen Ländern gibt es auch Jugendzentren und Organisationen, die Programme und Aktivitäten anbieten, die auf die Unterstützung und das emotionale Wohlbefinden derjenigen abzielen, die geschlechtsspezifische Gewalt erleben.

Zentren und Organisationen, die mit Jugendlichen arbeiten, spielen eine wichtige Rolle bei der Unterstützung von Opfern geschlechtsspezifischer Gewalt. Sie bieten eine Vielzahl von Programmen und Aktivitäten an, um die Unterstützung und das emotionale Wohlbefinden junger Menschen mit diesem Problem zu unterstützen.

Diese Zentren und Organisationen bieten häufig Gruppensitzungen, Workshops und Schulungen zum Thema geschlechtsspezifische Gewalt an, in denen Jugendliche ihre Rechte kennenlernen, ihre Gefühle und Erfahrungen diskutieren und wirksame Strategien zum Selbstschutz und zur Bewältigung schwieriger Situationen erlernen können.

Sie bieten außerdem Beratung und Unterstützung in den Bereichen Rechtsschutz, medizinische Versorgung und psychologische Unterstützung und helfen Jugendlichen, die traumatischen Auswirkungen geschlechtsspezifischer Gewalt zu überwinden und in ein normales Leben zurückzukehren.

Darüber hinaus bieten diese Zentren häufig Hilfe bei der Suche nach einer vorübergehenden Unterkunft und bieten jungen Opfern, die versuchen, einen missbräuchlichen Partner oder häusliche Gewalt zu verlassen, ein sicheres und unterstützendes Umfeld.

Im Allgemeinen spielen Zentren und Organisationen, die mit Jugendlichen arbeiten, eine wichtige Rolle bei der Bereitstellung von Unterstützung und Schutz für junge Menschen, die geschlechtsspezifischer Gewalt ausgesetzt sind, und bei der Förderung ihrer Genesung und Genesung.

11. Selbsthilfegruppen: Es gibt verschiedene Selbsthilfegruppen für Opfer geschlechtsspezifischer Gewalt, in denen Menschen ihre Erfahrungen austauschen und Rat und emotionale Unterstützung von anderen Teilnehmern erhalten können.

Selbsthilfegruppen für Opfer geschlechtsspezifischer Gewalt sind eine wichtige Anlaufstelle für Menschen, die von diesem Problem betroffen sind. In solchen Gruppen können Menschen ihre Geschichten und Erfahrungen teilen und emotionale Unterstützung und Ratschläge von anderen Mitgliedern erhalten, die ähnliche Schwierigkeiten durchgemacht haben.

Die Teilnahme an Selbsthilfegruppen gibt Überlebenden geschlechtsspezifischer Gewalt das Gefühl, dass sie mit ihrer Erfahrung nicht allein sind und dass es viele Menschen gibt, die bereit sind, sie zu unterstützen und ihnen zuzuhören. Der Kontakt zu Menschen, die ihre Gefühle verstehen und teilen, kann ihnen helfen, sich verstanden und akzeptiert zu fühlen.

Selbsthilfegruppen besprechen außerdem verschiedene Bewältigungsstrategien, Selbstschutztechniken und Möglichkeiten, Hilfe zu bekommen. Dies hilft den Teilnehmern, Fähigkeiten zur Problemlösung zu entwickeln und Wege zur Genesung zu finden.

Darüber hinaus können Selbsthilfegruppen als Plattform für die öffentliche Diskussion geschlechtsspezifischer Gewalt dienen, das gesellschaftliche Bewusstsein für das Problem schärfen und Änderungen in der Gesetzgebung und Politik zur Prävention und Bekämpfung fördern.

Insgesamt sind Selbsthilfegruppen für Opfer geschlechtsspezifischer Gewalt eine wichtige Ressource, die Menschen dabei hilft, Verständnis, Unterstützung und Kraft bei der Bewältigung traumatischer Erfahrungen zu finden.

12. Schulpsychologen und Sozialarbeiter: Viele Bildungseinrichtungen beschäftigen Psychologen und Sozialarbeiter, die Schülern, die von geschlechtsspezifischer Gewalt betroffen sind, Beratung und Unterstützung bieten.

Schulpsychologen und Sozialarbeiter spielen eine wichtige Rolle bei der Unterstützung und Betreuung von Schülern, die von geschlechtsspezifischer Gewalt betroffen sind. Im Bildungsbereich bieten sie den Schülern vertrauliche Beratung und emotionale Unterstützung und helfen ihnen, die notwendigen Schritte zum Schutz ihrer Sicherheit zu unternehmen.

Schulpsychologen und Sozialarbeiter verfügen über professionelle Kompetenzen in der Arbeit mit Kindern und Jugendlichen, die es ihnen ermöglichen, wirksam zur Lösung von Problemen im Zusammenhang mit geschlechtsspezifischer Gewalt beizutragen. Sie sind in der Lage, emotionale Unterstützung zu bieten, den Schülern zu helfen, ihre Rechte zu verstehen und Lösungen zur Überwindung von Schwierigkeiten zu finden.

Darüber hinaus können Schulpsychologen und Sozialarbeiter präventive Arbeit leisten, um geschlechtsspezifischer Gewalt im Bildungsumfeld vorzubeugen. Sie können Bildungsveranstaltungen, Schulungsprogramme und Selbsthilfegruppen organisieren, die darauf abzielen, das Bewusstsein zu schärfen und gesunde Beziehungen zwischen den Schülern aufzubauen.

Daher sind Schulpsychologen und Sozialarbeiter wichtige Akteure im Kampf gegen geschlechtsspezifische Gewalt im Bildungsbereich. Ihre beruflichen Fähigkeiten und ihre Unterstützung helfen den Schülern, die mit diesem Problem verbundenen Herausforderungen zu meistern und schaffen ein sicheres und unterstützendes Umfeld für alle am Bildungsprozess Beteiligten.

13. Unterstützung durch soziale Medien und Online-Foren: Die Unterstützung durch soziale Medien und Online-Foren spielt eine wichtige Rolle bei der Bereitstellung von Hilfe und Unterstützung für Opfer geschlechtsspezifischer Gewalt. Diese Ressourcen bieten eine anonyme Plattform, auf der Menschen ihre Geschichten teilen, ihre Probleme diskutieren und Unterstützung von anderen Mitgliedern erhalten können.

Einer der Hauptvorteile der Unterstützung über soziale Netzwerke und Online-Foren ist deren Zugänglichkeit und Bequemlichkeit. Opfer geschlechtsspezifischer Gewalt können zu jeder Tageszeit und von überall auf der Welt Unterstützung erhalten, indem sie nur über einen Internetzugang verfügen. Dies ist besonders wichtig für diejenigen, die möglicherweise Angst haben oder Schwierigkeiten haben, in der realen Welt Hilfe zu bekommen.

Darüber hinaus bieten soziale Netzwerke und Online-Foren Möglichkeiten zur anonymen Kommunikation. Dies kann besonders wichtig für diejenigen sein, die aus Angst oder Stigmatisierung davor zurückschrecken, ihre Erfahrungen mit echten Menschen zu teilen. Durch die Anonymität können sich Opfer wohler und geschützter fühlen.

Darüber hinaus können in sozialen Netzwerken und Online-Foren spezialisierte Gruppen oder Communities gegründet werden, die sich dem Thema geschlechtsspezifische Gewalt widmen. Diese Gruppen bringen Menschen mit ähnlichen Erfahrungen und Interessen zusammen und bieten ein Forum für Informationsaustausch, Unterstützung und Solidarität.

Daher ist die Unterstützung über soziale Medien und Online-Foren eine wichtige und wirksame Ressource für Opfer geschlechtsspezifischer Gewalt, die ihnen jederzeit und überall Zugang zu Unterstützung, Informationen und Gemeinschaft bietet.

Diese Ressourcen können in den frühen Stadien geschlechtsspezifischer Gewalt eine undurchdringliche erste Verteidigungslinie sein. Sie leisten eine verlässliche „Erste Hilfe", die geschlechtsspezifische Gewalt stoppen oder dem Opfer zumindest die nötige Zeit und Unterstützung geben kann, sich auf das weitere Vorgehen vorzubereiten.

In den frühen Stadien geschlechtsspezifischer Gewalt können diese Ressourcen dem Opfer helfen, Einsicht, Unterstützung und Ratschläge für die Reaktion zu gewinnen. Sie können auch Strategien zur Bekämpfung geschlechtsspezifischer Gewalt anbieten und den Opfern helfen, ihre Widerstandsfähigkeit zu stärken.

Darüber hinaus können sie als Plattform für die Schaffung eines unterstützenden Umfelds und die Stärkung der sozialen Bindung dienen, was ein wichtiger Faktor für die erfolgreiche Bekämpfung geschlechtsspezifischer Gewalt ist. Auf diese Weise leisten diese Ressourcen nicht nur Hilfe in Krisensituationen, sondern fördern auch Selbstschutzkompetenzen und die Bewältigung der Folgen geschlechtsspezifischer Gewalt in der frühen Phase ihrer Entstehung.

❖·❖·❖·❖·❖·❖·❖·❖·❖·❖·❖·❖·❖·❖·❖

Kapitel 5.
Erste Unterstützung und Hilfe. Die Rolle von Familie und Freunden bei der Bewältigung geschlechtsspezifischer Gewalt.

Bei der Bewältigung geschlechtsspezifischer Gewalt ist die anfängliche Unterstützung und Unterstützung durch Familie und Freunde von entscheidender Bedeutung. In erster Linie bieten Familie und Angehörige dem Opfer emotionale Unterstützung und Trost, sodass es sich in schwierigen Zeiten beschützt und geliebt fühlt. Dadurch entsteht eine psychologische Unterstützung, die hilft, mit negativen Emotionen und Stress durch geschlechtsspezifische Gewalt umzugehen.

Darüber hinaus können Familie und Freunde aktiv an der Lösung des Problems beteiligt werden. Sie können dem Opfer dabei helfen, Strategien für den Umgang mit und die Reaktion auf geschlechtsspezifische Gewalt zu entwickeln und es dabei unterstützen, mutige und wirksame Schritte zu unternehmen, um sich selbst zu schützen. Es ist wichtig, dass die unterstützenden Personen dem Opfer beibringen, Grenzen zu setzen, Kommunikations- und Hilfesuchfähigkeiten zu entwickeln und ihm dabei zu helfen, Selbstwertgefühl und Selbstvertrauen zu entwickeln.

Auch Familie und Freunde spielen eine Schlüsselrolle bei der Bereitstellung einer sicheren Umgebung für das Opfer. Sie können dazu beitragen, den Kontakt mit dem Mobber einzuschränken, Sicherheitspläne zu erstellen und das Opfer bei der Entscheidung zu unterstützen, ob es die Schule oder die Strafverfolgungsbehörden um Hilfe bitten soll.

Darüber hinaus kann die Unterstützung von Familie und Freunden dem Opfer helfen, sich von negativen Erfahrungen geschlechtsspezifischer Gewalt zu erholen. Sie können den nötigen Raum bieten, um Gefühle und Emotionen auszudrücken, beim Prozess der psychologischen Rehabilitation helfen und Wege finden, das Selbstwertgefühl und das Vertrauen in andere wiederherzustellen.

Daher ist die Rolle von Familie und Freunden bei der Bereitstellung von Erstunterstützung und Hilfe für Opfer geschlechtsspezifischer Gewalt von unschätzbarem Wert. Sie spielen eine Schlüsselrolle bei der Schaffung einer schützenden Umgebung, der Entwicklung der Bewältigungsfähigkeiten des Opfers und der Wiederherstellung seines psychischen Wohlbefindens.

Wenn eine Familie mit der geschlechtsspezifischen Gewaltsituation eines Kindes konfrontiert ist, gibt es verschiedene Möglichkeiten, Hilfe und Unterstützung zu leisten. Dabei spielt es keine Rolle, wie alt das Kind ist, denn für Eltern bleibt das Kind in jedem Alter Kind.

1. Unterstützung und Zuhören: Der wichtigste Aspekt der Hilfe für eine Familie besteht darin, dem Opfer Unterstützung und Verständnis zu bieten. Dabei geht es darum, dem Kind einfach zuzuhören, wenn es über das Geschehen spricht, und ihm so die Möglichkeit zu geben, seine Gefühle und Emotionen auszudrücken, ohne Angst davor zu haben, beurteilt zu werden. Die Unterstützung durch die Familie gibt dem Kind das Gefühl, dass es in seinem Kampf nicht allein ist und dass es Menschen hat, die immer bereit sind, ihm zu helfen.

2. Besprechen Sie Strategien und Lösungen: Die Familie kann dem Kind helfen, Strategien für den Umgang mit und die Reaktion auf geschlechtsspezifische Gewalt zu entwickeln. Gemeinsam können sie besprechen, welche Maßnahmen in einer bestimmten Situation am effektivsten sein können und wie sich das Kind schützen oder Hilfe von Erwachsenen suchen kann.

3. Unterstützung bei der Kommunikation mit Bildungseinrichtungen, wenn das Kind minderjährig ist: Die Familie kann bei der Kommunikation mit Lehrern oder der Schulleitung als Fürsprecher des Kindes auftreten. Sie können zusätzliche Informationen über Vorfälle geschlechtsspezifischer Gewalt bereitstellen, Maßnahmen zur Verhinderung weiterer Vorfälle fordern und die Sicherheit des Kindes im schulischen Umfeld gewährleisten.

4. Schaffen Sie eine sichere häusliche Umgebung: Es ist wichtig, dass die häusliche Umgebung für das Kind ein Zufluchtsort vor dem Stress und der Angst ist, die durch geschlechtsspezifische Gewalt verursacht werden. Eltern können eine Atmosphäre des Vertrauens und der Unterstützung schaffen, in der sich das Kind wohl und beschützt fühlt. Dazu gehört die Einrichtung einer offenen Kommunikation, in der das Kind seine Probleme und Sorgen frei mitteilen kann.

5. Bei Bedarf professionelle Hilfe in Anspruch nehmen: Wenn die Situation geschlechtsspezifischer Gewalt zu schwerwiegend wird, kann die Familie professionelle Hilfe in Anspruch nehmen. Dies kann die Konsultation eines Psychologen oder Therapeuten für das Kind umfassen, um ihm bei der Bewältigung des emotionalen Stresses und der Traumata zu helfen, die durch geschlechtsspezifische Gewalt verursacht werden.

Zusätzlich zu den oben genannten Methoden können Familien weitere Ansätze nutzen, um einem Opfer geschlechtsspezifischer Gewalt zu helfen:

6. Aktivitäten und Hobbys: Wenn Sie Ihr Kind in verschiedene Hobbys oder Aktivitäten einbeziehen, die ihm Spaß machen, kann es ihm helfen, Selbstwertgefühl und Selbstvertrauen aufzubauen. Dies gibt dem Kind auch die Möglichkeit, außerhalb von Situationen geschlechtsspezifischer Gewalt zu sein und positive Erfahrungen zu machen.

7. Vermittlung sozialer Kompetenzen: Eltern können ihrem Kind dabei helfen, emotionale Intelligenz und effektive Kommunikationsfähigkeiten zu entwickeln. Dazu kann gehören, dass Sie Ihrem Kind beibringen, seine Gefühle auszudrücken, Grenzen zu setzen und mit anderen auf eine Weise zu interagieren, die das Entstehen von Konflikten verhindert.

8. Unterstützung des Selbstwertgefühls: Die Unterstützung eines Kindes beim Aufbau von Selbstwertgefühl und Selbstakzeptanz kann eine wichtige Rolle bei der Bekämpfung geschlechtsspezifischer Gewalt spielen. Eltern können die Stärken und Erfolge ihres Kindes hervorheben und ihm klar machen, dass es nicht bedeutet, dass es minderwertig ist, wenn es Opfer geschlechtsspezifischer Gewalt wird.

9. Präventive Maßnahmen: Die Familie kann mit dem Kind mögliche geschlechtsspezifische Gewaltszenarien besprechen und einen Aktionsplan entwickeln, um Vorfälle zu verhindern oder effektiv darauf zu reagieren. Dadurch fühlt sich Ihr Kind sicherer und ist auf verschiedene Situationen vorbereitet.

10. Lernen Sie, Konflikte effektiv zu lösen: Zu lernen, wie man Konflikte und Probleme effektiv löst, kann der Schlüssel dazu sein, die Wahrscheinlichkeit zu verringern, Opfer geschlechtsspezifischer Gewalt zu werden. Die Familie kann dem Kind helfen, diese Fähigkeiten zu entwickeln, indem sie Konfliktlösungs- und Kompromissstrategien vermittelt.

11. Eine unterstützende häusliche Umgebung schaffen: Es ist wichtig, dass die häusliche Umgebung ein Ort ist, an dem sich das Kind sicher und unterstützt fühlt. Eltern können eine Atmosphäre schaffen, in der das Kind seine Gefühle und Erfahrungen frei äußern kann, in dem Wissen, dass ihm zugehört und verstanden wird.

12. Offene Kommunikation fördern: Eltern können ihr Kind aktiv ermutigen, über seine Probleme und Sorgen zu sprechen. Dazu können regelmäßige Gespräche über seinen Tag, das Besprechen von Ereignissen in der Schule und Probleme, mit denen er konfrontiert ist, gehören.

Aktivitäten des Schullebens, wie Elterntreffen, Veranstaltungen und Sportwettkämpfe. Dadurch fühlt sich Ihr Kind unterstützt und mit der Schulgemeinschaft verbunden.

Eltern können ihrem Kind helfen, Selbstvertrauen und Selbstverteidigungsfähigkeiten zu entwickeln, damit es Situationen geschlechtsspezifischer Gewalt besser bewältigen kann. Dazu kann das Erlernen von Selbstverteidigungstechniken, Übungen zum Aufbau des Selbstwertgefühls und die Teilnahme an verschiedenen Schulungen gehören.

Alle diese zusätzlichen Unterstützungsmöglichkeiten helfen der Familie, das Kind effektiv zu unterstützen und seinen Schutz und sein Wohlergehen in Situationen geschlechtsspezifischer Gewalt zu gewährleisten.

Generell spielt die Familie eine entscheidende Rolle bei der Unterstützung und dem Schutz von Opfern geschlechtsspezifischer Gewalt. Sie können die emotionale und praktische Unterstützung bieten, die nötig ist, um einem Kind zu helfen, mit den negativen Auswirkungen geschlechtsspezifischer Gewalt umzugehen und in ein gesundes und glückliches Leben zurückzukehren.

Freunde spielen eine wichtige Rolle bei der Unterstützung eines Opfers geschlechtsspezifischer Gewalt, da sie nicht nur Verbündete, sondern auch Beschützer in schwierigen Situationen sein können. Freunde können für das Opfer eine Präsenz und Unterstützung sein und ihm Verständnis, Trost und Solidarität bieten. Ein einfacher Ausdruck von Mitgefühl und Unterstützung kann viel dazu beitragen, den emotionalen Zustand des Opfers zu lindern.

Freunde können einem Opfer geschlechtsspezifischer Gewalt dabei helfen, praktische Lösungen und Strategien für den Umgang mit ihren Angreifern zu finden. Sie können Sie beraten, wie Sie mit Konfliktsituationen umgehen und sich am besten schützen können.

Freunde können auch als Opfervertreter an öffentlichen Orten oder in der Schule auftreten, wo es zu geschlechtsspezifischer Gewalt kommt. Sie können das Opfer in einer schwierigen Situation unterstützen und ihm helfen, Konflikte zu vermeiden. Freunde können als Vermittler bei der Lösung von Konflikten zwischen Opfer und Angreifer fungieren, ihnen helfen, einen Kompromiss zu finden und die Situation friedlich zu regeln.

Freunde können dem Opfer direkt dabei helfen, geeignete Ressourcen und Organisationen zu finden, die professionelle Hilfe und Unterstützung bieten. Sie können dem Opfer bei Bedarf raten, einen Psychologen, Schulberater oder andere Fachkräfte aufzusuchen.

Insgesamt ist die Unterstützung von Freunden ein wichtiger Aspekt der Hilfe für Opfer geschlechtsspezifischer Gewalt, da sie ihnen bei der Bewältigung der durch diese Problematik verursachten Schwierigkeiten Halt geben und ihnen helfen können.

Wie Freunde einem Opfer geschlechtsspezifischer Gewalt helfen können:

1. Moralische Unterstützung: Eine der wichtigsten Möglichkeiten, einem Opfer geschlechtsspezifischer Gewalt zu helfen, ist die moralische Unterstützung durch Freunde. Das Zeigen von Freundschaft, Verständnis und Mitgefühl kann dazu beitragen, dass sich das Opfer weniger allein und isoliert fühlt.

2. Aufbau einer Allianz gegen geschlechtsspezifische Gewalt: Freunde können zusammenkommen, um gegen geschlechtsspezifische Gewalt Stellung zu beziehen und das Opfer zu unterstützen. Dazu kann gemeinsames Handeln gehören, etwa das Eintreten für das Opfer in der Schule oder das Bitten von Lehrern und Schulleitern um Hilfe.

3. Unterstützung bei der Teilnahme an sozialen Aktivitäten: Freunde können das Opfer geschlechtsspezifischer Gewalt zu verschiedenen sozialen Aktivitäten einladen, wie zum Beispiel Freunde treffen, ausgehen oder Sport treiben. Dadurch fühlt sich das Opfer einbezogen und unterstützt.

4. Helfen Sie bei der Entwicklung sozialer Fähigkeiten: Freunde können einem Opfer geschlechtsspezifischer Gewalt dabei helfen, die sozialen Fähigkeiten zu entwickeln, die zur Stärkung von Freundschaften und zur Interaktion mit der Welt um sie herum erforderlich sind. Dazu können Kommunikationstraining, die Teilnahme an verschiedenen sozialen Aktivitäten und gemeinsame Aktivitäten gehören.

5. Unterstützung bei der Suche nach externer Hilfe: Freunde können einem Opfer geschlechtsspezifischer Gewalt dabei helfen, externe Hilfe und Ressourcen wie Schulpsychologen, Sozialdienste, Beratungsstellen oder elterliche Intervention zu finden. Die Unterstützung von Freunden kann dem Opfer helfen, die Angst und das Zögern, Hilfe zu suchen, zu überwinden.

6. Schaffen Sie ein sicheres Umfeld: Freunde können dazu beitragen, ein sicheres Umfeld für Opfer geschlechtsspezifischer Gewalt zu schaffen, in dem sie sich geschützt fühlen. Dazu kann gehören, regelmäßig mit dem Opfer zu kommunizieren, seine Interessen zu vertreten und weiteren Belästigungs- oder Angriffsversuchen vorzubeugen.

7. Praktische Hilfe anbieten: Freunde können praktische Hilfe anbieten, z. B. Begleitung zur Schule oder nach Hause, wenn ein Opfer geschlechtsspezifischer Gewalt Angst hat, alleine zu gehen. Dies kann dem Opfer ein Gefühl von Sicherheit und Halt geben.

8. Selbstverteidigungsstrategien lehren: Freunde können einem Opfer geschlechtsspezifischer Gewalt dabei helfen, Selbstverteidigungs- und Konfliktbewältigungsstrategien zu erlernen. Dazu kann das Erlernen von Durchsetzungstechniken, das Setzen von Grenzen und das Erlernen angemessener Reaktionen auf Aggressionen gehören.

9. Bereitstellung positiver Aktivitäten: Freunde können positive Aktivitäten und Aktivitäten anbieten, um das Opfer geschlechtsspezifischer Gewalt zu unterstützen und es von negativen Erfahrungen abzulenken. Das kann etwa gemeinsames Sporttreiben, Hobbys, Spiele oder andere gemeinsame Aktivitäten sein, die Ihnen Freude und Freude bereiten.

10. Erstellen Sie ein Unterstützungsnetzwerk: Freunde können einem Opfer geschlechtsspezifischer Gewalt dabei helfen, ein Unterstützungsnetzwerk aufzubauen, zu dem auch andere Freunde, Familienangehörige, Lehrer und andere Erwachsene gehören, die bei Bedarf Unterstützung und Schutz bieten können.

11. Zeigen Sie Empathie und Unterstützung: Es ist wichtig, dass Freunde dem Opfer geschlechtsspezifischer Gewalt Empathie und Unterstützung zeigen, auf ihre Gefühle und Emotionen hören und in schwierigen Momenten Verständnis und Trost spenden.

12. Aktive Intervention: Freunde können aktiv eingreifen, wenn sie Fälle von geschlechtsspezifischer Gewalt oder Aggression gegen das Opfer sehen. Sie können als Fürsprecher und Unterstützer fungieren und sich hilfesuchend an Lehrer oder andere Erwachsene wenden.

13. Schulung in Kommunikations- und Konfliktlösungsfähigkeiten: Freunde können einem Opfer geschlechtsspezifischer Gewalt dabei helfen, Kommunikationsfähigkeiten, Konfliktlösungsfähigkeiten und den Aufbau gesunder Beziehungen zu anderen zu entwickeln. Dies wird ihnen helfen, effektiv mit Angreifern zu interagieren und Konflikte zu lösen.

14. Bereitstellung von Informationen über Ressourcen und Unterstützung: Freunde können über Ressourcen und Organisationen informiert werden, die Opfern geschlechtsspezifischer Gewalt Hilfe anbieten, und diese Informationen mit dem Opfer teilen. Dies kann dazu beitragen, dass sie zusätzliche Unterstützung und Unterstützung bei der Bekämpfung geschlechtsspezifischer Gewalt erhalten.

Für Opfer geschlechtsspezifischer Gewalt ist die Hilfe von Familie und Freunden von großer Bedeutung. Erstens bieten Familie und Freunde emotionale Unterstützung, indem sie ihr Mitgefühl, ihr Verständnis und ihren Trost zum Ausdruck bringen. Dadurch fühlt sich das Opfer in schwierigen Zeiten weniger allein und isoliert.

Darüber hinaus können Familie und Freunde als vertrauenswürdige Berater fungieren und Ratschläge und Unterstützung bei der Suche nach Lösungen zur Bekämpfung geschlechtsspezifischer Gewalt geben. Sie können Opfern helfen, Strategien zu entwickeln, um Mobbing zu bekämpfen und ihr Selbstwertgefühl und Selbstvertrauen zu stärken.

Auch Familienangehörige und Freunde können als Vermittler fungieren, indem sie sich mit Beschwerden und Bitten um Unterstützung an die Schule oder die zuständigen Behörden wenden. Ihre aktive Beteiligung kann dazu beitragen, ein sicheres Umfeld zu schaffen und Fälle geschlechtsspezifischer Gewalt zu stoppen.

Darüber hinaus können Familie und Freunde Opfern geschlechtsspezifischer Gewalt dabei helfen, geeignete Ressourcen und

Organisationen zu finden, die professionelle Hilfe und Unterstützung bieten. Ihre Unterstützung kann für die Genesung eines Opfers von den negativen Auswirkungen geschlechtsspezifischer Gewalt von entscheidender Bedeutung sein und zu seinem psychischen und emotionalen Wohlbefinden beitragen.

✧·✧·✧·✧·✧·✧·✧·✧·✧·✧·✧·✧·✧·✧·✧

Kapitel 6.
Ich suche Hilfe bei geschlechtsspezifischer Gewalt. Wichtige Schritte für Opfer und Zeugen

Geschlechtsspezifische Gewalt ist ein ernstes Problem, mit dem viele Menschen in verschiedenen Phasen ihres Lebens konfrontiert sind. Es ist jedoch wichtig, sich daran zu erinnern, dass es viele Ressourcen und Organisationen gibt, die denjenigen, die mit diesem Problem zu kämpfen haben, Unterstützung und Hilfe bieten können. Die Suche nach Hilfe ist der erste und wichtige Schritt zur Lösung einer Situation geschlechtsspezifischer Gewalt. In diesem Artikel betrachten wir die wichtigsten Schritte, die Opfer und Zeugen geschlechtsspezifischer Gewalt unternehmen können, um Hilfe zu suchen und die Unterstützung zu erhalten, die sie benötigen.

1. Definieren Sie die Situation.
Der erste Schritt bei der Suche nach Hilfe bei geschlechtsspezifischer Gewalt besteht darin, zu verstehen und sich dessen bewusst zu sein, was passiert. Opfer geschlechtsspezifischer Gewalt können verschiedene Formen von Gewalt erfahren, darunter physische, verbale, emotionale oder geschlechtsspezifische Gewalt im Internet. Es ist wichtig, sich darüber im Klaren zu sein, was geschieht, und zu verstehen, dass es inakzeptabel ist und Maßnahmen erfordert.

Geschlechtsspezifische Gewalt ist eine Form aggressiven Verhaltens, die dadurch gekennzeichnet ist, dass einer anderen Person systematisch und vorsätzlich Schaden, Demütigung oder Leid zugefügt wird. Opfer geschlechtsspezifischer Gewalt können verschiedene Formen von Gewalt erfahren, darunter physische, verbale, emotionale oder geschlechtsspezifische Gewalt im Internet. Körperliche geschlechtsspezifische Gewalt umfasst Schlagen, Schlagen, Stoßen und andere Formen direkter körperlicher Gewalt. Zu verbaler geschlechtsspezifischer Gewalt zählen Beleidigungen, Drohungen, Spott, herabwürdigende Kommentare und andere Formen verbaler Gewalt. Emotionale geschlechtsspezifische Gewalt zielt darauf ab, das Selbstwertgefühl und die Selbstachtung des Opfers zu untergraben, einschließlich Isolation, Drohungen, Erpressung und sogar Manipulation.

Cybergender-Gewalt, eine moderne Form geschlechtsspezifischer Gewalt, findet online statt und umfasst Angriffe, Beleidigungen, Drohungen, Gerüchteküche und andere Formen digitaler Gewalt.

Der erste Schritt bei der Suche nach Hilfe bei geschlechtsspezifischer Gewalt besteht darin, sich des Geschehens bewusst zu werden und zu verstehen. Opfer geschlechtsspezifischer Gewalt empfinden häufig Angst, Scham, Verlegenheit oder Schuldgefühle wegen der Situation, in der sie sich befinden. Es ist jedoch wichtig zu verstehen, dass geschlechtsspezifische Gewalt inakzeptabel ist und Maßnahmen erfordert. Dazu kann gehören, dass Sie erkennen, was passiert, und sich selbst eingestehen, dass Sie Opfer geschlechtsspezifischer Gewalt sind. Aufklärung kann Ihnen helfen, die ersten Schritte zu unternehmen, um sich zu schützen und Hilfe zu suchen.

Sobald Sie die Situation verstanden haben, besteht der nächste Schritt darin, Maßnahmen zu ergreifen, um sich zu schützen und Hilfe zu holen. Dies kann je nach Alter die Kontaktaufnahme mit Vertrauenspersonen , Sozialdiensten, der Polizei, Eltern, Lehrern oder einem Schulberater zur Unterstützung und Beratung umfassen. Sie können sich auch an Freunde wenden, um Unterstützung und Rat zu erhalten. Es ist wichtig, sich daran zu erinnern, dass geschlechtsspezifische Gewalt nicht Ihre Schuld ist und Sie das Recht auf ein sicheres und unterstützendes Umfeld haben.

2. Schweigen Sie nicht.

Es ist sehr wichtig, über Fälle geschlechtsspezifischer Gewalt nicht zu schweigen. Opfer und Zeugen müssen den Mut aufbringen, jemandem zu erzählen, was passiert. Dies können Eltern, Lehrer, Schulberater, Vertraute oder Freunde sein. Wenn Sie über die Situation sprechen, können Sie die Aufmerksamkeit auf das Problem lenken und den Prozess der Hilfesuche einleiten.

Einer der wichtigsten Aspekte bei der Bekämpfung geschlechtsspezifischer Gewalt besteht darin, Gewaltfälle nicht zu verschweigen. Opfer geschlechtsspezifischer Gewalt sowie Zeugen, die Zeugen einer Aggression werden, müssen den Mut aufbringen, jemandem zu erzählen, was passiert. Dies können Eltern, Lehrer, Schulberater, Vertraute oder Freunde sein. Wenn Sie über die Situation sprechen, können Sie die Aufmerksamkeit auf das Problem lenken und den Prozess der Hilfesuche einleiten.

Die Aufdeckung von Fällen geschlechtsspezifischer Gewalt ist der Schlüssel zur Überwindung dieses Problems. Wenn ein Opfer oder Zeuge seine Erfahrungen mit einer Autoritätsperson teilt, hilft das, Missbrauchsfälle zu erkennen und die notwendigen Maßnahmen zu ergreifen. Geschlechtsspezifische Gewalt findet oft im Verborgenen statt und viele Opfer schämen sich oder haben Angst, den Vorfall zu melden.

Eine offene Diskussion ermöglicht es Ihnen jedoch, die Aufmerksamkeit auf das Problem zu lenken und Maßnahmen zu seiner Lösung einzuleiten.

Das Teilen von Vorfällen geschlechtsspezifischer Gewalt trägt dazu bei, dem Opfer Unterstützung und Schutz zu bieten. Wenn das Opfer seine Bedenken äußert, können andere das Ausmaß des Problems verstehen und Maßnahmen zum Schutz des Opfers ergreifen. Bei Minderjährigen kann ein Lehrer, ein Elternteil oder ein anderer Erwachsener Unterstützung und Anleitung für die nächsten Schritte geben, z. B. die Suche nach Hilfe bei entsprechenden Diensten oder Organisationen.

Die Identifizierung von Fällen geschlechtsspezifischer Gewalt ist der erste Schritt, um Hilfe zu erhalten. Sobald Fälle geschlechtsspezifischer Gewalt aufgedeckt werden, beginnt der Prozess, Hilfe und Unterstützung für das Opfer zu erhalten. Dies kann Konsultationen mit Psychologen, Ratschläge zur Bewältigung der Situation, die Entwicklung von Strategien zum Schutz und zur Vermeidung von Aggressionen sowie die Vermittlung emotionaler Regulierungsfähigkeiten und die Stärkung des Selbstwertgefühls umfassen.

Eine offene Diskussion über geschlechtsspezifische Gewalt trägt auch dazu bei, ein sicheres Umfeld in Bildungseinrichtungen und in der Gesellschaft insgesamt zu schaffen. Wenn Menschen wissen, dass sie offen über Probleme sprechen können, hilft das, Vertrauen und Unterstützung aufzubauen. Darüber hinaus können Institutionen und Organisationen Maßnahmen ergreifen, um künftige Vorfälle geschlechtsspezifischer Gewalt zu verhindern und die Sicherheit aller Beteiligten zu gewährleisten.

Je mehr Fälle geschlechtsspezifischer Gewalt entdeckt und diskutiert werden, desto mehr Aufmerksamkeit wird auf das Problem gelenkt. Dies könnte zur Schaffung von Bildungsprogrammen, Schulungen und Aktivitäten zur Prävention geschlechtsspezifischer Gewalt sowie zu Änderungen der Richtlinien und Gesetze zum Schutz der Opfer und zur Bestrafung der Täter führen. Darüber hinaus kann die Diskussion des Themas in der Gesellschaft dazu beitragen, die Kultur zu verändern, Nulltoleranz gegenüber Gewalt zu schaffen und gesunde Beziehungen zwischen Menschen zu fördern.

Die Offenlegung von Fällen geschlechtsspezifischer Gewalt und die anschließende Diskussion helfen dabei, Faktoren zu identifizieren, die Gewalt begünstigen, und Maßnahmen zu ihrer Prävention zu ergreifen. Dazu kann die Entwicklung sozialer Anpassungsprogramme, die Vermittlung von Empathie- und Respektfähigkeiten, die Bereitstellung positiver Sozialverhaltensinterventionen und die Schaffung von Unterstützungs- und Sicherheitsnetzen für gefährdete Gruppen gehören.

Die Suche nach Hilfe bei geschlechtsspezifischer Gewalt ist ein wichtiger Schritt zur Überwindung von Gewalt und zur Gewährleistung der Sicherheit aller in der Gesellschaft. Fälle geschlechtsspezifischer Gewalt aufzudecken, das Problem zu diskutieren und dann Maßnahmen zu ergreifen, trägt dazu bei, Opfer zu unterstützen, zukünftige Fälle von Gewalt zu verhindern und ein sicheres und unterstützendes Umfeld für alle zu schaffen.

3. Kontaktieren Sie Ihre Eltern oder eine Vertrauensperson.

Auch Kinder und Jugendliche sind möglicherweise anfällig für geschlechtsspezifische Gewalt. Daher ist es wichtig, sich umgehend an einen Elternteil oder einen anderen vertrauenswürdigen Erwachsenen zu wenden, um Unterstützung und Hilfe zu erhalten. Eltern können helfen, die Situation zu klären, mögliche Schritte zur Lösung des Problems besprechen und sich an geeignete Ressourcen und Organisationen wenden, um Hilfe zu erhalten.

Der Kontakt zu einem Elternteil oder einer Vertrauensperson ist ein wichtiger erster Schritt für Kinder und Jugendliche, die Situationen geschlechtsspezifischer Gewalt erleben. Eltern haben Autorität und können Kindern die Unterstützung und Anleitung geben, die sie zur Lösung eines Problems benötigen. Auch eine Vertrauensperson kann eine Stütze für Kinder sein, insbesondere wenn sie sich aus irgendeinem Grund nicht an ihre Eltern wenden können.

Eltern spielen eine Schlüsselrolle bei der Unterstützung von Kindern, die geschlechtsspezifische Gewalt erleben. Sie können emotionale Unterstützung bieten, dem Kind helfen, den Ernst der Situation zu verstehen, und Informationen über verfügbare Hilfsquellen bereitstellen. Eltern sollten dem Kind zuhören, Verständnis und Fürsorge zeigen und die notwendigen Maßnahmen zum Schutz und zur Unterstützung ergreifen.

1. Emotionale Unterstützung: Eltern können ihrem Kind emotionale Unterstützung und Trost bieten, um mit den durch geschlechtsspezifische Gewalt verursachten Gefühlen der Angst, Hilflosigkeit und Angst umzugehen.

2. Beurteilung der Situation: Die Eltern helfen dem Kind, die Situation einzuschätzen, ihren Ernst zu verstehen und zu entscheiden, welche Maßnahmen als nächstes ergriffen werden sollen.

3. Besprechen Sie mögliche Schritte: Eine gemeinsame Diskussion mit den Eltern hilft dem Kind, mögliche Schritte zur Lösung des Problems zu ermitteln, einschließlich der Kontaktaufnahme mit der Schule, den Strafverfolgungsbehörden oder anderen Hilfsquellen.

4. Unterstützung finden: Eltern können ihrem Kind dabei helfen, geeignete Ressourcen und Organisationen zu finden, die sich auf die Unterstützung von Opfern geschlechtsspezifischer Gewalt spezialisiert haben, wie etwa Schulpsychologen, Hotlines, Menschenrechtsorganisationen und andere.

5. Beteiligen Sie sich an der Lösung: Eltern können eine aktive Rolle bei der Lösung des Problems geschlechtsspezifischer Gewalt übernehmen, indem sie mit der Schule, Gemeinschaftsorganisationen und anderen

Interessengruppen zusammenarbeiten, um die Sicherheit und das Wohlergehen ihres Kindes zu gewährleisten.

6. Entwickeln Sie Selbstverteidigungsfähigkeiten: Eltern können ihrem Kind Selbstverteidigungsstrategien beibringen, einschließlich Selbstvertrauen, Grenzsetzung und effektiver Kommunikation, um ihm zu helfen, besser mit Situationen geschlechtsspezifischer Gewalt umzugehen.

7. Emotionale Intelligenz entwickeln: Eltern können ihrem Kind helfen, emotionale Intelligenz zu entwickeln, indem sie ihm beibringen, seine Emotionen zu erkennen und zu verwalten, was ihm helfen kann, besser mit dem Druck und Stress umzugehen, der durch geschlechtsspezifische Gewalt verursacht wird.

8. Förderung der Kommunikation: Eltern können ihr Kind dazu ermutigen, über seine Gefühle und Erfahrungen geschlechtsspezifischer Gewalt zu sprechen, indem sie ein offenes und unterstützendes Umfeld schaffen, in dem sich das Kind wohl fühlt, seine Erfahrungen zu teilen.

9. Suchen Sie spezialisierte Hilfe: Eltern können aktiv nach spezialisierten Organisationen, Programmen und Fachleuten suchen, die Unterstützung und Unterstützung bei der Bekämpfung geschlechtsspezifischer Gewalt bieten können.

10. Einen sicheren Raum zu Hause schaffen: Eltern können zu Hause einen sicheren Raum schaffen, in dem sich das Kind geschützt und unterstützt fühlt, und dem Kind auch die Möglichkeit geben, über die Probleme und Gefahren zu sprechen, mit denen es konfrontiert ist.

11. Aktive Teilnahme am Bildungsumfeld: Eltern können sich aktiv am Bildungsumfeld ihres Kindes beteiligen, indem sie mit Lehrern, Schulverwaltern und anderen Eltern interagieren, um ein sicheres und unterstützendes Schulumfeld zu schaffen.

Der Kontakt zu einem Elternteil oder einer Vertrauensperson ist für Kinder und Jugendliche, die von geschlechtsspezifischer Gewalt betroffen sind, ein erster und wichtiger Schritt. Eltern können nicht nur emotionale Unterstützung und Orientierung bieten, sondern auch aktiv an der Lösung teilnehmen, indem sie ein sicheres und unterstützendes Umfeld für ihr Kind schaffen.

Leidet ein Kind zu Hause unter geschlechtsspezifischer Gewalt und sind die Eltern keine verlässliche und unterstützende Quelle, kann die Situation für das Kind noch schwieriger werden. In solchen Fällen ist es wichtig, die Hilfe anderer Erwachsener oder Organisationen in Anspruch zu nehmen, die die nötige Unterstützung und den nötigen Schutz bieten können. Hier sind einige mögliche Schritte:

1. Nehmen Sie Kontakt zu anderen Verwandten oder Betreuern auf: Das Kind kann versuchen, Kontakt zu anderen Verwandten wie Großeltern, Onkeln oder Tanten aufzunehmen, wenn diese ihm eine sichere Unterkunft oder Unterstützung bieten können.

2. Bitten Sie die Schule oder Institution um Hilfe: Das Kind bittet

möglicherweise Lehrer, einen Schulpsychologen, einen Schulberater oder die Schulverwaltung um Hilfe. Sie können Ratschläge und Anleitungen geben, wie das Kind besser mit der Situation umgehen kann.

3. Kontaktaufnahme mit Kinderschutzdiensten: Befinden sich Eltern in einem Zustand, der eine Gefahr für das Kind darstellt, können sie sich an die entsprechenden Kinderschutzorganisationen oder Sozialdienste wenden, die Hilfe und Schutz bieten können.

4. Konsultation professioneller Dienste: Das Kind kann sich an Psychologen, Therapeuten oder Berater wenden, die auf die Unterstützung von Kindern und Jugendlichen in schwierigen Familiensituationen spezialisiert sind.

5. Sich an vertrauenswürdige Erwachsene in der Gemeinschaft wenden: Das Kind versucht möglicherweise, Unterstützung von anderen Erwachsenen in der Gemeinschaft zu suchen, beispielsweise von religiösen Führern, Jugendgruppenleitern oder professionellen Trainern.

Es ist wichtig, dass das Kind versteht, dass es alternative Quellen der Hilfe und Unterstützung gibt, auch wenn seine eigene Familie kein sicheres Umfeld bietet. Durch die Suche nach Hilfe kann ein Kind die notwendige Unterstützung und den Schutz erhalten, um eine Situation geschlechtsspezifischer Gewalt wirksam zu bewältigen.

4. Suche nach Unterstützung in einer Bildungseinrichtung.

Wenn Kinder und Jugendliche Opfer geschlechtsspezifischer Gewalt werden, verfügen Bildungseinrichtungen häufig über Fachkräfte, die bei geschlechtsspezifischer Gewalt helfen können. Dies können Schulpsychologen, Berater, Lehrer oder Administratoren sein. Sie können sich an sie wenden, um Rat, Unterstützung und Hilfe bei der Lösung des Problems zu erhalten.

Für Opfer geschlechtsspezifischer Gewalt ist die Suche nach Unterstützung in einem Bildungsumfeld ein wichtiger Schritt. Der Einsatz von Fachkräften in der Schule, etwa Schulpsychologen, Berater, Lehrer oder Verwaltungsbeamte, kann die Situation erheblich entschärfen und die nötige Hilfe leisten. Schauen wir uns diesen Prozess genauer an.

1. Schulpsychologen und -berater: Diese Fachkräfte sind in der Arbeit mit Jugendlichen geschult und erfahren und können vertrauliche Beratung und Unterstützung anbieten. Sie können einem Opfer geschlechtsspezifischer Gewalt helfen, die emotionalen Folgen zu verstehen und zu bewältigen und Strategien zur Bewältigung des Problems zu entwickeln.

2. Lehrer: Lehrer können die ersten Ansprechpartner für Überlebende oder Zeugen geschlechtsspezifischer Gewalt sein. Sie können Unterstützung anbieten, verstehen, was passiert, und Maßnahmen ergreifen, um geschlechtsspezifische Gewalt zu stoppen.

3. Schulverwaltung: Die Schulleitung trägt die Verantwortung, den Schülern eine sichere Umgebung zu bieten. Opfer geschlechtsspezifischer Gewalt können sich für Hilfe und Schutz an die Verwaltung wenden. Administratoren können einen Vorfall geschlechtsspezifischer Gewalt untersuchen und Maßnahmen ergreifen, um weitere Vorfälle zu verhindern.

4. Klassenlehrer: Auch Klassenlehrer können Opfer geschlechtsspezifischer Gewalt unterstützen, indem sie ihnen im Klassenzimmer Schutz bieten und sie bei der Interaktion mit anderen Schülern unterstützen.

5. Programme zur Bekämpfung geschlechtsspezifischer Gewalt: Einige Schulen führen spezielle Programme zur Prävention und Bekämpfung geschlechtsspezifischer Gewalt ein. Opfer geschlechtsspezifischer Gewalt können von den Ressourcen und Aktivitäten solcher Programme profitieren.

Für ein Opfer geschlechtsspezifischer Gewalt ist die Suche nach Unterstützung durch eine Bildungseinrichtung ein wichtiger Schritt. Dies kann dazu beitragen, den Missbrauch zu stoppen und dem Opfer die Unterstützung und den Schutz zu bieten, die es benötigt.

Wenn das Thema geschlechtsspezifische Gewalt in einem Land oder in Bildungseinrichtungen nicht ausreichend thematisiert wird und das Opfer aufgrund möglicher negativer Folgen Angst hat, Hilfe zu suchen, gibt es alternative Möglichkeiten, Unterstützung und Schutz zu erhalten. Hier sind einige Schritte, die Sie in einer solchen Situation unternehmen können:

1. Kontaktieren Sie einen Elternteil oder einen vertrauenswürdigen Erwachsenen: Wenn eine Schule nicht auf geschlechtsspezifische Gewalt reagiert, ist es wichtig, einen Elternteil oder einen anderen vertrauenswürdigen Erwachsenen um Unterstützung zu bitten. Sie können dabei helfen, die Situation zu erkennen und die notwendigen Maßnahmen zum Schutz des Opfers zu ergreifen.

2. Finden Sie externe Ressourcen: Versuchen Sie, externe Organisationen oder Gruppen zu finden, die sich auf die Unterstützung von Opfern geschlechtsspezifischer Gewalt spezialisiert haben. Diese Organisationen können Rat, Unterstützung und Unterstützung bei der Lösung des Problems bieten.

3. Konsultation eines Anwalts: In manchen Fällen, insbesondere wenn geschlechtsspezifische Gewalt zu körperlichen oder psychischen Schäden führt, kann ein rechtlicher Eingriff erforderlich sein. Anwälte können bei der Beurteilung der Situation helfen und Ratschläge zum Schutz der Rechte des Opfers geben.

4. Finden Sie Unterstützung in Online-Communities: Es gibt Online-Ressourcen und Communities, in denen Überlebende geschlechtsspezifischer Gewalt Unterstützung und Rat von Menschen erhalten können, die mit ähnlichen Problemen konfrontiert sind. Dies kann

eine nützliche Informationsquelle und emotionale Unterstützung sein.

5. Erforschen Sie Schutzmechanismen: Machen Sie sich mit den Gesetzen und Richtlinien in Bezug auf geschlechtsspezifische Gewalt und Kinderrechte in Ihrem Land vertraut. Wenn Sie Ihre Rechte kennen, können Sie sich besser verteidigen und wirksamer Hilfe suchen.

Es ist wichtig, sich daran zu erinnern, dass Opfern geschlechtsspezifischer Gewalt auch dann Unterstützung und Ressourcen zur Verfügung stehen, wenn eine Bildungseinrichtung nicht angemessen auf das Problem reagiert. Es ist wichtig, nicht allein zu sein und Hilfe von anderen Quellen zu suchen, um sich zu schützen und gegen geschlechtsspezifische Gewalt vorzugehen.

Bei geschlechtsspezifischer Gewalt ist es neben der Suche nach Unterstützung durch externe Ressourcen auch wichtig, sich schützen zu können. Hier sind einige Selbstverteidigungstechniken, die Opfern geschlechtsspezifischer Gewalt helfen können:

1. Grenzen setzen: Lernen Sie, Grenzen zu setzen und Ihre Vorlieben und Ablehnung von unerwünschtem Verhalten klar zum Ausdruck zu bringen. Wenn Sie beispielsweise jemand beleidigt, sagen Sie ihm, dass das inakzeptabel ist, und bitten Sie ihn, damit aufzuhören.

2. Konfliktsituationen vermeiden: Vermeiden Sie den Kontakt mit Personen, die Aggression oder Gewalt zeigen. Wählen Sie ein Unternehmen sorgfältiger aus und versuchen Sie, sich an einem sicheren Ort aufzuhalten.

3. Selbstbewusstes Verhalten: Versuchen Sie, selbstbewusst und ruhig zu wirken, auch wenn Sie sich innerlich unsicher fühlen. Dies kann dazu beitragen, potenzielle Angreifer abzuschrecken und die Wahrscheinlichkeit eines Angriffs zu verringern.

4. Stärkung des Selbstwertgefühls: Arbeiten Sie daran, Ihr Selbstwertgefühl und Ihr Selbstwertgefühl zu stärken. Je mehr Sie sich selbst wertschätzen und respektieren, desto geringer ist die Wahrscheinlichkeit, dass Sie durch das negative Verhalten anderer geschädigt werden.

5. Finden Sie Unterstützung: Finden Sie Freunde oder Erwachsene, denen Sie vertrauen, und teilen Sie ihnen Ihre Probleme mit. Jemanden zu haben, der Sie unterstützt und an Ihrer Seite steht, kann Ihnen helfen, schwierige Situationen zu meistern.

6. Kommunikationsfähigkeiten entwickeln: Verbessern Sie Ihre Kommunikationsfähigkeiten, um bei der Lösung von Konflikten selbstbewusster und erfolgreicher zu sein. Dazu gehört die Fähigkeit, Ihre Gedanken und Gefühle klar und respektvoll auszudrücken.

7. Training zur körperlichen Selbstverteidigung: Im Falle eines körperlichen Angriffs können Kenntnisse über grundlegende Techniken der körperlichen Selbstverteidigung hilfreich sein. Es ist jedoch wichtig zu bedenken, dass körperliche Gewalt immer das letzte Mittel ist und nur als

letztes Mittel zum Selbstschutz eingesetzt werden sollte.

Das Üben dieser Selbstverteidigungstechniken kann Opfern geschlechtsspezifischer Gewalt helfen, sich selbstbewusster zu fühlen und die Wahrscheinlichkeit weiterer Angriffe zu verringern. Es ist jedoch wichtig zu bedenken, dass Selbstverteidigung auf Ihre spezifische Situation zugeschnitten sein muss und es sich immer lohnt, nach Möglichkeit Hilfe und Unterstützung in Anspruch zu nehmen.

5. Nutzen Sie Online-Ressourcen.

Es gibt viele Online-Ressourcen und Organisationen, die Opfer geschlechtsspezifischer Gewalt unterstützen. Dies können spezielle Websites, Foren, Chatrooms oder Hotlines sein, auf denen Sie Rat und Unterstützung von Fachleuten und anderen Menschen erhalten, die sich in einer ähnlichen Situation befinden.

Die Nutzung von Online-Ressourcen zur Hilfe bei geschlechtsspezifischer Gewalt kann für Opfer ein wichtiger und wirksamer Schritt sein. Hier finden Sie eine detailliertere Übersicht zu diesem Thema:

- Spezialisierte Websites: Es gibt viele Websites, die sich dem Thema geschlechtsspezifische Gewalt widmen und Informationen, Ratschläge und Ressourcen für Opfer und ihre Familien bieten. Auf solchen Websites finden Sie Artikel, Videos, Tests sowie Kontakte zu Spezialisten, die Ihnen weiterhelfen können.

- Foren und Communities: Online-Foren und Communities bieten Opfern geschlechtsspezifischer Gewalt die Möglichkeit, mit anderen in Kontakt zu treten, die ähnliche Situationen durchgemacht haben oder durchmachen. Hier können Sie Ihre Erfahrungen austauschen und Unterstützung und Rat von Menschen erhalten, die Ihre Situation verstehen.

- Chatrooms und Hotlines: Einige Organisationen bieten Online-Chatrooms oder Hotlines an, in denen Opfer geschlechtsspezifischer Gewalt in Echtzeit Rat und Unterstützung suchen können. Dies kann besonders nützlich sein für diejenigen, die dringend Hilfe benötigen oder einfach mit jemandem sprechen möchten.

- Selbsthilfematerialien: Selbsthilfematerialien wie Artikel, Bücher, Video-Tutorials und Audio-Podcasts finden Sie in verschiedenen Online-Ressourcen. Diese Ressourcen können Tipps zur Stressbewältigung, zur Entwicklung von Bewältigungsfähigkeiten und zur Verbesserung des Selbstwertgefühls enthalten.

- Finden Sie Hilfe in sozialen Medien: Auf Social-Media-Plattformen finden Sie auch Gruppen und Communities, die sich der Bekämpfung geschlechtsspezifischer Gewalt widmen. Wenn Sie diesen Gruppen beitreten, erhalten Sie Unterstützung von einem breiten Spektrum von Menschen und erhalten Zugriff auf aktuelle Informationen und

Ressourcen.

Der Einsatz von Online-Ressourcen zur Hilfe bei geschlechtsspezifischer Gewalt kann eine sinnvolle Ergänzung zu anderen Formen der Unterstützung sein. Allerdings ist es wichtig, bei der Auswahl der Ressourcen vorsichtig zu sein und deren Gültigkeit und Zuverlässigkeit zu prüfen, um nicht auf schädliche oder falsche Ratschläge hereinzufallen.

6. Suchen Sie rechtliche Hilfe.

Bei schwerer geschlechtsspezifischer Gewalt, die gegen Gesetze verstößt oder zu Straftaten führt, kann Rechtsbeistand bei Anwälten oder auf Kinderrechte und Gewaltschutz spezialisierten Organisationen in Anspruch genommen werden. Anwälte können dabei helfen, die Situation einzuschätzen und Hinweise zu den Rechten des Opfers zu geben.

Für Opfer geschlechtsspezifischer Gewalt kann die Suche nach Rechtsbeistand ein notwendiger Schritt sein, insbesondere wenn die Situation ernst wird und gegen Gesetze verstößt. Hier finden Sie eine detailliertere Übersicht zu diesem Thema:

1. Bewerten Sie die Situation: Anwälte, die sich auf Kinderrechte und Schutz vor Gewalt spezialisiert haben, können eine Bewertung durchführen, um zu verstehen, wie ernst und komplex das Problem geschlechtsspezifischer Gewalt ist. Sie werden alle Aspekte der Situation untersuchen, einschließlich körperlichen, verbalen, emotionalen oder Cyber-Geschlechtsmissbrauchs sowie mögliche Gesetzesverstöße.

2. Beratung zu Opferrechten: Anwälte helfen Opfern geschlechtsspezifischer Gewalt, ihre Rechte und Möglichkeiten zu verstehen. Sie können erklären, gegen welche Gesetze verstoßen wurde, welche Rechte das Opfer hat und welche Maßnahmen zu seinem Schutz ergriffen werden können.

3. Dokumentenerstellung und Unterstützung bei rechtlichen Verfahren: Rechtsanwälte unterstützen bei der Erstellung notwendiger Dokumente, wie z. B. Polizeiberichten, Gerichtsbeschwerden oder Anträgen auf Schutzmaßnahmen. Sie können das Opfer auch vor Gericht oder anderen Gerichtsverfahren vertreten.

4. Mediation und Verhandlung: In manchen Fällen können Anwälte als Vermittler zwischen dem Opfer und dem Angreifer fungieren, um eine friedliche Lösung des Konflikts zu erreichen. Sie können auch mit Behörden oder Organisationen verhandeln, um den Schutz und die Unterstützung des Opfers sicherzustellen.

5. Entschädigung erhalten: Bei Schäden, die durch geschlechtsspezifische Gewalt verursacht wurden, können Anwälte dem Opfer dabei helfen, eine Entschädigung für physische oder psychische Verletzungen, medizinische Kosten, Sachschäden und andere Verluste zu erhalten.

In Fällen, in denen andere Methoden der Unterstützung und

Konfliktlösung wirkungslos oder unzureichend sind, kann die Inanspruchnahme eines Rechtsbeistands erforderlich sein. Es ist wichtig, erfahrene und qualifizierte Anwälte auszuwählen, die auf Kinderrechte und Gewaltschutz spezialisiert sind, um maximale Unterstützung und Schutz für ein Opfer geschlechtsspezifischer Gewalt zu gewährleisten.

7. Suchen Sie Unterstützung bei Freunden.

Freunde können eine wichtige Quelle der Unterstützung für Opfer geschlechtsspezifischer Gewalt sein. Sie können emotionale Unterstützung bieten, bei der Lösung von Konflikten helfen, in sozialen Situationen unterstützen und dabei helfen, Kraft zu finden, um Mobbing zu widerstehen.

Die Suche nach Unterstützung von Freunden kann für Opfer geschlechtsspezifischer Gewalt ein wichtiger Schritt sein, da Freunde emotionale Unterstützung bieten und bei der Lösung von Konflikten helfen können. Hier ist ein detaillierterer Blick auf dieses Thema:

1. Emotionale Unterstützung: Freunde können diejenigen sein, die das Opfer geschlechtsspezifischer Gewalt verstehen und akzeptieren, was die Grundlage für emotionale Unterstützung darstellt. In schwierigen Zeiten einfach nur zuzuhören und Unterstützung zu leisten, kann viel dazu beitragen, dass sich das Opfer weniger allein und isoliert fühlt.

2. Konfliktlösung: Freunde können helfen, Lösungen zu finden, um geschlechtsspezifische Gewalt zu beenden oder Konflikte zu lösen. Sie können Ihnen Ratschläge geben, Sie bei der Entscheidungsfindung unterstützen und Ihnen sogar dabei helfen, geeignete Vorgehensweisen zu finden.

3. Unterstützung in sozialen Situationen: Freunde können in sozialen Situationen Unterstützung leisten, beispielsweise bei der Fortbewegung in der Schule oder bei außerschulischen Aktivitäten. Freunde in der Nähe zu haben, kann dem Opfer helfen, sich sicherer und selbstbewusster zu fühlen.

4. Hilfe beim Widerstand gegen Mobbing: Freunde können dem Opfer helfen, die Kraft zu finden, Mobbing zu widerstehen. Sie können Ideen anbieten oder Sie dabei unterstützen, Maßnahmen zu ergreifen, um sich selbst zu schützen, wie z. B. das Erlernen von Kommunikationsfähigkeiten, Durchsetzungsvermögen oder sogar Selbstverteidigung.

5. Unterstützung bei der Suche nach professioneller Hilfe: Freunde können dem Opfer auch dabei helfen, Kontakt zu professionellen Ressourcen und Spezialisten aufzunehmen, wenn die Situation zu komplex wird oder spezielle Hilfe erfordert.

Der Kontakt zu Freunden kann den Umgang mit geschlechtsspezifischer Gewalt weniger beängstigend machen und den Opfern das Gefühl geben, mit ihrem Kampf nicht allein zu sein. Es ist jedoch wichtig, dass Freunde unterstützend sind und die Situation nicht verschlimmern, indem sie das Opfer geschlechtsspezifischer Gewalt ermutigen, bei Bedarf Hilfe zu suchen.

8. Setzen Sie Grenzen und Prioritäten.

Das Verstehen der eigenen Grenzen und Prioritäten kann einem Opfer geschlechtsspezifischer Gewalt dabei helfen, sich selbst und seine Interessen zu schützen. Es ist wichtig zu lernen, „Nein" zu Situationen zu sagen, die Unbehagen verursachen oder zu Gewalt führen. Dazu kann gehören, sich von Tyrannen fernzuhalten, neue Freunde zu finden oder seinen Lebensstil zu ändern, um Konfliktsituationen zu vermeiden.

Die Festlegung von Grenzen und Prioritäten spielt eine wichtige Rolle beim Schutz der Opfer geschlechtsspezifischer Gewalt und ihrer Interessen. Schauen wir uns dieses Thema genauer an:

1. Die eigenen Grenzen verstehen: Für ein Opfer geschlechtsspezifischer Gewalt ist es wichtig, seine persönlichen Grenzen zu verstehen und zu respektieren. Dazu kann die Erkenntnis gehören, dass sie Respekt und Würde verdient und dass niemand das Recht hat, ihre Grenzen zu verletzen oder Schaden anzurichten.

2. „Nein" sagen: Zu lernen, in Situationen, die Unbehagen bereiten oder zu Gewalt führen, „Nein" zu sagen, ist eine Schlüsselkompetenz, um sich selbst zu schützen. Dazu kann die Weigerung gehören, an Konfliktsituationen teilzunehmen oder mit Angreifern zu kommunizieren, sowie die Weigerung, Aufforderungen oder Forderungen nachzukommen, die persönliche Grenzen verletzen.

3. Prioritäten: Für einen Überlebenden geschlechtsspezifischer Gewalt ist es wichtig, seine Prioritäten zu identifizieren und sich darauf zu konzentrieren. Dazu kann gehören, neue Freunde oder soziale Kreise zu finden, die sie unterstützen und respektieren, sowie ihren Lebensstil zu ändern, um Konfliktsituationen oder Orte zu vermeiden, an denen sie sich unsicher fühlt.

4. Selbstverteidigung: Ein Opfer geschlechtsspezifischer Gewalt muss bereit sein, sich im Bedarfsfall zu verteidigen. Dazu kann das Erlernen von Selbstverteidigungsfähigkeiten oder die Suche nach Hilfe von Erwachsenen oder Fachleuten gehören, wenn eine Situation gefährlich wird oder zu schwierig wird, um sie alleine zu bewältigen.

5. Unterstützung finden: Schließlich muss ein Opfer geschlechtsspezifischer Gewalt wissen, dass es in seinem Kampf nicht allein ist und dass es viele Ressourcen und Organisationen gibt, die ihm helfen können, Unterstützung und Schutz zu erhalten. Dazu können Schulpsychologen, Berater, Eltern, Freunde oder Berufsverbände gehören.

6. Nehmen Sie an sicheren Gruppen teil: Überlebende geschlechtsspezifischer Gewalt können Unterstützung und Schutz finden, indem sie sich sicheren und unterstützenden Gruppen oder Gemeinschaften anschließen. Dies können Schulclubs, Gemeinschaftsorganisationen oder

Online-Foren sein, in denen sie ihre Probleme diskutieren und Unterstützung von Menschen erhalten können, die sie verstehen.

7. Einsatz von Sicherheitstechnologien: In der heutigen Welt kann Technologie zu einem leistungsstarken Schutzinstrument werden. Opfer geschlechtsspezifischer Gewalt können Blockierungs-, Filter- oder Meldefunktionen in sozialen Medien und Messaging-Apps nutzen, um unerwünschte Kontakte oder Inhalte zu verhindern.

8. Selbstachtung und positives Denken: Es ist wichtig, dass ein Opfer geschlechtsspezifischer Gewalt seine Selbstachtung und sein Selbstvertrauen bewahrt. Positives Denken und Selbstvertrauen können ihr helfen, die negativen Auswirkungen geschlechtsspezifischer Gewalt zu überwinden und weiter voranzukommen.

9. Suchen Sie Hilfe bei Fachleuten: Wenn die Situation überwältigend oder gefährlich wird, sollte das Opfer geschlechtsspezifischer Gewalt Hilfe bei Fachleuten suchen. Dies können Psychologen, Sozialarbeiter, Rechtsanwälte oder andere Spezialisten sein, die ihr die nötige Unterstützung und Hilfestellung geben.

10. Selbstbildung und Sensibilisierung: Ein Opfer geschlechtsspezifischer Gewalt kann seinen Schutz stärken, indem es lernt, geschlechtsspezifischer Gewalt vorzubeugen und darauf zu reagieren. Sie kann sich über ihre Rechte informieren, sich über bestehende Ressourcen und Organisationen informieren und sich Wissen über Stressbewältigung und emotionale Unterstützung aneignen.

Das Setzen von Grenzen und Prioritäten hilft einem Opfer geschlechtsspezifischer Gewalt, sich vor weiterer Gewalt zu schützen und die Kontrolle über sein Leben zu übernehmen. Diese Methoden helfen einem Opfer geschlechtsspezifischer Gewalt, die Kraft, das Selbstwertgefühl und die Unterstützung zu gewinnen, die es braucht, um eine schwierige Situation zu überwinden und mit seinem Leben weiterzumachen.

9. Wenden Sie sich an Berufsverbände.

Es gibt verschiedene Nichtregierungs- und Regierungsorganisationen, die sich auf die Hilfe und Unterstützung für Opfer geschlechtsspezifischer Gewalt spezialisiert haben. Diese Organisationen können Beratung, Konfliktlösung und emotionale Unterstützung bieten und bei der Bewältigung der Auswirkungen geschlechtsspezifischer Gewalt helfen.

Berufsorganisationen, die auf die Bekämpfung geschlechtsspezifischer Gewalt spezialisiert sind, spielen eine Schlüsselrolle bei der Hilfe und Unterstützung für Opfer dieser Art von Gewalt. Hier sind einige Aspekte, die Sie berücksichtigen sollten:

1. Vielfalt der Organisationen: Es gibt viele Organisationen, sowohl Nichtregierungs- als auch Regierungsorganisationen, die sich mit dem

Problem geschlechtsspezifischer Gewalt befassen. Sie können national, regional oder lokal sein und bieten vielfältige Hilfe, einschließlich Beratung, Unterstützung und Ressourcen.

2. Beratung und Hilfestellung: Berufsverbände verfügen in der Regel über Fachkräfte, die Opfer geschlechtsspezifischer Gewalt unterstützen. Dies können Psychologen, Sozialarbeiter, Rechtsanwälte und andere Fachleute sein, die über Erfahrung und Wissen auf diesem Gebiet verfügen.

3. Konfliktlösung: Organisationen können dabei helfen, Konflikte zu lösen und geeignete Strategien für den Umgang mit geschlechtsspezifischer Gewalt zu finden. Sie bieten individuelle Beratung, Gruppensitzungen oder Schulungen zur Entwicklung von Selbstvertretung und Konfliktmanagementfähigkeiten an.

4. Emotionale Unterstützung: Einer der wichtigen Aspekte der Arbeit von Berufsverbänden ist die Bereitstellung emotionaler Unterstützung für Opfer geschlechtsspezifischer Gewalt. Dies kann psychologische Unterstützung, Hilfe bei der Bewältigung der emotionalen Auswirkungen von Gewalt und die Schaffung eines sicheren Raums zum Ausdruck ihrer Gefühle und Sorgen umfassen.

5. Bewältigung der Folgen: Organisationen unterstützen Opfer geschlechtsspezifischer Gewalt bei der Bewältigung der Folgen dieser Art von Gewalt. Dazu kann gehören, das Selbstwertgefühl wiederherzustellen, die posttraumatische Belastungsstörung zu überwinden und Strategien zur Bewältigung negativer Emotionen zu entwickeln.

6. Aufklärung und Interessenvertretung der Öffentlichkeit: Berufsverbände spielen eine wichtige Rolle bei der Aufklärung der Öffentlichkeit über das Problem geschlechtsspezifischer Gewalt und treten für die Umsetzung wirksamer Richtlinien und Programme zur Verhinderung dieses Phänomens ein. Sie können Schulungsaktivitäten und Sensibilisierungskampagnen durchführen und sich an der Entwicklung von Gesetzen zum Schutz von Opfern geschlechtsspezifischer Gewalt beteiligen.

Generell sind Berufsverbände eine wichtige Anlaufstelle für Opfer geschlechtsspezifischer Gewalt und ihre Familien, die in schwierigen Situationen umfassende Hilfe und Unterstützung bieten.

10. Scheuen Sie sich nicht, um Hilfe zu bitten.

Es ist wichtig, sich daran zu erinnern, dass das Bitten um Hilfe kein Zeichen von Schwäche ist, sondern ein Zeichen der Sorge um Ihr eigenes Wohlergehen und Ihre Sicherheit. Niemand hat es verdient, unter geschlechtsspezifischer Gewalt zu leiden, und die Suche nach Hilfe ist der erste Schritt zur Lösung des Problems.

Die Suche nach Hilfe bei geschlechtsspezifischer Gewalt ist ein wichtiger und erster Schritt zur Bewältigung des Problems. Hier sind einige Aspekte, die Sie berücksichtigen sollten:

1. Die Bedeutung der Selbsthilfe: Die Suche nach Hilfe bei geschlechtsspezifischer Gewalt ist kein Zeichen von Schwäche, sondern zeugt im Gegenteil von der Sorge um das eigene Wohlergehen und die eigene Sicherheit. Eine Verweigerung der Hilfe kann die Situation nur verschlimmern und zu weiteren negativen Folgen führen.

2. Selbstachtung und Rechte: Niemand hat es verdient, unter geschlechtsspezifischer Gewalt zu leiden. Hilfe zu suchen ist ein Ausdruck von Selbstachtung und dem Schutz Ihres Rechts auf ein sicheres und zufriedenes Leben. Jeder hat das Recht auf Respekt und Schutz vor Gewalt.

3. Unterstützung durch andere: Oft haben Menschen Angst, um Hilfe zu bitten, weil sie Angst davor haben, beurteilt oder unterschätzt zu werden. Es ist jedoch wichtig, sich daran zu erinnern, dass Familie, Freunde, Lehrer und Berufsverbände zur Verfügung stehen, um Unterstützung und Hilfe bei der Bekämpfung geschlechtsspezifischer Gewalt zu leisten.

4. Mögliche Folgen des Schweigens: Unterlassene Hilfesuche kann zu langfristigem Leiden unter geschlechtsspezifischer Gewalt, einer Verschlechterung des psychischen und emotionalen Wohlbefindens und einer Verschlechterung der Beziehungen zu anderen führen. Daher ist es wichtig, nicht zu zögern, bei Anzeichen von Missbrauch Hilfe in Anspruch zu nehmen.

5. Hilfsmöglichkeiten: Es gibt viele Ressourcen und Organisationen, die Opfern geschlechtsspezifischer Gewalt helfen können. Dazu können Schulpsychologen, Sozialarbeiter, professionelle Berater, Hotlines, Online-Ressourcen und vieles mehr gehören. Wer um Hilfe bittet, eröffnet vielfältige Unterstützungs- und Beratungsmöglichkeiten.

Insgesamt ist die Suche nach Hilfe bei geschlechtsspezifischer Gewalt ein wichtiger Schritt, der Ihnen hilft, sich selbst und Ihre Interessen zu schützen und den Prozess der Lösung des Problems einzuleiten.

Die Suche nach Hilfe bei geschlechtsspezifischer Gewalt ist ein wichtiger und notwendiger Schritt, um sich selbst zu schützen oder anderen zu helfen. Unabhängig davon, ob Sie Opfer geschlechtsspezifischer Gewalt oder Zeuge sind, denken Sie daran, dass Ihnen zahlreiche Ressourcen und Organisationen zur Verfügung stehen, die Sie unterstützen und unterstützen. Zögern Sie nicht, um Hilfe zu bitten und denken Sie daran, dass Sie in dieser Situation nicht allein sind.

Die Suche nach Hilfe bei geschlechtsspezifischer Gewalt spielt eine entscheidende Rolle bei der Gewährleistung der Sicherheit und des Wohlergehens von Opfern und Zeugen.

Der erste Schritt beim Bitten um Hilfe besteht darin, den Bedarf an Unterstützung zu erkennen. Dies kann durch psychischen Verfall, Angst oder Verzweiflung verursacht werden, die sich ohne Intervention verschlimmern können. Es ist wichtig zu wissen, wo man Hilfe finden kann. Zu den Ressourcen können Schulpsychologen, Sozialarbeiter, Hotlines, Online-Ressourcen, medizinische und psychologische Zentren, Kinderrechtsorganisationen und andere gehören.

Oft ist es Menschen peinlich, Hilfe zu suchen, weil sie befürchten, beurteilt oder unterschätzt zu werden. Es ist wichtig, sich daran zu erinnern, dass das Bitten um Hilfe ein mutiger und verantwortungsvoller Schritt ist, der zu einer Verbesserung der Situation führen kann.

Wenn Sie Unterstützung und Rat von Fachleuten erhalten, können Sie die Situation besser verstehen, Strategien zur Lösung des Problems entwickeln und lernen, mit emotionalem Unbehagen umzugehen. Wenn Sie sich Hilfe suchen, können Sie sich selbst und andere vor weiterer Gewalt schützen und Ihr allgemeines Wohlbefinden verbessern. Dies trägt auch dazu bei, mögliche negative Folgen geschlechtsspezifischer Gewalt langfristig zu verhindern.

Insgesamt ist die Suche nach Hilfe bei geschlechtsspezifischer Gewalt ein wichtiger und notwendiger Schritt, der dazu beiträgt, die Sicherheit, den Schutz und die Unterstützung von Opfern und Zeugen zu gewährleisten. Zögern Sie nicht, um Hilfe zu bitten. Denken Sie daran, dass Sie in dieser Situation nicht allein sind und es viele Ressourcen und Menschen gibt, die bereit sind, Ihnen zu helfen.

Kapitel 7.
Wer trägt die Schuld daran, dass Sie Opfer geschlechtsspezifischer Gewalt geworden sind?

Hier muss sofort entschieden werden, wer genau Opfer von Gewalt ist , und in diesem Stadium interessiert uns nur, ob die Person gesund ist:

- Der menschliche Körper weist einen erheblichen geistigen oder körperlichen Schaden auf, der so groß ist, dass er dem Angreifer nicht selbstständig ausreichend Widerstand leisten kann.

- 100 % völlig gesund, es gibt aufgrund sehr vieler Faktoren nur noch sehr wenige Menschen auf dem Planeten, d und mentale Prozesse.

Im ersten Fall wird es für eine Person leider deutlich schwieriger oder sogar unmöglich sein, bei geschlechtsspezifischer Gewalt selbstständig mit den Aggressoren umzugehen. In diesem Fall ist Hilfe von außen erforderlich, dies kann die Hilfe von Familienangehörigen, Verwandten, Bekannten oder staatlichen Sicherheitskräften des Einzelnen sein, beispielsweise Sozialarbeiter oder Menschenrechtsaktivisten und die Polizei.

Im zweiten Fall, wenn Sie Opfer geschlechtsspezifischer Gewalt geworden sind, tragen Ihre Eltern und Sie persönlich die direkte Schuld.

Schauen wir uns nun die Gründe an, die ich genannt habe. Aber vorher wollen wir einen kleinen Schritt zurücktreten und uns mit einer wichtigen Frage befassen: Wer oder was ist ein Mensch aus biologischer Sicht?

Im Klartext: Ganz gleich, was Sie über sich selbst und andere Menschen denken, wir sind alle Teil des biologischen Systems dieses Planeten und gehören zur Kategorie der Tiere. Aus biologischer Sicht ist der Mensch ein biologischer Organismus, der zum Tierreich gehört. Der Mensch ist eine Art des Homo sapiens, der zu den Primaten gehört. Somit ist der Mensch Teil des biologischen Systems des Planeten Erde und hat mit anderen Tierarten gemeinsame Vorfahren.

Ich denke, Sie haben bereits bemerkt, dass fast alle Lebewesen auf dem Planeten den gleichen Körperbau haben, nur mit geringfügigen Änderungen. Die Körper fast aller Lebewesen auf dem Planeten haben:

Es wurde zu Recht beobachtet, dass viele Lebewesen auf dem Planeten eine ähnliche Körperstruktur mit einigen Abweichungen haben. Diese allgemeine Struktur umfasst die folgenden Funktionen:

- Kopf: Er beherbergt normalerweise Sinnesorgane wie die Augen für die visuelle Wahrnehmung der Umgebung, die Ohren oder ähnliche Strukturen für die auditive Wahrnehmung sowie eine Öffnung zum Essen und zur Kommunikation mit der Außenwelt.

- Wirbelsäule: Dies ist die zentrale Achse, an der alle äußeren und inneren Körperteile befestigt sind. Die Wirbelsäule unterstützt und schützt das Nervensystem und ist die Grundlage für die Bewegung und den Erhalt der Körperstruktur.

- Gliedmaßen in der Nähe des Kopfes: Typischerweise sind dies Hände oder andere Organe zur Manipulation und Interaktion mit der Umwelt.

- Gliedmaßen am Ende der Wirbelsäule: Typischerweise sind dies Beine oder ähnliche Strukturen, die der Fortbewegung und Bewegung in der Umwelt dienen.

- Fortpflanzungs- und Verdauungssystem: Dies sind wichtige anatomische Systeme, die für die Fortpflanzung und die Gewinnung von Nährstoffen aus der Nahrung sowie für die Beseitigung von Abfallstoffen verantwortlich sind.

Diese anatomischen Merkmale sind Schlüsselelemente für das Überleben und Funktionieren von Lebewesen auf dem Planeten und sind typischerweise bei allen Arten vorhanden, obwohl sie je nach Umgebung und evolutionären Anpassungen variieren können.

Wir haben also festgestellt, dass der Mensch eine der Tierarten ist. Es muss jedoch berücksichtigt werden, dass diese Kreatur auf dem Planeten die gefährlichste, intelligenteste und grausamste bis zur Sinnlosigkeit ist. Kein anderes Lebewesen auf dem Planeten tötet zum eigenen Vergnügen, noch missbraucht es andere Lebewesen, insbesondere seinesgleichen, zum Vergnügen. Und das war schon immer so, egal wie tief man in die Geschichte der Menschheit blickt. Und selbst Jahrhunderte später hat sich absolut nichts geändert.

Ja, Gemeinschaften haben Rechtssysteme geschaffen, die auf territorialen Merkmalen basieren. Aber nur, um andere wie sich selbst zu kontrollieren und diejenigen zu schützen, die in diesem Gebiet herrschen.

Wohin möchte ich dieses Gespräch führen? Alles ist sehr einfach. Ich möchte Ihnen zeigen, dass der Mensch das grausamste und rücksichtsloseste Geschöpf ist, dem es Spaß macht, andere zu töten und zu foltern. Und ja, Sie haben, wie alle anderen auch, diese Eigenschaften. Aber von Geburt an waren die meisten von uns darauf programmiert, sagen wir es anders: Uns wurde beigebracht, dass der Mensch ein gutmütiges Wesen ist. Dies kommt vor allem denjenigen zugute, die über die böse Masse herrschen, deren Zähne und Krallen sie seit ihrer Kindheit abzuschleifen versuchen. Auf diese Weise ist es einfacher, die Menge zu kontrollieren und ihnen den Anschein zu erwecken, dass sie etwas meinen und entscheiden, anstatt im wahrsten Sinne des Wortes Sklaven zu bleiben, die über andere herrschen.

Aber nicht alle sind mit dieser allgemeinen Propaganda einverstanden und viele praktizieren diese Praxis nicht in ihren Familien. Besonders in ungünstigen Familien, in denen Kinder ohne eine so dicke kulturelle Schicht aufwachsen, die das Unterbewusstsein eines Menschen auf der unterbewussten Ebene kontrolliert. Im Grunde werden sie zu direkten Angreifern anderer Menschen. Menschen, die aus diesem Umfeld stammen, werden meist auch zu Kriminellen, insbesondere mit einer Neigung zu grausamen und blutigen Verbrechen.

Aber wenn eine Person mit „Verhaltensregeln" und „Kultur" aufgewachsen ist, ist sie möglicherweise nicht auf eine andere Verhaltensreaktion vorbereitet als Menschen mit anderen kulturellen Werten und einer anderen Erziehung.

Doch wer trägt die Schuld daran, dass ein Mensch Opfer geschlechtsspezifischer Gewalt wird:
- deine Eltern,
- Sie persönlich.

Und absolut im gleichen Verhältnis. Es gibt keine anderen Menschen, die für Ihre Viktimisierung verantwortlich gemacht werden könnten. Schuld daran sind Sie persönlich und diejenigen, die Sie großgezogen haben.

Und warum? Alles ist ganz einfach: Die Angreifer, die ihr wahres Wesen als Menschen zum Ausdruck bringen, tun genau das, was Geschöpfe von Natur aus tun. Wie gesagt, der Mensch ist das grausamste und rücksichtsloseste Geschöpf auf dem Planeten, dem es Freude macht, seinesgleichen zu töten, ihn zu quälen und zu verspotten. Ja, natürlich gilt diese Regel auch für andere Lebewesen, ein Mensch umarmt glücklich und vollständig alle Lebewesen um ihn herum und verspottet und quält auch andere Lebewesen grausam. Dennoch verfolgt der Mensch in größerem Maße als alle anderen Lebewesen seinesgleichen.

Viele sind bereit, mit mir in dieser Frage zu streiten. Ich bin damit einverstanden. Und ich möchte sofort eine Frage stellen: Wie sehr sind Sie bereit, mit mir zu streiten? Vor der Schlacht, vor der Verfolgung, vor der Zerstörung von mir und meiner Theorie? Aber ist das nicht schon ein Beweis für meine Theorie? Wenn Sie tief nachdenken, sich umschauen und sich an die Geschichte der Menschheit in den letzten Jahrhunderten erinnern, werden mir leider alle zustimmen, denn das ist wahr.

Warum habe ich also gesagt, dass Ihre Schüler oder Eltern schuld daran sind, dass Sie zum Opfer geworden sind? Weil sie dich nicht auf die reale Welt vorbereitet, dich nicht richtig erzogen, dir keine Wahl gelassen und dich zum Opfer gemacht haben. Nach modernen Erziehungsmethoden, die auf Freundlichkeit und Respekt basieren, kann es leider äußerst gefährlich sein, wenn eine Person, die auf der Grundlage dieser Methode erzogen wurde, in einer anderen Umgebung landet, die nicht von denselben Prinzipien getragen wird. Und wenn Sie das Buch lesen, ist genau das passiert. Deine Eltern haben dich, ohne darüber nachzudenken, ungewollt so erzogen, dass du irgendwann im Leben zum Opfer werden musstest, denn das wirkliche Leben ist kein Märchen über rosa Einhörner, sondern ein grausamer Kampf. Ob in der Schule oder am Arbeitsplatz, für die berufliche Weiterentwicklung.

Und warum habe ich gesagt, dass es daran liegt, dass Sie selbst Opfer geschlechtsspezifischer Gewalt geworden sind? Auch hier habe ich eine einfache Antwort. Deine Eltern haben dich erzogen und dir unrealistische Ansichten über das Leben eingeimpft, das stimmt, aber schon im ersten Schuljahr konntest du erkennen, dass das alles eine Lüge war und die Realität sehr grausam war. Und Kinder sind sehr grausam, und in Ihrer Bildungseinrichtung könnten sie schon in den ersten Jahren Beispiele geschlechtsspezifischer Gewalt gegenüber anderen Kindern oder sogar Ihnen gegenüber sehen. Und an diesem Punkt hätten Sie dies erkennen und entsprechende Maßnahmen ergreifen müssen, um kein Opfer mehr oder nie ein Opfer zu sein. Dies ist allein Ihre Schuld, denn Sie hätten die notwendigen Maßnahmen ergreifen können, um nicht zum Opfer zu werden.

Teil 2.
Geschlechtsspezifische Gewalt ist in der modernen Welt eine Katastrophe.

Kapitel 8.

Die Bedeutung der Diskussion geschlechtsspezifischer Gewalt.

Geschlechtsspezifische Gewalt ist nicht nur ein globales Problem, sondern auch ein Problem, das die Grundprinzipien von Gerechtigkeit, Gleichheit und Sicherheit in der modernen Gesellschaft berührt. Die Diskussion dieses Themas wird zu einem integralen Bestandteil der Bemühungen, eine gerechtere und sicherere Welt zu schaffen. In diesem Kapitel werden wir untersuchen, warum die Diskussion geschlechtsspezifischer Gewalt für die moderne Gesellschaft so wichtig ist.

Geschlechtsspezifische Gewalt ist eine Form der Menschenrechtsverletzung, die auf sozialen und kulturellen Ungleichheiten zwischen den Geschlechtern beruht. Es kann viele Formen annehmen, darunter körperlicher, emotionaler, wirtschaftlicher und sexueller Missbrauch. Es ist wichtig zu verstehen, dass geschlechtsspezifische Gewalt nicht auf bestimmte Personengruppen oder soziale Gruppen beschränkt ist, sondern weit verbreitet ist und jeden treffen kann, unabhängig von Geschlecht, Alter, Rasse oder sozialem Status.

Aufgrund der verheerenden Auswirkungen auf das Leben von Millionen Menschen auf der ganzen Welt wird die Diskussion über geschlechtsspezifische Gewalt immer notwendiger. Dieses Phänomen führt zu Ungleichheit, Angst und Stigmatisierung und untergräbt Gesundheit, Sicherheit und Wohlbefinden. Die Bekämpfung geschlechtsspezifischer Gewalt erfordert nicht nur individuelle Anstrengungen, sondern auch weitreichende gesellschaftliche Veränderungen, einschließlich einer Änderung kultureller Einstellungen, einer Stärkung der Gesetzgebung und der Schaffung eines unterstützenden Umfelds für Opfer.

Geschlechtsspezifische Gewalt hat weitreichende Folgen für die gesamte Gesellschaft. Es zerstört nicht nur das Leben einzelner Opfer, sondern untergräbt auch die soziale Stabilität, die wirtschaftliche Entwicklung und die soziale Solidarität. Die Bekämpfung dieses Problems ist von entscheidender Bedeutung für die Schaffung einer gleichberechtigten und gerechten Gesellschaft, in der jeder das Recht auf Sicherheit, Respekt und Freiheit von Gewalt hat.

Die Bedeutung der Diskussion geschlechtsspezifischer Gewalt darf nicht unterschätzt werden. Dabei geht es nicht nur um Gerechtigkeit und Menschenrechte, sondern auch um die öffentliche Sicherheit und das

Wohlergehen. Die Diskussion dieses Problems schärft das Bewusstsein dafür, lenkt die Aufmerksamkeit auf den Handlungsbedarf und regt zum Handeln an, um es zu überwinden.

Von geschlechtsspezifischer Gewalt spricht man, wenn eine Person aufgrund ihres Geschlechts oder ihrer Geschlechtsidentität misshandelt oder belästigt wird. Dazu können verschiedene Formen der Aggression und Kontrolle gehören, die nicht nur physischen, sondern auch emotionalen und wirtschaftlichen Schaden anrichten.

Geschlechtsspezifische Gewalt kann in verschiedenen Formen auftreten, wie zum Beispiel:

1. Körperliche Misshandlung: Dies liegt vor, wenn eine Person mit körperlicher Gewalt geschlagen, geschlagen, bedroht oder misshandelt wird.

2. Emotionaler und psychischer Missbrauch: Dies liegt vor, wenn eine Person Demütigungen, Drohungen, Kontrolle oder Manipulation ausgesetzt ist, die ihrem emotionalen Zustand und ihrem Selbstwertgefühl schadet.

3. Sexuelle Gewalt: Hierbei wird eine Person ohne ihre Zustimmung oder unter Druck zu intimen Handlungen gezwungen.

4. Wirtschaftliche Gewalt: Dies liegt vor, wenn eine Person kontrolliert wird oder der Zugang zu finanziellen Ressourcen oder Verdienstmöglichkeiten eingeschränkt wird.

Geschlechtsspezifische Gewalt kann in einer Vielzahl von Situationen auftreten, darunter in familiären Beziehungen, in intimen Beziehungen, am Arbeitsplatz oder an öffentlichen Orten. Es ist wichtig zu verstehen, dass dies nicht nur auf Frauen beschränkt ist – auch Männer können Opfer geschlechtsspezifischer Gewalt werden.

Geschlechtsspezifische Gewalt durchdringt verschiedene Aspekte des Lebens der Menschen und wirkt sich negativ auf ihre körperliche und geistige Gesundheit, ihre sozialen Beziehungen, ihr wirtschaftliches Wohlergehen und ihre öffentliche Sicherheit aus.

1. Körperliche Gesundheit: Geschlechtsspezifische Gewalt kann zu körperlichen Verletzungen wie Prellungen, Brüchen, Schürfwunden und sogar zum Tod führen. Die Opfer leiden oft unter Schmerzen und Leiden und können auch mit langfristigen gesundheitlichen Folgen wie chronischen Schmerzen, Schlafstörungen und psychosomatischen Störungen rechnen.

2. Psychische Gesundheit: Geschlechtsspezifische Gewalt kann schwerwiegende psychische Folgen wie Angstzustände, Depressionen, posttraumatische Belastungsstörungen (PTSD) und Selbstmordgedanken haben. Die Opfer verspüren möglicherweise Angst, Unruhe und ein Gefühl der Sicherheit, was ihre Lebensqualität stark beeinträchtigt.

3. Soziale Beziehungen: Geschlechtsspezifische Gewalt zerstört Vertrauen und Stabilität in den Beziehungen zwischen Partnern, Freunden

und Familie. Opfer fühlen sich häufig sozial isoliert und entfremdet, was zu einem Verlust der sozialen Unterstützung und einer Verschlechterung ihrer psychischen Gesundheit führen kann.

4. Wirtschaftliches Wohlergehen: Geschlechtsspezifische Gewalt kann den Zugang der Opfer zu Bildung, Beschäftigung und finanziellen Ressourcen einschränken. Dies kann zu einer wirtschaftlichen Abhängigkeit vom Täter führen und es dem Opfer erschweren, die gefährliche Situation alleine zu verlassen.

5. Öffentliche Sicherheit: Geschlechtsspezifische Gewalt stellt eine Bedrohung für die öffentliche Sicherheit dar, da sie zur Ausbreitung von Gewalt und Kriminalität in der Gesellschaft beiträgt. Es kann auch das Vertrauen in die Strafverfolgung und das Justizsystem untergraben und es den Opfern erschweren, Zugang zu Gerechtigkeit und Schutz zu erhalten.

6. Kinder und Familie: Geschlechtsspezifische Gewalt hat schwerwiegende Auswirkungen auf Kinder in gewalttätigen Familien. Sie können Zeuge oder Opfer von Gewalt werden, was zu Kindheitstraumata, psychischen Gesundheitsschäden und Entwicklungsstörungen führen kann. Darüber hinaus führt geschlechtsspezifische Gewalt häufig zum Zusammenbruch familiärer Beziehungen und zu Scheidungen, was sich auch auf Kinder und ihr Wohlergehen auswirkt.

7. Emotionale Stabilität: Geschlechtsspezifische Gewalt kann die emotionale Stabilität der Opfer erheblich beeinträchtigen und Gefühle von Angst, Hilflosigkeit, Schuld und Scham hervorrufen. Diese Emotionen können eine angemessene Reaktion auf die Situation verhindern und die Entschlossenheit des Opfers schwächen, sich der Gewalt zu widersetzen oder eine gefährliche Umgebung zu verlassen.

8. Zugang zu Ressourcen: Geschlechtsspezifische Gewalt schränkt den Zugang der Opfer zu Ressourcen und Diensten ein, die zum Überleben und zur Genesung notwendig sind. Dazu gehört der Zugang zu Rechtsschutz, medizinischer Versorgung, psychologischer Unterstützung, Wohnraum, Beschäftigung und finanzieller Unterstützung. Ein eingeschränkter Zugang zu diesen Ressourcen kann das Opfer in eine verletzliche Lage bringen und seine Abhängigkeit vom Täter erhöhen.

9. Öffentliche Meinung und Kultur: Geschlechtsspezifische Gewalt spiegelt die Normen und Werte der Gesellschaft in Bezug auf Geschlecht und Macht wider. Es kann mit Geschlechterstereotypen, kulturellen Überzeugungen und sozialen Erwartungen zusammenhängen, die Gewalt gegen bestimmte Personengruppen dulden oder tolerieren. Dies unterstreicht, wie wichtig es ist, die öffentliche Meinung zu ändern und eine Kultur der Achtung der Rechte jedes Menschen, unabhängig vom Geschlecht, zu schaffen.

10. Wirtschaftliche Stabilität: Geschlechtsspezifische Gewalt kann schwerwiegende wirtschaftliche Folgen für die Opfer haben. Gewalt kann zum Verlust des Arbeitsplatzes, zur finanziellen Abhängigkeit vom Täter,

zum Verlust von Eigentum oder Bildungschancen führen. Die wirtschaftliche Abhängigkeit des Opfers vom Täter kann als Mittel zur Kontrolle und Manipulation genutzt werden, wodurch es verletzlicher wird und sich nicht mehr aus dem Missbrauch befreien kann.

11. Psychisches Wohlbefinden: Geschlechtsspezifische Gewalt hat langfristige Auswirkungen auf das psychische Wohlbefinden der Opfer. Es kann zur Entwicklung einer posttraumatischen Belastungsstörung (PTBS), Depressionen, Angststörungen und einer Beeinträchtigung des Selbstwertgefühls und des Selbstwertgefühls führen. Die traumatischen Folgen geschlechtsspezifischer Gewalt können die Lebensqualität und die Fähigkeit des Opfers, in der Gesellschaft zu funktionieren, beeinträchtigen.

12. Familiäre und soziale Dynamiken: Geschlechtsspezifische Gewalt beeinflusst die familiäre und soziale Dynamik und führt zu Ungleichgewichten von Macht und Kontrolle. Dies kann zu zerbrochenen Beziehungen, Isolation von sozialer Unterstützung und dem Verlust der Verbindung zu Freunden und Familie führen. Die Zerstörung der familiären und sozialen Unterstützung bringt das Opfer in eine verletzlichere Lage und beeinträchtigt seine Fähigkeit, mit der Gewaltsituation umzugehen.

Geschlechtsspezifische Gewalt durchdringt verschiedene Aspekte des Lebens der Menschen und wirkt sich negativ auf ihr körperliches, emotionales, wirtschaftliches und soziales Wohlbefinden aus. Dies erfordert nicht nur individuelle Intervention und Unterstützung für die Opfer, sondern auch soziales Bewusstsein, die Änderung kultureller Normen und die Schaffung von Bedingungen zur Verhinderung und Beendigung von Gewalt.

Die Auseinandersetzung mit geschlechtsspezifischer Gewalt spielt eine zentrale Rolle bei der Bewusstseinsbildung, der Sensibilisierung der Öffentlichkeit und der Unterstützung der Opfer. Hier sind einige wichtige Aspekte der Diskussion über geschlechtsspezifische Gewalt:

1. Sensibilisierung: Die Diskussion über geschlechtsspezifische Gewalt hilft den Menschen, deren Ausmaß, Art und Folgen zu verstehen. Dies trägt dazu bei, das Problembewusstsein in der breiten Öffentlichkeit zu schärfen, was zu einer Änderung der Einstellung gegenüber Gewalt und ihrer Inakzeptanz führen kann.

2. Auf das Problem aufmerksam machen: Die Diskussion über geschlechtsspezifische Gewalt trägt dazu bei, die Aufmerksamkeit der Gesellschaft, von Regierungsbehörden, internationalen Organisationen und anderen Interessengruppen auf dieses ernste Problem zu lenken. Je mehr Menschen über geschlechtsspezifische Gewalt wissen, desto mehr Möglichkeiten haben sie, Maßnahmen zur Prävention und Bekämpfung zu ergreifen.

3. Unterstützung von Opfern: Die Diskussion über geschlechtsspezifische Gewalt schafft einen Raum für Opfer, ihre

Geschichten zu erzählen, Unterstützung und Hilfe von der Gemeinschaft zu erhalten und Ressourcen für Genesung und Schutz zu finden. Für Opfer von Gewalt kann es sehr wertvoll sein, zu wissen, dass sie nicht allein sind und dass es hilfsbereite Menschen gibt.

4. Gewaltprävention: Die Diskussion geschlechtsspezifischer Gewalt hilft dabei, die Ursachen und Faktoren zu identifizieren, die zu ihrem Auftreten beitragen, was wiederum bei der Entwicklung und Umsetzung wirksamer Gewaltpräventionsprogramme hilfreich sein kann.

5. Kulturelle Normen verändern: Die Diskussion über geschlechtsspezifische Gewalt kann zu einer Veränderung kultureller Normen führen, die Gewalt unterstützen oder tolerieren. Dies trägt dazu bei, eine Gesellschaft zu schaffen, in der Gewalt nicht toleriert wird und in der jeder die Rechte und die Würde anderer respektiert.

Eine detaillierte Analyse der Gründe, warum das Thema geschlechtsspezifische Gewalt Diskussion und Aufmerksamkeit erfordert, umfasst das Bewusstsein für deren Verbreitung, Formenvielfalt und Folgen für Opfer und die Gesellschaft insgesamt. Es umfasst auch eine Analyse der Faktoren, die zur Gewalt beitragen, wie etwa Geschlechterungleichheit, kulturelle Stereotypen, fehlende Gesetzgebung und unzureichende Ressourcen zur Unterstützung der Opfer.

Geschlechtsspezifische Gewalt ist aus mehreren Gründen ein aktuelles und wichtiges Thema für die moderne Gesellschaft:

1. Weit verbreitet: Geschlechtsspezifische Gewalt betrifft alle Bereiche der Gesellschaft und kann in den unterschiedlichsten Kontexten auftreten, darunter im familiären Umfeld, im öffentlichen Raum, am Arbeitsplatz und im Online-Bereich. Dieses Phänomen betrifft Millionen von Menschen auf der ganzen Welt.

2. Auswirkungen auf Gesundheit und Wohlbefinden: Geschlechtsspezifische Gewalt hat negative Auswirkungen auf die körperliche und geistige Gesundheit der Opfer. Es kann zu Traumata, posttraumatischer Belastungsstörung, Depression sowie schlechter Lebensqualität und sozialer Isolation führen.

3. Verletzung von Rechten und Würde: Geschlechtsspezifische Gewalt stellt eine Verletzung grundlegender Menschenrechte dar und zeigt, dass es nicht hinnehmbar ist, die Würde von Menschen aufgrund ihres Geschlechts oder ihrer Geschlechtsidentität zu verletzen.

4. Wirtschaftliche Folgen: Geschlechtsspezifische Gewalt kann zu wirtschaftlichen Verlusten für die Opfer führen, wie z. B. dem Verlust des Arbeitsplatzes, einer Verschlechterung der finanziellen Situation und einem eingeschränkten Zugang zu Ressourcen.

5. Soziale Folgen: Dieses Phänomen wirkt sich auf Familien, Gemeinschaften und die Gesellschaft als Ganzes aus und führt zu Störungen sozialer Beziehungen, einer Verschlechterung der öffentlichen Sicherheit und erhöhten sozialen Kosten im Gesundheitswesen und im

Rechtssystem.

6. Geschlechterungleichheit und Stereotypen: Geschlechtsspezifische Gewalt ist ein Produkt von Geschlechterungleichheit und kulturellen Stereotypen über die Rollen von Männern und Frauen in der Gesellschaft. Die Diskussion dieses Themas trägt dazu bei, veraltete Vorstellungen über Geschlechterverhältnisse zu ändern und unterstützt die Schaffung einer gleichberechtigteren und gerechteren Gesellschaft.

Insgesamt erfordert geschlechtsspezifische Gewalt Aufmerksamkeit und Maßnahmen seitens der Gesellschaft, von Regierungsbehörden und internationalen Organisationen, um ihr Auftreten zu verhindern, Opfer zu schützen und ein sicheres und unterstützendes Umfeld für alle Menschen zu schaffen.

Geschlechtsspezifische Gewalt ist nicht nur ein Verbrechen gegen den Einzelnen, sondern auch ein Angriff auf die Gesellschaft als Ganzes. Es durchdringt verschiedene Aspekte des Lebens der Menschen und hat verheerende Auswirkungen auf ihr körperliches, emotionales und psychisches Wohlbefinden.

Es ist wichtig zu verstehen, dass geschlechtsspezifische Gewalt nicht auf körperliche Angriffe beschränkt ist. Sie kann viele Formen annehmen, darunter emotionaler und psychischer Missbrauch, sexuelle Belästigung, wirtschaftliche Unterdrückung und andere Arten von Aggression. Allen diesen Formen der Gewalt ist eines gemeinsam: Sie basieren auf ungleicher Macht und Kontrolle zwischen den Geschlechtern.

Geschlechtsspezifische Gewalt hinterlässt bei den Opfern nicht nur körperliche und emotionale Narben, sondern zerstört auch ihr Vertrauen in andere und ihr Sicherheitsgefühl im eigenen Zuhause und in der Gemeinschaft. Es verletzt die grundlegenden Menschenrechte auf Leben, Freiheit und Würde und hat negative Auswirkungen auf soziale Beziehungen und Strukturen.

Daher wird die Diskussion des Problems geschlechtsspezifischer Gewalt zu einem integralen Bestandteil des Kampfes für Gerechtigkeit und Gleichheit in der Gesellschaft. Es hilft, ein Bewusstsein für das Problem zu schaffen, seine Wurzeln und Ursachen zu identifizieren und wirksame Maßnahmen zu seiner Bewältigung zu entwickeln. Nur durch einen offenen und ehrlichen Dialog können wir Veränderungen bewirken und eine sichere und faire Gesellschaft für alle ihre Mitglieder schaffen.

Die Diskussion über das Thema geschlechtsspezifische Gewalt und ihre Auswirkungen auf die Gesellschaft ist von großer Bedeutung. Es hilft, das Ausmaß des Problems und seine Folgen für die Opfer, ihre Familien und die Gesellschaft als Ganzes zu verstehen. Die Diskussion trägt dazu bei, ein Bewusstsein dafür zu schaffen, wie wichtig es ist, dieses Phänomen zu bekämpfen und wirksame Lösungen zu finden. Durch offenen Dialog und Meinungsaustausch können wir ein unterstützendes

Umfeld für Opfer schaffen und dazu beitragen, kulturelle und soziale Normen zu ändern, die zu geschlechtsspezifischer Gewalt beitragen. Es ist wichtig zu betonen, dass geschlechtsspezifische Gewalt nicht nur ein persönliches Problem des Einzelnen ist, sondern auch ein systemisches Problem, das breite öffentliche Aufmerksamkeit und Anstrengungen zu seiner Überwindung erfordert.

❖ · ❖ · ❖ · ❖ · ❖ · ❖ · ❖ · ❖ · ❖ · ❖ · ❖ · ❖ · ❖ · ❖ · ❖

Kapitel 9.
Arten geschlechtsspezifischer Gewalt

Die Untersuchung der verschiedenen Arten geschlechtsspezifischer Gewalt spielt eine wichtige Rolle im Kampf für die Rechte und Sicherheit aller Menschen in der Gesellschaft. Deshalb ist das so wichtig:

Erstens hilft uns das Verständnis des Ausmaßes des Problems geschlechtsspezifischer Gewalt zu erkennen, dass es sich hierbei nicht um Einzelfälle, sondern um ein ernstes systemisches Problem handelt. Wenn wir das Gesamtbild der verschiedenen Formen der Gewalt betrachten, verstehen wir besser, wie tief sie das Leben vieler Menschen beeinflusst.

Zweitens ermöglicht uns das Wissen über die verschiedenen Arten geschlechtsspezifischer Gewalt, präzisere Strategien zu ihrer Bekämpfung zu entwickeln. Jede Form von Gewalt erfordert einen anderen Ansatz und andere Präventionsmethoden. Je tiefer wir uns mit dem Problem befassen, desto wirksamere Maßnahmen können wir ergreifen.

Darüber hinaus hilft uns die Untersuchung der Arten geschlechtsspezifischer Gewalt, die Bedürfnisse und Erfahrungen der Opfer besser zu verstehen. Dies trägt dazu bei, ihnen unter Berücksichtigung ihrer individuellen Situation und Bedürfnisse wirksamere Hilfe und Unterstützung zukommen zu lassen.

Ein größeres Problemverständnis trägt auch dazu bei, das öffentliche Bewusstsein zu schärfen. Wenn Menschen sich der verschiedenen Arten von Gewalt und ihrer Folgen bewusst sind, sind sie eher bereit, Maßnahmen zu ergreifen und Opfer zu unterstützen. Dies trägt dazu bei, eine Gesellschaft zu schaffen, in der es keine Gewalt gibt und in der sich jeder sicher fühlen kann.

Letztendlich ist das Wissen über die verschiedenen Arten geschlechtsspezifischer Gewalt der Schlüssel zur Schaffung einer sichereren, gerechteren und gleichberechtigteren Gesellschaft für alle ihre Mitglieder.

Körperliche geschlechtsspezifische Gewalt ist eine der offensichtlichsten und am weitesten verbreiteten Formen von Gewalt in den Geschlechterbeziehungen. Sie manifestiert sich durch die Anwendung physischer Gewalt oder die Androhung ihrer Anwendung mit dem Ziel, das

Opfer zu kontrollieren, zu demütigen oder zu schädigen. Es ist wichtig zu verstehen, dass körperliche Gewalt sowohl gegen Männer als auch gegen Frauen gerichtet sein kann, ihre Formen und Folgen jedoch je nach Geschlechterdynamik und soziokulturellem Kontext variieren können.

Zu den Hauptmerkmalen körperlicher geschlechtsspezifischer Gewalt gehören:

1. Körperliche Gewalt kann Schlagen, Treten, Ohrfeigen, Würgen, den Einsatz von Waffen oder andere Formen körperlicher Aggression umfassen.

2. Es kann sowohl im öffentlichen als auch im privaten Umfeld auftreten, einschließlich häuslicher Gewalt, familiären Konflikten sowie am Arbeitsplatz oder an öffentlichen Orten.

3. Körperliche Gewalt geht oft mit Drohungen, erniedrigenden Äußerungen oder psychischem Druck einher, was ihre Wirkung auf das Opfer verstärkt.

4. Die Folgen körperlicher Misshandlung können schwerwiegend sein und körperliche Schäden, Verletzungen, psychische Folgen und in einigen Fällen den Tod umfassen.

Das Verständnis physischer geschlechtsspezifischer Gewalt hilft, frühe Anzeichen zu erkennen, Opfer zu unterstützen und Strategien zur Prävention und Bekämpfung dieser Art von Gewalt zu entwickeln. Es ist auch wichtig zu erkennen, dass körperliche Gewalt nicht nur ein persönliches Problem des Opfers ist, sondern ein öffentliches Problem, das umfassende Aufmerksamkeit und Maßnahmen seitens der Gesellschaft und des Staates erfordert.

Schauen wir uns einige Beispiele körperlicher geschlechtsspezifischer Gewalt in verschiedenen Kontexten an:

1. Häusliche Gewalt: Liliana lebt mit einem Partner zusammen, der oft betrunken ist. Eines Tages, als sie sich weigerte, seiner Bitte nachzukommen, begann er sie zu schlagen und schlug ihr ins Gesicht und auf den Körper. Liliana hat Angst, schämt sich aber und hat Angst, um Hilfe zu bitten.

2. Der Arbeitsplatz: Max arbeitet in einem Büro, in dem sein Chef ihn oft mit körperlichen Drohungen dazu zwingt, seinen Forderungen nachzukommen. Eines Tages, als Max sich weigerte, eine Aufgabe zu erledigen, packte der Chef ihn so heftig am Arm, dass blaue Flecken auf seinem Arm entstanden. Max fühlt sich hilflos und weiß nicht, wie er sich schützen soll.

3. Schulumfeld: Anya wird oft von ihren Klassenkameraden gemobbt, die sie zu Kämpfen herausfordern und sie mit körperlicher Gewalt schlagen. Sie kehrt oft mit Prellungen und Prellungen nach Hause zurück, sagt es aber niemandem, aus Angst vor weiterer Isolation.

4. Öffentlicher Raum: Mark geht jeden Abend in den Park, um sich

nach der Arbeit abzukühlen. Als er eines Tages nach Hause zurückkehrte, geriet er in Konflikt mit einem Fremden, der begann, ihn zu schlagen. Mark fühlt sich verletzlich und verängstigt und weiß nicht, wie er sich schützen soll.

Diese Beispiele helfen zu verstehen, dass körperliche Gewalt in verschiedenen Lebensbereichen auftreten kann und nicht vom sozialen Status oder Beruf abhängt. Es ist wichtig zu erkennen, dass es sich bei jedem dieser Fälle um eine Form geschlechtsspezifischer Gewalt handelt und dass die Opfer Hilfe und Unterstützung suchen müssen, um den Teufelskreis der Gewalt zu durchbrechen und ihre Rechte und Sicherheit zu schützen.

Diese Beispiele helfen zu erkennen, dass es sich bei vielen der oben beschriebenen Arten körperlicher Gewalt um Formen geschlechtsspezifischer Gewalt handelt, die auf der Macht und Kontrolle über eine andere Person aufgrund ihres Geschlechts oder ihrer Geschlechtsidentität beruhen. Es ist wichtig, dass Opfer verstehen, dass sie Opfer geschlechtsspezifischer Gewalt sind und ein Recht auf Schutz und Unterstützung haben. Durch die Suche nach Hilfe bei Fachleuten und Organisationen wie medizinischen Einrichtungen, Menschenrechtsorganisationen, Opferhilfezentren und Helplines können Opfer die Hilfe, Unterstützung und den Schutz erhalten, die sie benötigen. Es ist wichtig, die notwendigen Schritte zu unternehmen, um den Kreislauf der Gewalt zu durchbrechen und den Prozess der Wiederherstellung des körperlichen und emotionalen Wohlbefindens einzuleiten.

Die Ursachen körperlicher Gewalt können zahlreich und komplex sein und oft hängen sie miteinander zusammen. Hier sind einige der Hauptfaktoren, die zu seinem Auftreten beitragen:

1. Macht und Kontrolle: Körperliche Gewalt wird oft als Mittel eingesetzt, um Kontrolle über eine andere Person aufzubauen und aufrechtzuerhalten. Der Täter versucht, seine Macht und Dominanz über das Opfer zu etablieren, indem er seine Aggression zum Ausdruck bringt und mit körperlicher Gewalt droht.

2. Geschlechterstereotypen: In Gesellschaften, in denen die Geschlechter ungleich sind, können Stereotypen über Männlichkeit und Weiblichkeit zu körperlicher Gewalt beitragen. Männer haben möglicherweise das Gefühl, dass sie das Recht haben, Frauen zu kontrollieren und zu bestrafen, wenn sie ihren Rollenerwartungen nicht entsprechen.

3. Soziale und wirtschaftliche Faktoren: Auch Ungleichheiten im sozialen und wirtschaftlichen Status können Situationen körperlicher Gewalt verschärfen. Beispielsweise kann die finanzielle Abhängigkeit eines Opfers von einem Täter es ihm erschweren, dem Missbrauch zu entkommen.

4. Mangelnde Aufklärung und mangelndes Bewusstsein: Einige

Fälle von körperlicher Misshandlung können auf mangelnde Aufklärung und mangelndes Verständnis dafür zurückzuführen sein, was eine gesunde Beziehung ist und wo die Grenzen einer Partnerschaft liegen sollten.

5. Psychologische Faktoren: Auch emotionale oder psychische Probleme des Täters, wie Aggression, Alkohol- oder Drogenabhängigkeit, Stress oder geringes Selbstwertgefühl, können Ursachen für körperliche Misshandlung sein.

6. Kulturelle und religiöse Faktoren: Einige kulturelle und religiöse Überzeugungen können in manchen Gesellschaften körperliche Gewalt rechtfertigen oder sogar fördern.

7. Gewaltgeschichte: Persönliche Erfahrungen oder eine soziale Gewaltkultur in der Familie oder Gemeinschaft können ein Faktor sein, der zum Auftreten körperlicher Gewalt beiträgt. Eine Person kann ein Muster wiederholen, das sie als Kind gesehen hat, oder Gewalt aufgrund ihrer Umgebung als normal empfinden.

8. Mangelndes Einfühlungsvermögen und Respekt: Manche Menschen können körperlich aggressiv werden, weil es ihnen an Einfühlungsvermögen und Respekt für andere mangelt. Sie sind sich des Schadens, den sie durch ihr Handeln anrichten, nicht bewusst und können Konflikte nicht angemessen lösen.

9. Psychische Störungen: Bei einigen Tätern werden möglicherweise psychische Störungen wie Persönlichkeitsstörungen oder Psychopathie diagnostiziert, die zu ihrer Neigung zu körperlicher Gewalt beitragen können.

10. Sozialer Druck und Konformität: In manchen Fällen können Menschen aufgrund von sozialem Druck oder dem Wunsch, sich bestimmten Stereotypen oder Erwartungen ihrer sozialen Gruppe anzupassen, körperliche Gewalt ausüben.

Diese Faktoren interagieren und können ein Umfeld schaffen, in dem körperliche Gewalt wahrscheinlicher wird. Das Verständnis dieser Gründe ermöglicht es uns, umfassende Programme zur Gewaltprävention und zur Unterstützung der Opfer zu entwickeln. Die Analyse dieser Faktoren ermöglicht es uns, die Komplexität des Problems körperlicher Gewalt besser zu verstehen und wirksamere Strategien zu ihrer Prävention und Bekämpfung zu entwickeln.

Der Einfluss kultureller, sozialer und psychologischer Faktoren auf das Auftreten körperlicher Gewalt ist äußerst wichtig. Es ist wichtig zu verstehen, wie diese Faktoren die Entstehung und Ausbreitung von Gewalt in der Gesellschaft beeinflussen können.

In einigen Kulturen und Ländern gibt es veraltete Überzeugungen, dass Männer das Recht haben, Frauen zu kontrollieren und zu dominieren und Gewalt als Mittel zur Konfliktlösung einzusetzen. Diese Stereotypen können verstärkt und von Generation zu Generation weitergegeben werden, wodurch körperliche Gewalt in solchen Gesellschaften häufiger und gesellschaftlich akzeptiert wird.

Es ist jedoch wichtig zu verstehen, dass solche Normen und Überzeugungen Gewalt nicht rechtfertigen und in der Gesellschaft aktiv angegangen werden müssen. Aufklärung, Sensibilisierung und Unterstützung für Opfer sind wichtige Instrumente bei der Bekämpfung der kulturellen und sozialen Ursachen geschlechtsspezifischer Gewalt.

Soziale Faktoren wie wirtschaftliche Ungleichheit, Arbeitslosigkeit und Wohnungsinstabilität können ein angespanntes Umfeld schaffen, in dem körperliche Gewalt wahrscheinlicher ist. Beispielsweise kann durch finanzielle Schwierigkeiten verursachter Stress die Wahrscheinlichkeit von Konflikten in der Familie und den Einsatz von Gewalt als Kontrollmethode erhöhen.

Psychische Faktoren wie ein geringes Selbstwertgefühl, Probleme bei der Anpassung an Stress und eine schlechte emotionale Regulierung können ebenfalls zu körperlicher Misshandlung beitragen. Beispielsweise kann eine Person, die unter Aggression oder geringem Selbstwertgefühl leidet, Gewalt als Mittel einsetzen, um die Macht in einer Beziehung zu kontrollieren oder durchzusetzen.

Das Verständnis des Einflusses kultureller, sozialer und psychologischer Faktoren wird uns daher helfen, körperliche Gewalt wirksamer zu bekämpfen und ihre Ausbreitung in der Gesellschaft zu verhindern.

Die Auswirkungen körperlicher Gewalt auf Opfer können äußerst schwerwiegend sein und langfristige Auswirkungen auf die körperliche und geistige Gesundheit haben.

Körperliche Auswirkungen auf Opfer: Körperliche Misshandlung kann zu einer Vielzahl von Verletzungen und Entstellungen führen, darunter Knochenbrüche, Prellungen, Schürfwunden, Schnitte, Schürfwunden, Verbrennungen usw. Einige Verletzungen können so schwerwiegend sein, dass sie dauerhafte oder vorübergehende Behinderungen verursachen und das Opfer einschränken von normalen täglichen Aktivitäten.

Psychische Auswirkungen: Körperlicher Missbrauch kann auch tiefe psychische Wunden hinterlassen. Bei den Opfern kann es zu traumatischem Stress kommen, der sich in anhaltender Angst, Furcht, Schlaflosigkeit und physiologischen Reaktionen wie erhöhter Herzfrequenz und Schwitzen äußert. Einige Opfer können eine posttraumatische Belastungsstörung (PTBS) entwickeln, die zu Angstausbrüchen, Albträumen, der Wahrnehmung traumatischer Ereignisse, sozialer Isolation und anderen langfristigen emotionalen Problemen führt.

Das Verständnis dieser Folgen körperlicher Misshandlung hilft den Opfern, den Ernst der Situation zu verstehen und Schritte zu unternehmen, um Hilfe und Unterstützung zu suchen. Sie müssen wissen, dass ihnen

Ressourcen für medizinische und psychologische Hilfe sowie Rechtsschutz zur Verfügung stehen.

Wie bereits erwähnt, erfordert der Kampf gegen körperliche Gewalt einen umfassenden Ansatz und umfasst mehrere Schlüsselaktivitäten:

1. Bereitstellung eines sicheren Hafens: Es ist wichtig, Opfern einen sicheren Ort zu bieten, an dem sie sich vor ihrem Täter verstecken können. Dies könnte eine Notunterkunft sein, die von spezialisierten Organisationen für häusliche Gewalt bereitgestellt wird.

2. Medizinische Versorgung bereitstellen: Opfer körperlicher Gewalt sollten die notwendige medizinische Versorgung zur Behandlung von Verletzungen und Verletzungen erhalten. Dazu können Arztbesuche, ärztliche Untersuchungen und Rehabilitationsmaßnahmen gehören.

3. Psychologische Unterstützung und Beratung: Opfer körperlicher Gewalt benötigen häufig psychologische Unterstützung, um die traumatischen Folgen zu verarbeiten. Psychologen und Berater können ihnen helfen, mit emotionalem Stress umzugehen, Selbstschutzstrategien zu entwickeln und ihr Selbstvertrauen wieder aufzubauen.

4. Kontaktaufnahme mit den Strafverfolgungsbehörden: Opfer körperlicher Gewalt sollten den Vorfall der Polizei und anderen Strafverfolgungsbehörden melden. Dies wird dazu beitragen, eine Untersuchung des Vorfalls einzuleiten und den Vergewaltiger vor Gericht zu stellen.

5. Durchführung von Bildungsprogrammen: Es ist wichtig, Bildungsprogramme zur Gewaltprävention und zum Schutz der Rechte der Opfer durchzuführen. Dazu kann Aufklärung darüber gehören, wie man Anzeichen von Missbrauch erkennt, wo man Hilfe sucht und welche Schritte man unternehmen muss, um sich selbst zu schützen.

6. Gesetzgeberische Maßnahmen: Es braucht Gesetze und Richtlinien, die die Rechte der Opfer schützen und Vergewaltiger bestrafen. Dazu könnten die Verschärfung der Strafen für Gewalt, die Verbesserung des Zugangs zum Rechtsschutz und die Ausweitung des Rechtsschutzes für Opfer gehören.

Eine wirksame Bekämpfung körperlicher Gewalt erfordert gemeinsame Anstrengungen des Staates, öffentlicher Organisationen, medizinischer Einrichtungen und der gesamten Öffentlichkeit.

Interventionen zur Prävention körperlicher Gewalt konzentrieren sich auf die Sensibilisierung und die Vermittlung von Konfliktlösungskompetenzen. Hier sind einige wichtige Maßnahmen:

1. Aufklärung: Aufklärungsprogramme und -kampagnen sollten durchgeführt werden, um das Bewusstsein für die Schäden und Folgen körperlicher Gewalt zu schärfen. Dazu gehört die Schulung der Menschen, die Anzeichen von Gewalt zu erkennen und ihre Auswirkungen auf die Opfer und die Gesellschaft als Ganzes zu verstehen.

2. Konfliktlösungstraining: Bildungseinrichtungen, Familien und

Gemeinschaftsorganisationen sollten sich auf die Vermittlung konstruktiver Konfliktlösungsfähigkeiten konzentrieren. Dazu kann die Vermittlung von Kommunikationsfähigkeiten, der Umgang mit Emotionen und eine respektvolle Kommunikation gehören.

3. Bekämpfung gewalttätigen Verhaltens: Programme zur Bekämpfung aggressiven Verhaltens sollten denjenigen zur Verfügung stehen, die Anzeichen von Gewalt zeigen. Dazu können Kurse zur Wutbewältigung, psychologische Beratung und Gruppensitzungen zur Erörterung von Mobbingproblemen gehören.

4. Unterstützung für Opfer und Zeugen: Es ist wichtig, ein sicheres Umfeld zu schaffen, in dem Opfer Hilfe suchen und Zeugen von Gewalt Vorfälle melden können. Dazu gehört die Bereitstellung vertraulicher Supportdienste, anonymer Hotlines und die Schulung des Personals zur Unterstützung.

5. Positive Verhaltensmodelle entwickeln: Staatsoberhäupter, Medien und Prominente sollten als positive Verhaltensmodelle fungieren und die Bedeutung von Respekt, Toleranz und gewaltfreier Konfliktlösung betonen.

Diese Maßnahmen werden nicht nur dazu beitragen, das Auftreten körperlicher Gewalt zu verhindern, sondern auch dazu beitragen, eine gesündere und sicherere Gesellschaft zu schaffen.

Schutzmaßnahmen und Ressourcen für Opfer körperlicher Gewalt umfassen verschiedene Aspekte, die zur Sicherheit und Unterstützung der Opfer beitragen. Hier sind einige davon:

1. Rechtsbeistand: Opfer körperlicher Gewalt können Rechtsbeistand und Schutz in Anspruch nehmen. Anwälte und Rechtsanwälte beraten zu Rechten und unterstützen Opfer bei der Einreichung von Polizei- oder Gerichtsanzeigen.

2. Unterkünfte für Opfer: Es gibt Zentren und Unterkünfte für Opfer von Gewalt, die denjenigen, die sich von ihrem Täter bedroht fühlen, vorübergehende Unterkünfte und eine geschützte Umgebung bieten.

3. Psychologische Unterstützung: Psychologen und Berater bieten emotionale Unterstützung und helfen Opfern, mit den Auswirkungen von Traumata umzugehen. Für Opfer körperlicher Misshandlung können auch Gruppensitzungen und Therapien angeboten werden.

4. Community-Unterstützung: Verschiedene Community- und Wohltätigkeitsorganisationen bieten Opfern von Gewalt Unterstützung und Hilfe. Dazu kann die Organisation von Selbsthilfegruppen, die Durchführung von Informationskampagnen und die Schulung von Mitarbeitern gehören, die mit Überlebenden arbeiten.

5. Wirtschaftliche Unterstützung: Opfer körperlicher Misshandlung können durch den Verlust ihres Arbeitsplatzes oder einen Umzug in finanzielle Schwierigkeiten geraten. Wirtschaftliche Unterstützungsprogramme wie temporäre Wohnraumfonds oder

Unterstützung bei der Arbeitssuche können eine wichtige Unterstützungsquelle sein.

Zu den weiteren Schutzmaßnahmen und Ressourcen für Opfer körperlicher Gewalt gehören:

6. Telefon-Hotlines: Es gibt spezielle Telefon-Hotlines, über die Opfer rund um die Uhr vertrauliche Unterstützung, Beratung und Informationen über verfügbare Ressourcen erhalten können.

7. Medizinische Versorgung: Medizinische Einrichtungen und Krankenhäuser kümmern sich um Opfer körperlicher Gewalt, einschließlich medizinischer Versorgung bei Verletzungen und Rehabilitation nach Gewalt.

8. Bildungsprogramme: Verschiedene Bildungsprogramme und Kampagnen zielen darauf ab, die Öffentlichkeit über die Problematik körperlicher Gewalt, ihre Folgen und Methoden der Prävention aufzuklären. Dazu gehört die Durchführung von Schulungen, Vorträgen, Webinaren und anderen Veranstaltungen.

9. Soziales Unterstützungsnetzwerk: Es gibt ein breites Netzwerk professioneller und ehrenamtlicher Organisationen, die Opfern körperlicher Gewalt soziale Unterstützung und Hilfe bieten. Dies kann in Form von Einzelberatungen, Gruppentreffen oder Online-Unterstützung erfolgen.

10. Regionale Schutzprogramme: In einigen Regionen gibt es Schutzprogramme für Opfer körperlicher Gewalt, die geschützte Unterkünfte, rechtliche und soziale Unterstützung sowie Hilfe bei der Rückkehr in ein normales Leben bieten.

Diese Schutzmaßnahmen und Ressourcen spielen eine wichtige Rolle bei der Bereitstellung von Sicherheit, Unterstützung und Genesung für Opfer körperlicher Misshandlung und helfen ihnen, ihr Leben wieder aufzubauen und toxische Beziehungen zu verlassen.

Letztlich stellt körperliche Gewalt eine ernsthafte Gefahr für die Gesundheit und das Wohlbefinden der Menschen dar und verursacht sowohl unmittelbare als auch langfristige körperliche und psychische Schäden. Die Diskussion dieser Art geschlechtsspezifischer Gewalt ist von entscheidender Bedeutung, um sie zu bekämpfen und ein sicheres Umfeld für alle Mitglieder der Gesellschaft zu schaffen. Es ist wichtig zu erkennen, dass körperliche Gewalt in keiner Situation toleriert werden sollte und dass jeder das Recht auf ein sicheres und gesundes Leben hat. Um diese Art von Gewalt zu überwinden und eine Welt ohne Angst und Gewalt für alle zu schaffen, sind proaktive Aufklärung, Opferunterstützung, Schulungen zur Konfliktlösung und gemeinschaftsweite Bemühungen erforderlich.

❖ ·❖ · ❖ · ❖ · ❖ · ❖ · ❖ · ❖ · ❖ · ❖ · ❖ · ❖ · ❖ · ❖ · ❖

Kapitel 10.
Emotionaler und psychischer Missbrauch.

Emotionaler und psychischer Missbrauch ist eine Form der Gewalt, die tiefe Wunden auf der mentalen und emotionalen Ebene des Opfers hinterlassen kann. Im Gegensatz zu körperlicher Gewalt ist sie möglicherweise weniger sichtbar und schwerer zu erkennen, ihre Auswirkungen können jedoch nicht weniger verheerend sein.

Wie wichtig es ist, die Erscheinungsformen und Auswirkungen emotionalen und psychischen Missbrauchs auf das Opfer zu verstehen:

1. Opfern helfen: Wenn Sie emotionalen und psychischen Missbrauch verstehen, können Sie die Anzeichen besser erkennen und den Opfern die Unterstützung und den Schutz bieten, die sie benötigen.

2. Prävention: Das Wissen über die Erscheinungsformen von emotionalem und psychischem Missbrauch hilft, dessen Auftreten zu verhindern und Gewalt im Frühstadium zu verhindern.

3. Gemeinschaftsbewusstsein: Die Diskussion dieses Themas trägt zur Schaffung einer bewussten Gesellschaft bei, die Gewalt nicht nur verurteilt, sondern sich ihr auch aktiv widersetzt und ein sicheres und unterstützendes Umfeld für alle ihre Mitglieder schafft.

4. Kulturwandel: Das Verständnis von emotionalem und psychischem Missbrauch trägt dazu bei, kulturelle Normen zu ändern, die Gewalt in Beziehungen unterstützen und dulden, und fördert gesündere, respektvollere Verhaltensmuster.

5. Psychisches Wohlbefinden: Die Bekämpfung emotionalen und psychischen Missbrauchs ermöglicht es, dem psychischen Zustand der Opfer mehr Aufmerksamkeit zu schenken und ihnen die notwendige Unterstützung und Hilfe bei der Bewältigung von Traumata und Stress zu bieten.

6. Öffentliche Berichterstattung: Die Diskussion von emotionalem und psychischem Missbrauch in öffentlichen Diskussionen, Medien und anderen Plattformen trägt dazu bei, das Bewusstsein für das Problem zu schärfen und gemeinschaftliche Anstrengungen zu seiner Bekämpfung zu mobilisieren.

7. Schaffung einer sicheren Umgebung: Das Verständnis der Erscheinungsformen und Folgen von emotionalem und psychischem Missbrauch trägt dazu bei, eine sichere Umgebung für alle Mitglieder der Gesellschaft zu schaffen, in der sich jeder geschützt und respektiert fühlen kann.

8. Entwicklung beruflicher Fähigkeiten: Die Beschäftigung mit dem Thema emotionale und psychische Gewalt trägt zur Entwicklung beruflicher Fähigkeiten von Fachkräften in den Bereichen Sozialarbeit,

Medizin, Recht und anderen Bereichen bei, was zu einer wirksameren Opferhilfe und Gewaltprävention beiträgt.

9. Empirische Forschung: Die Diskussion über emotionalen und psychischen Missbrauch regt die Forschung an, die darauf abzielt, seine Mechanismen und die Wirksamkeit verschiedener Methoden zu seiner Bekämpfung besser zu verstehen. Dies trägt zur Weiterentwicklung wissenschaftlicher Erkenntnisse und zur Entwicklung wirksamerer Strategien zur Prävention und Reaktion auf Gewalt bei.

10. Schaffen Sie ein unterstützendes Umfeld: Die Diskussion über emotionalen und psychischen Missbrauch trägt dazu bei, ein unterstützendes Umfeld zu schaffen, in dem sich die Opfer unterstützt und verstanden fühlen können, statt allein und isoliert zu sein. Dies fördert ihre Genesung und Genesung nach Verletzungen.

Emotionaler Missbrauch ist eine Form geschlechtsspezifischer Gewalt, die durch den Einsatz emotionaler, psychologischer und mentaler Taktiken zur Kontrolle, Manipulation und Demütigung einer anderen Person gekennzeichnet ist. Sie manifestiert sich oft nicht in körperlichen Handlungen, kann jedoch tiefgreifende und nachhaltige Auswirkungen auf den psychischen Zustand des Opfers haben.

Emotionaler Missbrauch kann viele Formen annehmen, darunter Drohungen, Beleidigungen, Herabwürdigung, Isolierung, abfällige Bemerkungen, Kontrolle des Opfers, Schuldgefühle beim Opfer, Versuch, sein Verhalten und seine Entscheidungen zu kontrollieren und das Ignorieren seiner Bedürfnisse und Gefühle. Diese Handlungen können zu einem verminderten Selbstwertgefühl, Angstzuständen, Depressionen, einer posttraumatischen Belastungsstörung und anderen schwerwiegenden psychischen Folgen für das Opfer führen.

Emotionaler Missbrauch geschieht oft im Verborgenen und ist für Außenstehende unbemerkt, kann für das Opfer jedoch äußerst schädlich sein, da er sein Selbstwertgefühl, seine Würde und sein psychisches Wohlbefinden beeinträchtigt. Um ihn zu verhindern, aufzudecken und den Opfern Unterstützung zu leisten, ist es wichtig, die Natur und die Merkmale emotionalen Missbrauchs zu verstehen.

Emotionaler Missbrauch kann sich durch eine Vielzahl von Methoden und Taktiken äußern, mit denen der Täter das Opfer kontrolliert und manipuliert:

1. Drohungen: Der Täter droht dem Opfer möglicherweise mit körperlicher Gewalt, Gewalt gegen seine Angehörigen oder sogar mit Selbstmord. Diese Drohungen erzeugen beim Opfer eine Atmosphäre der Angst und Furcht.

2. Beleidigungen und Demütigungen: Der Täter kann das Opfer ständig beleidigen und demütigen, sein Aussehen, seine Intelligenz, Fähigkeiten oder Entscheidungen kritisieren. Dadurch entsteht beim Opfer ein Gefühl der Minderwertigkeit und Hilflosigkeit.

3. Isolation: Der Täter kann das Opfer von seinen Freunden, seiner Familie und seiner Unterstützung isolieren, indem er seine Kontakte kontrolliert, seine Bewegungsfreiheit einschränkt und ihm die Kommunikation mit anderen Menschen verbietet. Dies macht das Opfer verletzlich und vom Täter abhängig.

4. Kontrolle und Kontrolle: Der Täter versucht, jeden Aspekt des Lebens des Opfers zu kontrollieren, einschließlich seiner Entscheidungen, Handlungen, Finanzen und sozialen Kontakte. Er kann Entscheidungen für sie treffen, ihre Freiheit einschränken und sie seinem Willen unterordnen.

5. Schuldgefühle: Der Täter kann Manipulationen und Drohungen einsetzen, um dem Opfer ein schlechtes Gewissen wegen des Geschehens zu machen, auch wenn es nicht seine Schuld ist. Dies kann beim Opfer zu erhöhter Angst, Depression und Selbstzweifeln führen.

Beispiele für Situationen, die Ausdruck emotionalen Missbrauchs sein können:

1. Der Partner kritisiert und demütigt den anderen ständig im Beisein anderer Menschen.

2. Der Elternteil droht dem Kind, dass es seine Freunde nicht sehen kann, wenn es deren Anweisungen nicht befolgt.

3. Ein Manager am Arbeitsplatz beleidigt und demütigt seinen Untergebenen ständig vor seinen Kollegen.

4. Online-Hasser schreiben in sozialen Netzwerken bedrohliche und beleidigende Kommentare gegenüber dem Opfer.

5. Angehörige kritisieren das Opfer ständig und vergleichen es mit anderen Familienmitgliedern, wodurch es sich minderwertig und schuldig fühlt.

Diese Situationen zeigen verschiedene Aspekte emotionalen Missbrauchs und seine vielfältigen Erscheinungsformen im Alltag.

Emotionaler Missbrauch hinterlässt tiefe Spuren im psychischen und emotionalen Wohlbefinden des Opfers. Die Auswirkungen können unterschiedlich sein, umfassen jedoch die folgenden Aspekte:

1. Angst und Unruhe: Ständige Drohungen, Demütigungen und Druck auf das Opfer erzeugen ein Gefühl ständiger Angst und Unruhe. Das Opfer kann sich vor dem Täter ständig bedroht und hilflos fühlen.

2. Neurosen und Angststörungen: Emotionaler Missbrauch kann verschiedene neurotische Reaktionen wie Panikattacken, Obsessionen und Zwänge sowie andere Angststörungen hervorrufen.

3. Verlust des Selbstwertgefühls und Depression: Ständige Beleidigungen, Demütigungen und Kritik können zum Verlust des Selbstwertgefühls und des Vertrauens in das Opfer führen. Dies kann zu Depressionen, Gefühlen der Hilflosigkeit und Verzweiflung führen.

4. Verlust der Identität und des Selbstverständnisses: Emotionaler Missbrauch kann die Identität des Opfers zerstören, indem er Zweifel an sich selbst, seinen Werten und Überzeugungen hervorruft. Das Opfer kann

seine Identität und sein Selbstbewusstsein verlieren.

5. Isolation und Einsamkeit: Der Täter versucht, das Opfer von der Unterstützung und dem Kontakt mit anderen Menschen zu isolieren, was zu Gefühlen der Einsamkeit und Isolation führen kann.

6. Traumatischer Stress und posttraumatische Belastungsstörung (PTSD): Anhaltender emotionaler Missbrauch kann zur Entwicklung von traumatischem Stress und PTBS beim Opfer führen, was sich in Flashbacks, Albträumen, Angstzuständen und emotionaler Desorientierung äußert.

Beispielsituationen:

1. Eine Frau, die ständig Drohungen und Beleidigungen ihres Partners ausgesetzt ist, beginnt unter Panikattacken und Angststörungen zu leiden.

2. Ein Teenager, der in der Schule regelmäßig von seinen Mitschülern kritisiert und gedemütigt wird, beginnt, sich hilflos und isoliert von anderen zu fühlen.

3. Ein Mann, der ständig von seiner Mutter bedroht und gedemütigt wird, fühlt sich hilflos und deprimiert.

4. Ein Opfer häuslicher Gewalt erlebt ständig Flashbacks und Albträume über vergangene Vorfälle, was es daran hindert, im Alltag normal zu funktionieren.

Diese Beispiele veranschaulichen die vielfältigen psychologischen und emotionalen Folgen emotionalen Missbrauchs und seine Auswirkungen auf das Opfer.

Psychischer Missbrauch ist eine Form der Gewalt, die auf der Anwendung emotionalen und psychologischen Drucks zur Kontrolle, Manipulation und Unterwerfung des Opfers beruht. Es kann sich in verschiedenen Formen äußern, darunter Drohungen, Demütigungen, Isolation, Dominanz, Manipulation und Kontrolle über das Verhalten und die Gedanken des Opfers.

Zu den Merkmalen psychischen Missbrauchs gehören:

1. Unsichtbarkeit: Psychischer Missbrauch geschieht oft außerhalb der Öffentlichkeit und kann für andere unsichtbar sein. Dies macht es schwieriger, sie zu identifizieren und zu stoppen.

2. Allmählich: Psychischer Missbrauch entwickelt sich oft schleichend, beginnend mit subtilen Anzeichen von Kontrolle und Manipulation und nimmt im Laufe der Zeit allmählich zu.

3. Unterdrückung der Persönlichkeit: Der Zweck psychischen Missbrauchs besteht darin, die Persönlichkeit und das Selbstwertgefühl des Opfers zu unterdrücken und es dadurch verletzlicher und anfälliger für Kontrolle und Manipulation zu machen.

4. Langfristige Auswirkungen: Psychischer Missbrauch kann beim Opfer langfristige psychologische und emotionale Auswirkungen haben, darunter ein geringes Selbstwertgefühl, Depressionen, Angststörungen und

posttraumatische Belastungsstörungen.

5. Einsatz von Drohungen und Erpressung: Ein Täter kann Drohungen, Erpressung und die Kontrolle von Ressourcen und Beziehungen nutzen, um die Kontrolle über das Opfer zu erlangen und aufrechtzuerhalten.

6. Manipulation: Psychischer Missbrauch geht häufig mit Manipulation und psychologischem Terror einher, um beim Opfer Schuldgefühle, Angst und Hilflosigkeit hervorzurufen.

Einer der Hauptaspekte des psychischen Missbrauchs besteht darin, dass er subtil und schwer zu erkennen ist, was ihn für das Opfer besonders schädlich macht.

Manipulation, Drohungen und Demütigungen sind die Hauptformen psychischer Gewalt, mit denen der Vergewaltiger die Kontrolle über das Opfer erlangt.

1. Manipulation: Ein Täter kann verschiedene Manipulationstaktiken anwenden, um das Verhalten, die Gedanken und Gefühle des Opfers zu kontrollieren. Dazu kann es gehören, zu lügen, Versprechungen zu machen, Informationen zu manipulieren und Fakten zu verdrehen, um die eigenen Ziele zu erreichen.

2. Drohungen: Drohungen sind ein häufig eingesetztes Instrument psychischer Gewalt. Der Täter kann dem Opfer mit körperlicher Gewalt, Entlassung, der Zerstörung von Beziehungen oder anderen negativen Konsequenzen drohen, um seine Einwilligung zu erzwingen.

3. Demütigung: Demütigung ist eine Form psychischer Gewalt, die darauf abzielt, das Selbstwertgefühl und die Würde des Opfers zu zerstören. Dazu können Beleidigungen, Vernachlässigung, ständige Kritik und abfällige Kommentare gehören, die das Opfer verletzlich und wehrlos machen.

Andere Formen psychischen Missbrauchs umfassen die Isolierung, Kontrolle und Dominanz des Opfers.

1. Isolation: Der Täter kann die Kontrolle über das Opfer erhöhen, indem er es von Freunden, Familie und der Außenwelt isoliert. Dadurch wird das Opfer stärker vom Täter abhängig und es entstehen Hindernisse für die Inanspruchnahme von Hilfe und Unterstützung.

2. Kontrolle: Der Täter versucht, jeden Aspekt des Lebens des Opfers zu kontrollieren, einschließlich seines Verhaltens, seiner Finanzen, seiner Kommunikation und seiner Entscheidungen. Dadurch entsteht beim Opfer eine Atmosphäre ständiger Angst und Hilflosigkeit.

3. Dominanz: Bei psychischem Missbrauch geht es oft darum, das Opfer zu dominieren, eigene Regeln und Erwartungen festzulegen und das Opfer dem Willen des Täters zu unterwerfen. Dies führt zu einem Verlust der Autonomie und Selbstbestimmung des Opfers sowie zu Gefühlen der Hilflosigkeit und Entfremdung.

Fortsetzung des Gesprächs über Formen psychischer Gewalt:

Isolation ist für den Täter eine wirksame Möglichkeit, das Opfer zu kontrollieren, indem er seinen Kontakt mit der Außenwelt einschränkt. Dazu kann gehören, dass man nicht mit Familie und Freunden kommuniziert, den Zugang zu Informationen oder sozialen Medien einschränkt und nicht an gesellschaftlichen Veranstaltungen oder Aktivitäten außerhalb des Zuhauses teilnimmt. Isolation macht das Opfer verwundbar, da es keine Unterstützung und keinen Schutz mehr hat, was es abhängiger vom Täter macht.

Kontrolle ist ein Schlüsselelement des psychischen Missbrauchs, bei dem der Täter versucht, alle Aspekte des Lebens des Opfers zu kontrollieren. Dazu kann die Kontrolle über ihre Finanzen, Zeit, Bewegungen, Kommunikation und Entscheidungsfindung gehören. Kontrolle erzeugt beim Opfer ein Gefühl der Hilflosigkeit und Abhängigkeit und beraubt es seiner Freiheit und Autonomie.

Dominanz ist der Wunsch des Vergewaltigers, das Opfer zu dominieren und so seine Macht und Autorität zu festigen. Dies kann in Form von Drohungen, Nötigung, Spott, Demütigung und anderen Formen geistiger und emotionaler Dominanz erfolgen. Dominanz demütigt das Opfer, untergräbt sein Selbstwertgefühl und Selbstvertrauen und macht es anfälliger für den Einfluss des Vergewaltigers.

Das Verständnis dieser Formen psychischen Missbrauchs ermöglicht es den Opfern, die Anzeichen zu erkennen. Dies ist der erste Schritt, um sich von Kontrolle und Missbrauch zu befreien, und ermöglicht es anderen, den Opfern Unterstützung und Hilfe zu leisten.

Psychischer Missbrauch kann zu verschiedenen psychischen Störungen wie Depressionen, Angststörungen, posttraumatischer Belastungsstörung (PTSD) sowie anderen psychischen Problemen führen. Diese Störungen können schwerwiegende Auswirkungen auf das Opfer haben und es ihm erschweren, im Alltag zu leben und zu funktionieren.

Psychische Gewalt kann dazu führen, dass sich das Opfer von sich selbst und seiner Identität entfremdet fühlt. Möglicherweise verliert sie ihr Selbstwertgefühl, wird unsicher über sich selbst und ihre Fähigkeiten und verliert ihr inneres Selbst. Dies kann zu Depersonalisierung und Depersonalisierung führen, bei der sich das Opfer von seinen Gedanken, Gefühlen und seinem eigenen Körper getrennt fühlt.

Opfer psychischen Missbrauchs leiden häufig unter Depressionen und Angstzuständen. Sie leiden möglicherweise unter ständigem Stress und Ängsten und sind nicht in der Lage, das Leben zu genießen und Zufriedenheit zu empfinden. Dies kann zu einer verminderten Lebensqualität, sozialer Isolation und sogar Selbstmordgedanken führen.

Das Verständnis dieser Konsequenzen ist wichtig für die Unterstützung und Unterstützung von Opfern psychischen Missbrauchs. Dies trägt dazu bei, die Ernsthaftigkeit des Problems und die Notwendigkeit zu erkennen, denjenigen, die diese Art von Gewalt erleben, emotionale und psychologische Unterstützung zu bieten.

Eine vergleichende Analyse emotionaler und psychischer Gewalt ermöglicht es uns, ihre Merkmale, Auswirkungen und Konsequenzen für Opfer und die Gesellschaft als Ganzes besser zu verstehen.

1. Definition und Merkmale:

- Emotionaler Missbrauch: Beinhaltet den Einsatz von Worten, Verhalten und anderen Mitteln zur Kontrolle, Manipulation und Demütigung des Opfers. Ziel ist es, Angst, Verletzlichkeit und Abhängigkeit zu erzeugen.

- Psychischer Missbrauch: Umfasst ein breites Spektrum an Verhaltensweisen und Handlungen, die auf die Kontrolle, Manipulation und Unterdrückung des Opfers abzielen. Dazu können Drohungen, Isolation, Demütigungen und andere Formen psychischen Drucks gehören.

2. Manifestationen:

- Emotionaler Missbrauch: Dazu gehören Kritik, Drohungen, Demütigungen, Kontrolle über das Opfer, Isolation von sozialen Verbindungen und Schädigung des Selbstwertgefühls.

- Psychische Gewalt: Kann sich durch Manipulation, Drohungen, psychologische Spiele, Demütigung, Isolation und Kontrolle über das Opfer äußern.

3. Beziehung und Schnittmenge:

- Emotionaler und psychischer Missbrauch überschneiden sich oft und können sich gegenseitig ergänzen. Drohungen und Manipulationen können beispielsweise mit Demütigungen und Kritik einhergehen, was die Wirkung auf das Opfer verstärkt.

4. Auswirkungen auf das Opfer und die Gesellschaft:

- Beide Arten von Gewalt haben tiefgreifende Auswirkungen auf das Opfer und führen zu psychischer Belastung, Verlust des Selbstwertgefühls, sozialer Isolation und anderen negativen Folgen.

- Für die Gesellschaft kann dies zu einer Verschlechterung der öffentlichen Gesundheit, einem Anstieg der Gewalt und dem Zerfall sozialer Netzwerke führen.

Das Verständnis der Gemeinsamkeiten und Unterschiede zwischen emotionalem und psychischem Missbrauch hilft daher, wirksame Strategien zur Prävention und Bekämpfung dieser Formen des Missbrauchs zu entwickeln und den Opfern die notwendige Unterstützung und Hilfe zu bieten.

Es sollte betont werden, wie wichtig es ist, emotionalen und psychischen Missbrauch anzugehen, um ein sicheres und unterstützendes Umfeld für alle Mitglieder der Gesellschaft zu schaffen. Obwohl diese Art von Gewalt nicht immer körperliche Spuren hinterlässt, können ihre Auswirkungen auf das Opfer verheerend sein.

Die Analyse ergab, dass emotionaler und psychischer Missbrauch schwerwiegende Folgen für die psychische Gesundheit des Opfers haben kann, darunter Stress, Depressionen, Angststörungen und Verlust des Selbstwertgefühls. Sie können auch zu sozialer Isolation und Störung zwischenmenschlicher Beziehungen führen.

Die Bekämpfung dieser Art von Gewalt erfordert einen umfassenden Ansatz, der Aufklärung, Sensibilisierung, zugängliche Ressourcen und Unterstützung für die Opfer umfasst. Es ist wichtig, ein sicheres Umfeld zu schaffen, in dem Opfer Hilfe und Unterstützung erhalten können und Täter für ihre Taten zur Verantwortung gezogen werden.

Dabei spielen gemeinschaftliche Unterstützung, Rechtsbeistand, psychologische Rehabilitation und Bildungsprogramme zur Gewaltprävention eine wichtige Rolle. Nur durch die gemeinsamen Anstrengungen der Gesellschaft können wir eine Welt schaffen, in der sich jeder Mensch geschützt und respektiert fühlt und Gewalt jeglicher Art nicht toleriert wird.

❖ · ❖ · ❖ · ❖ · ❖ · ❖ · ❖ · ❖ · ❖ · ❖ · ❖ · ❖ · ❖ · ❖ · ❖

Kapitel 11.
Sexuelle Gewalt.

Sexuelle Gewalt ist eine Form der Verletzung von Rechten und Intimität, die auf der Anwendung sexueller Verhaltensweisen oder Handlungen ohne Zustimmung einer anderen Person beruht. Sie kann sich in verschiedenen Formen äußern, darunter körperliche Nötigung, Drohungen, psychischer Druck, sexuelle Gewalt und andere. Das Hauptelement sexueller Gewalt ist das Fehlen der freiwilligen Einwilligung einer der Parteien zu sexuellen Aktivitäten oder der Einmischung in ihr Intimleben.

Die Erforschung sexueller Gewalt ist in der modernen Gesellschaft äußerst wichtig. Dies ermöglicht es, ihre Erscheinungsformen zu erkennen, Gewaltfälle zu verhindern und Opfern Hilfe zu leisten. Das Verständnis des Ausmaßes des Problems hilft bei der Gestaltung von Präventions- und Reaktionsmaßnahmen und trägt dazu bei, ein unterstützendes Umfeld für alle zu schaffen, unabhängig von Geschlecht, Alter oder sozialem Status. Das Verständnis sexueller Gewalt ermöglicht es der Gesellschaft als Ganzes, bewusster, einfühlsamer und bereiter zu werden, Opfern von Gewalt Hilfe zu leisten.

Sexuelle Gewalt wird häufig durch tief verwurzelte und **unmoralische soziokulturelle Faktoren ausgelöst** , die Normen und Erwartungen in der Gesellschaft prägen. Einige davon sind:
- Auswirkungen von Geschlechterstereotypen: Geschlechterrollen und -stereotypen können dazu beitragen, sexuelle Gewalt zu normalisieren. Beispielsweise kann die Vorstellung von männlicher Dominanz und

weiblicher Unterwerfung dazu führen, dass sexuelle Gewalt als akzeptables oder sogar gerechtfertigtes Verhalten wahrgenommen wird.

- Kulturelle Normen und Werte: Einige kulturelle Normen können zur Geheimhaltung und Normalisierung sexueller Gewalt beitragen. Beispielsweise kann eine Kultur des Schweigens bei intimen Themen oder der Scham im Zusammenhang mit der Erörterung sexueller Themen die Opfer davon abhalten, diese offenzulegen und sich Hilfe zu holen.

Das Bewusstsein für diese soziokulturellen Faktoren hilft, die Ursachen sexueller Gewalt besser zu verstehen und Maßnahmen zu ihrer Prävention zu entwickeln, einschließlich Bildungsprogrammen, die darauf abzielen, Geschlechterstereotypen und kulturelle Werte zu ändern und ein sicheres und unterstützendes Umfeld für alle Bevölkerungsgruppen zu schaffen.

individuelle Merkmale können dazu beitragen, das Risiko, Opfer sexueller Gewalt zu werden, zu erhöhen. Einige davon sind:

- Psychologische Merkmale: Persönlichkeitsmerkmale wie geringes Selbstwertgefühl, Angstzustände oder Depressionen können manche Menschen anfälliger für sexuelle Gewalt machen. Dazu gehören auch psychische Störungen, die es schwieriger machen können, Grenzen zu setzen und sich vor Gewalt zu schützen.

- Vorgeschichte von Gewalt oder Traumata: Bei Menschen, die zuvor Gewalt oder traumatische Ereignisse erlebt haben, ist die Wahrscheinlichkeit höher, dass sie erneut sexuelle Gewalt erleben. Dies kann auf erhöhte Verletzlichkeit, Angst oder Schwierigkeiten beim Setzen gesunder Grenzen in Beziehungen zurückzuführen sein.

Das Verständnis individueller Risikofaktoren ist wichtig, um Menschen, die dem Risiko sexueller Gewalt ausgesetzt sind, Unterstützung und Hilfe zu leisten. Bildungsprogramme und psychologische Unterstützung können wirksame Instrumente sein, um sexueller Gewalt vorzubeugen und Opfern ihrer Folgen zu helfen.

systemische Faktoren spielen eine wichtige Rolle bei der Schaffung eines Umfelds, das sexueller Gewalt förderlich ist. Einige davon sind:

- Mängel in der Gesetzgebung und der Durchsetzung: Unzureichender Schutz oder die fehlerhafte Anwendung von Gesetzen können zu Lücken im System führen und es Vergewaltigern ermöglichen, der Strafe zu entgehen oder Immunität zu erlangen. Dies könnte zu Straflosigkeit führen und weitere Gewalt fördern.

- Mangelndes öffentliches Bewusstsein und mangelnder Zugang zu Ressourcen: Ein eingeschränkter Zugang zu Informationen über sexuelle Gewalt und Ressourcen zur Prävention und Unterstützung der Opfer kann ebenfalls zu einem erhöhten Risiko beitragen. Hindernisse beim Erhalt von Hilfe und Unterstützung können dazu führen, dass ein Opfer über seine

Erfahrungen schweigt oder seine Fähigkeit, Hilfe zu suchen, beeinträchtigt wird.

Die Bewältigung dieser systemischen Faktoren erfordert nicht nur die Bemühungen von Gesetzgebern und Strafverfolgungsbehörden, sondern auch die aktive Beteiligung der Gesellschaft an der Sensibilisierung und Überwindung der mit sexueller Gewalt verbundenen Stereotypen und Vorurteile.

Sexuelle Gewalt kann **vielfältige körperliche Auswirkungen auf die Opfer haben** , die sowohl unmittelbar als auch langfristig sein können. Einige davon sind:

- Verletzungen und Entstellungen: Körperliche Gewalt geht oft mit körperlichen Verletzungen wie Schürfwunden, Prellungen, Knochenbrüchen, Prellungen und beschädigtem Gewebe einher. Diese Verletzungen können sichtbar oder verborgen sein, sie können jedoch Schmerzen, Leiden und Einschränkungen im täglichen Leben des Opfers verursachen.

- Sexuell übertragbare Infektionen und Schwangerschaft: Sexuelle Gewalt kann zur Übertragung sexuell übertragbarer Infektionen (STIs) und des Humanen Immundefizienzvirus (HIV) führen. Darüber hinaus kann es bei sexueller Gewalt zu einer Schwangerschaft kommen, die für das Opfer eine schwere körperliche und seelische Herausforderung darstellt, insbesondere wenn sie nicht gewollt ist.

Diese körperlichen Folgen können zu schwerwiegenden Gesundheitsproblemen führen und erfordern medizinische Intervention und Unterstützung bei der Genesung und Behandlung.

Sexuelle Gewalt hinterlässt tiefe **psychologische Spuren** bei den Opfern und führt oft zu ernsthaften psychischen Belastungen. Zu den psychologischen Auswirkungen gehören:

- Traumatischer Stress und PTBS: Viele Opfer sexueller Übergriffe leiden unter traumatischem Stress, der sich in Form von Albträumen, wiederholten Rückblenden schmerzhafter Erinnerungen und übermäßiger Angst äußern kann. Dies kann in einigen Fällen zur Entwicklung einer posttraumatischen Belastungsstörung (PTBS) führen, die mit schwerwiegenden Beeinträchtigungen des psychischen Wohlbefindens einhergeht.

- Depressionen und Angststörungen: Sexuelle Gewalt kann bei Opfern schwere Depressionen und Angststörungen verursachen. Sie können Gefühle der Entfremdung, Ohnmacht und Scham verspüren, die zu sozialer Isolation und Verlust des Interesses am Leben führen können.

Diese psychischen Folgen können schwerwiegende Auswirkungen auf die Lebensqualität des Opfers haben und erfordern zur Bewältigung professionelle psychologische Unterstützung und Therapie.

Sexuelle Gewalt hat erhebliche **soziale Auswirkungen auf das Opfer** und beeinträchtigt seine sozialen Beziehungen und Interaktionen mit der Gesellschaft. Zu den sozialen Folgen gehören:

- Isolation und Entfremdung von der Gesellschaft: Opfer sexueller Gewalt können sich isoliert und von anderen entfremdet fühlen. Sie verspüren möglicherweise Angst oder Scham und meiden den Kontakt mit anderen, weil sie befürchten, beurteilt oder missverstanden zu werden.

- Vertrauensverlust und Beziehungsprobleme: Sexuelle Gewalt kann zum Vertrauensverlust gegenüber anderen führen und zu Problemen in zwischenmenschlichen Beziehungen führen. Aufgrund der traumatischen Erfahrungen, die sie erlitten haben, kann es für Opfer schwierig sein, enge Beziehungen aufzubauen und aufrechtzuerhalten.

Diese sozialen Folgen können dem Opfer im Genesungsprozess zusätzliche Schwierigkeiten bereiten und erfordern Verständnis und Unterstützung seitens der Gesellschaft und anderer.

medizinischen Unterstützung eine Schlüsselrolle zu, da sie nicht nur für die körperliche Genesung, sondern auch für die psychische Stabilisierung sorgt. Es enthält:

- Bereitstellung medizinischer Versorgung und Schutz: Nach Vorfällen sexueller Gewalt benötigt das Opfer medizinische Versorgung, um mögliche Verletzungen und Folgen wie körperliche Schäden, Infektionen oder Schwangerschaften beurteilen und behandeln zu können. Dazu gehört auch die Sammlung von Beweisen und Krankenakten für rechtliche Zwecke.

- Psychologische Rehabilitation und Beratung: Opfer sexueller Gewalt benötigen möglicherweise psychologische Unterstützung, um das traumatische Erlebnis zu überwinden. Psychologische Beratung und Therapie helfen Opfern, mit emotionalen und psychischen Folgen wie Angstzuständen, Depressionen, posttraumatischer Belastungsstörung (PTSD) und Verlust des Selbstwertgefühls umzugehen.

Medizinische Unterstützung stellt den Opfern die Ressourcen und Dienste zur Verfügung, die sie benötigen, um den Genesungsprozess einzuleiten und ihnen zu helfen, in ein gesundes und erfolgreiches Leben zurückzukehren.

Rechtliche Unterstützung spielt eine Schlüsselrolle bei der Gewährleistung der Gerechtigkeit für Opfer sexueller Gewalt sowie bei der Verhinderung eines erneuten Auftretens von Gewalt. Es enthält:

- Zugang zu Rechtsbeistand und -schutz: Opfer sexueller Gewalt erhalten Zugang zu Rechtsbeistand und -beratung, wo sie sich über ihre Rechte, Gerichtsverfahren und mögliche Rechtsfolgen informieren können.

- Prozessunterstützung und Rechtsberatung: Rechtsexperten und

Anwälte bieten Opfern sexueller Übergriffe rechtlichen Beistand, einschließlich der Vorbereitung auf Gerichtstermine, der Vertretung vor Gericht und dem Eintreten für die Rechte der Opfer im Gerichtssystem.

Rechtshilfe hilft Opfern sexueller Gewalt, ein Gefühl von Gerechtigkeit, Schutz und Unterstützung zu erlangen und bietet die Möglichkeit, weitere Gewalt zu verhindern und Täter zu bestrafen.

Soziale Unterstützung ist ein wesentlicher Bestandteil des Genesungs- und Rehabilitationsprozesses für Opfer sexueller Gewalt. Beinhaltet:

- Gemeinschaftliche Unterstützung und psychosoziale Hilfe: Sozialarbeiter, Psychologen und Freiwillige bieten Opfern sexueller Gewalt emotionale Unterstützung, Beratung und psychologische Unterstützung und helfen ihnen, mit den traumatischen Folgen der Gewalt umzugehen und sich an das normale Leben anzupassen.

- Unterkünfte und Sicherheitsressourcen: Opfern sexueller Übergriffe werden provisorische Unterkünfte, sichere Räume und andere Ressourcen zur Verfügung gestellt, um ihre Sicherheit und den Schutz vor der potenziellen Bedrohung durch ihren Täter zu gewährleisten. Dies ermöglicht es Opfern, vorübergehend Schutz und Schutz zu finden, während sie nach sexuellen Übergriffen gefährdet sind.

Soziale Unterstützung spielt eine wichtige Rolle im Genesungs- und Rehabilitationsprozess von Opfern sexueller Gewalt und bietet ihnen Unterstützung, Sicherheit und die Möglichkeit, ihr Leben nach einem Trauma wieder aufzubauen.

Aufklärung und Sensibilisierung spielen eine Schlüsselrolle bei der Prävention sexueller Gewalt. Es enthält:

- Aufklärung über sexuelle Gewalt und ihre Folgen: Ein breites Publikum, angefangen bei jungen Menschen in Schulen und Universitäten, sollte über die Natur und die Folgen sexueller Gewalt aufgeklärt werden. Dies ermöglicht es den Menschen, die Anzeichen von Gewalt zu erkennen, ihre schädlichen Auswirkungen zu verstehen und zu wissen, wie sie reagieren sollen, wenn sie darauf stoßen.

- Förderung gesunder Beziehungen und Einwilligung: Die Förderung und Unterstützung gesunder, respektvoller Beziehungen und Einwilligung trägt dazu bei, ein Umfeld zu schaffen, in dem sexuelle Gewalt weniger akzeptabel und seltener ist. Dazu können Anti-Gewalt-Kampagnen, Bildungsaktivitäten und Maßnahmen zur Förderung von Konsens und gegenseitigem Einvernehmen in Beziehungen gehören.

Aufklärung und Aufklärung über sexuelle Gewalt spielen eine entscheidende Rolle bei der Förderung gesunder Beziehungen und der Schaffung einer Kultur, in der Gewalt keinen Platz hat. Frühzeitige Bildung und Sensibilisierung tragen dazu bei, eine Gesellschaft zu schaffen, in der sich jeder Mensch geschützt und respektiert fühlt.

Die Stärkung von Gesetzen und Vorschriften spielt eine wichtige Rolle bei der Prävention sexueller Gewalt. Es enthält:

- Schutz der Rechte der Opfer und Bestrafung von Vergewaltigern: Die Gesetzgebung muss gestärkt werden, um sicherzustellen, dass die Rechte der Opfer sexueller Gewalt geschützt werden und Vergewaltiger gerecht bestraft werden. Dazu gehören strenge Gewaltgesetze, verbesserter Schutz und Unterstützung für Opfer sowie wirksame Justizmechanismen, um Täter zur Rechenschaft zu ziehen.

- Schaffen Sie eine sichere Umgebung und Ressourcen für Hilfe: Es ist notwendig, sichere Umgebungen zu schaffen, in denen Opfer ohne Angst oder Diskriminierung Hilfe und Unterstützung suchen können. Dazu gehört der Einsatz von Krisenzentren, Hotlines, juristischen und medizinischen Diensten und anderen Ressourcen, um Opfern sexueller Gewalt zu helfen.

Die Stärkung der Gesetzgebung und die Schaffung eines unterstützenden Umfelds für Opfer sexueller Gewalt sind wichtige Schritte zur Bekämpfung dieser Art von Gewalt und zur Gewährleistung der Sicherheit aller Mitglieder der Gesellschaft.

Sexuelle Gewalt bleibt eine der größten Herausforderungen für unsere Gesellschaft, mit verheerenden Folgen für die Opfer und die Gesellschaft insgesamt. In diesem Artikel wurden verschiedene Aspekte sexueller Gewalt untersucht, darunter ihre Ursachen, Folgen und Möglichkeiten der Opferunterstützung.

Nach Prüfung der Risikofaktoren, Konsequenzen und Unterstützungsmöglichkeiten kamen wir zu dem Schluss, dass die Bemühungen zur Prävention und Bekämpfung sexueller Gewalt verstärkt werden müssen. Es ist wichtig, sich auf Aufklärung und öffentliches Bewusstsein, die Stärkung der Gesetzgebung und die Schaffung sicherer Umgebungen zur Unterstützung der Opfer zu konzentrieren.

Die Bekämpfung sexueller Gewalt trägt nicht nur zum Schutz der Rechte und der Sicherheit aller Mitglieder der Gesellschaft bei, sondern schafft auch ein unterstützendes Umfeld, in dem Opfer Hilfe suchen, die Situation analysieren und Wege zur Genesung und psychologischen Rehabilitation finden können. Es ist wichtig, weiterhin in diese Richtung zu arbeiten und danach zu streben, allen ein sicheres und respektvolles Umfeld zu bieten.

❖·❖·❖·❖·❖·❖·❖·❖·❖·❖·❖·❖·❖·❖·❖

Kapitel 12.
Wirtschaftliche Gewalt.

In der modernen Welt wird das Problem der Gewalt gegen Frauen immer akuter und umfassender diskutiert. Allerdings gibt es neben physischer und psychischer Gewalt noch eine andere, weniger auffällige, aber nicht weniger destruktive Form – wirtschaftliche Gewalt. Diese Form des Missbrauchs zeichnet sich dadurch aus, dass sie die Finanzen und Ressourcen des Opfers kontrolliert, Abhängigkeit schafft und seine finanzielle Freiheit einschränkt.

Wirtschaftliche Gewalt ist eine Form der Gewalt, die darin zum Ausdruck kommt, die Kontrolle über die finanziellen Ressourcen und Mittel des Opfers zu erlangen, um sein Verhalten zu kontrollieren, seine Unabhängigkeit einzuschränken und eine Abhängigkeit vom Täter zu schaffen. Dazu können Arbeits- oder Bildungsverbote, die Kontrolle des Familienbudgets, die Verweigerung des Zugangs zu Finanzen und Ressourcen sowie andere Methoden gehören, die auf die wirtschaftliche Unterdrückung des Opfers abzielen.

Die Untersuchung wirtschaftlicher Gewalt ist von entscheidender Bedeutung, um ihre verheerenden Auswirkungen zu verstehen und wirksame Maßnahmen zu ihrer Prävention und Bekämpfung zu entwickeln. Diese Form der Gewalt ist die Grundlage dafür, Kontrolle über das Opfer zu erlangen und seine Autonomie zu unterdrücken. Ohne die gebührende Aufmerksamkeit für dieses Problem bleiben die Opfer in einer verletzlichen Lage und haben keine Möglichkeit, sich vom Täter zu befreien und ihre finanzielle Unabhängigkeit wiederzuerlangen. Daher ist es notwendig, wirtschaftliche Gewalt aktiv zu untersuchen und zu bekämpfen, um ein sicheres und unterstützendes Umfeld für alle Mitglieder zu schaffen.

Anzeichen und Erscheinungsformen wirtschaftlicher Gewalt:
1. Beschränkung des Zugangs zu Finanzmitteln:
- Dazu gehört die Kontrolle der Bankkonten, Kreditkarten, Bargeld und anderer finanzieller Vermögenswerte des Opfers.
- Der Täter kann den Zugang des Opfers zu Geldern auf seinem Bankkonto einschränken oder blockieren, Kreditkarten entziehen oder seinen Zugang zu Bargeld einschränken.
2. Verwaltung des Budgets und der Finanzen des Opfers:
- Der Täter kontrolliert oder verwaltet alle finanziellen Entscheidungen und Ausgaben der Familie und lässt dem Opfer keine Möglichkeit, unabhängige Ausgabenentscheidungen zu treffen.
- Dem Opfer wird das Recht entzogen, sich an der

Familienbudgetplanung zu beteiligen, Gelder anzulegen oder die Familienfinanzen zu verwalten.

3. Finanzielle Abhängigkeit und Kontrolle:

- Dies äußert sich darin, dass das Opfer finanziell vollständig vom Vergewaltiger abhängig wird. Sie verliert die finanzielle Unabhängigkeit und die Kontrolle über ihre eigenen Finanzen.

- Ein Täter kann finanzielle Mittel als Drohungs- und Kontrollmittel einsetzen, um das Opfer in der Beziehung zu halten und es seinem Willen zu unterwerfen.

4. Entzug von Arbeits- oder Bildungschancen:

- Der Täter kann das Opfer daran hindern, eine Ausbildung zu erhalten oder einen Job zu finden, wodurch es finanziell von ihm abhängig wird.

- Dies kann sich in einem Arbeitsverbot, Kündigungsandrohungen oder Spott äußern, wenn das Opfer finanzielle Unabhängigkeit anstrebt.

Definition von finanzieller Abhängigkeit und Kontrolle:

Finanzielle Abhängigkeit und Kontrolle ist ein Zustand, in dem das Opfer finanziell vollständig vom Täter abhängig wird. Der Täter erlangt die vollständige Kontrolle über die finanziellen Ressourcen und Mittel des Opfers und nimmt ihm die Fähigkeit, sein Geld selbstständig zu verwalten und finanzielle Entscheidungen zu treffen. Dies führt zu Ungleichheit in der Beziehung und macht das Opfer verletzlich und vom Täter abhängig.

Auswirkungen wirtschaftlicher Gewalt auf das Opfer :

1. Finanzielle Instabilität:

- Das Opfer ist aufgrund der Kontrolle und Manipulation durch den Täter mit Unsicherheit und Instabilität seiner finanziellen Ressourcen konfrontiert.

- Aufgrund des eingeschränkten Zugangs zu finanziellen Mitteln kann es sein, dass sie Schwierigkeiten hat, Rechnungen zu bezahlen und sich und ihre Familie mit den Grundbedürfnissen zu versorgen.

2. Einschränkung der Möglichkeiten zur Selbstverwirklichung und Unabhängigkeit:

- Dem Opfer wird die Möglichkeit genommen, sich beruflich und persönlich weiterzuentwickeln, da es Einschränkungen bei der Erlangung einer Ausbildung oder bei der Arbeitssuche gibt.

- Sie ist nicht in der Lage, ihre eigenen finanziellen Entscheidungen zu treffen und ihre eigenen Finanzen zu verwalten, was ihre Unabhängigkeit und Selbstbestimmung einschränkt.

3. Emotionale und psychologische Folgen:

- Das Opfer erlebt Stress, Angst und Sorgen aufgrund der Unsicherheit über seine finanzielle Zukunft.

- Sie fühlt sich möglicherweise hilflos, gedemütigt und vom Täter abhängig, was zu einem Verlust des Selbstwertgefühls und einer

Verschlechterung des psychischen Wohlbefindens führt.

4. Soziale Isolation und Sucht:

- Das Opfer fühlt sich aufgrund seiner finanziellen Abhängigkeit vom Vergewaltiger isoliert und von der Gesellschaft entfremdet.

- Sie schämt sich möglicherweise und hat Angst, Hilfe oder Unterstützung zu suchen, aus Angst, die finanzielle Unterstützung zu verlieren.

Finanzielle Instabilität und Abhängigkeit sind ein Zustand, in dem das Opfer finanziell gefährdet und vom Täter abhängig wird. Dazu gehören negative Auswirkungen auf das finanzielle Wohlergehen, Einschränkungen der Selbstverwirklichung und Unabhängigkeit sowie emotionale und psychologische Folgen. Das Opfer verliert die Kontrolle über seine Finanzen und wird vom Täter abhängig, was es in sozialen Beziehungen verletzlich und unbehaglich macht.

Die psychologischen und emotionalen Auswirkungen von wirtschaftlichem Missbrauch auf das Opfer können vielfältig sein und umfassen Folgendes:

1. Stress und Angst aufgrund finanzieller Instabilität:

- Das Opfer ist aufgrund der Ungewissheit seiner finanziellen Zukunft oft ständigem Stress und Angst ausgesetzt.

- Die Unsicherheit darüber, ob sie die Grundbedürfnisse für sich und ihre Familie befriedigen kann, kann Angst und Panik auslösen.

2. Verlust des Selbstwertgefühls und des Selbstvertrauens:

- Ein eingeschränkter Zugang zu finanziellen Ressourcen und die Abhängigkeit vom Täter können zu einem Verlust des Selbstwertgefühls und des Selbstvertrauens des Opfers führen.

- Aufgrund von Gefühlen der Hilflosigkeit und der Kontrolle über ihr Leben beginnt sie möglicherweise an ihren Fähigkeiten und ihrem Wert als Person zu zweifeln.

3. Selbstisolation und verminderte soziale Aktivität:

- Das Opfer fühlt sich abhängig und verletzlich und meidet möglicherweise den Kontakt mit anderen Menschen und sozialen Situationen.

- Dies kann zu Selbstisolation und verminderter Teilnahme am gesellschaftlichen Leben führen, weil man Angst davor hat, verurteilt oder gedemütigt zu werden.

4. Depressionen und Angststörungen:

- Negative Emotionen und ständiger Stress durch wirtschaftliche Gewalt können beim Opfer die Entwicklung von Depressionen und Angststörungen auslösen.

- Sie verspürt möglicherweise Gefühle der Entfremdung und Hoffnungslosigkeit, was zu einer Verschlechterung ihres psychischen Zustands führt.

5. Körperliche Manifestationen von Stress:

- Langfristiger Stress und Ängste können die körperliche Gesundheit des Opfers beeinträchtigen und sich in Kopfschmerzen, Magenschmerzen, Schlafstörungen und anderen körperlichen Symptomen äußern.

- Diese körperlichen Manifestationen sind das Ergebnis einer längeren Belastung durch Stress und erfordern die Aufmerksamkeit von medizinischem Fachpersonal.

Schutz- und Unterstützungsmaßnahmen für Opfer wirtschaftlicher Gewalt umfassen verschiedene Aspekte, darunter auch den Rechtsschutz. Wir werden detailliert beschreiben, was Rechtsschutz ist und wie er funktioniert. Dabei gehen wir auch auf die Gesetzgebung zum Schutz von Opfern wirtschaftlicher Gewalt und die Möglichkeiten der Rechtshilfe und des Rechtsschutzes ein.

1. Rechtsschutz:

- Rechtsschutz umfasst die Bereitstellung von Rechtsbeistand und Unterstützung für Opfer wirtschaftlicher Gewalt.

- Dies kann Rechtsberatung, Vertretung vor Gericht, Einreichung von Beschwerden und Stellungnahmen sowie den Schutz der Rechte des Opfers im Rahmen der geltenden Gesetzgebung umfassen.

2. Gesetzgebung zum Schutz von Opfern wirtschaftlicher Gewalt:

- In vielen Ländern gibt es Gesetze und Vorschriften, die darauf abzielen, Opfer wirtschaftlicher Gewalt zu schützen und diese Art von Missbrauch einzudämmen.

- Die Gesetzgebung kann eine Definition von wirtschaftlicher Gewalt, Strafen für Verstöße, Mechanismen für die Unterstützung von Opfern und andere Bestimmungen zum Schutz der Rechte und Interessen der Opfer umfassen.

3. Möglichkeiten der Rechtshilfe und Rechtswahrung:

- Opfer wirtschaftlicher Gewalt können sich an Anwälte, Rechtsberater oder auf Menschenrechte spezialisierte Organisationen wenden.

- Sie erhalten Beratung zum Rechtsschutz, Unterstützung bei der Vorbereitung und Einreichung von Anträgen und Beschwerden sowie die Vertretung ihrer Interessen vor Gericht.

- Einige Organisationen bieten kostenlosen Rechtsbeistand an oder arbeiten mit Anwälten zusammen, die bereit sind, Opfern kostenlos zu helfen.

Rechtsschutz ist ein wichtiges Instrument zur Bekämpfung wirtschaftlicher Gewalt und zur Gewährleistung des Schutzes der Rechte und Interessen ihrer Opfer. Es ermöglicht Opfern Hilfe und Unterstützung bei der Achtung und dem Schutz ihrer Rechte sowie bei der Suche nach Gerechtigkeit im Rahmen des Gesetzes.

Die finanzielle Unterstützung für Opfer geschlechtsspezifischer Gewalt umfasst eine Vielzahl von Programmen und Interventionen, die darauf abzielen, Überlebenden Zugang zu finanziellen Ressourcen und Dienstleistungen zu verschaffen und ihnen dabei zu helfen, finanzielle Unabhängigkeit und Genesung zu erlangen.

1. Finanzielle Hilfs- und Unterstützungsprogramme für Opfer:

- Diese Programme können eine finanzielle Entschädigung für Schäden wie Verdienst- oder Eigentumsverluste, medizinische Kosten, psychologische Rehabilitation und andere Kosten im Zusammenhang mit den Folgen von Gewalt umfassen.

- Einige Programme bieten direkte finanzielle Unterstützung zur Deckung der laufenden Kosten für Unterkunft, Nahrung, Kleidung und andere Grundbedürfnisse.

2. Sicherstellung des Zugangs zu finanziellen Ressourcen und Dienstleistungen:

- Dazu gehört die Bereitstellung von Informationen über verfügbare finanzielle Ressourcen und Förderprogramme wie Zuschüsse, Stipendien, Sozialleistungen und andere Formen der Unterstützung.

- Konsultationen mit Finanzfachleuten und Beratern helfen Opfern, Finanzpläne, Budgets und Strategien zur Wiederherstellung der Finanzstabilität zu entwickeln.

3. Unterstützung bei der Erlangung von Rechts- und Sozialleistungen:

- Hierzu gehört auch die Unterstützung bei der Erlangung von Rechtsschutz, etwa bei der Geltendmachung von Schadensersatz, bei der Erlangung vorübergehender oder dauerhafter Beschränkungen des Kontakts mit dem Täter oder bei der Änderung des Namens oder des Wohnortes aus Sicherheitsgründen.

- Opfer können auch Sozialleistungen wie Zugang zu Arbeitsvermittlungsdiensten, Ausbildung, medizinischen und psychologischen Diensten sowie Opferhilfsprogrammen erhalten.

4. Psychologische und emotionale Unterstützung:

- Finanzielle Unterstützung kann auch den Zugang zu psychischer Unterstützung und Beratung umfassen, um die traumatischen Auswirkungen von Gewalt zu bewältigen und das emotionale Wohlbefinden wiederherzustellen.

Die finanzielle Unterstützung von Opfern geschlechtsspezifischer Gewalt spielt eine wichtige Rolle bei der Gewährleistung der Sicherheit und Genesung der Überlebenden und ermöglicht ihnen, nach traumatischen Situationen wieder finanzielle Stabilität und Unabhängigkeit zu erlangen.

Psychologische Unterstützung für Opfer geschlechtsspezifischer Gewalt umfasst ein breites Spektrum an Angeboten und Aktivitäten, die darauf abzielen, Opfern bei der Bewältigung der emotionalen und psychischen Folgen von Gewalt zu helfen. Hier sind einige Aspekte der psychologischen Unterstützung:

1. Beratung und psychologische Betreuung:

- Die Beratung durch Psychologen und Spezialisten für traumatische Ereignisse hilft Opfern, ihre Gefühle auszudrücken, traumatische Erfahrungen zu verstehen und zu überwinden und Bewältigungsstrategien zu entwickeln.

- Psychologische Hilfe kann Therapiesitzungen, Gruppensitzungen, Kunsttherapie und andere Methoden der Traumabearbeitung umfassen.

2. Entwicklung von Selbstwertgefühl und Finanzmanagementfähigkeiten:

- Überlebende können an Programmen zur Stärkung des Selbstwertgefühls und des Selbstvertrauens teilnehmen, um ihr Selbstvertrauen und ihre Fähigkeiten wiederzugewinnen.

- Es werden auch Schulungen zum Finanzmanagement angeboten, damit Opfer lernen, wie sie ihre Budgets effektiv verwalten, Ausgaben planen und finanzielle Entscheidungen treffen können.

3. Unterstützung während des Wiederherstellungsprozesses:

- Psychologische Unterstützung soll Opfern helfen, sich von traumatischen Ereignissen zu erholen. Dies kann Hilfe bei der Überwindung von Ängsten, Angststörungen, Depressionen und anderen psychischen Problemen sein.

- Psychologen können Opfern auch dabei helfen, ihre Beziehungen zu anderen wiederherzustellen, Bewältigungsstrategien zu entwickeln und sich an neue Lebensbedingungen anzupassen.

4. Psychosoziale Unterstützung in Krisensituationen:

- Ein wichtiger Teil der psychologischen Unterstützung besteht darin, den Opfern bei Krisensituationen oder der Verschlimmerung traumatischer Symptome rund um die Uhr psychosoziale Unterstützung zu bieten.

- Spezialisten beraten und unterstützen telefonisch oder online bei Stresssituationen oder dem Bedarf an sofortiger Hilfe.

Prävention und Prävention geschlechtsspezifischer Gewalt spielen eine wichtige Rolle bei der Schaffung eines sicheren und unterstützenden Umfelds für alle Mitglieder der Gesellschaft. Hier einige Maßnahmen und Aktionen zur Prävention und Prävention geschlechtsspezifischer Gewalt:

1. Aufklärung und Information:

- Aufklärung über die Anzeichen und Folgen wirtschaftlicher Gewalt ist ein zentraler Aspekt der Prävention. Die Menschen müssen sich verschiedener Formen von Gewalt, einschließlich wirtschaftlicher Gewalt, bewusst sein, um sie zu erkennen und zu verhindern.

- Es ist auch wichtig, die verfügbaren Ressourcen und Hilfe bekannt zu machen. Menschen müssen wissen, wo sie bei Gewalterfahrungen Hilfe finden können und welche Unterstützungs- und Schutzmöglichkeiten es gibt.

2. Einverständniserklärung und gesunde Beziehungen:

- Die Förderung gesunder Beziehungen und Harmonie trägt dazu bei, eine Kultur des Respekts und des Verständnisses in Beziehungen zu schaffen. Die Menschen müssen wissen, dass Gewalt jeglicher Form inakzeptabel ist und dass Zustimmung die Grundlage jeder Beziehung sein sollte.

3. Unterstützung für Opfer:

- Es ist wichtig, Opfer zu unterstützen und ihnen zu helfen, sich von der Gewalt zu erholen. Dies kann den Zugang zu medizinischer, psychologischer und rechtlicher Hilfe sowie die Bereitstellung vorübergehender Unterbringung und Schutz umfassen.

4. Stärkung der Gesetzgebung:

- Es ist notwendig, die Gesetzgebung zu stärken, die die Rechte der Opfer schützt und Vergewaltiger bestraft. Ein wirksamer Rechtsschutz spielt eine wichtige Rolle bei der Gewaltprävention und der Gewährleistung der Gerechtigkeit für die Opfer.

5. Soziale und kulturelle Initiativen:

- Soziale und kulturelle Programme können dazu beitragen, die Einstellung gegenüber Geschlechterstereotypen und Gewalt zu ändern. Projekte zur Sensibilisierung und Einbeziehung der Gemeinschaft in den Kampf gegen Gewalt können erhebliche Auswirkungen haben.

6. Öffentliche Unterstützung und Beteiligung:

- Es ist wichtig, Gemeinschaften zu schaffen, die Opfer von Gewalt aktiv unterstützen und sich für deren Ende einsetzen. Dazu kann die Organisation von Veranstaltungen, Sensibilisierungskampagnen und die Einbindung der Öffentlichkeit in einen Dialog über geschlechtsspezifische Gewalt gehören.

7. Partnerschaft und Zusammenarbeit:

- Verschiedene Bereiche der Gesellschaft, darunter Regierung, Nichtregierungsorganisationen, Wirtschaft und akademische Institutionen, müssen zusammenarbeiten, um geschlechtsspezifische Gewalt wirksam zu bekämpfen. Partnerschaften und Kooperationen tragen dazu bei, Ressourcen und Fachwissen zu bündeln, um effektiver auf ein Problem reagieren zu können.

8. Sensibilisierung und Jugendbeteiligung:

- Jugendliche spielen eine wichtige Rolle im Kampf gegen geschlechtsspezifische Gewalt, daher ist es wichtig, sie in Bildungsprogramme und Präventionskampagnen einzubeziehen. Die Vermittlung gesunder Beziehungsfähigkeiten und Einverständnisses an Jugendliche kann dazu beitragen, eine Kultur der Sicherheit und des Respekts zu schaffen.

9. Kontinuierliche Forschung und Überwachung:

- Kontinuierliche Forschung und Beobachtung geschlechtsspezifischer Gewalt ermöglicht es uns, die Wirksamkeit der ergriffenen Maßnahmen zu beurteilen und neue Trends und Herausforderungen zu erkennen. Dies trägt dazu bei, Anti-Gewalt-Strategien an veränderte Bedingungen und Bedürfnisse anzupassen.

10. Ursachenbekämpfung:

- Es ist auch notwendig, die Grundursachen geschlechtsspezifischer Gewalt anzugehen, wie z. B. Geschlechterungleichheit, soziale und wirtschaftliche Ungleichheiten, kulturelle Stereotypen und Normen, um eine gerechtere und sicherere Gesellschaft für alle zu schaffen.

11. Internationale Zusammenarbeit:

- Geschlechtsspezifische Gewalt ist ein globales Problem und seine Lösung erfordert gemeinsame Anstrengungen auf internationaler Ebene. Die Länder müssen zusammenarbeiten, Erfahrungen und bewährte Verfahren austauschen, um dieses Phänomen wirksamer bekämpfen zu können.

Geschlechtsspezifische Gewalt ist nach wie vor eines der schwerwiegendsten und am weitesten verbreiteten Probleme weltweit und hat verheerende Auswirkungen auf das Leben von Millionen Menschen. Es verletzt grundlegende Menschenrechte und Freiheiten und zerstört Familien, Gesellschaften und Volkswirtschaften. Trotz erheblicher Bemühungen vieler Länder und Organisationen stellt geschlechtsspezifische Gewalt weiterhin eine Herausforderung für die Weltgemeinschaft dar.

Die Bekämpfung geschlechtsspezifischer Gewalt erfordert eine systemische und umfassende Strategie, die Prävention, Opferschutz, Stärkung der Gesetzgebung und die Schaffung einer starken und informierten Öffentlichkeit umfasst. Es ist wichtig zu erkennen, dass jeder von uns in diesem Kampf eine Verantwortung trägt und dass wir unsere Ziele nur gemeinsam erreichen können.

Denken Sie daran, dass jeder Mensch das Recht hat, ohne Angst und Gewalt zu leben, und dass es unsere Aufgabe ist, eine Welt zu schaffen, in der jeder Mensch in Sicherheit, Freiheit und Würde leben kann.

Die Sensibilisierung der Öffentlichkeit für geschlechtsspezifische Gewalt, einschließlich wirtschaftlicher Gewalt, spielt eine Schlüsselrolle bei der Prävention und Bekämpfung dieser Gewalt. Hier sind einige Methoden und Initiativen, die zur Sensibilisierung für wirtschaftliche Gewalt eingesetzt werden können:

1. Fördern Sie gesunde finanzielle Beziehungen und Unabhängigkeit:

- Aufklärungskampagnen und Veranstaltungen zur Wissensvermittlung über Finanzplanung, Budgetierung und Finanzmanagement.

- Durchführung von Seminaren und Workshops für verschiedene Alters- und Sozialgruppen zur Vermittlung von Finanzmanagementfähigkeiten.

- Erstellung von Online-Ressourcen mit Informationen zur Finanzkompetenz, deren Zugriff kostenlos und allgemein verfügbar sein kann.

2. Förderprogramme und Initiativen zur Bekämpfung wirtschaftlicher Gewalt:

- Finanzierung und Organisation von Hilfsprogrammen für Opfer wirtschaftlicher Gewalt, Bereitstellung von Beratungen, Rechtsbeistand und finanzieller Unterstützung.

- Entwicklung und Umsetzung von Bildungsprogrammen in Schulen, Universitäten und öffentlichen Organisationen über die Art und die Folgen wirtschaftlicher Gewalt.

- Partnerschaft mit Regierungs- und Nichtregierungsorganisationen, um gegen wirtschaftliche Gewalt vorzugehen und die Öffentlichkeit dafür zu sensibilisieren.

3. Entwicklung von Informationsressourcen:

- Erstellung von Informationsbroschüren, Postern und Online-Materialien mit Informationen über Anzeichen, Folgen und Möglichkeiten zur Bekämpfung wirtschaftlicher Gewalt.

- Verbreitung von Informationsressourcen über soziale Netzwerke, Websites, Gemeindezentren und andere Kommunikationskanäle, damit sie für jedermann verfügbar sind.

Die Sensibilisierung der Öffentlichkeit für das Problem wirtschaftlicher Gewalt spielt eine wichtige Rolle bei der Überwindung dieser Gewalt und der Schaffung eines sicheren Umfelds für alle. Aufklärungs-, Sensibilisierungs- und Unterstützungsbemühungen helfen nicht nur Opfern von Gewalt, sondern der Gesellschaft insgesamt, diese Art von Menschenrechtsverletzung zu verstehen und zu überwinden.

Wirtschaftliche Gewalt ist eine schwere Form der Menschenrechtsverletzung, die verheerende Auswirkungen auf das Opfer und die Gesellschaft als Ganzes hat. Es äußert sich in der Kontrolle über die Finanzen und dem eingeschränkten Zugang zu Ressourcen, was zu langfristiger finanzieller Abhängigkeit und Instabilität führen kann.

Fassen wir die wichtigsten Schlussfolgerungen zusammen:

- Wirtschaftliche Gewalt kommt in vielen Formen vor, darunter die Einschränkung des Zugangs zu finanziellen Ressourcen, die Verwaltung des Budgets des Opfers und finanzielle Abhängigkeit.

- Es hat erhebliche Auswirkungen auf das Opfer durch psychologische, emotionale und soziale Folgen wie Stress, Angst, Verlust des Selbstwertgefühls und Isolation.

- Die Bekämpfung wirtschaftlicher Gewalt ist von unschätzbarem

Wert für die Gewährleistung der finanziellen Unabhängigkeit und des Wohlergehens aller Mitglieder der Gesellschaft. Dies erfordert nicht nur die Unterstützung der Opfer, sondern auch die Aufklärung und Information der Gesellschaft über die Art und Folgen dieser Art von Gewalt.

Die Bedeutung der Bekämpfung wirtschaftlicher Gewalt besteht darin, ein faires und gerechtes Umfeld zu schaffen, in dem jeder Mensch das Recht auf finanzielle Unabhängigkeit und die Möglichkeit hat, sein Potenzial auszuschöpfen, ohne der Gefahr wirtschaftlicher Unterdrückung und Kontrolle ausgesetzt zu sein. Um dieses Ziel zu erreichen, sind Opferhilfe, öffentliches Bewusstsein und wirksame Schutzmaßnahmen von entscheidender Bedeutung.

Der Kampf gegen wirtschaftliche Gewalt erfordert die gemeinsamen Anstrengungen des Staates, öffentlicher Organisationen, Menschenrechtsorganisationen und aller Menschen, die sich für die Schaffung einer gerechten und sicheren Gesellschaft für alle einsetzen.

Teil 3:
Faktoren und Ursachen geschlechtsspezifischer Gewalt

Kapitel 13.
Soziokulturelle Faktoren.

Geschlechtsspezifische Gewalt ist im Kern eine der verheerendsten und am weitesten verbreiteten Arten von Menschenrechtsverletzungen weltweit. Der Einfluss dieses Phänomens erstreckt sich auf verschiedene Lebensbereiche und hinterlässt zerstörte Schicksale, traumatisierte Bewusstseine und gestörte soziale Beziehungen. Trotz jahrzehntelangem Kampf für die Gleichstellung der Geschlechter und Fortschritte bei den Menschenrechten ist geschlechtsspezifische Gewalt weiterhin ein ernstes Problem, das unsere Aufmerksamkeit und unser Handeln erfordert.

Der Zweck dieses Kapitels besteht darin, die soziokulturellen Faktoren zu untersuchen, die geschlechtsspezifischer Gewalt zugrunde liegen. Wir werden in die Welt der Stereotypen, kulturellen Normen und sozialen Erwartungen eintauchen, um zu verstehen, wie diese Faktoren Gewaltmuster gegen verschiedene Geschlechter prägen und aufrechterhalten. Das Verständnis dieses Themas wird es uns ermöglichen, die Wurzeln des Problems besser zu verstehen und wirksame Strategien zur Prävention und Bekämpfung geschlechtsspezifischer Gewalt vorzuschlagen.

Unsere Herausforderung besteht darin zu verstehen, wie soziokulturelle Aspekte die Wahrnehmung und Interpretation geschlechtsspezifischer Gewalt beeinflussen und wie diese Faktoren genutzt werden können, um dieses negative Phänomen wirksamer zu bekämpfen. Lassen Sie uns gemeinsam einen Weg gehen, der uns zu mehr Verständnis führt und vielleicht die Strukturen verändert, die geschlechtsspezifischer Gewalt zugrunde liegen.

Die Untersuchung soziokultureller Faktoren im Kontext geschlechtsspezifischer Gewalt ist unerlässlich, um die Wurzeln dieses Phänomens vollständig zu verstehen und wirksame Strategien zu seiner Überwindung zu entwickeln. Die Bedeutung der Untersuchung dieser Faktoren ergibt sich aus mehreren Schlüsselaspekten:

1. Bildung von Normen und Stereotypen: Soziokulturelle Normen und Stereotypen im Zusammenhang mit Geschlechterrollen spielen eine entscheidende Rolle bei der Gestaltung der Beziehungen zwischen Männern und Frauen in der Gesellschaft. Die Untersuchung dieser Normen und Stereotypen ermöglicht es uns zu verstehen, welche Erwartungen und Überzeugungen das Verhalten der Menschen beeinflussen und wie sie zur Entwicklung geschlechtsspezifischer Gewalt beitragen können.

Soziokulturelle Normen und Stereotypen im Zusammenhang mit Geschlechterrollen haben großen Einfluss auf die Gestaltung der Beziehungen zwischen Männern und Frauen in der Gesellschaft. Diese Normen definieren die Erwartungen, die die Gesellschaft an jedes Geschlecht stellt, und prägen die Erwartungen darüber, wie Männer und Frauen sein sollten. Es ist jedoch wichtig zu verstehen, dass diese Erwartungen und Stereotypen möglicherweise falsch und unfair sind und analysiert und kritisch bewertet werden sollten.

Im Kontext geschlechtsspezifischer Gewalt können soziokulturelle Normen und Stereotype zur Grundlage für die Ausbildung negativer Verhaltensmuster und Einstellungen werden. Beispielsweise kann das Stereotyp der „Männlichkeit", das Stärke, Aggression und Dominanz bei Männern suggeriert, manche Männer dazu veranlassen, ihre Gewalt als Ausdruck von „Männlichkeit" zu rechtfertigen. Andererseits kann das Stereotyp der „Weiblichkeit", das bei Frauen mit Unterordnung, Schwäche und Nachgiebigkeit verbunden ist, dazu führen, dass sie anfällig für Gewalt werden und Schwierigkeiten haben, ihre eigenen Bedürfnisse und Grenzen auszudrücken.

Opfer geschlechtsspezifischer Gewalt, insbesondere solche, die hochsensibel und unsicher sind, können von diesen Stereotypen und Normen beeinflusst werden und dadurch anfälliger für den Angreifer werden. Es ist jedoch wichtig zu erkennen, dass diese Stereotypen keine Naturgesetze sind, sondern nur ein Konstrukt der Gesellschaft, das geändert werden kann und muss.

Um dem Einfluss soziokultureller Normen und Stereotypen entgegenzuwirken, ist es notwendig, Aufklärungskampagnen durchzuführen, die darauf abzielen, die Vorstellungen über Geschlechterrollen zu ändern und die Gleichstellung von Männern und

Frauen zu fördern. Es ist auch wichtig, sichere Räume und Gemeinschaften zu schaffen, in denen Opfer geschlechtsspezifischer Gewalt Unterstützung suchen und sich über ihre Rechte informieren können. Auch die Unterstützung und das Verständnis anderer spielen eine wichtige Rolle bei der Stärkung des Selbstwertgefühls und des Selbstvertrauens der Opfer, die ihnen helfen, die Folgen der Gewalt zu bewältigen und aus dieser Situation herauszukommen.

2. Macht- und Ressourcenverteilung: Soziokulturelle Faktoren bestimmen soziale Strukturen und die Macht- und Ressourcenverteilung in einer Gesellschaft. Ungleichheiten im sozialen und wirtschaftlichen Bereich werden oft zur Grundlage für geschlechtsspezifische Gewalt, wenn eine Gruppe von Menschen ihre Macht und Privilegien nutzt, um eine andere zu unterdrücken.

Die Verteilung von Macht und Ressourcen in der Gesellschaft ist ein Schlüsselfaktor für die Dynamik der Beziehungen zwischen verschiedenen Gruppen von Menschen. Soziokulturelle Normen und Stereotypen können zur Entstehung von Ungleichheiten im sozialen und wirtschaftlichen Bereich beitragen, die wiederum zur Grundlage für geschlechtsspezifische Gewalt werden können.

Ungleichheit führt häufig dazu, dass eine Gruppe über beträchtliche Macht und Ressourcen verfügt, während sich eine andere Gruppe in einer verletzlicheren Lage befindet. Bei geschlechtsspezifischer Gewalt geschieht dies beispielsweise dann, wenn Männer ihre soziale und wirtschaftliche Macht nutzen, um Frauen zu kontrollieren. Dies kann sich in finanzieller Gewalt äußern, wenn ein Mann die finanziellen Ressourcen der Familie kontrolliert und die Frau ihrer finanziellen Unabhängigkeit beraubt, oder in sozialer Gewalt, wenn ein Mann seine soziale Stellung nutzt, um die Kontrolle über seinen Partner zu erlangen und aufrechtzuerhalten.

Opfer geschlechtsspezifischer Gewalt, insbesondere solche, die hochsensibel und unsicher sind, fühlen sich aufgrund der ungleichen Macht- und Ressourcenverteilung möglicherweise hilflos und von ihren Angreifern abhängig. Sie haben möglicherweise Angst, sich dem Tyrannen zu widersetzen, weil dies möglicherweise Konsequenzen für ihre finanzielle oder soziale Stabilität haben könnte.

Es ist jedoch wichtig zu erkennen, dass Ungleichheit und Ungleichheit nicht als unvermeidliche oder unüberwindbare Probleme angesehen werden sollten. Die Veränderung der Gesellschaftsstruktur und der Abbau von Ungleichheiten in der Macht- und Ressourcenverteilung sind wichtige Schritte zur Prävention geschlechtsspezifischer Gewalt. Dies kann durch die Schaffung von Gesetzen und Richtlinien zum Schutz der Frauenrechte und zur Gewährleistung der Gleichstellung der Geschlechter in allen Lebensbereichen erreicht werden. Darüber hinaus können Bildungsprogramme und Sensibilisierungskampagnen eine wichtige Rolle bei der Veränderung soziokultureller Normen und Stereotypen spielen, die Ungleichheit aufrechterhalten und zu geschlechtsspezifischer Gewalt beitragen.

3. Normalisierung von Gewalt: In manchen Kulturen kann Gewalt aufgrund bestimmter Geschlechterrollen und Einstellungen normalisiert oder sogar gerechtfertigt werden. Die Untersuchung soziokultureller Faktoren hilft herauszufinden, welche kulturellen Praktiken und Einstellungen dazu beitragen, ein Umfeld zu schaffen, in dem geschlechtsspezifische Gewalt als alltäglich wahrgenommen wird.

Die Normalisierung von Gewalt in der Gesellschaft, insbesondere aufgrund von Geschlechterrollen und -einstellungen, ist ein ernstes Problem, das geschlechtsspezifische Gewalt aufrechterhält und verstärkt. In manchen Kulturen wird Gewalt möglicherweise als akzeptabler oder sogar notwendiger Weg zur Lösung von Konflikten angesehen, insbesondere in Beziehungen zwischen Männern und Frauen. Die Untersuchung soziokultureller Faktoren ermöglicht es, genau zu verstehen, welche kulturellen Praktiken und Einstellungen zur Normalisierung von Gewalt beitragen und welche Mechanismen ein solches Verhalten unterstützen.

In kulturellen Normen verankerte Geschlechterrollen und Stereotypen können dazu führen, dass Gewalt in Beziehungen zum Alltag wird. Beispielsweise kann ein Männlichkeitsstereotyp, der Männlichkeit mit Stärke, Aggression und Kontrolle verbindet, dazu führen, dass Männer Gewalt als eine Möglichkeit wahrnehmen, ihren Status und ihre Autorität in der Familie oder der Gesellschaft zu behaupten. Andererseits kann das mit Passivität, Schwäche und Unterwerfung verbundene Stereotyp der Weiblichkeit dazu führen, dass Frauen Gewalt als unvermeidlichen Teil ihres Lebens akzeptieren.

Darüber hinaus kann die Normalisierung von Gewalt auch durch kulturelle Normen und Traditionen unterstützt werden, die häusliche Gewalt oder die Diskriminierung bestimmter Gruppen aufgrund ihres Geschlechts legitimieren. Beispielsweise gibt es in manchen Gesellschaften Gesetze oder Bräuche, die häusliche Gewalt als Mittel zur „Erziehung" oder „Zurechtweisung" von Ehefrauen und Kindern rechtfertigen.

Für Opfer geschlechtsspezifischer Gewalt, insbesondere für diejenigen, die hochsensibel und unsicher sind, kann die Normalisierung von Gewalt zusätzliche Hürden für den Erhalt von Hilfe und Unterstützung schaffen. Aufgrund kultureller Normen und Stereotypen, die geschlechtsspezifische Gewalt dulden oder verharmlosen, fühlen sie sich möglicherweise schuldig oder schämen sich für ihre Situation. Daher ist es wichtig, daran zu arbeiten, diese Normen und Einstellungen durch Aufklärung, öffentliche Kampagnen und Gesetze zu ändern, damit geschlechtsspezifische Gewalt nicht mehr als normal wahrgenommen wird, sondern als etwas, das verhindert und angegangen werden muss.

4. Wirksame präventive Interventionen: Die Untersuchung soziokultureller Faktoren hilft bei der Bestimmung der am besten geeigneten präventiven Interventionsstrategien und -programme. Wenn wir wissen, welche Einstellungen und Normen geschlechtsspezifische Gewalt unterstützen, können wir Interventionen entwickeln, die darauf abzielen, diese Einstellungen zu ändern und ein sichereres und gleichberechtigteres Umfeld für alle Geschlechter zu schaffen.

Bei der Bekämpfung geschlechtsspezifischer Gewalt spielen wirksame präventive Interventionen eine wichtige Rolle. Die Untersuchung soziokultureller Faktoren hilft dabei, die am besten geeigneten Strategien und Programme zur Gewaltprävention und zur Schaffung eines sicheren Umfelds für alle Geschlechter zu ermitteln.

Eine Schlüsselstrategie besteht darin, die Einstellungen und Normen zu ändern, die geschlechtsspezifische Gewalt unterstützen. Dazu können Bildungsprogramme gehören, die darauf abzielen, Stereotypen über Geschlechterrollen in Frage zu stellen sowie das Bewusstsein für Gewalt in allen Formen zu schärfen und sie zu verurteilen. Auch die Durchführung öffentlicher Kampagnen und Veranstaltungen zur Förderung der Gleichstellung der Geschlechter und der Achtung der Rechte aller ist eine wirksame Methode zur Änderung kultureller Einstellungen.

Ein weiterer wichtiger Aspekt ist die Gewährleistung des Zugangs zu hochwertigen Unterstützungs- und Schulungsprogrammen zur Gewaltprävention. Diese Programme können Schulungen zu durchsetzungsfähigem Verhalten, zur Entwicklung emotionaler Regulierungsfähigkeiten und Schulungen zur Konfliktlösung umfassen. Wichtig ist auch die Bereitstellung von Menschenrechtsinformationen und der Zugang zu Unterstützungsdiensten für Opfer geschlechtsspezifischer Gewalt.

Es ist jedoch wichtig, sich daran zu erinnern, dass eine wirksame präventive Intervention einen integrierten Ansatz und die Zusammenarbeit verschiedener Bereiche der Gesellschaft erfordert, darunter Regierungsorganisationen, Nichtregierungsorganisationen, Bildungseinrichtungen, Gesundheitseinrichtungen und Gemeinden. Nur gemeinsame Anstrengungen aller Beteiligten können zur Schaffung wirksamer Maßnahmen zur Prävention geschlechtsspezifischer Gewalt und zum Schutz des Rechts jedes Menschen auf ein sicheres und gleichberechtigtes Leben führen.

Daher ist die Untersuchung der soziokulturellen Faktoren geschlechtsspezifischer Gewalt ein wesentlicher Bestandteil vielfältiger Bemühungen zur Bekämpfung dieses Phänomens. Das Verständnis dieser Faktoren hilft nicht nur, die Wurzeln des Problems zu identifizieren, sondern auch Strategien zu seiner Lösung auf gesellschaftlicher und kultureller Ebene zu entwickeln.

Geschlechterstereotypen sind vereinfachte und oft verzerrte Vorstellungen darüber, wie Männer und Frauen aufgrund ihres Geschlechts sein sollten. Sie entstehen in der Gesellschaft und durchdringen häufig verschiedene Lebensbereiche, darunter Kultur, Bildung, Familie, Arbeit usw. Geschlechterstereotypen erzeugen Verhaltensmuster, erwartete Rollen und Qualitäten, die mit bestimmten Geschlechtern verbunden sind. Ein Stereotyp könnte beispielsweise die Vorstellung sein, dass Männer stark, ehrgeizig und dominant sein sollten und Frauen sanft, fürsorglich und passiv sein sollten.

Der Einfluss von Stereotypen auf die Wahrnehmung geschlechtsspezifischer Gewalt ist sehr groß. Erstens können Stereotype die Vorstellung prägen, dass geschlechtsspezifische Gewalt in bestimmten Situationen normal oder sogar gerechtfertigt sei. Beispielsweise kann das Klischee, dass „ein echter Mann seine Frau kontrollieren sollte", dazu führen, dass Gewalt in einer Beziehung als akzeptables Mittel zur Kontrolle eines Partners angesehen wird.

Zweitens können Geschlechterstereotypen Einfluss darauf haben, wie Opfer und Zeugen geschlechtsspezifischer Gewalt das Geschehen wahrnehmen und interpretieren. Beispielsweise kann das Klischee „echte Männer weinen nicht" dazu führen, dass es männlichen Opfern von Gewalt peinlich wird, Hilfe zu suchen oder sogar zuzugeben, dass sie misshandelt werden. Stereotype können auch dazu führen, dass Gewalt gegen Männer unterschätzt oder abgetan wird, weil sie nicht der allgemeinen Wahrnehmung der Opfer entsprechen.

Somit können Geschlechterstereotypen einen fruchtbaren Boden für geschlechtsspezifische Gewalt schaffen und beeinflussen, wie diese Gewalt in der Gesellschaft wahrgenommen und diskutiert wird. Der Abbau dieser Stereotypen und die Sensibilisierung dafür spielen eine wichtige Rolle bei der Prävention und Bekämpfung geschlechtsspezifischer Gewalt.

Um das Thema besser zu verstehen, betrachten Sie einige Beispiele unmoralischer Geschlechterstereotypen aus verschiedenen Kulturen:

1. Die Rolle des Mannes als Hauptverdiener: In einigen Kulturen wird davon ausgegangen, dass ein Mann sowohl finanziell für seine Familie sorgen als auch der Hauptverdiener materieller Ressourcen sein sollte. Dieses Stereotyp kann zu Druck auf einen Mann und einem Gefühl des Versagens führen, wenn er nicht für seine Familie sorgen kann.

2. Die Rolle der Frau als Hausfrau und Mutter: In vielen Kulturen wird Frauen die Rolle der Hausfrau und Mutter zugeschrieben, die für die Betreuung von Haushalt und Kindern verantwortlich ist. Dieses Stereotyp kann zu Einschränkungen bei der Berufs- und Bildungswahl sowie zu einer Unterbewertung von Frauen in anderen Berufen führen.

3. Erzwungene Weiblichkeit: In einigen Kulturen wird von Frauen erwartet, dass sie bestimmte Standards der Weiblichkeit erfüllen, zu denen ein hohes Maß an Körperpflege, das Tragen bestimmter Kleidung oder

Verhaltensweisen gehören kann. Dieses Stereotyp kann die Meinungsfreiheit einschränken und Druck auf Frauen ausüben, die diese Standards nicht erfüllen.

4. Die Rolle eines Mannes als dominant und aggressiv: In manchen Kulturen wird Männern die Rolle eines dominanten und aggressiven Anführers zugeschrieben, der seine Familie und sein Umfeld kontrollieren muss. Dieses Stereotyp kann zu Gewalt in Beziehungen und zur Unterdrückung von Frauen führen.

5. Das Ideal einer „schwachen" Frau: In manchen Kulturen wird von Frauen erwartet, dass sie schwächer und stärker von Männern abhängig sind. Dieses Stereotyp kann dazu führen, dass sich eine Frau im Falle einer Gewalt nicht in der Lage fühlt, sich zu verteidigen oder Hilfe zu suchen.

6. Erzwungene Männlichkeit: Einige Kulturen erwarten von Männern, dass sie in allen Lebensbereichen Männlichkeit zeigen, einschließlich der Zurschaustellung von Stärke, Unabhängigkeit und Unverwundbarkeit. Dieses Stereotyp kann dazu führen, dass Männer ihre Gefühle unterdrücken und ihre Fähigkeit, ihre Verletzlichkeit auszudrücken, einschränken.

7. Strikte Geschlechterrollen im beruflichen Bereich: In vielen Kulturen gibt es strenge Geschlechterstereotype bei der Berufswahl. Beispielsweise gelten einige Berufe als „weiblich" oder „männlich", und Abweichungen davon können mit sozialer Stigmatisierung einhergehen.

8. Erzwungene Heterosexualität: In vielen Kulturen gilt Heterosexualität als Norm und Abweichungen davon gelten als inakzeptabel oder sogar unmoralisch. Dieses Stereotyp kann dazu führen, dass LGBT+-Menschen Diskriminierung und Gewalt ausgesetzt sind.

Jedes dieser Geschlechterstereotypen kann die Ungleichheit verstärken, Druck auf den Einzelnen ausüben und zu geschlechtsspezifischer Gewalt beitragen. Es ist wichtig zu erkennen, dass Stereotype tief in Kultur und Gesellschaft verwurzelt sein können und manchmal subtil sind oder sogar ohne Frage akzeptiert werden können.

Diese Stereotypen können dazu führen, dass Opfer geschlechtsspezifischer Gewalt aus Angst, verurteilt oder unterbewertet zu werden, über ihre Erfahrungen schweigen. Sie fühlen sich möglicherweise schuldig, weil sie den von der Gesellschaft auferlegten Standards nicht gerecht werden, oder haben Angst, ihre Situation bekannt zu machen, aus Angst, abgelehnt zu werden oder ihrem Ruf weiteren Schaden zuzufügen.

Das Verstehen und Bewusstwerden dieser Geschlechterstereotypen ist der erste Schritt zur Bekämpfung geschlechtsspezifischer Gewalt. Opfer und Zeugen können beginnen, diese Stereotypen zu überwinden, indem sie die Unterstützung einer Gemeinschaft suchen, in der sie verstanden und unterstützt werden. Darüber hinaus kann die Aufklärung und Aufklärung von Gemeinschaften über die Schäden und Ungerechtigkeiten von Geschlechterstereotypen zu Veränderungen in der Einstellung gegenüber

Geschlechterrollen und -verhalten führen, was letztendlich die Häufigkeit geschlechtsspezifischer Gewalt verringern kann.

Kulturelle Normen und gesellschaftliche Erwartungen spielen eine wichtige Rolle bei der Gestaltung der Wahrnehmung geschlechtsspezifischer Gewalt und ihrer Akzeptanz in der Gesellschaft. Diese Normen definieren, welche Verhaltensweisen geschlechtsübergreifend als akzeptabel oder inakzeptabel gelten und bilden die Grundlage dafür, wie Menschen miteinander interagieren.

1. Traditionelle Geschlechterrollen: In vielen Kulturen gibt es streng definierte Geschlechterrollen, in denen von Männern und Frauen erwartet wird, dass sie bestimmte Funktionen erfüllen und bestimmte Eigenschaften aufweisen. Beispielsweise wird Männern oft die Rolle des Beschützers und Hauptverdieners in der Familie zugeschrieben, während Frauen am häufigsten mit der Sorge um Hausarbeit und Familie in Verbindung gebracht werden. Diese traditionellen Rollen können dazu beitragen, dass einige Formen geschlechtsspezifischer Gewalt im Rahmen dieser kulturellen Erwartungen als normal oder sogar gerechtfertigt angesehen werden.

2. Vorherrschende Bilder von Männlichkeit und Weiblichkeit: Viele Gesellschaften haben Ideale von Männlichkeit und Weiblichkeit, die oft die Art und Weise beeinflussen, wie Stärke, Macht und Kontrolle ausgeübt werden. Beispielsweise können in manchen Kulturen Männer, die emotionale Verletzlichkeit oder Stärke oder Schwäche zeigen, von anderen Männern beurteilt oder sogar misshandelt werden. Dadurch entsteht ein Klima, in dem einige Formen geschlechtsspezifischer Gewalt als Mittel zur Durchsetzung von Männlichkeit oder Kontrolle angesehen werden können.

3. Gewöhnliche Praktiken und Bräuche: In einigen Gesellschaften gibt es normalisierte Praktiken und Bräuche, die zu geschlechtsspezifischer Gewalt beitragen. Beispielsweise kann es in manchen Kulturen eine gängige Praxis sein, Mädchen und Frauen dazu zu drängen, ihren Vergewaltiger zu heiraten, was kulturelle Erwartungen und Normen über die Rolle der Frau in Familie und Gesellschaft widerspiegelt.

4. Religiöse und traditionelle Überzeugungen: Der Einfluss religiöser und traditioneller Überzeugungen kann auch eine Rolle bei der Gestaltung kultureller Normen spielen, die die Wahrnehmung geschlechtsspezifischer Gewalt beeinflussen. Einige religiöse und kulturelle Überzeugungen können bestimmte Formen geschlechtsspezifischer Gewalt dulden oder sogar fördern, was ihre gesellschaftliche Akzeptanz erhöhen kann.

All diese Faktoren können einen erheblichen Einfluss darauf haben, wie geschlechtsspezifische Gewalt in der Gesellschaft wahrgenommen und wertgeschätzt wird. Das Verständnis dieser kulturellen Normen und gesellschaftlichen Erwartungen ist ein wichtiger Schritt zur Bekämpfung geschlechtsspezifischer Gewalt und zur Schaffung eines gleichberechtigteren und sichereren Umfelds für alle.

Der Zusammenhang zwischen gesellschaftlichen Erwartungen und der Viktimisierung geschlechtsspezifischer Gewalt kann je nach kulturellem und sozialem Kontext variieren, es gibt jedoch mehrere allgemeine Prinzipien, die zum Verständnis dieses Zusammenhangs beitragen.

In Gesellschaften, in denen es Ungleichheiten bei der Verteilung von Macht und Ressourcen gibt, können sich Opfer geschlechtsspezifischer Gewalt aufgrund ihres Status oder ihrer Stellung in der Gesellschaft in einer prekären Lage befinden. Soziale Erwartungen können die Vorstellung prägen, dass Opfer sich den Angreifern unterwerfen oder über Gewalt schweigen müssen, um die soziale Harmonie aufrechtzuerhalten oder weiteren Schaden zu vermeiden.

Gesellschaftliche Erwartungen darüber, wie sich Männer und Frauen in der Gesellschaft verhalten sollen, können zu Ungleichheiten führen und Gewalt gegen Opfer rechtfertigen. Beispielsweise können Stereotypen über „männliche" Kontrolle und „weibliche" Unterordnung zu Gewalt gegen Frauen beitragen, insbesondere wenn sie nicht den erwarteten Rollen entsprechen.

Einige kulturelle Normen und Praktiken können geschlechtsspezifische Gewalt unterstützen oder ein Umfeld schaffen, in dem sie als normal akzeptiert wird. Beispielsweise können in manchen Gesellschaften arrangierte oder erzwungene Ehen weit verbreitet sein, was den Opferschutz schwächt und die kulturelle Legitimation von Gewalt fördert.

Soziale Erwartungen an familiäre und gemeinschaftliche Beziehungen können Einfluss darauf haben, wie Opfer geschlechtsspezifischer Gewalt ihre Situation wahrnehmen. Wenn ein Opfer beispielsweise in einem Umfeld aufgewachsen ist, in dem Gewalt weit verbreitet oder normal war, ist es sich möglicherweise seines Opferstatus nicht bewusst oder sieht möglicherweise keine alternativen Möglichkeiten, darauf zu reagieren.

Insgesamt prägen gesellschaftliche Erwartungen den Kontext, in dem geschlechtsspezifische Gewalt auftritt, und können einen erheblichen Einfluss auf die Wahrnehmung der Opfer über ihre eigene Situation haben. Das Verständnis dieses Zusammenhangs hilft, die Ursachen geschlechtsspezifischer Gewalt zu erkennen und zu überwinden und eine Gesellschaft zu schaffen, in der sich alle Mitglieder sicher und geborgen fühlen können.

Hier sind natürlich einige Beispiele für kulturelle Normen, die geschlechtsspezifische Gewalt unterstützen können:

1. Patriarchale Macht: Kulturelle Normen, die die Überlegenheit von Männern gegenüber Frauen in Familie und Gesellschaft bekräftigen, können Männer dazu ermutigen, Gewalt gegen Frauen anzuwenden. Dies

kann sich in der Kontrolle über Entscheidungen, finanzielle Ressourcen und den Haushalt äußern.

2. Strikte Geschlechterrollen: Kulturelle Erwartungen darüber, wie Männer und Frauen sein sollten, können Gewalt gegen diejenigen rechtfertigen, die nicht in diese Rollen passen. Beispielsweise wird angenommen, dass Männer stark und dominant sein sollten und Frauen gehorsam und abhängig sein sollten.

3. Zwangsheirat: In Gesellschaften, in denen arrangierte oder erzwungene Ehepraktiken weit verbreitet sind, können Frauen aufgrund der unfreiwilligen Natur der Beziehung Opfer von Gewalt seitens ihrer Partner werden.

4. Kulturelle Tradition des Tabus: In manchen Kulturen gilt das Sprechen über häusliche Gewalt oder die Einmischung in Familienangelegenheiten als Tabu, was dazu führt, dass Opfer keine Hilfe und keinen Schutz mehr erhalten.

5. Status der Frauen in der Gesellschaft: In Gesellschaften, in denen Frauen einen niedrigen Status und begrenzte Möglichkeiten haben, kann Gewalt gegen sie als Mittel zur Aufrechterhaltung ihrer untergeordneten Stellung gerechtfertigt werden.

6. Sexuelle Überzeugungen und Tabus: Kulturelle Überzeugungen über Sex und Sexualität können Gewalt gegen Frauen rechtfertigen, insbesondere wenn sie im Zusammenhang mit einer Bedrohung der Sexualmoral oder des Rufs erfolgt.

7. Gewalt als normal akzeptieren: In Gesellschaften, in denen Gewalt als normaler Teil familiärer Beziehungen oder als Mittel zur Lösung von Konflikten angesehen wird, stoßen Opfer möglicherweise auf Hindernisse bei der Unterstützung und dem Schutz.

8. Normalisierung einer Kultur der Demütigung: In einigen Kulturen wird möglicherweise eine Kultur der Demütigung eingeführt, in der Beleidigungen und Demütigungen als normaler Teil zwischenmenschlicher Beziehungen akzeptiert werden, die zu körperlicher oder emotionaler Misshandlung eskalieren können.

9. Einstellungen zu häuslicher Gewalt: In Gesellschaften, in denen häusliche Gewalt nicht als Straftat gilt oder keine angemessene rechtliche Beachtung findet, haben Opfer möglicherweise Angst davor, rechtliche Schritte gegen den Täter einzuleiten.

10. Normalisierung gewaltsamer Erziehung: In manchen Kulturen gilt die körperliche Bestrafung von Kindern oder Partnern als gängige Praxis, die zu vermehrter Gewalt in Familien und Beziehungen führen kann.

11. Religiöse Überzeugungen und Traditionen: Religiöse Lehren oder Traditionen können Elemente enthalten, die die männliche Dominanz und Kontrolle über Frauen rechtfertigen, was zur Verbreitung geschlechtsspezifischer Gewalt beitragen kann.

12. Förderung von Geschlechterstereotypen in den Medien: Medienbilder und Werbung verstärken häufig Geschlechterstereotypen, indem sie Männer als dominant und Frauen als abhängig oder sexualisiert darstellen, was negative Einstellungen gegenüber bestimmten Geschlechtern und Gewalt fördern kann.

13. Richtlinien und Gesetze: In einigen Ländern schützen Gesetze und Richtlinien Opfer geschlechtsspezifischer Gewalt möglicherweise nicht und rechtfertigen Gewalt nicht einmal im Rahmen traditioneller Werte oder kultureller Praktiken.

14. Einstellungen zur sexuellen Orientierung und Geschlechtsidentität: Homophobie und Transphobie können in kulturellen Normen verankert sein, was zu Gewalt gegen LGBTQ+-Gruppen führen kann, um Heteronormativität und traditionelle Geschlechterrollen aufrechtzuerhalten.

15. Kultur der männlichen Überlegenheit: In einigen Gesellschaften gibt es eine kulturelle Zuschreibung der Überlegenheit von Männern gegenüber Frauen, die Gewalt gegen Frauen als Mittel zur Aufrechterhaltung dieser Hierarchie rechtfertigen kann.

16. Patriarchale Traditionen in Ehe und Familie: Normen, die die Unterordnung von Frauen in Familie und Ehe voraussetzen, können zu Gewalt von Männern gegen ihre Partner beitragen.

17. Kulturelle Praktiken der Unterwerfung und des Gehorsams: In bestimmten Kulturen wird von Frauen erwartet, dass sie Männern gegenüber gehorsam und unterwürfig sind, was dazu führen kann, dass sie aus Angst oder sozialem Druck nicht gegen Gewalt ankämpfen.

18. Verherrlichung aggressiven männlichen Verhaltens: In Gesellschaften, in denen Aggression und Dominanz als Zeichen von Männlichkeit gelten, rechtfertigen Männer möglicherweise Gewalt als Mittel zur Durchsetzung ihres Status.

Diese Beispiele zeigen, wie kulturelle Normen und Erwartungen geschlechtsspezifische Gewalt fördern oder rechtfertigen können, und verdeutlichen die Notwendigkeit, diese Einstellungen zu ändern, um Gewalt zu verhindern und sicherere Umgebungen für alle zu schaffen. Diese kulturellen Normen und Erwartungen können einen fruchtbaren Boden für geschlechtsspezifische Gewalt schaffen und sie zu einem normalen Teil des gesellschaftlichen Lebens machen. Die Existenz solcher Stereotypen und Normen unterstreicht die Notwendigkeit, sie zu bekämpfen und eine Kultur des Respekts und der Gleichheit zu schaffen.

In dieser Diskussion haben wir verschiedene Aspekte geschlechtsspezifischer Gewalt untersucht, angefangen von ihrer Definition und der Bedeutung der Untersuchung soziokultureller Faktoren bis hin zu Beispielen für kulturelle Normen, die Gewalt unterstützen. Es ist wichtig zu erkennen, dass geschlechtsspezifische Gewalt nicht nur durch individuelle Merkmale, sondern auch durch kulturelle und soziale Faktoren verursacht wird.

Stereotype über Geschlechterrollen, Macht- und Ressourcennormen, religiöse Einstellungen, Medienbilder und andere Aspekte der Kultur können einen erheblichen Einfluss auf die Verbreitung und Aufrechterhaltung geschlechtsspezifischer Gewalt haben. Das Verständnis dieser Faktoren ist für die Entwicklung wirksamer Strategien zur Bekämpfung von Gewalt und zur Schaffung sichererer und gerechterer öffentlicher Umgebungen von entscheidender Bedeutung.

Die Bekämpfung geschlechtsspezifischer Gewalt erfordert einen umfassenden Ansatz, der Aufklärung, Sensibilisierung, Änderung kultureller Normen, Unterstützung von Opfern und proaktives Eingreifen bei Gewaltausbrüchen umfasst. Die Arbeit im Bereich der Prävention und Überwindung geschlechtsspezifischer Gewalt sollte sowohl auf der Ebene der Regierungspolitik als auch auf der Ebene des öffentlichen Bewusstseins Priorität haben.

Schauen wir uns einige Beispiele geschlechtsspezifischer Gewalt an, um besser zu verstehen, wie soziokulturelle Faktoren diese Art von Gewalt in verschiedenen kulturellen Umgebungen beeinflussen. Schauen wir uns einige Szenarien an, die uns dabei helfen, verschiedene Aspekte geschlechtsspezifischer Gewalt und ihre Erscheinungsformen in verschiedenen Gesellschaften zu analysieren.

1. In einigen konservativen Gesellschaften gilt die Mutterschaft als oberste Priorität für Frauen und ihre Rechte, unabhängige Entscheidungen über die Geburt und Erziehung von Kindern zu treffen, sind eingeschränkt. In einem solchen kulturellen Umfeld kann sich geschlechtsspezifische Gewalt in Form von Kontrolle über die reproduktiven Rechte von Frauen, Zwang zur Mutterschaft und Missachtung ihrer diesbezüglichen Entscheidungen äußern.

2. In einem patriarchalischen Kulturumfeld kann eine starke männliche Dominanz zu häuslicher Gewalt gegen Frauen und Kinder führen. Männer in einer solchen Familie werden als Hauptfiguren wahrgenommen und verfügen über absolute Macht, was zu physischer, emotionaler und psychischer Gewalt gegen andere Familienmitglieder führen kann.

3. In Gesellschaften mit starren Geschlechterrollen und negativen Einstellungen gegenüber der LGBT-Gemeinschaft kann sich geschlechtsspezifische Gewalt gegen Schwule, Bisexuelle und Transgender-Personen richten. Dazu können körperliche Übergriffe, Diskriminierung am Arbeitsplatz oder in der Schule sowie andere Formen von Gewalt und Missbrauch gehören.

4. In manchen Kulturen sind Zwangsheirat und Heiratsrituale gängige Praxis. Um sich gesellschaftlichen Erwartungen und Normen anzupassen, können Mädchen und junge Frauen gegen ihren Willen zur Ehe gezwungen oder anderen Formen der Gewalt ausgesetzt werden.

5. In einem Umfeld mit starken Geschlechterstereotypen können Frauen in der Arbeitswelt Gewalt erfahren, beispielsweise sexuelle Belästigung, Diskriminierung oder eingeschränkte Möglichkeiten zur beruflichen Weiterentwicklung.

6. Mit der Entwicklung der sozialen Medien nimmt geschlechtsspezifische Gewalt neue Formen an, wie etwa Cybermobbing, Online-Belästigung und die Verbreitung negativer Geschlechterstereotypen. Dies kann schwerwiegende Folgen für die Opfer haben und zu psychischen Problemen und Depressionen führen.

7. In einigen Religionsgemeinschaften kann geschlechtsspezifische Gewalt auf der Grundlage religiöser Traditionen und Überzeugungen über die Rollen von Männern und Frauen gerechtfertigt werden. Dies kann zu Zwangsverheiratungen, Beschneidungen, häuslicher Gewalt und anderen Formen der Gewalt führen.

8. In einigen Gesellschaften, in denen islamisches Recht gilt, können die Rechte der Frauen erheblich eingeschränkt sein. Dazu können Bildungsverbote, Bewegungs- und Arbeitsbeschränkungen sowie andere Formen von Diskriminierung und Gewalt gehören.

9. Selbst in fortschrittlichen Gesellschaften können Opfer geschlechtsspezifischer Gewalt mit der Herausforderung konfrontiert sein, Angst vor Urteilen und Fehlwahrnehmungen zu haben. Es kann für sie schwierig sein, herauszukommen und um Hilfe zu bitten, aus Angst, missverstanden zu werden oder ohne Unterstützung dazubleiben.

Die Betrachtung dieser verschiedenen Beispiele ermöglicht es uns, die Vielfalt der Formen und Erscheinungsformen geschlechtsspezifischer Gewalt in verschiedenen kulturellen Umgebungen besser zu verstehen und gemeinsame Trends und zugrunde liegende Faktoren zu identifizieren.

Die Beurteilung des Einflusses soziokultureller Faktoren auf die Einstellungsbildung gegenüber geschlechtsspezifischer Gewalt ist ein zentraler Aspekt bei der Untersuchung dieses Problems. Soziokulturelle Faktoren spielen eine entscheidende Rolle dabei, wie Gesellschaften geschlechtsspezifische Gewalt wahrnehmen, tolerieren oder bekämpfen. Hier sind einige wichtige Punkte zur Bewertung dieser Auswirkungen:

1. Soziokulturelle Faktoren bestimmen die Normen und Werte, die der öffentlichen Meinung zu geschlechtsspezifischer Gewalt zugrunde liegen. Wenn in einer Gesellschaft eine Kultur des Machismo und der männlichen Dominanz herrscht, kann geschlechtsspezifische Gewalt als akzeptables oder sogar wünschenswertes Verhalten angesehen werden. Im Gegenteil, in Gesellschaften, die die Gleichstellung der Geschlechter und die Achtung individueller Rechte fördern, wird geschlechtsspezifische Gewalt verurteilt und unterdrückt.

2. Soziokulturelle Faktoren bestimmen auch die sozialen Rollen und den Status von Männern und Frauen in der Gesellschaft. Wenn Frauen als weniger wertvolle oder weniger wichtige Mitglieder der Gesellschaft

angesehen werden, können ihre Rechte und ihre Sicherheit untergraben werden, was zur Ausbreitung geschlechtsspezifischer Gewalt beiträgt.

3. Traditionelle Bräuche und religiöse Einstellungen können einen erheblichen Einfluss auf die Einstellung gegenüber geschlechtsspezifischer Gewalt haben. In manchen Kulturen können Traditionen und Bräuche geschlechtsspezifische Gewalt rechtfertigen oder sogar fördern und so eine normative Grundlage für deren Fortführung schaffen.

4. Bildung spielt eine wichtige Rolle bei der Schaffung einer bewussten und toleranten Gesellschaft. In Gesellschaften mit einem hohen Bildungsniveau und einem hohen Bewusstsein für Geschlechterfragen kann die Tendenz zur Ausübung geschlechtsspezifischer Gewalt deutlich geringer sein, da sich die Menschen der negativen Folgen bewusst sind und eine aktive Rolle bei der Bekämpfung übernehmen.

5. Das politische und rechtliche Umfeld in einem Land beeinflusst auch die Wahrnehmung und Reaktion auf geschlechtsspezifische Gewalt. Gesetze zum Schutz der Rechte von Frauen und zur Beendigung von Gewalt können eine wichtige Rolle bei der Verringerung ihrer Verbreitung und der Förderung von Gerechtigkeit spielen.

Generell sind soziokulturelle Faktoren von großer Bedeutung für die Gestaltung der Einstellungen gegenüber geschlechtsspezifischer Gewalt in der Gesellschaft. Das Verständnis dieser Faktoren ermöglicht es uns, wirksame Strategien zur Vorbeugung und Bekämpfung dieses Phänomens zu entwickeln und Bedingungen für den Aufbau einer gerechteren und sichereren Gesellschaft für alle ihre Mitglieder zu schaffen.

Die Untersuchung soziokultureller Faktoren, die geschlechtsspezifische Gewalt beeinflussen, führt zu mehreren wichtigen Schlussfolgerungen und Empfehlungen:

Schlussfolgerungen:

1. Komplexität des Problems: Geschlechtsspezifische Gewalt ist ein komplexes und mehrdimensionales Phänomen, das nicht nur von den individuellen Merkmalen der Täter und Opfer, sondern auch von einer Vielzahl soziokultureller Faktoren bestimmt wird.

2. Die Bedeutung kultureller Normen und Stereotypen: Kulturelle Normen und Stereotypen spielen eine wichtige Rolle bei der Gestaltung der Einstellungen gegenüber geschlechtsspezifischer Gewalt und bestimmen deren Akzeptanz und Akzeptanz in der Gesellschaft.

3. Ungleichheit und Diskriminierung: Ungleichheiten bei der Verteilung von Macht und Ressourcen sowie stereotype Ansichten über die Rollen von Männern und Frauen können dazu beitragen, dass geschlechtsspezifische Gewalt in einem Umfeld häufiger auftritt.

4. Normalisierung von Gewalt: In manchen Kulturen kann Gewalt aufgrund bestimmter Geschlechtereinstellungen normalisiert oder gerechtfertigt werden, was ihre Bekämpfung erschwert.

Empfehlungen:

1.	Proaktive	Bildungsprogramme:	Entwicklung	von Bildungsprogrammen zur Bekämpfung von Geschlechterstereotypen und zur Verbreitung von Informationen über die negativen Folgen geschlechtsspezifischer Gewalt.

2. Unterstützen Sie Gemeinschaftsinitiativen: Unterstützen Sie Gemeinschaftsinitiativen und Organisationen, die daran arbeiten, kulturelle Normen zu ändern und ein sicheres Umfeld für alle Geschlechter zu schaffen.

3. Stärkung der Gesetzgebung: Einführung und Stärkung von Gesetzen zum Schutz der Frauenrechte und zur Verhinderung geschlechtsspezifischer Gewalt unter Berücksichtigung der kulturellen Sensibilität und des Kontexts.

4. Forschung durchführen: Führen Sie zusätzliche Forschung durch, um die soziokulturellen Faktoren, die geschlechtsspezifische Gewalt beeinflussen, besser zu verstehen und wirksame Strategien zur Prävention dieses Phänomens zu entwickeln.

5. Öffentliches Engagement: Einbeziehung der Öffentlichkeit in den Dialog über geschlechtsspezifische Gewalt, um breite Unterstützung für die Änderung soziokultureller Einstellungen und die Verwirklichung der Gleichstellung der Geschlechter zu schaffen.

Diese Empfehlungen müssen auf lokalem Verständnis und Kontext basieren, um geschlechtsspezifische Gewalt so effektiv wie möglich zu bekämpfen und gerechtere und sicherere Gesellschaften für alle zu schaffen.

Die Zusammenfassung beschreibt sehr gut die Kernpunkte des Einflusses soziokultureller Faktoren auf geschlechtsspezifische Gewalt. Hier ist eine detailliertere Zusammenfassung jedes dieser Punkte:

1. Kulturelle Normen und Stereotypen spielen eine entscheidende Rolle bei der Gestaltung von Vorstellungen über Geschlechterrollen und Verhalten. Wenn bestimmte Rollen von Frauen und Männern als natürlich und normal akzeptiert werden, kann dies zur Entstehung und Aufrechterhaltung geschlechtsspezifischer Gewalt beitragen.

2. Ungleichheiten beim Zugang zu Ressourcen, Chancen und Macht sowie Diskriminierung aufgrund des Geschlechts führen zu einer Anfälligkeit für geschlechtsspezifische Gewalt. Dazu können wirtschaftlicher Missbrauch, soziale Ausgrenzung und andere Formen der Rechtsverletzung gehören.

3. In manchen Kulturen kann geschlechtsspezifische Gewalt aufgrund von Vorstellungen über weibliche Unterordnung, männliche Dominanz und traditionelle Rollen normalisiert oder sogar gerechtfertigt werden. Dadurch entstehen Hindernisse für die Prävention und Bestrafung.

4. Stereotype und Normen beeinflussen die Art und Weise, wie die Gesellschaft geschlechtsspezifische Gewalt wahrnimmt und darauf reagiert. Kulturelle Einstellungen können Opfer stigmatisieren, Gewalt

dulden oder verhindern, dass sie entdeckt und gestoppt wird.

5. Das Verständnis der Rolle soziokultureller Faktoren unterstreicht die Notwendigkeit von Veränderungen in Kultur, Bildung und Gesetzgebung, um geschlechtsspezifische Gewalt zu überwinden. Dazu gehört die Änderung überholter Stereotypen, die Gewährleistung gleicher Rechte und Chancen für alle Geschlechter sowie die Schaffung eines unterstützenden Umfelds, in dem man seine Individualität und Sicherheit zum Ausdruck bringen kann.

Insgesamt trägt das Verständnis der Rolle soziokultureller Faktoren bei geschlechtsspezifischer Gewalt dazu bei, einen umfassenden Ansatz zu deren Bewältigung zu entwickeln, einschließlich Bildung, Aktivismus und Änderungen der öffentlichen Ordnung.

Das Verständnis soziokultureller Aspekte spielt im Kampf gegen geschlechtsspezifische Gewalt eine Schlüsselrolle, da es uns ermöglicht, die Wurzeln des Problems zu identifizieren und wirksame Strategien zur präventiven Intervention und Unterstützung der Opfer zu entwickeln. Hier einige wichtige Aspekte:

1. Das Verständnis soziokultureller Aspekte ermöglicht es uns, Faktoren zu identifizieren, die zur Entstehung und Aufrechterhaltung geschlechtsspezifischer Gewalt beitragen. Dazu können gesellschaftliche Normen, Geschlechterrollenstereotypen, Ungleichheiten beim Zugang zu Ressourcen und Macht sowie kulturelle Praktiken gehören, die Gewalt dulden oder normalisieren.

2. Die Kenntnis der soziokulturellen Merkmale verschiedener Gruppen und Gemeinschaften ermöglicht die Erstellung von Programmen und Interventionen, die an die spezifischen Bedürfnisse und Realitäten der Kultur angepasst sind. Dazu können Aufklärungskampagnen, Schulungen für Gemeindearbeiter und Anwälte, Initiativen zur Änderung von Normen und Stereotypen sowie die Entwicklung von Mechanismen zur Opferunterstützung gehören.

3. Das Verständnis soziokultureller Aspekte hilft, ethische Konflikte und Missverständnisse bei der Hilfeleistung für Opfer geschlechtsspezifischer Gewalt zu vermeiden. Ein kultursensibler Ansatz berücksichtigt die Kultur und Traditionen einer Gemeinschaft und bietet Unterstützungs- und Interessenvertretungsdienste, die mit ihren Werten und Normen im Einklang stehen.

4. Das Wissen über soziokulturelle Aspekte trägt dazu bei, Kampagnen zur Änderung der öffentlichen Meinung effektiv aufzubauen und den politischen Willen zu wecken, Änderungen an Gesetzen und Richtlinien vorzunehmen, die auf die Prävention und Bestrafung geschlechtsspezifischer Gewalt abzielen.

5. Das Verständnis soziokultureller Aspekte trägt auch dazu bei, öffentliche Interventionen und Unterstützung zur Bekämpfung geschlechtsspezifischer Gewalt zu mobilisieren. Dazu kann der Aufbau

gemeinschaftlicher Unterstützungsnetzwerke, die Organisation von Protesten und Aktionen sowie die öffentliche Diskussion des Themas gehören, um Aufmerksamkeit darauf zu lenken und kollektive Verurteilung hervorzurufen.

Insgesamt spielt das Verständnis soziokultureller Aspekte eine entscheidende Rolle bei der Gestaltung und Umsetzung von Maßnahmen zur Prävention und Bekämpfung geschlechtsspezifischer Gewalt sowie bei der Schaffung eines unterstützenden Umfelds für Opfer und der Entwicklung von Wegen zu ihrem Schutz und ihrer Genesung.

❖·❖·❖·❖·❖·❖·❖·❖·❖·❖·❖·❖·❖·❖·❖

Kapitel 14.
Macht und Kontrolle.

Täter versuchen ihre Opfer aus einer Reihe von Gründen zu kontrollieren, die sowohl mit ihren persönlichen Merkmalen als auch mit dem Einfluss soziokultureller Faktoren zusammenhängen können. Hier sind einige der Hauptgründe, warum Vergewaltiger versuchen, ihre Opfer zu kontrollieren:

1. Macht und Dominanz: Für manche Täter ist die Kontrolle anderer eine Möglichkeit, ihre Macht und Dominanz zu etablieren. Sie versuchen, das Verhalten und die Entscheidungen ihrer Opfer zu manipulieren, um ihr Gefühl der Überlegenheit und Kontrolle zu stärken.

2. Vermeidung von Verantwortung: Die Kontrolle des Opfers kann dem Täter helfen, die Verantwortung für seine Handlungen zu vermeiden. Sie können das Opfer durch Manipulationen und Drohungen dazu zwingen, über das Geschehene zu schweigen, oder es sogar davon überzeugen, dass es selbst für das Geschehene verantwortlich ist.

3. Das Opfer in der Nähe halten: Manche Täter versuchen, ihre Opfer zu kontrollieren, um sie in der Nähe zu halten und sie daran zu hindern, zu fliehen oder Hilfe zu suchen. Dies kann Bedingungen für weitere Gewalt und Manipulation schaffen.

4. Geistesveränderung: Die Kontrolle eines Opfers kann auch als Mittel zur Veränderung seines Geistes und zur Manipulation seiner Gedanken und Gefühle dienen. Täter können psychologische Methoden anwenden, um die Gefolgschaft und Abhängigkeit des Opfers zu erreichen.

5. Selbstbehauptung: Für manche Täter wird die Kontrolle des Opfers zu einer Möglichkeit, sich durchzusetzen und das eigene Selbstvertrauen zu stärken. Sie sehen Kontrolle möglicherweise als einen Weg, ihre Stärke und Fähigkeit unter Beweis zu stellen, die Menschen um sie herum zu kontrollieren.

Diese und andere Faktoren können gemeinsam das Verhalten von

Tätern und ihren Wunsch, die Opfer zu kontrollieren, beeinflussen. Das Verständnis dieser Beweggründe spielt eine wichtige Rolle bei der Entwicklung wirksamer Strategien zur Prävention und Bekämpfung geschlechtsspezifischer Gewalt sowie bei der Unterstützung der Opfer.

Geschlechtsspezifische Gewalt bleibt eines der schwerwiegendsten und am weitesten verbreiteten sozialen Probleme in der modernen Welt. Sie betrifft Menschen jeden Alters, Geschlechts und jeder sozialen Schicht und hinterlässt irreparable Folgen für die Opfer und ihr Umfeld. Geschlechtsspezifische Gewalt umfasst ein breites Spektrum an Formen, darunter physische, emotionale, psychische und wirtschaftliche Gewalt sowie Kontrolle und Dominanz in Beziehungen.

Trotz der Bemühungen vieler Menschenrechtsorganisationen und Regierungsinstitutionen, dieses Problem zu bekämpfen, ist geschlechtsspezifische Gewalt nach wie vor weit verbreitet. Es ist wichtig zu verstehen, dass geschlechtsspezifische Gewalt nicht nur durch die kriminellen Handlungen Einzelner verursacht wird, sondern auch durch komplexe soziokulturelle Faktoren, einschließlich der Motive der Täter und ihres Wunsches nach Kontrolle.

Das Verständnis der Motive der Täter und des Machtbegriffs ist der Schlüssel zur Entwicklung wirksamer Strategien zur Prävention und Bekämpfung geschlechtsspezifischer Gewalt. Ohne eine tiefgreifende Analyse und ein Verständnis der Faktoren, die Menschen zu Gewalt motivieren, ist es schwierig, wirksame Schutz- und Unterstützungsmaßnahmen für Opfer zu entwickeln. Die Analyse der Motive von Vergewaltigern ermöglicht es uns, deren Verhaltensmuster, Manipulationsmethoden und Kontrollstrategien zu erkennen, was wiederum hilft, geeignete Gegenmaßnahmen und Abhilfemaßnahmen zu entwickeln.

Darüber hinaus können wir durch das Verständnis der Konzepte von Macht und Kontrolle die Mechanismen aufdecken, die geschlechtsspezifischer Gewalt zugrunde liegen. Dies ermöglicht nicht nur die Identifizierung der Ursachen des Problems, sondern auch die Entwicklung gezielter Strategien und Programme zur Veränderung soziokultureller Normen und Einstellungen, die zur Entstehung und Aufrechterhaltung geschlechtsspezifischer Gewalt beitragen.

Daher ist die Einführung in das Thema geschlechtsspezifische Gewalt und die Bedeutung des Verständnisses der Motive der Täter und des Machtkonzepts ein notwendiger Schritt bei der Entwicklung umfassender und wirksamer Strategien zur Bekämpfung dieses Problems und zur Gewährleistung des Schutzes der Rechte und der Sicherheit der Opfer.

Die Gewaltpsychologie untersucht verschiedene Aspekte des Verhaltens von Vergewaltigern und deren Auswirkungen auf die Opfer. Einschließlich interner Motive und psychologischer Prozesse sowie externer Faktoren, die die Entwicklung gewalttätigen Verhaltens beeinflussen. Hier sind einige Schlüsselaspekte der Psychologie der Gewalt:

1. Motivation des Täters: Die psychologischen Motive von Tätern können vielfältig sein, darunter der Wunsch nach Macht und Kontrolle, der Wunsch, die eigenen Hemmungen abzubauen, das Bedürfnis, andere zu dominieren und zu demütigen, und die Unfähigkeit, sich in die Gefühle anderer hineinzuversetzen und sie zu verstehen das Opfer.

2. Psychologische Mechanismen: Täter nutzen oft psychologische Mechanismen wie Projektion, Verleugnung, Rationalisierung und Manipulation, um ihre Handlungen zu rechtfertigen und die Schuld auf andere abzuwälzen. Möglicherweise nutzen sie auch Manipulations- und Gaslighting-Taktiken, um ihre Opfer zu unterwerfen.

3. Kreislauf der Gewalt: Viele Fälle geschlechtsspezifischer Gewalt sind durch ein zyklisches Muster gekennzeichnet, bei dem der Täter periodisch aggressiv wird und dann eine Phase des „Versöhnens" oder der Entschuldigung folgt. Dieser Kreislauf kann das Opfer in einer missbräuchlichen Beziehung halten und zu einer psychischen Abhängigkeit führen.

4. Posttraumatischer Stress: Opfer geschlechtsspezifischer Gewalt entwickeln häufig ein posttraumatisches Stresssyndrom (PTSS), das Symptome von Angstzuständen, Depressionen, Schlaflosigkeit, wiederholten traumatischen Erinnerungen und geringem Selbstwertgefühl umfasst.

Das Konzept von Macht und Kontrolle spielt eine Schlüsselrolle für das Verständnis geschlechtsspezifischer Gewalt und der Motive der Täter. Hier sind einige Aspekte dieses Konzepts:

- Macht als Mittel zur Dominanz: Für einige Täter ist Kontrolle und Macht über andere eine Möglichkeit, zu dominieren und ihre eigene Überlegenheit zu etablieren. Sie wenden Gewalt und Drohungen an, um ihre Opfer zum Gehorsam und zur Ausführung ihres Willens zu zwingen.

- Kontrolle als Mittel zur Beseitigung von Widerstand: Täter versuchen, ihre Opfer zu kontrollieren, um die Möglichkeit von Widerstand auszuschließen und ihre Dominanz sicherzustellen. Dazu können Einschränkungen der Bewegungsfreiheit, Isolation von der Unterstützung durch andere und Manipulation der Psyche des Opfers gehören.

- Kontrollverlust als Auslöser von Gewalt: Einige Fälle geschlechtsspezifischer Gewalt entstehen dadurch, dass der Täter die Kontrolle über die Situation verliert. In solchen Fällen kann Gewalt eine Reaktion auf das Gefühl des Macht- und Kontrollverlusts über das Opfer oder die Situation sein.

Das Verständnis der Gewaltpsychologie und der Konzepte von Macht und Kontrolle hilft, die Motive von Tätern zu erkennen, Gewalt zu verhindern und Opfer geschlechtsspezifischer Gewalt wirksam zu unterstützen.

Die psychologischen Aspekte geschlechtsspezifischer Gewalt umfassen ein breites Spektrum an Faktoren, darunter die Motivation des Täters, die psychologischen Folgen für das Opfer und die Auswirkungen auf die Psyche anderer. Hier sind einige wichtige Aspekte:

1. Motivation des Vergewaltigers: Die psychologischen Motive von Vergewaltigern können vielfältig sein. Einige von ihnen verspüren das Bedürfnis, andere zu kontrollieren und zu dominieren und nutzen Gewalt als Mittel, um ihre Macht durchzusetzen. Andere erleben möglicherweise Minderwertigkeitskomplexe oder Unsicherheiten, die sie durch Dominanz und Demütigung des Opfers kompensieren.

2. Psychische Folgen für das Opfer: Opfer geschlechtsspezifischer Gewalt sind häufig mit schwerwiegenden psychischen Folgen konfrontiert, wie zum Beispiel einem posttraumatischen Stresssyndrom (PTSS), Angstzuständen und depressiven Störungen, geringem Selbstwertgefühl und beeinträchtigten psychosozialen Funktionen. Negative psychologische Auswirkungen können die Lebensqualität und die Fähigkeit des Opfers, sich an das tägliche Leben anzupassen, beeinträchtigen.

3. Auswirkungen auf andere: Geschlechtsspezifische Gewalt hat schwerwiegende Auswirkungen nicht nur auf das Opfer selbst, sondern auch auf seine Angehörigen sowie auf die Gesellschaft als Ganzes. Angehörige verspüren möglicherweise ein Gefühl der Hilflosigkeit und Sorge um das Opfer und werden möglicherweise selbst Opfer psychischer Gewalt durch den Täter. In der Gesellschaft schafft geschlechtsspezifische Gewalt ein Klima der Angst und Unsicherheit, untergräbt das Vertrauen in Institutionen und setzt negative soziale Normen.

4. Zyklizität der Gewalt: Viele Fälle geschlechtsspezifischer Gewalt zeichnen sich durch ein zyklisches Muster aus, bei dem der Täter regelmäßig Aggression zeigt, gefolgt von einer Phase der „Versöhnung" oder Entschuldigung. Dieser Kreislauf führt zu einer psychischen Abhängigkeit des Opfers vom Täter und macht es schwierig, den Missbrauch zu beenden.

Das Verständnis dieser psychologischen Aspekte geschlechtsspezifischer Gewalt ermöglicht es uns, wirksame Strategien zur Unterstützung von Opfern, zur Gewaltprävention und zur Rehabilitation von Opfern und Tätern zu entwickeln. Dies ist wichtig, um die Sicherheit und das Wohlergehen aller Mitglieder der Gesellschaft zu gewährleisten.

Die Motive von Vergewaltigern können vielfältig sein und umfassen sowohl persönliche als auch situative Faktoren. Hier sind einige der häufigsten Motive von Vergewaltigern:

1. Verlangen nach Kontrolle und Dominanz: Viele Täter haben ein starkes Verlangen, andere Menschen zu kontrollieren und zu dominieren. Sie nutzen geschlechtsspezifische Gewalt, um ihre Macht durchzusetzen und das Verhalten und die Entscheidungen ihrer Opfer zu kontrollieren.

2. Beseitigen Sie Minderwertigkeitsgefühle: Bei manchen Tätern kann es zu Minderwertigkeitskomplexen oder mangelndem Selbstvertrauen kommen. Sie nutzen Gewalt, um ihre inneren Ängste und Schwächen auszugleichen, und demonstrieren ihre Stärke und Macht durch die Unterdrückung anderer.

3. Befriedigung sexueller Bedürfnisse: In einigen Fällen ist geschlechtsspezifische Gewalt sexueller Natur, und Täter können ohne Zustimmung des Opfers Gewalt anwenden, um ihre sexuellen Bedürfnisse zu befriedigen.

4. Aggression und Kontrolle zeigen: Für manche Täter werden Aggression und Kontrolle zu einer Möglichkeit, ihre Gefühle auszudrücken und ihre Macht über andere zu stärken. Sie nutzen möglicherweise Gewalt, um Selbstvertrauen zu gewinnen und ihre „Männlichkeit" zu behaupten.

5. Psychische Störungen: Bei einigen Tätern werden möglicherweise psychische Störungen wie Psychopathie oder Persönlichkeitsstörungen diagnostiziert, die zu gewalttätigem Verhalten führen können.

6. Unvollkommene soziale Anpassung: Einige Täter haben möglicherweise Schwierigkeiten, sich an soziale Normen und Werte anzupassen, was dazu führen kann, dass sie Gewalt anwenden, um Konflikte zu lösen und ihren Status zu festigen.

Das Verständnis der Motive der Täter ermöglicht es uns, wirksame Strategien zur Prävention und Bekämpfung geschlechtsspezifischer Gewalt zu entwickeln und ihre Opfer zu unterstützen. Dies trägt zum Aufbau einer sicheren und gesunden Gesellschaft bei, in der sich jeder geschützt und respektiert fühlen kann.

Die Machtdynamik in Geschlechterbeziehungen spiegelt die Art und Weise wider, wie Macht zwischen Partnern aufgrund ihrer Geschlechtsidentität verteilt und ausgeübt wird. Diese Dynamiken werden oft durch kulturelle und soziale Normen sowie individuelle Überzeugungen und Erfahrungen bestimmt.

Die Rolle der Macht in den Geschlechterverhältnissen kann sich in verschiedenen Aspekten des Lebens manifestieren: im wirtschaftlichen Bereich, in familiären Beziehungen, bei der Entscheidungsfindung und im sexuellen Bereich. In traditionellen Geschlechterstereotypen wird einem Mann oft Macht und Autorität zugeschrieben, während einer Frau eine untergeordnete und abhängige Rolle zugeschrieben wird. Dadurch entsteht ein ungleiches Machtgleichgewicht, das zur Entstehung und Aufrechterhaltung geschlechtsspezifischer Gewalt beitragen kann.

In Geschlechterverhältnissen kann Macht sowohl körperlich als auch emotional ausgedrückt werden. Physische Macht kann durch Drohungen, Gewalt oder die Kontrolle über physische Ressourcen wie Geld oder Wohnraum ausgedrückt werden. Emotionale Macht beinhaltet Manipulation, Drohungen, Dominanz und Kontrolle über die Gefühle eines Partners.

Das Verständnis der Rolle von Macht in den Geschlechterverhältnissen ist wichtig, um die Dynamik von Gewalt zu erkennen und wirksame Präventions- und Unterstützungsstrategien für Opfer zu entwickeln. Machtgleichheit und Respekt vor der individuellen Autonomie jedes Partners sind die Grundlage gesunder Geschlechterbeziehungen.

In Geschlechterbeziehungen können die Formen der Kontrolle vielfältig sein und sowohl offene als auch verdeckte Formen der Manipulation und Dominanz einer Partei über die andere umfassen. Hier sind einige der wichtigsten Formen der Kontrolle in Beziehungen:

1. Körperliche Kontrolle: Dazu gehören Drohungen, Gewalt und die Einschränkung der Bewegungs- und Handlungsfreiheit des Partners. Physische Kontrolle kann entweder offen oder verdeckt erfolgen, beispielsweise durch Drohungen oder die Anwendung von Gewalt, wenn keine Beobachter anwesend sind.

2. Emotionale Kontrolle: Hierbei handelt es sich um eine Form der Kontrolle, bei der ein Partner durch Drohungen, Manipulation, Dominanz oder Ignorieren Einfluss auf den emotionalen Zustand des anderen ausübt. Emotionale Kontrolle kann sich durch Demütigung, Selbstmorddrohungen, Isolation aus sozialen Netzwerken oder Manipulation von Gefühlen äußern.

3. Wirtschaftskontrolle: Dies ist eine Form der Kontrolle, bei der ein Partner die Finanzen oder den Zugang zu Ressourcen des anderen kontrolliert. Zur wirtschaftlichen Kontrolle kann es gehören, den Zugang zum eigenen Geld einzuschränken, den Partner zur Arbeitslosigkeit zu zwingen oder finanzielle Entscheidungen zu kontrollieren.

4. Soziale Kontrolle: Dies ist eine Form der Kontrolle, bei der ein Partner versucht, die sozialen Bindungen und Kontakte des anderen zu kontrollieren. Dazu kann gehören, Sie von Freunden und Familie zu isolieren, nicht mit bestimmten Menschen zu kommunizieren oder Sie mit Anrufen und Nachrichten zu quälen.

5. Sexuelle Kontrolle: Dies ist eine Form der Kontrolle, bei der ein Partner sexuelle Drohungen, Zwang oder Dominanz einsetzt, um das Verhalten des anderen zu kontrollieren. Dazu können Gewalt, sexuelle Drohungen, Missachtung der Einwilligung oder sexuelle Forderungen gehören.

Diese Formen der Kontrolle können sich überschneiden und in Beziehungen gleichzeitig auftreten. Sie können zu Machtungleichgewichten führen und die Sicherheit und das Wohlergehen des Opfers gefährden. Das Verständnis dieser Formen der Kontrolle hilft, Anzeichen potenziell gefährlicher Beziehungen zu erkennen und Opfer geschlechtsspezifischer Gewalt zu unterstützen und zu schützen.

Die von Tätern gegenüber Opfern eingesetzten psychologischen Kontrollmechanismen können vielfältig sein und werden oft genutzt, um

Macht über einen Partner aufzubauen und aufrechtzuerhalten. Hier sind einige davon:

1. Manipulation: Täter können Manipulationen anwenden, um das Opfer dazu zu bringen, das zu tun, was sie wollen. Dazu können Versprechen, Drohungen, Erpressung, Täuschung oder der manipulative Einsatz der Gefühle des Opfers gehören.

2. Isolation: Täter versuchen möglicherweise, das Opfer von seiner Familie, seinen Freunden und seiner Unterstützung zu isolieren, um es verletzlicher und abhängiger von ihnen zu machen. Dies kann dadurch geschehen, dass der Kontakt eingeschränkt wird, dass nicht mit anderen kommuniziert wird oder dass das Opfer sogar an entlegene Orte zieht, wo es die Unterstützung der Umgebung verliert.

3. Ständige Drohungen und Angst: Täter können die Kontrolle behalten, indem sie beim Opfer ständige Angst erzeugen. Dazu können Androhungen körperlicher Gewalt, Selbstmorddrohungen, die Androhung der Zerstörung der Familie oder anderer wichtiger Beziehungen gehören.

4. Nutzung von Sexualität: Täter können Sexualität nutzen, um die Kontrolle über das Opfer zu erlangen. Dazu können sexuelle Gewalt oder Drohungen, die Nichteinwilligung oder die Erzwingung von Sex im Austausch gegen etwas gehören.

5. Senkung des Selbstwertgefühls: Täter können gezielt das Selbstwertgefühl und Selbstvertrauen des Opfers zerstören, um es gefügiger und abhängiger zu machen. Dies kann durch Kritik, Demütigungen, Beleidigungen oder sogar die direkte Aussage, dass das Opfer wertlos sei, erreicht werden.

Diese psychologischen Kontrollmechanismen werden von Tätern oft in Kombination genutzt, um ihre Macht über das Opfer aufzubauen und aufrechtzuerhalten. Sie schaffen ein Klima der Angst, Abhängigkeit und Verletzlichkeit, das es dem Opfer schwer macht, sich zu befreien und der Gewalt zu widerstehen.

Manipulative Kontrollstrategien sind ein gängiges Instrument von Tätern, um Macht über das Opfer zu erlangen. Sie werden verwendet, um die Emotionen und das Verhalten des Opfers zu manipulieren, um seine Handlungen und Entscheidungen zu kontrollieren. Hier sind einige der typischen Manipulationsstrategien:

1. Versprechen und Drohungen: Täter können Versprechen und Drohungen nutzen, um das Opfer zu manipulieren. Dies kann ein Versprechen sein, sein Verhalten zu „verbessern", oder eine Androhung von Schaden, wenn das Opfer seinen Wünschen nicht folgt.

2. Gaslighting: Dies ist eine Form des psychischen Missbrauchs, bei der der Täter das Opfer davon überzeugt, dass seine Wahrnehmung der Realität fehlerhaft oder verzerrt ist. Dadurch wird das Opfer verletzlicher und weniger in der Lage, sich aus eigener Kraft zu wehren.

3. Veränderliches Verhalten: Täter können unvorhersehbares

Verhalten an den Tag legen und zwischen Verträglichkeit und Aggression wechseln. Dadurch entsteht beim Opfer ein Gefühl der Instabilität und Abhängigkeit vom Täter.

Emotionaler und psychischer Missbrauch wird von Tätern genutzt, um das Opfer zu kontrollieren und zu demütigen. Dazu kann ständige Kritik, Demütigung, Drohungen und sogar das Ignorieren des Opfers gehören. Psychischer Missbrauch untergräbt das Selbstwertgefühl und den Selbstwert des Opfers und macht es verletzlicher und anfälliger für Kontrolle.

Körperliche Gewalt ist die offensichtlichste Form der Kontrolle durch Täter. Hierzu zählen Prellungen, Knochenbrüche, Schläge und andere Verletzungen des Opfers. Körperliche Gewalt kann zur Bedrohung und Bestrafung sowie zur Demonstration von Macht und Kontrolle über das Opfer eingesetzt werden.

Diese Verhaltensmuster von Tätern können in Kombination oder einzeln genutzt werden, um das Ziel der Kontrolle des Opfers zu erreichen. Sie schaffen eine Atmosphäre der Angst, Unterdrückung und Abhängigkeit und erschweren es dem Opfer, sich dem Einfluss des Täters zu entziehen.

Kulturelle Stereotypen spielen eine wichtige Rolle bei der Gestaltung der Wahrnehmung von Macht und Kontrolle in der Gesellschaft. Sie bestimmen, wie Macht und Kontrolle in verschiedenen Kulturen interpretiert und geschätzt werden. Einige kulturelle Stereotypen glorifizieren möglicherweise Stärke, Dominanz und Kontrolle als wünschenswerte Eigenschaften, insbesondere bei Männern, während andere kulturelle Normen möglicherweise einen größeren Schwerpunkt auf Zusammenarbeit, gegenseitiges Verständnis und Gleichberechtigung legen. Diese Stereotypen prägen Verhaltenserwartungen und soziale Rollen in der Gesellschaft, die Einfluss darauf haben, wie Macht und Kontrolle in Beziehungen wahrgenommen werden.

Die Gesellschaft hat bestimmte Normen und Erwartungen hinsichtlich der Verteilung von Macht und Kontrolle zwischen Menschen. Die Normalisierung von Macht und Kontrolle kann dazu führen, dass bestimmte Formen der Dominanz und Manipulation als üblich und sogar gerechtfertigt wahrgenommen werden. Wenn kulturelle Normen und soziale Institutionen Ungleichheit und missbräuchliches Verhalten unterstützen und dulden, kann dies den Kreislauf geschlechtsspezifischer Gewalt verstärken und ihre Auswirkungen auf die Opfer verschlimmern. Es ist wichtig zu erkennen, wie kulturelle Stereotypen und Normen die Überzeugungen über Macht und Kontrolle beeinflussen, um negative Praktiken anzugehen und einen kulturellen Wandel hin zu gesünderen, gleichberechtigteren Beziehungen zu fördern.

Kontrollopfer müssen aufgrund der anhaltenden Unterdrückung und Einschränkung ihrer Autonomie mit schwerwiegenden psychischen Folgen rechnen. Sie verspüren möglicherweise Gefühle der Hilflosigkeit, Sorge und Angst, weil sie durch das kontrollierende Verhalten des Täters das Gefühl haben, die Kontrolle über ihr Leben zu verlieren. Dies kann zur Entwicklung von Depressionen, Angststörungen und einer posttraumatischen Belastungsstörung (PTBS) führen. Opfer können auch Schuld-, Scham- und Isolationsgefühle verspüren, die durch soziale Stigmatisierung und Missverständnisse seitens anderer verstärkt werden.

Emotionale und psychische Traumata sind häufige Folgen geschlechtsspezifischer Gewalt und Kontrolle. Die Opfer können unter ständigem Stress, Angstzuständen, Panik und Unruhe leiden. Sie können auch Symptome einer Depression, Selbstmordgedanken und -versuche sowie Schlaf- und Appetitprobleme entwickeln. Psychische Traumata können langfristige gesundheitliche Folgen für das Opfer haben und erfordern möglicherweise professionelle psychologische Unterstützung und Behandlung.

Die körperlichen Folgen geschlechtsspezifischer Gewalt und Kontrolle können schwerwiegend sein und Verletzungen, Prellungen, Brüche und andere Arten von Schäden umfassen. Bei den Opfern können chronische Schmerzen, Schlaf- und Essstörungen sowie sexuelle und reproduktive Probleme auftreten. Körperliche Verletzungen erfordern möglicherweise ärztliche Hilfe und Rehabilitation und können auch nachhaltige Auswirkungen auf das psychische und emotionale Wohlbefinden des Opfers haben.

Das Erkennen von Anzeichen von Kontrolle und Missbrauch ist ein wichtiger Schritt für Opfer, die sich aus einer toxischen Beziehung befreien möchten. Es ist wichtig zu erkennen, dass Kontrolle und Gewalt viele Formen annehmen und subtil und verborgen sein können.

1. Isolation: Täter versuchen oft, ihre Opfer von ihren engen und unterstützenden Netzwerken zu isolieren. Dies kann durch die Kontrolle des Zugangs zu sozialen Kontakten, die Einschränkung der Möglichkeiten, das Haus zu verlassen oder an gesellschaftlichen Veranstaltungen teilzunehmen, geschehen. Opfer fühlen sich möglicherweise von der Außenwelt abgeschnitten und vom Täter abhängig.

2. Finanzielle Kontrolle: Täter können die finanziellen Ressourcen des Opfers kontrollieren, indem sie entweder den Zugang zu Geld einschränken oder ihm seine finanziellen Entscheidungen aufzwingen. Dies macht das Opfer vom Täter abhängig und erschwert es ihm, finanziell unabhängig zu werden.

3. Emotionaler Missbrauch: Er kann in Form von Drohungen, Demütigungen, Beleidigungen und psychologischer Manipulation auftreten. Täter können emotionalen Missbrauch nutzen, um den emotionalen Zustand des Opfers zu kontrollieren und es so gefügiger und von ihm abhängiger zu machen.

4. Körperliche Gewalt: Dies ist die offensichtlichste Form der Kontrolle und umfasst die Anwendung physischer Gewalt, Drohungen,

Angriffe und Gewalt. Dies kann in Form von Schlägen, Schlägen, Belästigungen und sexuellen Übergriffen geschehen.

Das Erkennen dieser Anzeichen hilft den Opfern zu verstehen, dass sie von ihrem Täter schädlichem und inakzeptablem Verhalten ausgesetzt sind. Dies ermöglicht ihnen die Entscheidung, Unterstützung und Schutz zu suchen und den Prozess der Befreiung von Kontrolle und Gewalt einzuleiten.

Freilassungsstrategien und Wege, um geschlechtsspezifischer Gewalt zu entkommen, hängen von der spezifischen Situation und den dem Opfer zur Verfügung stehenden Ressourcen ab. Hier sind einige Schlüsselstrategien, die Opfern helfen können, sich zu befreien:

1. Unterstützung und Informationen einholen: Opfer können den Freilassungsprozess beginnen, indem sie Hilfe von vertrauenswürdigen Personen wie engen Freunden, Familienangehörigen, medizinischem Personal, Opferunterstützungsdiensten, Anwälten oder Menschenrechtsorganisationen suchen. Um fundierte Entscheidungen treffen zu können, ist es auch wichtig, sich über verfügbare Ressourcen, Gesetze und Verfahren auf dem Laufenden zu halten.

2. Entwicklung eines Sicherheitsplans: Dazu gehört die Identifizierung sicherer Orte und Personen, an die man sich im Notfall wenden kann, die Aufbewahrung von Dokumenten und Kontaktinformationen an einem sicheren Ort sowie die Entwicklung einer Strategie zum Verlassen einer gefährlichen Situation.

3. Kontaktaufnahme mit den Strafverfolgungsbehörden: Opfer können sich an die Polizei oder andere Strafverfolgungsbehörden wenden, um Schutz zu suchen, eine Strafanzeige zu erstatten und mit der strafrechtlichen Verfolgung des Täters zu beginnen.

4. Einholen von Rechtsbeistand: Professionelle Anwälte und Anwälte können beim Schutz der Rechte des Opfers behilflich sein und bei der Erlangung von Anordnungen zum vorübergehenden Schutz, zur Einschränkung des Kontakts mit dem Täter oder zum Schutz helfen.

5. Psychologische Unterstützung und Therapie: Professionelle Psychologen und Berater können Opfern helfen, mit den emotionalen Folgen des Missbrauchs umzugehen, Selbstschutzstrategien zu entwickeln und Wege zur psychischen und emotionalen Genesung zu finden.

6. Wirtschaftliche Unterstützung: Für Opfer, die aufgrund von Gewalt ihre finanzielle Unabhängigkeit verloren haben, ist es wichtig, Zugang zu finanzieller Unterstützung, Beschäftigungsunterstützung und anderen Sozialprogrammen zu erhalten, die ihnen finanzielle Stabilität und Unabhängigkeit verschaffen können.

7. Vernetzung und Unterstützung: Die Teilnahme an Selbsthilfegruppen für Opfer von Gewalt, der Erfahrungsaustausch mit anderen Opfern und Gespräche mit Menschen, die ähnliche Situationen erlebt haben, können eine wertvolle Quelle der Unterstützung und

Inspiration sein.

Es ist wichtig zu bedenken, dass jede Situation einzigartig ist und es keine Einheitslösung gibt, die für alle passt. Der Ausstieg aus einer Situation geschlechtsspezifischer Gewalt kann schwierig sein und erfordert Zeit, Unterstützung und Entschlossenheit seitens des Opfers.

Psychologische Unterstützung spielt eine Schlüsselrolle im Prozess der Befreiung von geschlechtsspezifischer Gewalt. Hier sind einige Aspekte dieser Unterstützung:

1. Psychologische Beratung: Professionelle Psychologen und Therapeuten bieten Opfern geschlechtsspezifischer Gewalt die Möglichkeit, ihre emotionalen Erfahrungen, Sorgen und Ängste in einem sicheren und vertrauensvollen Umfeld zu besprechen. Dies hilft ihnen, ihre Emotionen zu erkennen und zu verarbeiten, was die psychische Heilung fördert.

2. Traumatherapie: Bei Opfern geschlechtsspezifischer Gewalt können traumatische Auswirkungen wie eine posttraumatische Belastungsstörung (PTSS) oder eine Depression auftreten. Die Traumatherapie, die Techniken zur Bearbeitung von Traumata und ihren Auswirkungen umfasst, hilft Opfern, mit diesen Zuständen umzugehen und den Heilungsprozess einzuleiten.

3. Selbsthilfe und Selbstwertgefühl: Die psychologische Unterstützung umfasst die Entwicklung von Fähigkeiten zur Selbsthilfe und zum Selbstwertgefühl. Den Opfern werden Werkzeuge an die Hand gegeben, um ihre Widerstandsfähigkeit, ihr Selbstvertrauen und ihre Fähigkeit, in Beziehungen Grenzen zu setzen, zu stärken.

Die rechtliche Unterstützung sorgt dafür, dass Opfer geschlechtsspezifischer Gewalt geschützt werden und ihre Rechte gewahrt bleiben. Hier sind einige Maßnahmen, die in dieser Unterstützung enthalten sein können:

1. Konsultation von Anwälten und Anwälten: Professionelle Anwälte und Anwälte bieten Opfern rechtliche Beratung und Unterstützung in Verfahren vor Strafverfolgungsbehörden und Gerichten. Sie helfen Opfern, ihre Rechte und Möglichkeiten zu verstehen und schützen ihre Interessen im Rechtssystem.

2. Vertretung vor Gericht: Zur rechtlichen Unterstützung gehört die Vertretung der Interessen des Opfers vor Gericht im Falle einer strafrechtlichen Verfolgung des Vergewaltigers. Dazu gehört die Vorbereitung von Stellungnahmen, die Argumentation vor Gericht und die Gewährleistung eines fairen Verfahrens.

3. Schutzanordnungen und Schutzmaßnahmen: Anwälte helfen Opfern dabei, gerichtliche Anordnungen für vorübergehenden Schutz, eingeschränkten Kontakt mit dem Täter und andere Schutzmaßnahmen zu erwirken, um ihre physische und psychische Sicherheit zu gewährleisten.

4. Informationen zu Gesetzen und Verfahren: Zur rechtlichen

Unterstützung gehört die Bereitstellung von Informationen zu Gesetzen und Verfahren im Zusammenhang mit geschlechtsspezifischer Gewalt sowie Unterstützung bei der Bewältigung komplexer rechtlicher Fragen und beim Treffen fundierter Entscheidungen.

Präventionsprogramme zielen darauf ab, geschlechtsspezifische Gewalt durch Bildung und Ausbildung zu verhindern. Sie beinhalten:

1. Bildungsaktivitäten: Schul- und Universitätsprogramme, einschließlich Aufklärung über sexuelle Gewalt und gewissenhafte Beziehungen, helfen Jugendlichen, gesunde und respektvolle Beziehungen zu Gleichaltrigen aufzubauen.

2. Öffentliche Aufklärung: Bildungsprogramme und Sensibilisierungskampagnen zu geschlechtsspezifischer Gewalt steigern das öffentliche Bewusstsein für das Problem, entwickeln Empathie und fördern den kulturellen Wandel.

3. Konfliktlösungstraining: Das Training konstruktiver Konfliktlösungs- und Kommunikationsfähigkeiten hilft, Beziehungsgewalt vorzubeugen, indem es den Menschen beibringt, Warnzeichen zu erkennen und darauf zu reagieren.

Aufklärung über die Psychologie von Macht und Kontrolle hilft Menschen, die Natur geschlechtsspezifischer Gewalt zu verstehen und sie zu verhindern. Es enthält:

1. Schulungen und Vorträge: Schulungsprogramme zur Psychologie von Macht und Kontrolle umfassen Schulungen und Vorträge in Bildungseinrichtungen sowie durch Bildungsveranstaltungen für die Öffentlichkeit.

2. Erfahrungs- und Praxisaustausch: Seminare und Schulungen zum Austausch von Erfahrungen und Best Practices im Bereich der Prävention geschlechtsspezifischer Gewalt ermöglichen Fachkräften und Aktivisten den Austausch von Wissen und Fähigkeiten.

3. Medienerziehung: Bildung in Medienkompetenz und kritischem Denken hilft Menschen, Medienbotschaften zu analysieren und zu kritisieren, einschließlich solcher, die geschlechtsspezifische Gewalt normalisieren oder rechtfertigen könnten.

Die Entwicklung kritischen Denkens und Selbstbewusstseins trägt dazu bei, geschlechtsspezifische Gewalt zu verhindern, indem es sich der persönlichen Einstellungen und Verhaltensmuster bewusst wird. Es enthält:

1. Selbstbewusstseinstraining: Selbsthilfe- und Trainingsprogramme helfen den Teilnehmern, Selbstbewusstsein zu entwickeln, ihre Gefühle und Bedürfnisse zu erkennen und gesunde Grenzen in Beziehungen zu setzen.

2. Soziale Kampagne: Kampagnen zur Sensibilisierung und aktiven Beteiligung der Gesellschaft im Kampf gegen geschlechtsspezifische Gewalt fördern eine Kultur des Respekts und der Gleichberechtigung.

3. Jugend- und Community-Outreach: Jugend- und Community-

Outreach-Programme konzentrieren sich auf die Entwicklung von kritischem Denken und Beziehungsbewusstsein, einschließlich Schulungen zu Bewusstsein und gegenseitigem Respekt.

Die Analyse lässt folgende Schlussfolgerungen zu:

1. Geschlechtsspezifische Gewalt ist ein vielschichtiges und vielschichtiges Phänomen, das nicht nur von individuellen Faktoren, sondern auch von vielfältigen soziokulturellen, psychologischen und strukturellen Aspekten bestimmt wird.

Geschlechtsspezifische Gewalt ist sicherlich ein Phänomen, das über bloße physische oder psychische Auswirkungen hinausgeht. Es ist tief mit den soziokulturellen, psychologischen und strukturellen Aspekten unserer Gesellschaft verwoben. Um das volle Ausmaß des Problems geschlechtsspezifischer Gewalt zu verstehen, ist es notwendig, diese vielfältigen Faktoren zu verstehen.

Zu den soziokulturellen Aspekten gehört ein breites Spektrum an Normen, Stereotypen, Traditionen und Erwartungen, die von der Gesellschaft als Ganzes geprägt und getragen werden. Beispielsweise beeinflussen Geschlechterstereotype, Erwartungen an Männer und Frauen sowie Familien- und Gemeinschaftsnormen, wie geschlechtsspezifische Gewalt wahrgenommen und toleriert wird. Opfer geschlechtsspezifischer Gewalt können aufgrund des sozialen Drucks und der Stigmatisierung, die solche Situationen oft begleiten, Angst oder Scham verspüren.

Auch die psychologischen Aspekte geschlechtsspezifischer Gewalt spielen eine wesentliche Rolle. Beispielsweise können Täter psychologischen Druck, Drohungen und Manipulationen anwenden, um das Opfer zu kontrollieren. Die emotionalen Auswirkungen auf die Opfer können von Angstzuständen und Depressionen bis hin zu posttraumatischen Belastungsstörungen (PTSD) reichen. Es ist wichtig zu verstehen, dass diese emotionalen Reaktionen völlig normal und kein Zeichen von Schwäche sind.

Auf struktureller Ebene ist geschlechtsspezifische Gewalt mit einer ungleichen Macht- und Ressourcenverteilung in der Gesellschaft verbunden. Beispielsweise können Täter ihre wirtschaftliche oder soziale Stellung nutzen, um die Kontrolle über das Opfer zu erlangen und aufrechtzuerhalten. Dadurch entstehen Barrieren für die Opfer, die es ihnen erschweren, sich von der Gewalt zu befreien.

Um Opfern geschlechtsspezifischer Gewalt zu helfen, müssen all diese Aspekte berücksichtigt werden. Der Prozess des Verlassens einer missbräuchlichen Beziehung erfordert nicht nur körperliche Sicherheit, sondern auch psychologische Unterstützung sowie Veränderungen auf gesellschaftlicher und gesetzlicher Ebene. Es ist wichtig, sich daran zu erinnern, dass die Opfer nicht allein sind und dass ihnen viele Ressourcen und Organisationen zur Verfügung stehen, um ihnen in ihrem Kampf um Freiheit und Genesung zu helfen und sie zu unterstützen.

2. Das Verständnis der Motive von Tätern und der Psychologie von Macht und Kontrolle spielt eine wichtige Rolle bei der Prävention und Bekämpfung geschlechtsspezifischer Gewalt, da es uns ermöglicht, Faktoren zu identifizieren, die zur Entstehung und Aufrechterhaltung gewalttätiger Beziehungen beitragen.

Das Verständnis der Motive der Täter und der Psychologie von Macht und Kontrolle ist der Schlüssel zur Bekämpfung geschlechtsspezifischer Gewalt, da es dabei hilft, die Wurzeln des Problems zu erkennen und zu verstehen, was wiederum dazu beiträgt, seine Verbreitung zu verhindern und zu reduzieren. Es ist wichtig zu verstehen, dass Täter oft versuchen, ihre Opfer nicht nur physisch, sondern auch emotional und psychisch zu kontrollieren.

Die Untersuchung der Motive von Vergewaltigern offenbart oft die tiefen psychologischen Wurzeln ihres Verhaltens. Manche Täter verspüren möglicherweise Minderwertigkeits- oder Hilflosigkeitsgefühle und nutzen die Kontrolle über andere Menschen, um ihre eigenen Mängel auszugleichen. Andere können manipulative oder pathologische Lügner sein, die nach Macht und Kontrolle über andere streben. Das Verständnis dieser Motivationen ermöglicht es uns, das Verhalten von Tätern besser vorherzusagen und zu verstehen und wirksamere präventive Interventionsstrategien zu entwickeln.

Einer der Schlüsselaspekte der Psychologie von Macht und Kontrolle ist der Wunsch von Tätern, Dominanz über andere aufzubauen. Dies kann sich sowohl in Partnerschaften als auch in anderen Lebensbereichen äußern. Täter nutzen oft Taktiken wie psychologischen Druck, Drohungen, Manipulation und Isolation, um ihre Opfer zu unterwerfen und die Kontrolle über sie zu behalten. Das Verständnis dieser Macht- und Kontrolldynamik hilft, diese Verhaltensweisen zu erkennen und zu verhindern.

Für Opfer geschlechtsspezifischer Gewalt, insbesondere diejenigen, die sensibel und unsicher sind, kann es befreiend sein, die Motive ihrer Täter zu verstehen und ihnen zu erkennen, dass die Gewalt nicht das Ergebnis ihrer eigenen Handlungen oder Mängel ist. Es gibt ihnen auch Gründe, Hilfe und Unterstützung zu suchen. Darüber hinaus kann das Wissen über die Psychologie von Macht und Kontrolle den Opfern helfen, die Taktiken ihrer Täter zu erkennen und Strategien zu entwickeln, um sich zu verteidigen und aus gefährlichen Situationen herauszukommen.

3. Macht und Kontrolle, insbesondere im Kontext der Geschlechterverhältnisse, sind Schlüsselfaktoren für die Dynamik von Gewalt und ihre Folgen für die Opfer.

Macht und Kontrolle im Geschlechterverhältnis sind ein komplexer und oft verborgener Aspekt, der die Grundlage für viele Formen geschlechtsspezifischer Gewalt bildet. Sie bestimmen die Dynamik der Beziehungen zwischen Partnern und können sich sowohl in der Etablierung und Aufrechterhaltung der Dominanz einer Partei über die andere als auch in der Kontrolle von Ressourcen, der Entscheidungsfindung und der Einschränkung der Freiheit des Opfers äußern.

Im Kontext geschlechtsspezifischer Gewalt können sich Macht und Kontrolle in verschiedenen Formen manifestieren, darunter physische Gewalt, emotionale und psychische Gewalt, wirtschaftliche Unterdrückung und soziale Ausgrenzung. Täter nutzen diese Taktiken, um ihre Macht über die Opfer geltend zu machen und ihren Willen und ihre Selbstbestimmung zu unterdrücken. Sie können Drohungen aussprechen, dem Opfer Angst und Hilflosigkeit vermitteln, seine Finanzen und seinen Zugang zu Ressourcen kontrollieren und es von der Unterstützung und Hilfe anderer isolieren.

Für Opfer geschlechtsspezifischer Gewalt, insbesondere für diejenigen, die von ihrem Täter abhängig sind oder ihn fürchten, kann das Bewusstsein für die Rolle von Macht und Kontrolle befreiend sein. Dadurch können sie verstehen, dass Gewalt nicht das Ergebnis ihrer eigenen Handlungen oder Eigenschaften ist, sondern ein Kontrollinstrument seitens des Täters. Dieses Bewusstsein kann der erste Schritt zur Befreiung und zur Suche nach Unterstützung und Hilfe sein.

Einer der Schlüsselaspekte von Macht und Kontrolle in den Geschlechterverhältnissen ist ihre Normalisierung in Gesellschaft und Kultur. Oftmals werden Macht und Kontrolle in Familien oder Partnerschaften als „normal" oder sogar „erwünscht" angesehen, insbesondere bei traditionellen Geschlechterrollen. Dadurch entstehen Hindernisse bei der Erkennung und Bekämpfung geschlechtsspezifischer Gewalt, da die Opfer möglicherweise Angst haben, Hilfe zu suchen, oder ihre Situation als unbedeutend oder ungerechtfertigt empfinden.

Insgesamt ermöglicht das Bewusstsein für Macht und Kontrolle in den Geschlechterbeziehungen Opfern geschlechtsspezifischer Gewalt, zu verstehen, dass das Geschehen nicht ihre Schuld ist, und Hilfe und Unterstützung zu suchen. Darüber hinaus hilft es der Öffentlichkeit und Anti-Gewalt-Experten, wirksamere Präventionsstrategien und Unterstützung für Opfer zu entwickeln.

Basierend auf der Analyse werden folgende Empfehlungen angeboten:

1. Entwicklung und Umsetzung umfassender Präventionsprogramme mit pädagogischen und psychologischen Komponenten, die darauf abzielen, kulturelle Einstellungen und Normen zu ändern, Opfer zu unterstützen und Gewalt zu verhindern.

Die Entwicklung und Umsetzung umfassender Präventionsprogramme ist wichtig, um geschlechtsspezifische Gewalt zu verhindern und ein sichereres Umfeld für alle zu schaffen. Diese Programme umfassen in der Regel verschiedene Komponenten wie Bildungsaktivitäten, psychologische Unterstützung sowie gesetzgeberische und soziale Initiativen, die darauf abzielen, kulturelle Einstellungen und Normen zu ändern, die geschlechtsspezifische Gewalt unterstützen.

Einer der Schlüsselaspekte solcher Programme ist die Bildungskomponente. Bildung spielt eine wichtige Rolle bei der Veränderung der Mentalität und der Schaffung neuer Werte in der Gesellschaft. Im Rahmen von Präventionsprogrammen werden Schulungen, Seminare, Vorträge und Kampagnen durchgeführt, um das Bewusstsein für geschlechtsspezifische Gewalt, ihre Folgen und Methoden der Prävention zu schärfen. Der Zweck dieser Veranstaltungen besteht nicht nur darin, aufzuklären, sondern auch darin, den Menschen ein Verständnis für die Bedeutung von Gleichheit, Respekt und Sicherheit in Beziehungen zu vermitteln.

Auch die psychologische Betreuung spielt in Präventionsprogrammen eine wichtige Rolle. Viele Opfer geschlechtsspezifischer Gewalt erleben aufgrund ihrer Erfahrungen traumatische Folgen. Die Bereitstellung hochwertiger psychischer Gesundheitsversorgung kann ihnen helfen, mit Traumata umzugehen, ihr Selbstwertgefühl und Selbstvertrauen zu stärken und zu lernen, wie sie ihre Gefühle ausdrücken und Grenzen in Beziehungen setzen können.

Um Mobbingopfer zu beruhigen, insbesondere diejenigen, die hochsensibel sind und Angst davor haben, Hilfe zu suchen, ist es wichtig, Unterstützung und bedingungsloses Verständnis zu zeigen. Präventionsprogramme sollten auf ihre Bedürfnisse zugeschnitten sein und darauf abzielen, eine vertrauensvolle und unterstützende Atmosphäre zu schaffen. Es ist wichtig, professionelle Berater und Psychologen zu gewinnen, die in individueller Form die notwendige Hilfe und Unterstützung leisten können.

Damit Programme wirksam sind, müssen außerdem die kulturellen und sozialen Besonderheiten jeder Gemeinschaft berücksichtigt werden. Die Anpassung der Ansätze an lokale Gegebenheiten und Werte erhöht ihre Wirksamkeit und gesellschaftliche Akzeptanz. Darüber hinaus ist es wichtig, die Programmergebnisse systematisch zu überwachen und zu bewerten, um die Ansätze anzupassen und eine maximale Wirkung zu erzielen.

Daher ist die Entwicklung und Umsetzung umfassender Präventionsprogramme ein wichtiger Schritt im Kampf gegen geschlechtsspezifische Gewalt. Sie tragen nicht nur dazu bei, kulturelle Einstellungen und Normen zu verändern, sondern bieten den Opfern auch die Unterstützung und Unterstützung, die sie benötigen, um sich von Gewalt zu befreien und ihr Selbstwertgefühl und Wohlbefinden wiederherzustellen.

2. Sensibilisierung und Schulung von Fachkräften, die mit Opfern geschlechtsspezifischer Gewalt arbeiten, in der Psychologie von Macht und Kontrolle, um eine wirksamere Bereitstellung von Hilfe und Unterstützung

sicherzustellen.

Die Sensibilisierung und Schulung von Fachkräften, die mit Opfern geschlechtsspezifischer Gewalt arbeiten, in der Psychologie von Macht und Kontrolle ist ein Schlüsselaspekt für eine wirksame Bereitstellung von Pflege und Unterstützung. Diese Fachkräfte, seien es Psychologen, Sozialarbeiter, Anwälte oder Ärzte, spielen eine entscheidende Rolle bei der Unterstützung von Gewaltopfern. Das Verständnis der Beweggründe von Tätern und der Psychologie von Macht und Kontrolle hilft ihnen, effektiver mit Opfern zu interagieren und ihnen die Unterstützung zu geben, die sie brauchen.

Durch die Schulung von Fachkräften in der Psychologie von Macht und Kontrolle können sie die Dynamik des Einflusses des Täters auf das Opfer sowie die Manipulations- und Kontrollmethoden, die in Beziehungen eingesetzt werden können, besser verstehen. Dies ermöglicht es Fachkräften, Anzeichen von Missbrauch und Kontrolle besser zu erkennen, auch wenn diese nicht offenkundig oder körperlich sind, und den Opfern angemessene Unterstützung zu bieten.

Die Sensibilisierung spielt auch eine wichtige Rolle bei der Aufklärung von Fachkräften über Geschlechternormen und Stereotypen, die die Interaktion mit Opfern beeinflussen können. Sie lernen, die Anzeichen geschlechtsspezifischer Gewalt zu erkennen und angemessen zu reagieren und so ein sicheres und unterstützendes Umfeld für die Opfer zu schaffen.

Für Mobbingopfer, insbesondere solche, die hochsensibel sind und denen es an Selbstvertrauen mangelt, ist es wichtig zu verstehen, dass die Fachkräfte, mit denen sie interagieren, ausgebildet und geschult wurden, um ihnen zu helfen. Diese Fachkräfte verfügen nicht nur über das Wissen und die Fähigkeiten, sondern auch über das Einfühlungsvermögen und das Verständnis, die den Prozess der Hilfesuche unterstützender und vertrauensvoller machen. Die Sensibilisierung der Fachkräfte trägt auch dazu bei, eine einladendere und integrativere Gesellschaft zu schaffen, in der die Unterstützung und der Schutz von Opfern geschlechtsspezifischer Gewalt Priorität haben.

3. Entwicklung von Mechanismen zur medizinischen, psychologischen, rechtlichen und sozialen Unterstützung von Opfern geschlechtsspezifischer Gewalt sowie Sicherstellung der Verfügbarkeit dieser Dienste für alle Bevölkerungsgruppen.

Die Entwicklung von Mechanismen zur Bereitstellung medizinischer, psychologischer, rechtlicher und sozialer Unterstützung für Opfer geschlechtsspezifischer Gewalt spielt eine Schlüsselrolle bei der Gewährleistung der Sicherheit, Genesung und des Wohlergehens der Opfer. Diese Mechanismen stellen eine wichtige Infrastruktur für die Hilfe bei Gewalt dar und ermöglichen es Opfern, jederzeit Hilfe und Unterstützung zu suchen.

Die medizinische Unterstützung umfasst Erste Hilfe bei Verletzungen, ärztliche Untersuchung und Behandlung sowie Rehabilitation zur Wiederherstellung der körperlichen Gesundheit des Opfers. Dies ist ein wichtiger Aspekt der Pflege, insbesondere wenn die Gewalt zu schweren Verletzungen oder traumatischen Zuständen geführt hat.

Ziel der psychologischen Unterstützung ist es, Opfern bei der Bewältigung der emotionalen und psychischen Folgen von Gewalt zu helfen. Nach der Erfahrung geschlechtsspezifischer Gewalt kann es bei vielen Opfern zu einer posttraumatischen Belastungsstörung, Depressionen, Angstzuständen und anderen psychischen Schwierigkeiten kommen. Psychologen und Spezialisten für psychosoziale Unterstützung helfen Opfern, ihre Gefühle zu verstehen, traumatische Erfahrungen zu verarbeiten und in ein normales Leben zurückzukehren.

Die rechtliche Unterstützung umfasst Rechtsberatung, Unterstützung bei der Erstellung von Aussagen über eine Straftat, Unterstützung vor Gericht und den Schutz der Rechte des Opfers. Dadurch erhalten Opfer rechtlichen Schutz, angemessenen Zugang zur Justiz und moralische Befriedigung durch den Justizprozess.

Soziale Unterstützung wird durch verschiedene Sozialprogramme bereitgestellt, die den Opfern helfen, ihr Selbstwertgefühl wiederzugewinnen, in ein normales Leben zurückzukehren und ihre Unabhängigkeit wiederzuerlangen. Dazu können Wohnbeihilfen, Beschäftigungsunterstützung, Familienberatung und andere Formen der Unterstützung gehören.

Für Opfer geschlechtsspezifischer Gewalt, insbesondere für diejenigen, die sensibel sind und denen es an Selbstvertrauen mangelt, ist es wichtig zu verstehen, dass es ein breites Netzwerk von Organisationen und Fachkräften gibt, die ihnen bei Bedarf helfen können. Unabhängig von Status, Rasse, Alter oder Geschlecht stehen diese Unterstützungsmechanismen allen zur Verfügung, die Hilfe und Schutz benötigen. Fachkräfte werden geschult, um mit Opfern geschlechtsspezifischer Gewalt mit Sensibilität und Einfühlungsvermögen zu arbeiten und ein sicheres und unterstützendes Umfeld zu schaffen, in dem Opfer die Hilfe und Unterstützung erhalten können, die sie benötigen.

Das Verständnis von Macht und Kontrolle ist der Schlüssel zur Bekämpfung geschlechtsspezifischer Gewalt, da es dabei hilft, Faktoren zu identifizieren, zu analysieren und zu verhindern, die zur Gewalt beitragen. Das Wissen über Macht und Kontrolle ermöglicht die Entwicklung wirksamer Präventions- und Interventionsstrategien, die darauf abzielen, ein sicheres und gerechtes Umfeld für alle zu schaffen.

❖ ❖ ❖ ❖ ❖ ❖ ❖ ❖ ❖ ❖ ❖ ❖ ❖ ❖ ❖

Kapitel 15.
Persönliche und psychologische Faktoren.

Geschlechtsspezifische Gewalt ist eine der schwerwiegendsten und am weitesten verbreiteten Formen von Menschenrechtsverletzungen und betrifft Millionen Menschen auf der ganzen Welt. Das Verständnis geschlechtsspezifischer Gewalt umfasst jedoch nicht nur ihre physischen und soziokulturellen Aspekte, sondern auch die persönlichen und psychischen Faktoren, die ihr Auftreten, ihre Aufrechterhaltung und ihre Folgen für alle Beteiligten beeinflussen.

In dieser Einführung konzentrieren wir uns auf die Erforschung der persönlichen und psychologischen Aspekte geschlechtsspezifischer Gewalt. Uns interessiert, wie Persönlichkeitsmerkmale von Tätern und Opfern sowie psychologische Prozesse die Gewaltdynamik in zwischenmenschlichen Beziehungen beeinflussen. Dies ist wichtig, um zu verstehen, welche Faktoren zur Gewalt beitragen, wie sie verhindert werden kann und wie man den Opfern helfen kann, mit ihren Folgen umzugehen.

In diesem Kapitel werden wir uns mit verschiedenen Aspekten der Gewaltpsychologie befassen, einschließlich ihrer Definition, der Mechanismen des Auftretens und der Aufrechterhaltung sowie des Einflusses persönlicher und psychologischer Faktoren auf die Dynamik geschlechtsspezifischer Gewalt. Wir werden auch die Rolle von Geschlechterstereotypen und kulturellen Normen bei der Gestaltung der Gewaltpsychologie sowie die psychologischen Folgen für die Opfer diskutieren.

Das Verständnis der persönlichen und psychologischen Faktoren geschlechtsspezifischer Gewalt wird uns nicht nur helfen, das Problem besser zu verstehen, sondern auch die Grundlage für die Entwicklung wirksamer Strategien zur Prävention und Bekämpfung sowie zur Unterstützung der Opfer und bei der Überwindung von Traumata bilden.

Der Grund für die Bedeutung der Untersuchung der psychologischen Aspekte von Gewalt in zwischenmenschlichen Beziehungen liegt darin, dass das Verständnis dieser Aspekte es uns ermöglicht, tiefer in die Wurzeln des Problems geschlechtsspezifischer Gewalt einzudringen und wirksamere Strategien zu deren Prävention und Überwindung zu entwickeln. Hier sind einige Schlüsselargumente, die die Bedeutung der Untersuchung der psychologischen Aspekte von Gewalt in zwischenmenschlichen Beziehungen untermauern:

1. Motive und Dynamiken von Gewalt verstehen: Die Untersuchung der psychologischen Aspekte von Gewalt ermöglicht es uns, die Motive und Dynamiken gewalttätigen Verhaltens zu identifizieren. Dies ist wichtig für die Identifizierung von Faktoren, die zur Entstehung und

Aufrechterhaltung von Gewalt in Beziehungen beitragen, sowie für die Entwicklung von Gewaltpräventionsprogrammen.

2. Entwicklung effektiver Hilfestrategien: Das Verständnis der psychologischen Aspekte von Gewalt ermöglicht es uns, effektivere Strategien zu entwickeln, um Opfern und Tätern zu helfen. Dazu gehört die Entwicklung von Unterstützungs- und Rehabilitationsprogrammen, die die psychologischen Bedürfnisse und Merkmale jedes Einzelnen berücksichtigen.

3. Stigmatisierung überwinden und Unterstützung leisten: Das Erlernen der psychologischen Aspekte von Gewalt hilft, die Stigmatisierung von Opfern und Tätern zu überwinden. Das Verständnis der psychologischen Mechanismen, die gewalttätigem Verhalten zugrunde liegen, trägt dazu bei, ein empathischeres und unterstützenderes Umfeld für alle Beteiligten zu schaffen.

4. Rückfallprävention: Die Untersuchung der psychologischen Aspekte von Gewalt hilft, Risikofaktoren zu identifizieren und einen Rückfall in gewalttätiges Verhalten zu verhindern. Dies ist wichtig für die Sicherheit sowohl der Opfer als auch der Gesellschaft insgesamt.

5. Entwicklung persönlicher emotionaler Kompetenz: Das Verständnis der psychologischen Aspekte von Gewalt hilft Menschen, persönliche emotionale Kompetenz und zwischenmenschliche Fähigkeiten zu entwickeln. Dies fördert gesunde und respektvolle Beziehungen in der Gesellschaft.

Daher spielt die Untersuchung der psychologischen Aspekte von Gewalt in zwischenmenschlichen Beziehungen eine Schlüsselrolle bei der Entwicklung wirksamer Strategien zur Prävention, Unterstützung und Bewältigung geschlechtsspezifischer Gewalt.

Psychische Gewalt ist eine Form der Aggression, die nicht immer körperliche Spuren hinterlässt, sondern tiefgreifende negative Auswirkungen auf den psychischen Zustand des Opfers hat. Es handelt sich um eine Form der Gewalt, die auf psychologischer Manipulation, Drohungen, Demütigung und Kontrolle beruht und beim Opfer zur Zerstörung des Selbstwertgefühls, zum Verlust der Selbstidentität und zu Depressionen führen kann.

1. Definition von psychischem Missbrauch: Psychischer Missbrauch umfasst ein breites Spektrum schädlicher Handlungen und Verhaltensweisen, die darauf abzielen, das Opfer zu kontrollieren, zu demütigen, zu bedrohen und zu manipulieren. Dazu können ständige Drohungen, Beleidigungen, Isolation von Freunden und Familie, Manipulation, Demütigung, Androhung von Gewalt und andere Formen emotionalen Missbrauchs gehören.

2. Klassifizierung psychischer Gewalt:

- Emotionaler Missbrauch: Dazu gehören Beleidigungen, Demütigungen, Drohungen, Erpressung, Isolation, Selbstmord- oder

Morddrohungen, ständige Kritik und Herabwürdigung.

- Psychologische Manipulation: Dies ist der Einsatz von Täuschung, Lügen, Drohungen, Zwang oder anderen Taktiken, um das Verhalten, die Gedanken oder Gefühle eines Opfers zu kontrollieren.

- Soziale Isolation: Der Täter isoliert das Opfer möglicherweise von seinem sozialen Netzwerk, wodurch es nur noch von ihm abhängig wird und es schwierig wird, das Opfer davon zu überzeugen, um Hilfe zu bitten.

- Finanzielle Kontrolle: Der Täter kann die finanziellen Ressourcen des Opfers kontrollieren, es seiner finanziellen Unabhängigkeit berauben und seine Abhängigkeit erhöhen.

Psychischer Missbrauch geschieht oft im Verborgenen und ist schwer zu erkennen, seine Folgen können jedoch verheerende Folgen für die psychische Gesundheit des Opfers haben. Das Verständnis und die Einordnung dieser Aspekte ermöglicht es, verschiedene Formen psychischer Gewalt zu erkennen und zu verhindern sowie den Opfern wirksame Unterstützung und Hilfe zu bieten.

Die Rolle der emotionalen Abhängigkeit im Kontext von Gewalt ist sehr wichtig und oft ein Schlüsselfaktor für die Aufrechterhaltung und Fortsetzung missbräuchlicher Beziehungen.

1. Ein emotional abhängiges Opfer ist möglicherweise eher bereit, sich der Kontrolle des Angreifers zu unterwerfen. Sie hat möglicherweise Angst, ihren Partner zu verlieren, was sie anfälliger für seine Forderungen und Gewalt macht und es weniger wahrscheinlich macht, dass sie die Beziehung verlässt.

2. Ein Täter kann ein emotional abhängiges Opfer absichtlich manipulieren und seine Gefühle und Ängste nutzen, um die Kontrolle zu erlangen. Dazu können Drohungen, sie zu verlassen, Androhungen von Gewalt oder sogar Selbstmorddrohungen gehören, um sie zu zwingen, in der Beziehung zu bleiben oder sich seinen Forderungen zu unterwerfen.

3. Das emotional abhängige Opfer kann den Missbrauch leugnen oder ignorieren, selbst wenn er stattfindet, in dem Versuch, ein idealisiertes Bild seines Partners aufrechtzuerhalten oder die Konfrontation mit einer unangenehmen Realität zu vermeiden.

4. Ein Opfer, das unter emotionaler Abhängigkeit leidet, hat möglicherweise ein geringes Selbstwertgefühl und ein Gefühl der Wertlosigkeit, was es anfälliger für Manipulation und Kontrolle durch den Täter macht.

5. Ein emotional abhängiges Opfer sieht möglicherweise die Beziehung zu seinem Täter als die einzige Quelle des Glücks und der Befriedigung an, was dazu führt, dass es nicht in der Lage oder zögernd ist, die Beziehung zu beenden, selbst wenn sie schädlich und gefährlich ist.

All diese Faktoren schaffen eine Atmosphäre der Abhängigkeit und Kontrolle, die das emotional abhängige Opfer verletzlicher und weniger fähig macht, Widerstand zu leisten und eine missbräuchliche Beziehung zu verlassen. Das Erkennen dieser Rolle emotionaler Abhängigkeit bei Gewalt hilft, Beziehungsdynamiken zu verstehen und wirksame Strategien zur Hilfe und Unterstützung von Opfern zu entwickeln.

Psychologische Kontroll- und Manipulationsmechanismen in Beziehungen sind wichtige Instrumente, die Täter nutzen, um ihre Macht über Opfer aufrechtzuerhalten. Hier sind einige der häufigsten Mechanismen:

1. Isolation: Der Täter kann das Opfer gezielt von seinem sozialen Netzwerk, seinen Freunden und seiner Familie isolieren. Dies macht sie verletzlicher und abhängiger von ihrem Täter, da sie keine Unterstützung von außen hat und sich isolierter fühlt.

2. Gaslighting: Dies ist eine psychologische Manipulationstechnik, bei der der Täter das Opfer davon überzeugt, dass seine Wahrnehmung der Realität und seine eigenen Gefühle falsch sind. Der Täter kann das Opfer davon überzeugen, dass es verrückt ist, sich falsch an Ereignisse erinnert oder übertreibt, was passiert ist.

3. Drohungen: Ein Täter kann das Opfer durch Drohungen mit körperlicher und emotionaler Gewalt dazu zwingen, seinen Forderungen nachzukommen. Dazu können Drohungen mit körperlicher Gewalt, Drohungen, das Opfer im Stich zu lassen, Drohungen gegenüber Angehörigen oder Selbstmorddrohungen gehören.

4. Untergrabung des Selbstwertgefühls: Der Täter kann das Opfer ständig kritisieren, beleidigen und erniedrigen, um sein Selbstwertgefühl und Selbstvertrauen zu untergraben. Dadurch wird das Opfer gefügiger und es ist weniger wahrscheinlich, dass es Widerstand leistet.

5. Versprechen und Bestechung: Ein Täter kann Zuneigungsversprechen und Geschenke als Mittel nutzen, um das Opfer zu kontrollieren. Er könnte versprechen, sich zu ändern, ein besserer Mensch zu werden oder ihn nicht mehr zu missbrauchen, um das Opfer in der Beziehung zu halten.

6. Manipulation von Gefühlen: Der Täter kann die Gefühle des Opfers manipulieren, indem er mit seinen Emotionen spielt und seine Liebe, Angst oder Schuld auf die Probe stellt. Dadurch wird das Opfer verletzlicher und es ist wahrscheinlicher, dass es mit dem Täter kooperiert.

All diese Mechanismen schaffen eine Atmosphäre der Kontrolle und Unterordnung, die es dem Opfer erschwert, einer gefährlichen Situation zu widerstehen und ihr zu entkommen. Das Erkennen dieser Mechanismen hilft Opfern, das Geschehen zu verstehen und Strategien zum Verlassen missbräuchlicher Beziehungen zu erkennen.

Die Untersuchung der Persönlichkeitsmerkmale des Täters ist ein wichtiger Aspekt zum Verständnis geschlechtsspezifischer Gewalt. Zu den wichtigsten Merkmalen, die Vergewaltiger charakterisieren, gehören:

1. Empathiedefizit: Täter haben oft ein Empathiedefizit, was bedeutet, dass sie nicht in der Lage sind, die Gefühle oder Erfahrungen

anderer Menschen zu spüren. Dadurch sind sie anfälliger für Gewalt, da sie kein Mitgefühl für potenzielle Opfer empfinden.

2. Geringe Selbstregulierung: Täter verfügen möglicherweise über ein geringes Maß an Selbstregulierung, was bedeutet, dass sie Schwierigkeiten haben, ihre Emotionen und ihr Verhalten zu kontrollieren. Dies kann dazu führen, dass sie dazu neigen, impulsiv zu handeln und sich aggressiv zu verhalten.

3. Narzissmus: Einige Täter zeigen Anzeichen von Narzissmus, was eine Überschätzung der eigenen Bedeutung und den Wunsch bedeutet, andere zu kontrollieren. Sie können Gewalt anwenden, um ihre Macht zu behaupten und andere zu dominieren.

4. Manipulativ: Täter sind oft manipulativ und wenden verschiedene Taktiken an, um andere Menschen zu kontrollieren. Dabei kann es sich um Täuschung, Drohungen oder Nötigung handeln.

5. Erhöhte Aggression: Einige Täter haben möglicherweise ein erhöhtes Maß an Aggression, die sie in Form von körperlicher oder emotionaler Misshandlung zum Ausdruck bringen können.

Die Kindheit und das familiäre Umfeld spielen eine wichtige Rolle bei der Gestaltung gewalttätigen Verhaltens bei Erwachsenen. Zu den Faktoren, die zur Entwicklung gewalttätigen Verhaltens beitragen können, gehören:

1. Häusliche Gewalt: Kinder, die Zeuge häuslicher Gewalt geworden sind oder Opfer häuslicher Gewalt geworden sind, können dieses Verhalten in Zukunft wiederholen und es als normal oder als Möglichkeit zur Konfliktlösung ansehen.

2. Negative Beziehungen: Beziehungen zu Eltern oder anderen Familienmitgliedern, die auf Stress, Konflikten und Unzufriedenheit basieren, können zur Entstehung aggressiven Verhaltens bei Kindern beitragen.

3. Mangelnde Unterstützung: Kinder, die in Familien mit geringem Maß an Unterstützung und emotionaler Bindung aufwachsen, haben möglicherweise Schwierigkeiten, gesunde Beziehungen aufzubauen und Konflikte zu lösen.

Einige psychische Störungen können das Risiko für gewalttätiges Verhalten erhöhen. Einige davon sind:

1. Psychopathie: Personen mit psychopathischen Merkmalen zeigen möglicherweise Gleichgültigkeit gegenüber den Gefühlen anderer Menschen und neigen zu gewalttätigem Verhalten ohne Schuld- oder Reuegefühle.

2. Persönlichkeitsstörungen: Personen mit Persönlichkeitsstörungen wie einer antisozialen oder narzisstischen Störung können Schwierigkeiten haben, gesunde und emotional stabile Beziehungen aufzubauen, was zu gewalttätigem Verhalten führen kann.

3. Psychische Störungen: Personen, die an psychischen Störungen

wie Schizophrenie oder bipolarer Störung leiden, können Probleme mit der Selbstkontrolle und der Realität haben, die zu gewalttätigem Verhalten führen können.

Das Erkennen und Verstehen der persönlichen und psychologischen Faktoren, die zu geschlechtsspezifischer Gewalt beitragen, trägt dazu bei, wirksame Präventions- und Hilfsstrategien sowohl für potenzielle Opfer als auch für Täter zu entwickeln, um weitere Gewalt zu verhindern und die Sicherheit und das Wohlergehen der Gemeinschaften zu gewährleisten.

Geschlechterrollen, die die Erwartungen und das Verhalten von Männern und Frauen in der Gesellschaft definieren, spielen eine wichtige Rolle bei der Gestaltung von Gewaltverhalten. Einige Aspekte dieser Rolle können sein:

1. Männlichkeit und Dominanz: Viele Kulturen schreiben Männern männliche Eigenschaften wie Stärke, Aggression und Dominanz zu. Diese Eigenschaften können als wünschenswert angesehen und bejubelt werden, wodurch eine soziale Erwartung entsteht, dass aggressives Verhalten als mit einem männlichen Bild vereinbar dargestellt wird.

2. Stereotypen über weibliche Verletzlichkeit: Während Männlichkeit mit Stärke assoziiert wird, wird Weiblichkeit oft mit Verletzlichkeit und Unterwerfung in Verbindung gebracht. Diese Stereotypen können zu der Vorstellung führen, dass Frauen sich weniger gut schützen können und anfälliger für Gewalt sind.

3. Attraktivität und Sexualität: In der Gesellschaft herrscht oft die Überzeugung vor, dass attraktive und sexy Frauen für Männer Objekte der Begierde und Macht sein können. Dies kann zu Situationen führen, in denen Täter ihre Machtposition nutzen, um das Opfer zu dominieren und ihre Handlungen zu rechtfertigen.

Auch kulturelle Normen und gesellschaftliche Anerkennung können einen erheblichen Einfluss auf die Psychologie der Gewalt haben. Einige Aspekte davon umfassen:

1. Normalisierung von Gewalt: In manchen Kulturen können Normen und Werte Gewalt unterstützen und rechtfertigen, insbesondere im familiären Umfeld oder zwischen den Geschlechtern. Dies kann eine Atmosphäre schaffen, in der Gewalt als akzeptabler oder sogar unvermeidlicher Weg zur Konfliktlösung angesehen wird.

2. Vernachlässigung von Frauenrechten: In Gesellschaften, in denen Frauen einen niedrigen Status und eingeschränkte Rechte haben, kann Gewalt gegen sie als akzeptables Mittel zur Kontrolle und Disziplin angesehen werden.

3. Gesellschaftliche Zustimmung zu Gewalttaten: Die Einstellung der Gesellschaft zu Gewalt kann ein entscheidender Faktor sein. Wenn Gewalt in der Gesellschaft akzeptiert oder nicht bestraft wird, fühlen sich die Täter möglicherweise sicherer in ihren Handlungen und sind weniger geneigt, sich selbst zu regulieren.

Es gibt viele Mythen und Missverständnisse, die geschlechtsspezifische Gewalt aufrechterhalten und es schwieriger machen, sie zu erkennen und zu stoppen. Einige davon sind:

1. Der Mythos „Recht auf Eigentum": Dieser Mythos besagt, dass ein Mann das Recht hat, eine Frau in einer Beziehung zu kontrollieren und zu dominieren, auch durch Gewalt.

2. Der Mythos „Die Schuld des Opfers": Diesem Mythos zufolge trägt das Opfer von Gewalt aufgrund seines Verhaltens, seiner Kleidung oder seiner Worte einen Teil der Schuld für das, was geschieht.

3. Der Mythos der „normalen Gewalt": Manche Menschen glauben, dass geringfügige oder gelegentliche Gewalt in Beziehungen normal und kein Problem sei.

Die Untersuchung dieser Aspekte trägt dazu bei, die psychologischen Mechanismen von Gewalt besser zu verstehen, was wiederum zur Entwicklung wirksamerer Strategien zur Prävention und Bekämpfung geschlechtsspezifischer Gewalt beiträgt.

Opfer geschlechtsspezifischer Gewalt sind oft mit schwerwiegenden emotionalen und psychologischen Folgen konfrontiert, die tiefgreifende Auswirkungen auf ihr Leben haben können. Einige davon sind:

1. Traumatischer Stress: Überlebende können intensive Emotionen wie Angst, Unruhe, Verzweiflung und Hilflosigkeit verspüren. Sie können auch unter Panikattacken, Albträumen und ständiger Anspannung leiden.

2. Verlust des Selbstwertgefühls: Geschlechtsspezifische Gewalt führt oft zu einem Verlust des Selbstvertrauens und Gefühlen der Unzulänglichkeit. Opfer beginnen möglicherweise, an sich selbst und ihren Fähigkeiten zu zweifeln, was sich auf ihr Selbstwertgefühl und ihr Selbstvertrauen auswirkt.

3. Depression: Viele Opfer geschlechtsspezifischer Gewalt leiden aufgrund anhaltenden Stresses und traumatischer Ereignisse an Depressionen. Sie verspüren möglicherweise einen Verlust des Interesses am Leben, einen Verlust an Energie und Motivation sowie ein Gefühl der Verzweiflung.

Das Posttraumatische Stresssyndrom (PTSS) ist eine schwerwiegende psychische Erkrankung, die bei Opfern geschlechtsspezifischer Gewalt auftreten kann, wenn sie gewalttätige Ereignisse erlebt oder miterlebt hat. Zu seinen wichtigsten Erscheinungsformen gehören:

1. Ausbrüche von Angst und Furcht: Opfer können wiederholt Ausbrüche intensiver Angst und Furcht erleben, die auf Auslöser zurückzuführen sind, die an vergangene traumatische Ereignisse erinnern.

2. Vermeidung von Auslösern: Sie versuchen möglicherweise, Situationen, Gegenstände oder Orte zu meiden, die sie an vergangenen Missbrauch erinnern, um Angst- und Schmerzausbrüche zu vermeiden.

3. Introventives Verhalten: Bei einigen Opfern können Symptome

von Depression und Isolation auftreten, da sie soziale Ereignisse und den Kontakt mit anderen Menschen lieber meiden.

Um Opfern geschlechtsspezifischer Gewalt zu helfen, gibt es verschiedene Methoden der psychologischen Rehabilitation und Psychotherapie, die ihnen helfen, mit den emotionalen und psychischen Folgen der Gewalt umzugehen. Einige davon sind:

1. Kognitive Verhaltenstherapie: Diese Therapieform hilft Opfern, negative Gedankenmuster und Verhaltensreaktionen im Zusammenhang mit der Missbrauchserfahrung zu erkennen und zu ändern.

2. Traumatherapie: Diese Therapieform konzentriert sich auf die Verarbeitung traumatischer Ereignisse und PTSS-Symptome und hilft den Opfern, ihre Emotionen zu klären und zu bewältigen.

3. Gruppenunterstützung: Durch die Teilnahme an Gruppensitzungen oder Gruppentherapie können Opfer Unterstützung und Verständnis von anderen erhalten, die ähnliche Situationen erlebt haben.

Diese psychologischen Techniken können Opfern geschlechtsspezifischer Gewalt helfen, mit den Folgen der Gewalt umzugehen und den Heilungsprozess einzuleiten.

Präventionsprogramme und Bildungsaktivitäten spielen eine Schlüsselrolle bei der Prävention geschlechtsspezifischer Gewalt. Ihr Ziel ist es, kulturelle Normen zu verändern, das Wissen über Menschenrechte zu stärken und auf das Problem der Gewalt in der Gesellschaft aufmerksam zu machen. Zu den wirksamen Maßnahmen gehören:

1. Aufklärungskampagnen: Durchführung von Kampagnen und Veranstaltungen mit dem Ziel, die Gesellschaft über geschlechtsspezifische Gewalt, ihre Folgen und Möglichkeiten zu ihrer Prävention aufzuklären.

2. Schulprogramme: Implementieren Sie Bildungsprogramme in Schulen, die Kindern und Jugendlichen Respekt für andere vermitteln, zwischenmenschliche Fähigkeiten und Gewalt entwickeln und Ideen für gesunde Geschlechterbeziehungen entwickeln.

3. Schulungen für Fachkräfte: Schulung von Lehrern, medizinischem Personal, Strafverfolgungsbehörden und anderen Spezialisten in Methoden zur Prävention und Reaktion auf geschlechtsspezifische Gewalt.

Unterstützung und Beratung für Opfer geschlechtsspezifischer Gewalt spielen eine wichtige Rolle bei der Bewältigung und Genesung. Es enthält:

1. Krisenzentren: Einrichtung und Unterstützung von Krisenzentren, die betroffenen Frauen und Kindern vorübergehende Unterkünfte, psychologische Unterstützung, Rechtsbeistand und andere notwendige Ressourcen bieten.

2. Psychologische Unterstützung: Sicherstellung des Zugangs zu qualifizierten psychologischen und psychotherapeutischen Angeboten für Opfer geschlechtsspezifischer Gewalt, um sie bei der Bewältigung von

Traumata und emotionalen Folgen zu unterstützen.

3. Gruppenunterstützung: Organisieren Sie Gruppensitzungen und Gruppentherapie für Opfer geschlechtsspezifischer Gewalt, damit sie Kontakte knüpfen und Unterstützung von anderen Menschen finden können, die ähnliche Situationen erlebt haben.

Die Entwicklung zwischenmenschlicher Fähigkeiten und Konfliktlösungsfähigkeiten ist sowohl für die Prävention als auch für die Bewältigung von Gewalt wichtig. Das beinhaltet:

1. Kommunikationstraining: Training effektiver Kommunikationsfähigkeiten, Respekt für andere und die Fähigkeit, seine Gefühle und Bedürfnisse ohne Gewalt auszudrücken.

2. Konfliktlösungstraining: Hilfe bei der Entwicklung der Fähigkeit, Konflikte konstruktiv zu lösen und alternative Wege zur Problemlösung zu finden.

3. Unterstützung für Mobber: Bereitstellung von Programmen und Ressourcen für Mobber, um ihre Verhaltensmuster zu ändern und weitere Gewalt zu verhindern.

Abschließend kann betont werden, dass psychologische Aspekte bei geschlechtsspezifischer Gewalt sowohl im Stadium ihres Auftretens als auch im Stadium ihrer Überwindung eine wichtige Rolle spielen. Das Verständnis der psychologischen Mechanismen von Gewalt ermöglicht es uns, dieses Phänomen wirksamer zu bekämpfen und den Opfern angemessene Hilfe zu leisten. Darüber hinaus ist es angesichts der Komplexität des Problems wichtig, einen umfassenden Ansatz zu wählen, der psychologische, soziale und rechtliche Unterstützung umfasst.

Eine der wichtigsten Empfehlungen besteht darin, das Bewusstsein für gesunde und sichere Beziehungsmuster zu schärfen. Dies kann durch Bildungsprogramme, Medienkampagnen sowie durch schulische und außerschulische Bildung erreicht werden. Es ist auch wichtig, sich auf die Entwicklung zwischenmenschlicher Fähigkeiten, Respekt und Beziehungen zu konzentrieren.

Abschließend sollte betont werden, wie wichtig es ist, persönliche und psychologische Faktoren als Schlüsselkomponente für die erfolgreiche Bekämpfung geschlechtsspezifischer Gewalt zu verstehen. Die Entwicklung von Programmen und Aktivitäten sollte diese Faktoren berücksichtigen und sich darauf konzentrieren, sie zu erkennen und zu überwinden. Nur durch einen integrierten Ansatz, der die individuellen Besonderheiten jedes Einzelfalls berücksichtigt, können langfristige und wirksame Ergebnisse im Kampf gegen dieses negative Phänomen in der Gesellschaft erzielt werden.

❖·❖·❖·❖·❖·❖·❖·❖·❖·❖·❖·❖·❖·❖·❖

Teil 4:
Unterstützung für Opfer geschlechtsspezifischer Gewalt

Kapitel 16.
Grundversorgung und Sicherheit.

Die Unterstützung von Opfern geschlechtsspezifischer Gewalt ist wichtig, da sie nicht nur zu körperlicher und emotionaler Genesung führt, sondern ihnen auch dabei hilft, ein Gefühl von Sicherheit und Würde wiederzugewinnen. Ohne Unterstützung fühlen sich die Opfer möglicherweise isoliert, hilflos und unsichtbar, was ihr Trauma verschlimmern und die Genesung erschweren kann. Die Unterstützung hilft den Opfern auch zu erkennen, dass das, was passiert, nicht ihre Schuld ist und dass ihnen Ressourcen und Dienste zur Verfügung stehen, um zu helfen. Dies trägt dazu bei, eine fürsorglichere und unterstützendere Gesellschaft zu schaffen, in der sich Opfer geschlechtsspezifischer Gewalt bei ihren Bemühungen zur Überwindung von Schwierigkeiten geschützt und unterstützt fühlen können.

Bei der Bereitstellung primärer Versorgung und Sicherheit für Opfer geschlechtsspezifischer Gewalt muss ihr physischer, emotionaler und psychischer Zustand berücksichtigt werden. Hier sind einige wichtige Punkte, die Sie berücksichtigen sollten:

1. Körperliche Sicherheit: Die Gewährleistung der körperlichen Sicherheit des Opfers hat oberste Priorität. Dazu kann die Bereitstellung eines geschützten Ortes, an dem sich das Opfer sicher fühlen kann, und der Bereitstellung eines sicheren Zugangs zu benötigten Diensten und Ressourcen gehören.

Die Bereitstellung körperlicher Sicherheit für ein Opfer geschlechtsspezifischer Gewalt hat höchste Priorität, da ohne diese die grundlegende emotionale und psychologische Unterstützung möglicherweise nicht ausreicht. Zur körperlichen Sicherheit gehört die Schaffung einer Umgebung, in der sich das Opfer geschützt und frei von der Bedrohung durch den Einfluss des Angreifers fühlen kann.

Es ist wichtig, dem Opfer Zugang zu einem sicheren Hafen zu verschaffen, in dem es sich vorübergehend oder dauerhaft aufhalten kann, um der Gefahr zu entgehen. Dabei kann es sich um eine Anlaufstelle für Gewaltopfer, ein Krisenzentrum oder eine Vertrauensstelle handeln. Der Schlüssel hier besteht darin, sicherzustellen, dass der Standort sicher und für einen Angreifer unzugänglich ist.

Darüber hinaus muss das Opfer sicheren Zugang zu wichtigen Diensten und Ressourcen wie Rechtsbeistand, medizinischer Hilfe, Beratung und finanzieller Unterstützung haben. Dazu gehört die

Einrichtung von Schutzmechanismen wie Sicherheitspersonal und eingeschränktem Zugriff auf personenbezogene Daten, um mögliche Schadensversuche eines Angreifers zu verhindern.

Die Gewährleistung der physischen Sicherheit muss mit einem wirksamen Schutz- und Überwachungssystem einhergehen, um die Sicherheit des Opfers zu gewährleisten. Darüber hinaus ist es wichtig sicherzustellen, dass das Opfer darüber informiert wird, wie es seine eigene Sicherheit gewährleisten kann und wie es bei Bedrohung Hilfe suchen kann.

2. Medizinische Versorgung: Opfer geschlechtsspezifischer Gewalt benötigen möglicherweise aufgrund ihrer Verletzungen medizinische Versorgung. Dies kann Erste Hilfe, medizinische Beurteilung und Behandlung von Verletzungen sowie psychologische Unterstützung bei der Bewältigung der Auswirkungen des traumatischen Erlebnisses umfassen.

Die Gesundheitsversorgung von Opfern geschlechtsspezifischer Gewalt spielt eine Schlüsselrolle bei der Genesung und Rückkehr in ein normales Leben nach traumatischen Erlebnissen. Wenn Opfer körperliche Verletzungen wie Prellungen, Brüche, Schürfwunden oder sogar schwere Verletzungen durch sexuelle oder häusliche Gewalt erleiden, benötigen sie sofortige ärztliche Hilfe.

Erste Hilfe ist der erste Schritt zur medizinischen Versorgung. Dazu gehört die Notfallversorgung nach einer Verletzung, etwa das Stillen von Blutungen, das Anlegen von Verbänden oder die Unterstützung bei Bewusstlosigkeit. Dies trägt nicht nur dazu bei, eine Verschlechterung des Zustands des Opfers zu verhindern, sondern kann auch sein Leben retten.

Anschließend erfolgt die ärztliche Untersuchung und Behandlung von Verletzungen. Es ist wichtig, dass die Opfer eine umfassende medizinische Untersuchung erhalten, um etwaige Verletzungen oder Schäden festzustellen, die sie erlitten haben. Danach benötigen sie möglicherweise eine Behandlung, einschließlich Verletzungsbehandlung, verschriebener Medikamente und Rehabilitationsverfahren.

Besonderes Augenmerk sollte auch auf die psychologische Betreuung der Opfer gelegt werden. Geschlechtsspezifische Gewalt hinterlässt tiefe psychische Wunden, die sich in Stress, Angstzuständen, Depressionen und posttraumatischer Belastungsstörung (PTSD) äußern können. Psychologische Unterstützung hilft Opfern, mit diesen Folgen umzugehen, ihre Gefühle und Erfahrungen zu verstehen und einen Weg zur Genesung zu finden.

Die medizinische Versorgung von Opfern geschlechtsspezifischer Gewalt trägt nicht nur zur körperlichen Genesung bei, sondern zeigt auch, wie wichtig Fürsorge und Unterstützung durch die Gesellschaft sind. Dies ermöglicht es den Opfern, sich in schwierigen Zeiten geschützt und unterstützt zu fühlen, was ein Schlüsselelement auf ihrem Genesungsweg ist.

3. Psychologische Unterstützung: Opfer geschlechtsspezifischer Gewalt können unter Schock, Ängsten, Depressionen und anderen psychischen Folgen leiden. Die Bereitstellung psychologischer Unterstützung und Beratung kann ihnen helfen, emotionale Schwierigkeiten zu bewältigen und den Heilungsprozess einzuleiten.

Die psychologische Unterstützung von Opfern geschlechtsspezifischer Gewalt spielt eine entscheidende Rolle bei ihrem Genesungsprozess und der Anpassung an die traumatischen Ereignisse, die sie erlebt haben. Geschlechtsspezifische Gewalt hinterlässt tiefe psychische Wunden, die sich in Stress, Angstzuständen, Depressionen, posttraumatischen Belastungsstörungen und anderen psychischen Problemen äußern können. Daher ist es wichtig, dass Opfer angemessene psychologische Hilfe und Unterstützung erhalten.

Die Hauptziele der psychologischen Unterstützung bestehen darin, den Opfern zu helfen, ihre Emotionen zu erkennen und zu akzeptieren, die Konsequenzen des Geschehens zu verstehen und Strategien zu entwickeln, um mit ihnen umzugehen. Die psychologische Beratung wird von speziell ausgebildeten Fachkräften wie Psychologen oder Psychotherapeuten durchgeführt, die über die notwendigen Fähigkeiten und Erfahrungen für die Arbeit mit traumatisierten Opfern verfügen.

Ein wichtiger Teil der psychologischen Unterstützung ist die Schaffung eines sicheren und vertrauensvollen Raums, in dem das Opfer seine Gefühle, Ängste und Erfahrungen frei äußern kann. Fachleute arbeiten mit Opfern zusammen, um Bewältigungsstrategien und Möglichkeiten zur Bewältigung der traumatischen Erfahrung zu entwickeln, die ihnen helfen, sich allmählich zu erholen und in ein normales Leben zurückzukehren.

Für diejenigen, die Angst vor einem Tyrannen haben oder sich verletzlich fühlen, ist es wichtig zu verstehen, dass psychologische Unterstützung vertraulich und sicher geleistet wird. Fachkräfte sorgen dafür, dass sich das Opfer bei der Verarbeitung seiner Gefühle und Probleme geschützt und unterstützt fühlt.

Darüber hinaus kann psychologische Unterstützung ein wichtiges Instrument zur Prävention erneuter Gewalt und zur Entwicklung gesunder Verhaltensstrategien in der Zukunft sein. Durch die Verarbeitung und Anerkennung traumatischer Erlebnisse können Opfer den Kreislauf der Gewalt durchbrechen und ein sicheres Umfeld für sich und ihre Angehörigen schaffen.

4. Rechtsbeistand: Opfer geschlechtsspezifischer Gewalt müssen ihre Rechte kennen und Zugang zu Rechtsbeistand haben. Dies kann rechtliche Beratungen, die Begleitung der Strafverfolgungsbehörden bei der Einreichung einer Strafanzeige und die Wahrung der Rechte des Opfers vor Gericht umfassen.

Die rechtliche Unterstützung von Opfern geschlechtsspezifischer

Gewalt ist ein notwendiges Element im Prozess des Schutzes und der Gewährleistung ihrer Rechte. Opfer müssen wissen, dass sie das Recht auf Schutz vor Gewalt haben und Zugang zu Rechtsbeistand haben, um ihre Rechte wahrzunehmen und die Täter zur Verantwortung zu ziehen.

Schwerpunkte der Rechtsberatung sind Rechtsberatung und Unterstützung in allen rechtlichen Fragen im Zusammenhang mit geschlechtsspezifischer Gewalt. Dazu gehört die Erläuterung der Rechte und Pflichten des Opfers sowie die Bereitstellung von Informationen über verfügbaren Rechtsschutz und rechtliche Möglichkeiten, auf Straftaten zu reagieren.

Opfer geschlechtsspezifischer Gewalt werden bei den Strafverfolgungsbehörden begleitet, um eine Strafanzeige zu erstatten und anschließend am Ermittlungsverfahren teilzunehmen. Dies ist wichtig, um sicherzustellen, dass Straftaten fair untersucht werden und Verstöße vor dem Gesetz zur Rechenschaft gezogen werden.

Darüber hinaus umfasst die rechtliche Unterstützung die Wahrung der Rechte des Opfers vor Gericht. Anwälte vertreten Opfer in Gerichtsverfahren und stellen sicher, dass ihre Stimme gehört wird und ihre Rechte in allen Phasen des Gerichtsverfahrens geschützt werden.

Es ist wichtig zu beachten, dass rechtlicher Beistand den Opfern auch dabei helfen kann, eine Entschädigung für ihre Schäden und Verluste zu erhalten, die eine finanzielle Entschädigung, medizinische und psychologische Dienste sowie finanzielle Unterstützung bei der Genesung umfassen können.

Insgesamt spielt Prozesskostenhilfe eine Schlüsselrolle bei der Gewährleistung der Gerechtigkeit und dem Schutz der Rechte von Opfern geschlechtsspezifischer Gewalt. Dies ermöglicht ihnen eine gerechte Wiedergutmachung für Schäden, Schutz vor weiterer Gewalt und eine strafrechtliche Verfolgung der Täter, was ihre Genesung und Wiedereingliederung in die Gesellschaft erleichtert.

5. Wirtschaftliche Unterstützung: Opfer geschlechtsspezifischer Gewalt geraten häufig in finanzielle Schwierigkeiten, weil sie ihren Arbeitsplatz verloren haben, das Familienbudget zusammengebrochen ist oder andere gewaltbedingte Umstände vorliegen. Die Unterstützung kann finanzielle Unterstützung, Beschäftigungsunterstützung und Zugang zu sozialen Unterstützungsprogrammen umfassen.

Wirtschaftliche Unterstützung ist ein wichtiger Aspekt der Hilfe für Opfer geschlechtsspezifischer Gewalt, da finanzielle Schwierigkeiten die ohnehin schwierige Situation der Opfer noch verschlimmern können. Diese Hilfe basiert auf der Einsicht, dass Opfern finanzielle Verluste aufgrund des Verlusts des Arbeitsplatzes, der Störung der Familienfinanzen, des Verlusts von Eigentum oder anderer mit Gewalt verbundener Umstände entstehen können.

Die wichtigsten Formen der wirtschaftlichen Unterstützung sind die

Bereitstellung finanzieller Unterstützung, Beschäftigungshilfe und der Zugang zu sozialen Unterstützungsprogrammen.

- Finanzielle Unterstützung: Opfer geschlechtsspezifischer Gewalt benötigen möglicherweise finanzielle Unterstützung, um grundlegende Lebensbedürfnisse wie Nahrung, Unterkunft und medizinische Kosten zu decken. Dazu können vorübergehende Mittel gehören, um Miete zu zahlen, Lebensmittel zu kaufen oder medizinische Versorgung zu bezahlen.

- Beschäftigungsunterstützung: Überlebende geschlechtsspezifischer Gewalt können aufgrund ihrer Erfahrungen oder Traumata durch Gewalt Schwierigkeiten haben, Arbeit zu finden. Die Beschäftigungsunterstützung kann Unterstützung beim Verfassen von Lebensläufen, bei der Vorbereitung von Vorstellungsgesprächen, bei der Berufsausbildung oder bei der Suche nach dem richtigen Job umfassen.

- Zugang zu sozialen Unterstützungsprogrammen: Opfer geschlechtsspezifischer Gewalt können Anspruch auf Zugang zu verschiedenen sozialen Unterstützungsprogrammen haben, wie z. B. Arbeitslosengeld, Sozialversicherung, Gewalthilfeprogramme und andere. Die Bereitstellung von Informationen über solche Programme und Hilfe beim Zugang dazu kann die finanzielle Situation eines Opfers erheblich verbessern und ihm helfen, sich von Missbrauch zu erholen.

Wirtschaftliche Unterstützung spielt eine Schlüsselrolle, um sicherzustellen, dass Opfer geschlechtsspezifischer Gewalt Unabhängigkeit, Sicherheit und menschenwürdige Lebensbedingungen erreichen können. Die Bereitstellung von finanzieller Unterstützung, Arbeitshilfe und Zugang zu sozialen Unterstützungsprogrammen hilft Opfern, finanzielle Schwierigkeiten zu überwinden, ihr Selbstwertgefühl wiederherzustellen und ein neues Leben ohne Gewalt zu beginnen.

6. Soziale Unterstützung: Die Rolle von Freunden, Familie und Gemeinschaft bei der Unterstützung von Opfern geschlechtsspezifischer Gewalt. (Forschung zur sozialen Unterstützung und zur Rolle von Angehörigen und der Gesellschaft bei der Unterstützung von Opfern)

Soziale Unterstützung durch Freunde, Familie und Gemeinschaft spielt eine entscheidende Rolle bei der Unterstützung von Opfern geschlechtsspezifischer Gewalt bei ihrer Genesung und ihrem Genesungsprozess. Untersuchungen zeigen, dass die Unterstützung von Angehörigen und der Gemeinschaft erhebliche positive Auswirkungen auf das physische und psychische Wohlbefinden der Opfer haben kann.

- Emotionale Unterstützung: Freunde, Familie und Gemeinschaft können Opfer geschlechtsspezifischer Gewalt emotional unterstützen, indem sie ihnen zuhören, Mitgefühl zeigen und sie in schwierigen Zeiten unterstützen. Dies gibt dem Opfer das Gefühl, mit seinem Leiden nicht allein zu sein, und fördert seine emotionale Genesung.

- Praktische Hilfe: Freunde und Familienangehörige können praktische Hilfe leisten, z. B. durch die Bereitstellung einer vorübergehenden Unterkunft, Hilfe bei der Kinderbetreuung oder im Haushalt sowie finanzielle Unterstützung. Dies entlastet den Betroffenen und hilft ihm bei der Bewältigung alltäglicher Schwierigkeiten.

- Unterstützung bei der Suche nach professioneller Hilfe: Angehörige und die Gemeinschaft können einem Opfer geschlechtsspezifischer Gewalt dabei helfen, professionelle Hilfe in Anspruch zu nehmen, beispielsweise medizinische Hilfe, Rechtsberatung oder psychologische Therapie. Sie können das Opfer bei der Suche nach geeigneten Ressourcen unterstützen und es zu Terminen bei Fachärzten begleiten.

- Schaffung einer sicheren Umgebung: Familie und Angehörige können dazu beitragen, eine sichere Umgebung für das Opfer zu schaffen, in der es sich geschützt und unterstützt fühlt. Dazu kann die Bereitstellung sicherer Unterkünfte, die Installation von Sicherheitsmaßnahmen und die Einschränkung des Kontakts mit dem Angreifer gehören.

- Community-Unterstützung: Community-Unterstützung spielt auch eine wichtige Rolle bei der Unterstützung von Opfern geschlechtsspezifischer Gewalt. Dies kann durch die Teilnahme an Anti-Gewalt-Kampagnen, die Unterstützung von Menschenrechtsorganisationen und durch die Ausübung von öffentlichem Druck auf die Behörden zum Ausdruck gebracht werden, die Gesetzgebung zu verbessern und Opfer zu unterstützen.

Im Allgemeinen ist soziale Unterstützung ein integraler Bestandteil des Rehabilitations- und Genesungsprozesses für Opfer geschlechtsspezifischer Gewalt. Es hilft ihnen, sich wertgeschätzt und unterstützt zu fühlen, steigert ihr Selbstwertgefühl und ihr Selbstvertrauen, was ihre Genesung und Erholung von traumatischen Erlebnissen fördert.

Um die Bedürfnisse von Opfern geschlechtsspezifischer Gewalt zu verstehen, muss man sensibel und einfühlsam gegenüber ihren individuellen Bedürfnissen und Sorgen sein. Das bedeutet, sich ihre Geschichten unvoreingenommen anzuhören, Informationen über verfügbare Ressourcen und Dienste bereitzustellen und sie bei der Entscheidungsfindung über die nächsten Schritte zu unterstützen.

Kapitel 17.
Unterstützung für Opfer geschlechtsspezifischer Gewalt

Die Unterstützung von Opfern geschlechtsspezifischer Gewalt spielt eine entscheidende Rolle dabei, ihnen dabei zu helfen, Traumata zu überwinden und sich von negativen Erfahrungen zu erholen. Hier sind einige der verfügbaren Ressourcen und Dienste, die zur Unterstützung von Opfern bereitgestellt werden:

1. Krisenzentren und Notunterkünfte: Diese Einrichtungen bieten Opfern geschlechtsspezifischer Gewalt vorübergehende Unterkünfte, in denen sie Sicherheit, Unterkunft und Nahrung finden können. Krisenzentren können auch medizinische Versorgung, rechtliche Unterstützung und Beratung anbieten.

2. Telefon-Hotlines: Hotlines unterstützen Opfer geschlechtsspezifischer Gewalt anonym und vertraulich per Telefon. Erfahrene Fachkräfte und Freiwillige können dem Opfer emotionale Unterstützung und Sicherheitstipps geben und es an zusätzliche Ressourcen verweisen.

3. Online-Support: Online-Plattformen und Websites bieten die Möglichkeit, Support über Online-Chats, E-Mail oder Foren zu erhalten. Dies kann für diejenigen nützlich sein, die Anonymität bevorzugen oder keinen Zugang zu einem Telefon haben.

4. Selbsthilfegruppen: Selbsthilfegruppen bieten Opfern die Möglichkeit, mit anderen in Kontakt zu treten, die ähnliche Erfahrungen gemacht haben. Der Erfahrungsaustausch und die Unterstützung anderer können den Heilungs- und Stärkungsprozess unterstützen.

5. Therapeutische Programme: Therapie kann ein wirksames Mittel sein, um Opfern geschlechtsspezifischer Gewalt bei der Bewältigung emotionaler und psychischer Traumata zu helfen. Dies kann Einzeltherapie, Gruppentherapie oder sogar kunsttherapeutische Techniken umfassen.

6. Rechtsbeistand: Die Unterstützung von Anwälten und Rechtsorganisationen kann für Opfer geschlechtsspezifischer Gewalt bei der Erlangung von Rechtsschutz, der Erlangung von Anordnungen zum vorübergehenden Schutz oder der Führung von Gerichtsverfahren wichtig sein.

Diese Ressourcen und Dienste sollen Überlebenden geschlechtsspezifischer Gewalt dabei helfen, ihre Herausforderungen zu meistern, Unterstützung zu finden und den Heilungsprozess einzuleiten. Es ist wichtig, dass die Opfer diese Ressourcen kennen und Zugang zu ihnen haben, damit sie jederzeit die Hilfe erhalten können, die sie benötigen.

Ein kultursensibler Ansatz zur Unterstützung von Opfern geschlechtsspezifischer Gewalt ist für die Gewährleistung einer wirksamen und angemessenen Betreuung von entscheidender Bedeutung. Hier sind einige Aspekte dieses Ansatzes:

1. Unterstützungsangebote an die Kultur anpassen: Dieser Aspekt beinhaltet die Anpassung von Unterstützungsprogrammen und -diensten an die kulturellen Erwartungen, Werte und Wahrnehmungen von Opfern geschlechtsspezifischer Gewalt. Dies kann die Bereitstellung von Dienstleistungen in der Sprache des Opfers, die Berücksichtigung religiöser und kultureller Praktiken sowie die Bereitstellung von Informationen und Ressourcen für verschiedene kulturelle Gruppen

umfassen.

Die Anpassung der Unterstützungsdienste an die Kultur ist der Schlüssel zur wirksamen und einfühlsamen Unterstützung von Opfern geschlechtsspezifischer Gewalt. Wenn Dienste in einer Weise bereitgestellt werden, die kulturelle Erwartungen, Werte und Überzeugungen berücksichtigt, sind sie für die Opfer zugänglicher, relevanter und effektiver. Hier sind einige Aspekte der Anpassung von Supportdiensten:

- Sprachanpassung: Einer der wichtigsten Aspekte der Anpassung ist die Bereitstellung von Dienstleistungen in der Sprache, die die Opfer sprechen. Die Unfähigkeit, in der eigenen Muttersprache zu kommunizieren, kann zu Hindernissen für die Inanspruchnahme von Hilfe und das Verständnis der eigenen Rechte und Möglichkeiten führen. Daher müssen Unterstützungsdienste in einer Vielzahl von in der Community gesprochenen Sprachen verfügbar sein.

- Berücksichtigung religiöser und kultureller Praktiken: Kulturelle und religiöse Hintergründe können maßgeblich beeinflussen, wie Opfer sich selbst und ihre Situation wahrnehmen und welche Erwartungen sie an Unterstützungsangebote haben. Fachkräfte müssen diese Faktoren berücksichtigen und ihre Arbeitspraktiken anpassen, um sicherzustellen, dass sie mit kulturellen Normen und Werten im Einklang stehen.

- Verfügbarkeit von Informationen und Ressourcen: Es ist wichtig, dass Informationen über verfügbare Ressourcen und Dienste in verschiedenen Sprachen und Formaten verfügbar sind und dabei den kulturellen Hintergrund und die Vorlieben der Opfer berücksichtigen. Dazu können Informationsbroschüren, Websites, Videos und andere Kommunikationsformen gehören.

Kulturell angepasste Unterstützungsdienste tragen dazu bei, ein sicheres und unterstützendes Umfeld zu schaffen, in dem sich Opfer geschlechtsspezifischer Gewalt verstanden und geschützt fühlen können. Dies trägt auch dazu bei, Vertrauen in die Unterstützungsdienste aufzubauen und die Ergebnisse für die Opfer zu verbessern.

2. Schulung und Beratung von Fachkräften zu kultureller Kompetenz: Dies ist ein wichtiger Aspekt, um sicherzustellen, dass Fachkräfte, die mit Überlebenden geschlechtsspezifischer Gewalt arbeiten, auf die Arbeit mit verschiedenen kulturellen Gruppen vorbereitet sind. Die Ausbildung umfasst den Unterricht in spezifischen kulturellen Normen, Überzeugungen und Werten sowie Fähigkeiten in effektiver Kommunikation und Interaktion mit Mitgliedern verschiedener kultureller Gruppen. Beratung hilft Fachkräften, das Gelernte in die Praxis umzusetzen und ihre Arbeit an die kulturellen Bedürfnisse und Erwartungen von Opfern geschlechtsspezifischer Gewalt anzupassen.

Schulung und Beratung zu kulturellen Kompetenzen spielen eine entscheidende Rolle bei der wirksamen und einfühlsamen Unterstützung von Opfern geschlechtsspezifischer Gewalt. Hier sind einige

Schlüsselaspekte dieses Prozesses:

- Verständnis kultureller Normen und Werte: Fachkräfte sollten in den grundlegenden Aspekten der Kultur, Religion, Traditionen und Werte verschiedener Kulturgruppen geschult werden. Dazu gehört zu wissen, welche Verhaltensweisen und Einstellungen in verschiedenen Kulturen akzeptabel sind und was als beleidigend oder unangemessen empfunden werden kann.

- Effektive Kommunikationsfähigkeiten: Fachkräfte müssen in empathischen und kultursensiblen Kommunikationsfähigkeiten geschult werden. Dazu gehört, die Perspektiven der Opfer anzuhören und zu verstehen, Respekt für ihre kulturellen Überzeugungen und Werte zu zeigen und sich auf eine Weise auszudrücken, die interkulturelle Missverständnisse oder Straftaten vermeidet.

- Anpassung der Praktiken: Fachkräfte müssen in der Lage sein, ihre Praktiken und Ansätze an die individuellen Bedürfnisse und Vorlieben der Opfer anzupassen. Dies kann die Änderung der in der Beratung verwendeten therapeutischen Ansätze sowie die Bereitstellung von Informationen und Unterstützung in einer Sprache und einem Format umfassen, die für die Opfer verständlich und verständlich sind.

- Anwendung des Wissens in der Praxis: Die Ausbildung muss praxisorientiert sein und die Möglichkeit beinhalten, erworbene Kenntnisse und Fähigkeiten in der Praxis anzuwenden. Praktiker müssen in der Lage sein, spezifische Situationen und Fälle mithilfe kultursensibler Ansätze und Strategien zu diskutieren.

Schulung und Beratung für Fachkräfte im Bereich Kulturkompetenz tragen dazu bei, vertrauensvolle und empathische Beziehungen zwischen Fachkräften und Überlebenden geschlechtsspezifischer Gewalt aufzubauen. Es trägt auch zu besseren Pflege- und Unterstützungsergebnissen für Opfer bei, die sich in einem Umfeld, in dem ihr kultureller Hintergrund respektiert und akzeptiert wird, wohler und verstandener fühlen können.

Ein kultursensibler Ansatz trägt dazu bei, Unterstützungsdienste für verschiedene kulturelle Gruppen zugänglicher, effektiver und relevanter zu machen, was wiederum die Pflege- und Unterstützungsergebnisse für Opfer geschlechtsspezifischer Gewalt verbessert.

Die Verhinderung erneuter Gewalt spielt eine Schlüsselrolle bei der Gewährleistung der Sicherheit und des Wohlergehens von Opfern geschlechtsspezifischer Gewalt. Hier finden Sie eine detailliertere Beschreibung der Strategien:

1. Entwicklung individueller Sicherheitspläne: Dies ist ein wichtiges Instrument, das Opfern geschlechtsspezifischer Gewalt dabei hilft, ihre Situation einzuschätzen, potenzielle Bedrohungen zu erkennen und Strategien zur Gewaltprävention zu entwickeln. Individuelle

Sicherheitspläne können Anweisungen dazu enthalten, was im Falle einer Bedrohung zu tun ist, Kontaktinformationen für den Notfall, Sicherheitsvorkehrungen zu Hause und am Arbeitsplatz sowie gegebenenfalls Evakuierungspläne.

Die Entwicklung individueller Sicherheitspläne ist ein wichtiges Hilfsmittel für Opfer geschlechtsspezifischer Gewalt, um ihre Situation einzuschätzen, potenzielle Bedrohungen zu erkennen und Strategien zur Gewaltprävention zu entwickeln. Für viele Opfer geschlechtsspezifischer Gewalt kann dieser Prozess aufgrund emotionaler und psychischer Traumata sowie der Angst vor möglichen Konsequenzen schwierig sein.

Unter Berücksichtigung der spezifischen Umstände und Bedürfnisse jedes Opfers werden individuelle Sicherheitspläne erstellt. Sie können folgende Komponenten enthalten:

- Situationsbeurteilung: Dies ist die erste Phase, in der sich das Opfer seiner Situation bewusst wird und mögliche Bedrohungen für seine Sicherheit berücksichtigt. Dazu kann die Analyse der Formen der Gewalt gehören, die sie erlebt, sowie die Identifizierung von Faktoren, die die Situation möglicherweise verschlimmern.

- Entwicklung von Sicherheitsstrategien: Basierend auf einer Einschätzung der Situation entwickelt das Opfer gemeinsam mit einer qualifizierten Fachkraft einen Aktionsplan. Dieser Plan umfasst verschiedene Maßnahmen und Schritte, die zum Schutz des Opfers und seiner Umgebung ergriffen werden können. Dazu können Anweisungen zum sicheren Verhalten im Gefahrenfall, Evakuierungspläne oder die Suche nach einem sicheren Aufenthaltsort gehören.

- Kontaktinformationen für Notfälle: Ein wichtiges Element eines individuellen Sicherheitsplans ist eine Liste von Notfallkontakten wie Polizei, medizinischem und psychiatrischem Dienst. So können Sie im Bedarfsfall schnell Hilfe erhalten.

- Sicherheitsmaßnahmen zu Hause und am Arbeitsplatz: Das Opfer kann verschiedene Sicherheitsmaßnahmen in Betracht ziehen, die sowohl in der häuslichen Umgebung als auch am Arbeitsplatz angewendet werden können. Dazu kann die Installation eines Sicherheitssystems für zu Hause, das Anfordern von Sicherheitsdiensten am Arbeitsplatz oder die Änderung des Arbeitsplatzes gehören, um den Kontakt mit dem Täter zu reduzieren.

- Evakuierungspläne: Für den Fall, dass sich das Opfer in einer gefährlichen Situation befindet, ist es wichtig, einen Evakuierungsplan bereitzuhalten. Dieser Plan enthält Routen und Orte, an denen man Schutz suchen kann.

Für Opfer geschlechtsspezifischer Gewalt, insbesondere für diejenigen, die sehr sensibel sind und Angst vor ihrem Angreifer haben, kann die Entwicklung eines personalisierten Sicherheitsplans ein zuverlässiges und wirksames Instrument sein, das ihnen hilft, sich besser geschützt und sicherer zu fühlen. Dieser Plan hilft dem Opfer nicht nur,

Gewalt zu verhindern, sondern gibt ihm auch die Kontrolle über sein eigenes Leben und seine Situation.

2. Psychosoziale Unterstützung zur Vorbeugung von Rückfällen: Dazu gehört die Bereitstellung psychologischer und emotionaler Unterstützung für Opfer mit dem Ziel, ihre Ressourcen zu stärken, ihr Selbstwertgefühl zu verbessern und mit Stress umzugehen. Psychosoziale Unterstützung kann auch Therapiesitzungen, Gruppensitzungen und Beratung umfassen, die darauf abzielen, erneuter Gewalt vorzubeugen und gesunde Beziehungen aufzubauen.

Psychosoziale Unterstützung zur Rückfallprävention ist ein wichtiger Aspekt der Betreuung von Opfern geschlechtsspezifischer Gewalt. Diese Art der Unterstützung zielt darauf ab, psychologische und emotionale Unterstützung zu bieten, um die Ressourcen der Opfer zu stärken, ihr Selbstwertgefühl zu verbessern und mit Stress umzugehen, was ihnen hilft, den erneuten Eintritt in schädliche Beziehungen oder missbräuchliche Situationen zu vermeiden.

Es ist wichtig zu verstehen, dass viele Opfer geschlechtsspezifischer Gewalt häufig verschiedene Arten von Traumata erleiden, sowohl physische als auch psychische. Aufgrund der Auswirkungen des Tyrannen auf ihr Leben verspüren sie möglicherweise Angst, Hilflosigkeit, ein geringes Selbstwertgefühl und Schwierigkeiten bei der Selbstverwirklichung. Die psychosoziale Unterstützung soll ihnen helfen, diese Schwierigkeiten zu überwinden und ihr psychisches Wohlbefinden wiederherzustellen.

Zu den Kernaspekten der psychosozialen Unterstützung zur Rückfallprävention gehören:

- Psychologische Beratung und Therapie: Professionelle Psychologen und Therapeuten helfen Opfern geschlechtsspezifischer Gewalt, ihre Emotionen zu verstehen und Strategien für den effektiven Umgang mit Stress und Ängsten zu entwickeln. Eine Therapie kann Opfern auch dabei helfen, ihr Selbstwertgefühl und Selbstvertrauen nach einem traumatischen Erlebnis wiederzugewinnen.

- Gruppenunterstützung: Durch die Teilnahme an Gruppenaktivitäten oder Gruppentherapie können sich Opfer von anderen unterstützt fühlen, die ähnliche Schwierigkeiten durchgemacht haben. Der Erfahrungsaustausch und die emotionale Unterstützung in einer Gruppenumgebung können besonders hilfreich für Opfer sein, die sich in ihrem Leiden isoliert oder missverstanden fühlen.

- Schulung in Selbstmanagement- und Konfliktlösungsfähigkeiten: Dadurch können Opfer lernen, effektiv mit ihren Emotionen umzugehen und auf Konfliktsituationen zu reagieren, was ihnen hilft, potenziell gefährliche Situationen in der Zukunft zu vermeiden und gesunde zwischenmenschliche Beziehungen aufzubauen.

- Psychoedukative Programme: Opfer erhalten Informationen über die verschiedenen Aspekte geschlechtsspezifischer Gewalt, ihre Folgen und welche Hilfsmittel zur Verfügung stehen. Dies hilft ihnen, ihre Situation besser zu verstehen und ihre Rechte zu verstehen.

Psychosoziale Unterstützung spielt eine Schlüsselrolle, um Opfern geschlechtsspezifischer Gewalt dabei zu helfen, ihre traumatischen Erfahrungen zu verarbeiten, sich zu erholen und ein neues Leben ohne Gewalt zu beginnen. Darüber hinaus hilft es ihnen, ihre psychologischen Ressourcen zu stärken und zu lernen, wie sie in Zukunft gesunde Beziehungen aufbauen können.

3. Selbstverteidigungs- und Stressbewältigungstraining: Dies ist ein wichtiger Teil der Präventionsbemühungen und hilft Opfern geschlechtsspezifischer Gewalt, unabhängiger und selbstbewusster zu werden. Das Selbstverteidigungstraining kann körperliches Selbstverteidigungstraining, Fluchtstrategien und die Fähigkeit umfassen, in kritischen Situationen schnelle Entscheidungen zu treffen. Das Training von Stressbewältigungskompetenzen hilft Opfern, die emotionalen und psychischen Folgen von Gewalt effektiv zu bewältigen und möglichen Rückfällen vorzubeugen.

Die Schulung von Selbstverteidigungs- und Stressbewältigungskompetenzen ist ein wichtiger Aspekt, um geschlechtsspezifischer Gewalt vorzubeugen und ihren Opfern zu helfen. Diese Fähigkeiten helfen Opfern, unabhängiger und selbstbewusster zu werden und die Herausforderungen, die sich im Zusammenhang mit Gewalt ergeben, effektiver zu bewältigen.

Das Erlernen von Selbstverteidigungsfähigkeiten umfasst nicht nur die körperliche Vorbereitung auf mögliche Gewaltsituationen, sondern auch psychologische und emotionale Verteidigungsstrategien. Opfer lernen, potenziell gefährliche Situationen zu erkennen, Pläne für den Umgang mit Bedrohungen zu entwickeln, Umweltressourcen zu nutzen, um sich zu schützen, und innerhalb ihrer eigenen Grenzen und Bedürfnisse zu handeln. Dies hilft ihnen nicht nur, gefährliche Situationen zu vermeiden, sondern fühlt sich auch im Alltag sicherer und kontrollierter.

Stressmanagement ist ein weiterer wichtiger Bestandteil dieses Studienbereichs. Opfer geschlechtsspezifischer Gewalt können unter erheblichem Stress und Ängsten leiden, die mit Gefahren und traumatischen Erlebnissen einhergehen. Das Erlernen von Fähigkeiten zur Stressbewältigung hilft ihnen, effektiv mit diesen Emotionen umzugehen, Wege zur Entspannung und Beruhigung zu finden und Strategien zur Bewältigung von Ängsten zu entwickeln. Dies ermöglicht es den Opfern nicht nur, ihre Emotionen besser zu kontrollieren, sondern verringert auch die Wahrscheinlichkeit, in Situationen zu geraten, in denen sie anfälliger für Gewalt werden.

Für Opfer, die sich verletzlich und unfähig fühlen, kann das Erlernen von Selbstverteidigungs- und Stressbewältigungsfähigkeiten besonders hilfreich sein. Diese Fähigkeiten helfen ihnen, sich sicherer zu fühlen und ihre Situation unter Kontrolle zu haben, was ein wichtiger Schritt auf dem Weg zur Genesung von Gewalt und zur Wiederherstellung ihres psychischen Wohlbefindens ist. Daher kann das Erlernen dieser Fähigkeiten nicht nur von Vorteil, sondern auch befreiend für die Opfer sein und ihnen helfen, ein neues Leben frei von der Angst und Kontrolle des Angreifers zu beginnen.

Die Verhinderung erneuter Gewalt ist ein wesentlicher Bestandteil eines umfassenden Ansatzes zur Bekämpfung geschlechtsspezifischer Gewalt. Diese Strategien tragen dazu bei, dass sich die Opfer sicherer und zuversichtlicher fühlen und verringern die Wahrscheinlichkeit, dass sie erneut Gewalt ausgesetzt werden.

Genesung und Rehabilitation spielen eine wichtige Rolle im Genesungsprozess von Opfern geschlechtsspezifischer Gewalt und helfen ihnen, nach einem Trauma in ein normales Leben zurückzukehren. Dieser Prozess umfasst verschiedene Aspekte wie psychologische Unterstützung, soziale und berufliche Rehabilitation sowie die Wiederherstellung von Beziehungen und Unterstützung durch Angehörige und die Gesellschaft.

1. Psychologische Therapie und Begleitung:

Psychologische Therapie ist ein wichtiges Genesungsinstrument für Opfer geschlechtsspezifischer Gewalt. Es hilft ihnen, das erlebte Trauma zu verarbeiten, die emotionalen und psychischen Folgen des Missbrauchs zu bewältigen und in ein normales Leben zurückzukehren. Die Therapie kann eine Vielzahl von Modalitäten umfassen, wie z. B. kognitive Verhaltenstherapie, traumainformierte Therapie, Familientherapie und andere, die sich auf die Verarbeitung traumatischer Ereignisse, die Verbesserung des Selbstwertgefühls, die Entwicklung von Bewältigungsstrategien und die Verbesserung der Lebensqualität konzentrieren.

Psychologische Therapie und Unterstützung sind entscheidende Bestandteile des Genesungsprozesses für Opfer geschlechtsspezifischer Gewalt. Diese Art der Betreuung konzentriert sich auf die Verarbeitung traumatischer Ereignisse, die Bewältigung der emotionalen und psychologischen Folgen von Missbrauch und die Wiederherstellung normaler Funktionsfähigkeit.

Einer der Schlüsselaspekte der psychologischen Therapie ist die Möglichkeit für das Opfer, seine Gefühle und Erfahrungen in einer sicheren und unterstützenden Umgebung auszudrücken. Der mit dem Opfer arbeitende Therapeut sorgt während des Genesungsprozesses für Verständnis, Unterstützung und emotionale Unterstützung. Die Therapie gibt dem Opfer Werkzeuge und Strategien an die Hand, um Stress, Ängste und andere negative Emotionen, die aus dem Missbrauch resultieren, effektiv zu bewältigen.

Ein weit verbreiteter Ansatz in der Psychotherapie für Opfer geschlechtsspezifischer Gewalt ist die kognitive Verhaltenstherapie (CBT). Dieser Ansatz konzentriert sich auf die Veränderung negativer Gedanken und Verhaltensweisen, die mit der Erfahrung von Gewalt verbunden sind. Durch die Identifizierung und Neubewertung destruktiver Gedanken und Einstellungen kann sich das Opfer schrittweise vom Einfluss des Traumas befreien und adaptive Bewältigungsstrategien entwickeln.

Ein weiterer wichtiger Aspekt ist die Traumatherapie, die auf die Verarbeitung traumatischer Erinnerungen und Ereignisse spezialisiert ist. Diese Therapieform hilft Opfern, traumatische Erfahrungen in ihre Lebensgeschichte zu integrieren, sie leichter zu akzeptieren und die Intensität der damit verbundenen Symptome zu verringern.

Familientherapie kann auch dann erforderlich sein, wenn Gewalt die Beziehungen innerhalb der Familie beeinträchtigt. In diesem Zusammenhang arbeitet ein Familientherapeut mit Familienmitgliedern zusammen, um ihnen dabei zu helfen, gewalttätige Konflikte zu besprechen und zu lösen und gesunde Beziehungen wiederherzustellen.

Es ist wichtig zu beachten, dass Opfern geschlechtsspezifischer Gewalt unabhängig von Alter, Geschlecht, Rasse oder sozialem Status psychologische Therapie und Unterstützung zur Verfügung stehen. Psychotherapeuten und Berater sind auf die Arbeit mit verschiedenen kulturellen und sozialen Gruppen spezialisiert und bieten kultursensible und empathische Unterstützung.

Für Opfer, die sensibel sind und Angst haben, Hilfe zu suchen, ist es wichtig zu verstehen, dass die psychologische Therapie ein nicht wertender Raum ist, in dem ihre Gefühle und Erfahrungen wichtig sind und respektiert werden. Die Unterstützung und Hilfe eines professionellen Therapeuten kann der erste Schritt zur Heilung und Rückkehr zu einem gesunden und glücklichen Leben sein.

2. Soziale und berufliche Rehabilitation:

Bei der sozialen und beruflichen Rehabilitation geht es darum, Opfern nach einem traumatischen Erlebnis bei der Rückkehr zu sozialen und beruflichen Aktivitäten zu helfen. Dies kann Arbeitsberatung, Berufsausbildung, die Entwicklung individueller Rehabilitationspläne und Unterstützung bei der Wohnungssuche umfassen. Ziel dieses Prozesses ist es, den Opfern dabei zu helfen, wieder Unabhängigkeit, Selbstvertrauen und Stabilität in ihrem Leben zu erlangen.

Soziale und berufliche Rehabilitation spielen eine wichtige Rolle im Genesungsprozess von Opfern geschlechtsspezifischer Gewalt und helfen ihnen, nach Traumata und Krisen in ein normales Leben zurückzukehren. Dieser Prozess umfasst eine Reihe von Aktivitäten, die darauf abzielen, die soziale Integration wiederherzustellen, die Lebenssituation zu stabilisieren und die finanzielle Unabhängigkeit sicherzustellen.

Ein wichtiger Bestandteil der sozialen Rehabilitation ist die

Beratung und Unterstützung bei der Wohnungssuche. Opfer geschlechtsspezifischer Gewalt können aufgrund der Gewalt eines Partners oder einer geliebten Person obdachlos oder obdachlos werden. Die Wohnhilfe ermöglicht es ihnen, ein sicheres und stabiles Zuhause zu finden, von dem aus sie den Genesungsprozess beginnen können.

Ein weiterer wichtiger Aspekt ist die Berufsberatung und Berufsausbildung. Viele Opfer geschlechtsspezifischer Gewalt können aufgrund des Verlusts ihres Arbeitsplatzes oder der Unfähigkeit, aufgrund traumatischer Ereignisse eine Arbeit zu finden, in finanzielle Schwierigkeiten geraten. Durch die Unterstützung bei Beschäftigung und Berufsausbildung gewinnen sie finanzielle Unabhängigkeit und Vertrauen in ihre Fähigkeiten.

Die Entwicklung individueller Rehabilitationspläne ist ein wichtiger Schritt im Genesungsprozess. Diese Pläne werden unter Berücksichtigung der individuellen Bedürfnisse und Ziele jedes Opfers erstellt, einschließlich ihrer sozialen, beruflichen und finanziellen Aspekte. Individuelle Genesungspläne können Schritte zur Verbesserung der Bildung, der Fähigkeiten zur Arbeitssuche und des Zugangs zu anderen Ressourcen und Diensten umfassen, die für die Genesung erforderlich sind.

Das Ziel der sozialen und beruflichen Rehabilitation besteht darin, den Opfern die Rückkehr in ein unabhängiges und stabiles Leben auf der Grundlage ihrer eigenen Wahl und Kontrolle zu ermöglichen. Dieser Prozess hilft ihnen nicht nur, die traumatischen Auswirkungen der Gewalt zu überwinden, sondern auch neue Chancen und Perspektiven für die Zukunft zu gewinnen.

3. Unterstützung beim Wiederaufbau von Beziehungen und Unterstützungsnetzwerken:

Der Wiederaufbau von Beziehungen und Unterstützungsnetzwerken spielt im Rehabilitationsprozess eine wichtige Rolle. Dazu gehört die Zusammenarbeit mit Familie, Freunden und anderen geliebten Menschen, um Vertrauen, Unterstützung und Verständnis wiederherzustellen. Darüber hinaus benötigen Opfer geschlechtsspezifischer Gewalt möglicherweise auch Unterstützung durch Gruppensitzungen oder Gemeinschaftsprogramme, damit sie sich in ihrer Gemeinschaft akzeptiert und unterstützt fühlen.

Die Unterstützung der Wiederherstellung von Beziehungen und Unterstützungsnetzwerken ist ein zentraler Bestandteil des Genesungsprozesses für Opfer geschlechtsspezifischer Gewalt. Dieser Aspekt hilft ihnen, nach Traumata und Krisen Vertrauen, Unterstützung und Verbindungen zu ihren Mitmenschen wiederherzustellen.

Die Wiederherstellung der Beziehungen zu Familie, Freunden und anderen geliebten Menschen ist ein grundlegender Schritt in diesem Prozess. Oft kann Gewalt das Vertrauen und die Bindungen in der Familie oder im sozialen Umfeld des Opfers zerstören. Daher ist es wichtig, daran zu arbeiten, diese Beziehungen wiederherzustellen. Dazu können Familientherapie, Beratung mit einem Psychologen oder anderen Fachleuten gehören, um Konflikte zu lösen, Kommunikationsfähigkeiten zu entwickeln und das gegenseitige Verständnis wiederherzustellen.

Darüber hinaus kann für einige Überlebende geschlechtsspezifischer Gewalt die Unterstützung durch Gruppensitzungen oder Gemeinschaftsprogramme ein wichtiger Aspekt der Wiederherstellung einer Beziehung sein. Gruppensitzungen bieten die Möglichkeit, andere zu treffen, die ähnliche Traumata erlebt haben, und ihre Erfahrungen auszutauschen. In solchen Gruppen können sich die Opfer besser unterstützt, akzeptiert und verstanden fühlen, was zu ihrer emotionalen Genesung beiträgt.

Wichtig ist auch der Aufbau von Unterstützungsnetzwerken. Dies können spezialisierte Organisationen, Krisenzentren, Gemeindegruppen oder sogar Freunde und Familienangehörige sein, die in schwierigen Zeiten bereit sind, zu helfen. Es ist wichtig, dass Opfer geschlechtsspezifischer Gewalt wissen, dass sie Menschen haben, auf die sie sich verlassen können und an die sie sich bei Bedarf wenden können.

Insgesamt trägt die Unterstützung der Wiederherstellung von Beziehungen und Unterstützungsnetzwerken dazu bei, dass sich Opfer geschlechtsspezifischer Gewalt weniger isoliert, unterstützter und sicherer fühlen. Dieser Prozess ist ein wichtiger Schritt zu ihrer Genesung und der Kraft, ein Leben ohne Gewalt zu führen.

Insgesamt muss der Genesungs- und Rehabilitationsprozess für Opfer geschlechtsspezifischer Gewalt umfassend und individuell sein und die individuellen Bedürfnisse und Situationen jedes Opfers berücksichtigen. Die Bereitstellung von Unterstützung in allen Aspekten ihres Lebens – psychologisch, sozial und beruflich – ist ein wichtiger Schritt auf dem Weg zu ihrer Genesung und Rückkehr in ein gesundes und glückliches Leben.

Gemeinschaft und gemeinschaftliche Unterstützung spielen eine wichtige Rolle bei der Bekämpfung geschlechtsspezifischer Gewalt und der Schaffung eines sicheren und unterstützenden Umfelds für Opfer. Dieser Aspekt umfasst mehrere Schlüsselkomponenten, die darauf abzielen, die öffentliche Meinung zu verändern, Solidarität zu schaffen und die Aufmerksamkeit auf das Problem der Gewalt zu lenken.

1. Bildungsprogramme und -kampagnen zur Bekämpfung geschlechtsspezifischer Gewalt: Effektive Bildungsprogramme und -kampagnen spielen eine wichtige Rolle bei der Überwindung von Unwissenheit und der Sensibilisierung für geschlechtsspezifische Gewalt. Sie tragen dazu bei, das Bewusstsein für Formen der Gewalt, ihre Folgen, verfügbare Ressourcen für Opfer und Möglichkeiten zu ihrer Bekämpfung zu schärfen. Dazu kann das Halten von Vorträgen, Seminaren,

Meisterkursen, das Erstellen von Informationsbroschüren, Werbekampagnen und Lehrvideos gehören. Diese Programme zielen darauf ab, das öffentliche Bewusstsein für geschlechtsspezifische Gewalt zu schärfen, Empathie und Unterstützung für die Opfer aufzubauen und einen Rahmen für die Veränderung kultureller Einstellungen und Normen zu schaffen, die Gewalt fördern.

Bildungsprogramme und Kampagnen zur Bekämpfung geschlechtsspezifischer Gewalt sind ein Grundstein für die Schaffung einer bewussten und unterstützenden Gesellschaft ohne Gewalt. Diese Initiativen spielen eine wichtige Rolle bei der Bekämpfung von Unwissenheit, Stereotypen und Mythen im Zusammenhang mit geschlechtsspezifischer Gewalt und bei der Sensibilisierung für das Problem.

Das erste und wichtigste Ziel von Aufklärungsprogrammen und - kampagnen ist die Verbreitung von Informationen über verschiedene Formen geschlechtsspezifischer Gewalt. Dazu gehört Aufklärung über physische, emotionale, psychische und wirtschaftliche Gewalt sowie über Gewalt zu Hause, am Arbeitsplatz, in der Gemeinschaft und im digitalen Raum. Je besser sich die Menschen über die Vielfalt der Gewaltformen und ihre Folgen im Klaren sind, desto wahrscheinlicher ist es, dass sie die Anzeichen erkennen und den Opfern Hilfe leisten.

Diese Programme zielen auch darauf ab, Empathie und Unterstützung für Opfer geschlechtsspezifischer Gewalt aufzubauen. Der Austausch persönlicher Geschichten und Beispiele für das Überleben und die Genesung nach Gewalt hilft den Menschen, die Komplexität der Situation der Opfer und ihren Unterstützungsbedarf zu verstehen. Die Unterstützung der Gemeinschaft spielt eine wichtige Rolle im Genesungs- und Heilungsprozess.

Darüber hinaus zielen Bildungsprogramme und Kampagnen darauf ab, einen Rahmen für die Veränderung kultureller Einstellungen und Normen zu schaffen, die Gewalt fördern. Sie zielen darauf ab, Geschlechterstereotypen zu zerstören, die die Ungleichheit und Dominanz eines Geschlechts über das andere unterstützen. Je mehr Menschen den Schaden und die Ungerechtigkeit geschlechtsspezifischer Gewalt verstehen, desto mehr können sie zur Schaffung einer gerechten und gleichberechtigten Gesellschaft beitragen.

Durch Aufklärung und öffentliches Bewusstsein können erhebliche Veränderungen in der Einstellung gegenüber geschlechtsspezifischer Gewalt herbeigeführt und ein Umfeld geschaffen werden, das jedes Mitglied seiner Gemeinschaft unterstützt und schützt.

2. Aufbau gemeinschaftlicher Unterstützungs- und Solidaritätsnetzwerke: Ein wichtiger Aspekt bei der Bekämpfung geschlechtsspezifischer Gewalt ist die Schaffung gemeinschaftlicher Unterstützungsnetzwerke, in denen Opfer Hilfe, Unterstützung und Verständnis von anderen Mitgliedern der Gesellschaft erhalten können.

Dazu könnte die Organisation von Selbsthilfegruppen, die Schaffung von Online-Communities sowie die Durchführung von Treffen und Veranstaltungen gehören, die darauf abzielen, Vertrauen und Solidarität aufzubauen. Es ist äußerst wichtig, dass sich Opfer in ihrer Gemeinschaft unterstützt und verstanden fühlen, und die Schaffung gemeinschaftlicher Unterstützungsnetzwerke trägt dazu bei.

Der Aufbau gemeinschaftlicher Netzwerke der Unterstützung und Solidarität ist ein wesentlicher Bestandteil des Kampfes gegen geschlechtsspezifische Gewalt und hat enorme Auswirkungen auf den Genesungsprozess der Opfer. Diese Netzwerke schaffen ein sicheres und unterstützendes Umfeld, in dem Opfer von ihren Mitarbeitern die Hilfe, Unterstützung und das Verständnis erhalten können, die sie benötigen.

Die Organisation von Selbsthilfegruppen ist eine der gebräuchlichsten Methoden, um gemeinschaftliche Selbsthilfenetzwerke aufzubauen. In solchen Gruppen können Opfer ihre Geschichten, Erfahrungen und Emotionen mit Menschen teilen, die ähnliche Erfahrungen gemacht haben, was das Gefühl des gegenseitigen Verständnisses und der Solidarität fördert. Dies hilft den Opfern zu erkennen, dass sie mit ihrer Erfahrung nicht allein sind und Unterstützung von anderen finden können, die eine ähnliche Reise durchgemacht haben.

Darüber hinaus sind mittlerweile Online-Selbsthilfegemeinschaften weit verbreitet, in denen Opfer geschlechtsspezifischer Gewalt online Hilfe und Beratung erhalten können. Dies ist besonders wichtig für diejenigen, die aufgrund verschiedener Umstände nicht an Offline-Veranstaltungen oder Selbsthilfegruppen teilnehmen können. In Online-Communities können Opfer anonym kommunizieren, wodurch sie sich wohler und geschützter fühlen.

Auch die Durchführung von Treffen und Veranstaltungen zum Aufbau von Vertrauen und Solidarität spielt beim Aufbau gemeinschaftlicher Unterstützungsnetzwerke eine wichtige Rolle. Dies können gemeinsame Veranstaltungen, Konferenzen, Seminare, Meisterkurse und andere Veranstaltungen sein, die auf den Erfahrungsaustausch, das Erlernen von Fähigkeiten und den Aufbau sozialer Kontakte abzielen.

Das Hauptziel der Schaffung gemeinschaftlicher Unterstützungs- und Solidaritätsnetzwerke besteht darin, Opfern geschlechtsspezifischer Gewalt das Gefühl zu geben, unterstützt und verstanden zu werden, und Bedingungen für ihre Genesung und Rückkehr in ein normales Leben zu schaffen. Diese Netzwerke sind eine verlässliche Quelle der Unterstützung und helfen den Opfern, ihre Schwierigkeiten zu überwinden und einen neuen Abschnitt in ihrem Leben zu beginnen.

3. Öffentliche Aufmerksamkeit auf das Problem lenken und eine kollektive Verurteilung formulieren: Einer der wichtigen Schritte im Kampf gegen geschlechtsspezifische Gewalt besteht darin, die öffentliche

Aufmerksamkeit auf dieses Problem zu lenken und eine klare Verurteilung von Gewalt zu formulieren. Dies kann durch öffentliche Aktionen, Protestmärsche, Petitionen, Appelle an den Gesetzgeber, die Schaffung relevanter Gesetze und Richtlinien sowie die aktive Teilnahme in sozialen Netzwerken und Medien erreicht werden. Ziel dieser Veranstaltungen ist es, eine öffentliche Meinung zu schaffen, die Gewalt nicht nur verurteilt, sondern auch Opfer unterstützt und Veränderungen in den Systemen fordert, die Gewalt ermöglichen.

Die öffentliche Aufmerksamkeit auf das Problem geschlechtsspezifischer Gewalt zu lenken und eine kollektive Verurteilung von Gewalt zu entwickeln, sind die Eckpfeiler bei der Bewältigung dieser Gewalt. Diese Schritte tragen nicht nur dazu bei, Fälle von Gewalt zu erkennen und zu verurteilen, sondern tragen auch dazu bei, das öffentliche Bewusstsein zu verändern und die Voraussetzungen für wirksame Maßnahmen zur Gewaltprävention und Unterstützung der Opfer zu schaffen.

Öffentliche Proteste, Protestmärsche und Petitionen sind wirksame Instrumente, um auf das Thema geschlechtsspezifische Gewalt aufmerksam zu machen. Diese Veranstaltungen bringen Menschen zusammen, die das gemeinsame Ziel verfolgen, Gewalt zu beenden und ihre Opfer zu unterstützen. Sie erwecken den Anschein eines Problems und lenken die Aufmerksamkeit der Gesellschaft und der Behörden darauf.

Der Kontakt zu den Gesetzgebern und die Schaffung geeigneter Gesetze und Richtlinien sind der Schlüssel zur Bekämpfung geschlechtsspezifischer Gewalt. Dazu gehört die Verschärfung der Strafen für Gewalt, der Schutz der Opferrechte und die Gewährleistung des Zugangs zu Justiz und Hilfe. Rechtsreformen und die Umsetzung wirksamer Richtlinien tragen dazu bei, eine sichere und faire Gesellschaft für alle ihre Mitglieder zu schaffen.

Auch die aktive Teilnahme in sozialen Netzwerken und Medien spielt eine wichtige Rolle bei der öffentlichen Meinungsbildung und der Verurteilung von Gewalt. Es ermöglicht Menschen, ihre Meinung zu äußern, Informationen über Gewaltvorfälle auszutauschen und Unterstützung und Solidarität von anderen Nutzern zu erhalten. Soziale Netzwerke und Medien können als Plattform dienen, um das Problem zu diskutieren und öffentlichen Druck auf Behörden und Institutionen zu mobilisieren, die notwendigen Maßnahmen zu ergreifen.

Ziel all dieser Aktivitäten ist es, eine öffentliche Meinung zu schaffen, die Gewalt nicht nur ausdrücklich verurteilt, sondern auch Opfer unterstützt und eine Veränderung der Systeme anstrebt, die Gewalt ermöglichen. Sie tragen dazu bei, eine Kultur der Gewaltlosigkeit und Gleichheit zu schaffen, in der sich jeder Mensch geschützt und respektiert fühlt.

Alle diese Maßnahmen arbeiten zusammen, um eine gesunde,

sichere und unterstützende Gemeinschaft zu schaffen, in der es nicht zu geschlechtsspezifischer Gewalt kommt und Opfer die Hilfe, Unterstützung und den Schutz erhalten können, die sie benötigen.

Die Förderung der internationalen Zusammenarbeit und Koordinierung ist der Schlüssel zur Bekämpfung geschlechtsspezifischer Gewalt, da das Problem der Gewalt grenzüberschreitend ist und konzertierte Anstrengungen verschiedener Länder und Organisationen erfordert. In diesem Zusammenhang ist es wichtig, den Austausch von Erfahrungen und Best Practices zu entwickeln, gemeinsame Projekte und Initiativen umzusetzen sowie internationale Standards und Gesetze zum Schutz der Rechte von Opfern geschlechtsspezifischer Gewalt zu unterstützen.

1. Austausch von Erfahrungen und bewährten Verfahren: Eine Möglichkeit, die Wirksamkeit des Kampfes gegen geschlechtsspezifische Gewalt zu erhöhen, ist der Erfahrungsaustausch und die Übertragung bewährter Verfahren zwischen Ländern und Organisationen. Dadurch können Sie aus den Erfahrungen anderer lernen, erfolgreiche Strategien an bestimmte Kontexte anpassen und Ihre eigenen Ansätze zur Gewaltprävention und -reaktion verbessern.

Der Erfahrungsaustausch und die Weitergabe bewährter Verfahren sind entscheidende Bestandteile der Bekämpfung geschlechtsspezifischer Gewalt, insbesondere für diejenigen, die Aggression, Angst und Unsicherheit erleben. Dieser Prozess ermöglicht es der Gesellschaft, aus den Erfahrungen anderer zu lernen und diese Erfahrungen zu nutzen, um wirksamere Methoden zur Prävention und Reaktion auf Gewalt zu entwickeln.

Wenn Überlebende sehen, dass es erfolgreiche Strategien zur Bekämpfung geschlechtsspezifischer Gewalt gibt, kann ihnen das Hoffnung geben und sie zum Handeln inspirieren. Zu wissen, dass es andere gibt, die ähnliche Erfahrungen gemacht und diese überwunden haben, kann eine wichtige Quelle der Unterstützung für diejenigen sein, die unter Missbrauch leiden. Beispiele von Gemeinschaften und Organisationen zu sehen, die Opfern helfen, kann dazu beitragen, dass sie sich weniger isoliert fühlen und stärker zum Handeln befähigt werden.

Darüber hinaus ermöglicht der Erfahrungsaustausch die Anpassung erfolgreicher Strategien an die spezifischen Bedingungen und Bedürfnisse einer bestimmten Kultur oder Gemeinschaft. Dies bedeutet, dass Ansätze zur Gewaltprävention und -reaktion optimal auf die lokalen Bedürfnisse und Realitäten zugeschnitten werden können.

Für diejenigen, die sensibel und unsicher sind, kann es von unschätzbarem Wert sein zu wissen, dass es bewährte Methoden für den Umgang mit Missbrauch gibt. Dies gibt ihnen die Möglichkeit zu erkennen, dass Hilfe verfügbar ist und sie mit ihrem Leid nicht allein sind.

Die Gewissheit, dass es einen Weg zur Veränderung und Unterstützung gibt, kann der Schlüssel dazu sein, Ihre Situation zu überdenken und Maßnahmen zu ergreifen.

Daher spielen der Erfahrungsaustausch und die Weitergabe bewährter Verfahren nicht nur eine entscheidende Rolle bei der Verbesserung der Wirksamkeit des Kampfes gegen geschlechtsspezifische Gewalt, sondern auch bei der Bereitstellung von Hoffnung, Unterstützung und Inspiration für diejenigen, die unter dieser Art von Gewalt leiden.

2. Gemeinsame Projekte und Initiativen: Internationale Projekte und Initiativen, die von mehreren Ländern oder Organisationen gemeinsam umgesetzt werden, haben ein größeres Potenzial bei der Bekämpfung geschlechtsspezifischer Gewalt. Diese Projekte können die Schulung von Personal, die Entwicklung von Unterstützungsmechanismen für Opfer, die Erstellung von Sensibilisierungskampagnen und mehr umfassen. Gemeinsame Anstrengungen ermöglichen es, Ressourcen effizienter zu nutzen und aussagekräftigere Ergebnisse zu erzielen.

Verbundprojekte und Initiativen sind ein wirksames Instrument im Kampf gegen geschlechtsspezifische Gewalt, insbesondere für diejenigen, die Aggression, Angst und Unsicherheit erleben. Bei diesen Projekten geht es darum, gemeinsame Anstrengungen mehrerer Länder oder Organisationen zu schaffen, um ein Problem auf internationaler Ebene effektiv zu lösen.

Einer der wesentlichen Vorteile gemeinsamer Projekte ist die Bündelung von Ressourcen und Fachwissen verschiedener Parteien. Wenn mehrere Länder oder Organisationen zusammenarbeiten, können sie Wissen, Erfahrungen und Ressourcen austauschen und so effektiver und effizienter Strategien zur Prävention und Bekämpfung geschlechtsspezifischer Gewalt entwickeln und umsetzen. Beispielsweise verfügt ein Land möglicherweise über umfassende Erfahrung in der sozialen Unterstützung von Opfern, während ein anderes Land über fortschrittliche Technologie bei der Durchführung von Informationskampagnen verfügt. Durch die Bündelung dieser Anstrengungen können wir einen umfassenden Ansatz zur Lösung des Gewaltproblems entwickeln.

Darüber hinaus tragen gemeinsame Projekte zum Aufbau langfristiger Partnerschaften und Kooperationen zwischen verschiedenen Ländern und Organisationen bei. Dies erleichtert den Austausch von Erfahrungen und Best Practices nicht nur auf Projektebene, sondern auch im größeren Maßstab, was zu einer verbesserten Arbeit im Bereich der Prävention und Bekämpfung geschlechtsspezifischer Gewalt im Allgemeinen führen kann.

Für Opfer von Mobbing, insbesondere für diejenigen, die sensibel sind und denen es an Selbstvertrauen mangelt, kann das Wissen, dass es internationale Projekte und Initiativen gibt, die sich der Bekämpfung von

Missbrauch widmen, eine Quelle der Hoffnung und Unterstützung sein. Dies zeigt, dass das Problem der geschlechtsspezifischen Gewalt international anerkannt ist und erhebliche Anstrengungen unternommen wurden, um es anzugehen. Das Wissen über solche Initiativen kann den Opfern das Gefühl geben, dass sie mit ihrem Leiden nicht allein sind und dass es Menschen und Organisationen gibt, die bereit sind, ihnen in ihrem Kampf zu helfen.

Daher spielen gemeinsame Projekte und Initiativen im Kampf gegen geschlechtsspezifische Gewalt eine wichtige Rolle und sorgen für die Bündelung von Ressourcen, den Erfahrungsaustausch und die Unterstützung auf internationaler Ebene.

3. Unterstützen Sie internationale Standards und Gesetze: Geschlechtsspezifische Gewalt ist eine Verletzung der Menschenrechte und ihre Bekämpfung erfordert konzertierte Maßnahmen auf internationaler Ebene. Die Unterstützung internationaler Standards wie der UN-Konvention zur Beseitigung jeder Form von Diskriminierung der Frau (CEDAW) und anderer regionaler und internationaler Instrumente sowie die Unterstützung internationaler Gesetze zum Schutz der Rechte von Opfern geschlechtsspezifischer Gewalt spielen eine Rolle spielen eine wichtige Rolle bei der Stärkung des Opferschutzes und der Bekämpfung der Straflosigkeit.

Die Unterstützung internationaler Standards und Gesetze zur Bekämpfung geschlechtsspezifischer Gewalt ist von entscheidender Bedeutung, um sicherzustellen, dass die Rechte der Opfer geschützt und die Täter zur Rechenschaft gezogen werden. Geschlechtsspezifische Gewalt stellt eine Verletzung der Menschenrechte dar und ihre Überwindung erfordert nicht nur nationale, sondern auch internationale Anstrengungen zur Schaffung wirksamer Schutzmechanismen.

Ein wichtiger Aspekt der Unterstützung internationaler Standards ist die Ratifizierung und Anwendung relevanter Konventionen und Verträge, wie etwa des UN-Übereinkommens zur Beseitigung jeder Form von Diskriminierung der Frau (CEDAW), des Übereinkommens des Europarats zur Verhütung und Bekämpfung von Gewalt gegen Frauen usw Häusliche Gewalt sowie eine Reihe anderer internationaler Instrumente. Diese Dokumente enthalten wichtige Normen und Grundsätze zum Schutz der Rechte von Opfern und zur Prävention geschlechtsspezifischer Gewalt. Die Unterstützung dieser Standards gewährleistet die Schaffung eines gemeinsamen internationalen Ansatzes zur Gewaltbekämpfung und stärkt die Grundlage für die Entwicklung nationaler Politiken und Gesetze.

Darüber hinaus spielt die Einhaltung der internationalen Gesetzgebung eine wichtige Rolle, um Gerechtigkeit zu gewährleisten und Täter vor Gericht zu bringen. Internationale Gesetze und Abkommen legen Standards und Grundsätze fest, die Staaten einhalten müssen, sowie Mechanismen zur Untersuchung von Verstößen und zur Bestrafung der

Verantwortlichen. Die Unterstützung dieser internationalen Normen und Mechanismen trägt dazu bei, die Straflosigkeit zu verringern und das Vertrauen der Öffentlichkeit in das Rechtssystem zu stärken.

Für Opfer geschlechtsspezifischer Gewalt, insbesondere für diejenigen, die sensibel sind und Angst vor dem Angreifer haben, kann das Wissen, dass es internationale Standards und Gesetze zum Schutz ihrer Rechte gibt, eine Quelle der Hoffnung und Unterstützung sein. Dies zeigt, dass das Problem geschlechtsspezifischer Gewalt weltweit anerkannt ist und dass es eine internationale Gemeinschaft gibt, die bereit ist, sie im Kampf für Gerechtigkeit und Schutz zu unterstützen.

Eine wirksame internationale Zusammenarbeit und Koordinierung bündelt die Bemühungen verschiedener Länder und Organisationen im Kampf gegen geschlechtsspezifische Gewalt und gewährleistet so eine wirksamere und koordiniertere Reaktion auf dieses Problem.

❖·❖·❖·❖·❖·❖·❖·❖·❖·❖·❖·❖·❖·❖·❖

Teil 5:
Prävention und Bekämpfung geschlechtsspezifischer Gewalt

Kapitel 18.
Wie man aufhört, Opfer zu sein. Keine traditionelle Selbsterneuerung.

Zuvor haben wir uns mit dem Thema befasst und sind zu dem Schluss gekommen, dass der Mensch als Spezies das Potenzial für die schrecklichsten, rücksichtslosesten und grausamsten Taten auf diesem Planeten hat. Diese Aussage mag unterschiedliche Reaktionen hervorrufen, sollte aber die Notwendigkeit hervorrufen, unsere Haltung gegenüber der Menschheit zu überdenken.

Warum halten wir einen Menschen für ein so grausames und rücksichtsloses Wesen? Vielleicht ist es seine Geschichte voller Kriege, Konflikte und Gewalt. Vielleicht liegt es an seiner Fähigkeit, die Umwelt und andere Lebewesen zu zerstören. Oder vielleicht handelt es sich um eine genetisch bedingte Fähigkeit und den Wunsch im Unterbewusstsein eines Menschen, seinen Mitmenschen Leid zuzufügen, wofür es immer einen Grund gibt, sei es aufgrund von Unterschieden im Glauben, in der Rasse, in der Politik oder anderen Faktoren. Um Gründe zu finden, genug zu sehen und zu versuchen, jemanden wie ihn selbst zu zerstören, sucht ein Mensch manchmal nicht einmal nach Gründen, sondern wählt ein Opfer aus seiner Umgebung. Aber hier fällt diese Wahl immer auf denjenigen, der körperlich oder geistig schwächer ist.

Man kann sagen, dass in jedem Menschen auch das Potenzial für

Mitgefühl, Freundlichkeit und Gerechtigkeit steckt. Die Menschheit hat zahlreiche Wohltätigkeitsorganisationen, Hilfsprogramme sowie wissenschaftliche und medizinische Fortschritte geschaffen, die dazu beitragen, das Leben von Millionen Menschen zu verbessern.

Aber sagen Sie mir, worauf richten all diese Wohltätigkeitsorganisationen ihre Bemühungen? Ich werde Ihnen antworten: zum Schutz derer, die unter anderen Menschen gelitten haben, derjenigen, die Opfer geworden sind. Sei es die wirtschaftlich unsichere Bevölkerung, die Reichen, die den Armen den Reichtum entziehen, Arbeitsplätze vernichten oder die Preise in die Höhe treiben. Wer macht das alles? Das ist richtig, eine andere Person, die ein direkter Angreifer ist. Aber hier sind die meisten von uns direkt von ihnen abhängig und können in den meisten Fällen nichts dagegen tun. Diese Angreifer beherrschen die Welt und haben Gesetze zu ihrem Schutz erlassen.

Vergessen Sie aber auch nicht, dass es andere Opfer gibt, die von anderen Menschen direkt körperlich geschädigt wurden. Und hier ist anzumerken, dass Opferhilfezentren eingerichtet wurden, teilweise auf Landesebene. Aber hier sollten wir darauf achten, ob diese Organisationen den Opfern umfassend helfen können? Ja, in vielen Fällen helfen diese Organisationen bei der Bewältigung des Angreifers und erhalten möglicherweise sogar eine Entschädigung. Aber ich versichere Ihnen, dass derjenige, der ein Opfer war, wieder ein Opfer wird, wenn er den Angreifer nicht aus eigener Kraft besiegt. In 60 % der Fälle werden ehemalige Opfer erneut Angriffen durch andere Angreifer ausgesetzt, in der Hälfte der Fälle sogar durch denselben Angreifer. Aber dieses Mal kann die Aggression bereits tödliche Folgen haben, da der Angreifer es dem Opfer in vielen Fällen nicht erlaubt, Hilfe zu suchen und in diesem Fall sein Opfer zu töten.

Es ist auch sehr wichtig zu verstehen, dass Ihre Aggressoren genau wie Sie selbst sind. Die Menschen auf dem Planeten teilen die gleichen grundlegenden Merkmale der menschlichen Natur, und die Unterschiede zwischen ihnen sind zwar in mancher Hinsicht erheblich, aber letztendlich gering. Physiologische und psychologische Merkmale können das Verhalten einer Person bestimmen, sie machen eine Person jedoch nicht wertvoller oder minderwertig als andere.

Es ist wichtig zu erkennen, dass alle Unterschiede zwischen uns durch die Gesellschaft und Kultur geschaffen werden und nicht unser Selbstwertgefühl oder unsere Beziehungen zu anderen beeinflussen sollten. Das Überdenken Ihrer eigenen Einstellung zu sich selbst und anderen kann dabei helfen, den Prozess der Veränderung Ihrer mentalen Wahrnehmung der Situation und Ihrer Persönlichkeit als Ganzes einzuleiten.

Das heißt, auch Sie sind ein Mensch wie sie. Verstehst du das? Sie verstehen, dass alle Menschen auf dem Planeten gleich sind und sich nur durch eine kleine Reihe von Faktoren unterscheiden, zu denen physiologische und psychologische Unterschiede gehören. Und gleichzeitig sind sie überhaupt nicht groß. Diese Unterschiede wirken sich natürlich auf das Verhalten eines Menschen und darauf aus, wie er sein gesamtes Leben verbringen wird.

Als Inspiration ist es für Sie wichtig zu verstehen, dass Sie und Ihr Angreifer bis auf zwei Faktoren in allen Punkten gleich sind. Denken Sie darüber nach: Sie haben dieselben menschlichen Eigenschaften wie Ihr Täter. Sie haben das Recht auf Ihre eigenen Gedanken, Gefühle und Wünsche, genau wie er oder sie. Dieses Verständnis kann der Schlüssel sein, um sich von der Opferrolle zu befreien.

Und wenn Sie das jetzt lesen, bedeutet das, dass sich etwas in Ihnen bewegt, etwas verändert. Vielleicht ist es der Wunsch, nicht in der Opferrolle zu bleiben. Das ist ein toller erster Schritt. Aber hören Sie hier nicht auf. Tiefer, irgendwo in dir, in deinem Unterbewusstsein, vielleicht sogar unbewusst, verspürst du diesen Wunsch nach Veränderung. Dies ist der Wunsch, Ihre innere Welt zu verändern und Ihre Einstellung zu sich selbst und der Welt um Sie herum zu überdenken.

Stellen Sie sich nun vor, Sie könnten Ihre psychologische Rolle, Ihr Selbstwertgefühl und Ihre Denkweise ändern. Stellen Sie sich vor, wie sich diese Veränderung auf jeden Aspekt Ihres Lebens auswirken könnte. Sie können selbstbewusster, stärker und entscheidungsfreudiger werden. Möglicherweise beginnen Sie, die Welt aus einer anderen, positiveren Perspektive zu sehen. Sie können sich von den Fesseln der Angst und Negativität befreien, die Sie lange Zeit in einem Teufelskreis gehalten haben.

Dieser psychologische Faktor ist Ihr Schlüssel zur Veränderung. Das ist Ihr innerer Schatz, der Ihre Welt verändern kann. Hab keine Angst vor ihm, heiße ihn willkommen. Erlaube dir, es anzunehmen und es in deinem Leben umzusetzen. Es ist nicht schwierig, es ist einfach. Aber das ist unglaublich wichtig. Das ist Ihre Chance. Deine Zeit. Verpassen Sie es nicht.

Lassen Sie uns tiefer in diesen zweiten Faktor eintauchen. Denken Sie an Ihre körperliche Verfassung. Vielleicht fühlst du dich verletzlich und nicht stark genug, um dich zu schützen. Dies ist häufig der Fall, nachdem Sie geschlechtsspezifische Gewalt erlebt haben, die nicht nur emotionale, sondern auch körperliche Narben hinterlassen kann. Möglicherweise haben Sie das Gefühl, dass Ihr Körper nicht bereit ist, Widerstand zu leisten und sich vor einem Angreifer zu schützen.

Aber wenn Sie dieses Buch lesen, bedeutet das, dass Sie den Wunsch verspüren, das zu ändern. Sie möchten, dass Ihr äußeres Erscheinungsbild Ihre innere Stärke und Ihr Selbstvertrauen widerspiegelt. Es ist möglich. Es ist nicht so schwierig, wie es scheint. Aber dennoch wird es Mühe erfordern und Zeit brauchen. Ja, ich verstehe, dass Sie sofort Ergebnisse erzielen möchten, aber das ist nicht möglich. Sie haben Jahre damit verbracht, zu lernen, wie man ein Opfer ist, und es wird einige Zeit dauern, bis Sie damit aufhören, ein Opfer zu sein. Aber ich habe eine gute Nachricht: Sie müssen dafür nicht Jahre aufwenden. Ich kann Ihnen sogar einen Zeitrahmen nennen, innerhalb dessen Sie, wenn Sie meinen Anweisungen folgen, kein Opfer mehr sind. Dieser liegt zwischen drei Monaten und einem Jahr. Es hängt alles von Ihrem Zustand ab und auch davon, wie sehr Sie sich dem Prozess des Wiederaufbaus von sich selbst, Ihrem Bewusstsein und Ihrem Körper zu einer anderen Persönlichkeit hingeben.

Nennen wir den zweiten Faktor physiologisch. Es ist Ihr Körper, Ihre physische Form, die Sie verändern können, um stärker und verteidigungsbereiter zu werden. Das kann Sport, Fitness, Kampfsport sein, etwas, das Ihnen dabei hilft, Ihren Körper zu stärken und Ihr Selbstvertrauen zu steigern.

Das kann Sport, Fitness, Kampfsport sein, etwas, das Ihnen dabei hilft, Ihren Körper zu stärken und Ihr Selbstvertrauen zu steigern. Schauen wir uns das genauer an, um zu verstehen, wo man anfangen soll und was für wen geeignet ist.

Aber denken Sie daran, dass dies ein Prozess ist. Dies ist keine sofortige Lösung des Problems. Aber jeder Schritt, jede Übung, jedes Training bringt Sie Ihrem Ziel näher – stark und selbstbewusst zu sein. Sie sollten keine Angst haben, Mühe und Zeit dafür zu investieren. Letztendlich stehen Ihre Gesundheit, Ihre Stärke und Ihr Leben auf dem Spiel. Sie beschließen, nie wieder ein Opfer zu sein.

Werfen wir einen Blick auf die Ergebnisse der Änderung dieser beiden Faktoren. Stellen Sie sich vor, wie Ihr neuer geistiger und körperlicher Zustand Ihre Situation verändern wird. Du wirst nie wieder ein Opfer sein. Sie werden nicht nur ein gewöhnlicher, normaler Mensch sein, sondern auch einer mit Stärke, Selbstvertrauen und Entschlossenheit. Dies wird Sie von den Fesseln geschlechtsspezifischer Gewalt und Gewalt gegen Sie befreien und es Ihnen ermöglichen, Ihr Potenzial auszuschöpfen.

Und nicht nur das. Wenn Sie möchten, können Sie sich vielleicht sogar für andere gegen geschlechtsspezifische Gewalt einsetzen. Sie können Ihre Erfahrung und Ihre Kraft nutzen, um diejenigen zu unterstützen, die sich in einer ähnlichen Situation befinden. Ihr Wunsch, andere zu schützen, wird ein Zeichen Ihrer inneren Transformation, Ihres Wachstums und Ihrer Stärke sein.

Aber denken Sie daran, dass es Ihre Entscheidung ist. Ihr Wunsch, sich selbst und Ihre Welt zu verändern. Niemand kann das für Sie tun. Dies ist Ihr Weg zur Freiheit von geschlechtsspezifischer Gewalt und zu einem neuen, stärkeren und selbstbewussteren Leben. Natürlich ist der Weg dorthin nicht einfach, da man so viele Jahre lang ein Opfer war. Es erfordert Anstrengung, Entschlossenheit und Zeit von Ihnen. Aber jeder Schritt, jede Anstrengung bringt Sie Ihrem Ziel näher.

Lassen Sie uns über den ersten Faktor sprechen, der vielleicht am wenigsten schwer zu ändern ist, aber gleichzeitig eine wichtige Rolle im Prozess der Überwindung geschlechtsspezifischer Gewalt spielt. Es ist ein Bewusstsein für die eigene Menschenwürde und die Gleichberechtigung mit den Tätern.

Ja, Sie sind ein Mensch, genau wie Ihr Angreifer. Die gleichen Organe, Knochen, Gehirn, Haut gehören Ihnen. Unabhängig von Ihrer Körpergröße oder Ihrem Aussehen sind Sie Ihrem Angreifer in fast jeder Hinsicht absolut ebenbürtig. Hier ist es wichtig zu verstehen, dass Ihr inneres Selbst nicht weniger wertvoll und mächtig ist als das anderer.

Möglicherweise haben Sie sich aufgrund Ihrer Erziehung oder Umstände in der Vergangenheit weniger wichtig oder verletzlich gefühlt. Oder seien Sie einfach nicht auf das wirkliche Leben vorbereitet, das voller Grausamkeiten ist, von denen Sie nicht einmal wussten. Aber es muss nicht Ihre Zukunft bestimmen. Die Illusion einer „gerechten und gleichberechtigten" Welt, die sich im Laufe Ihres Lebens in Ihrem Kopf aufgebaut hat, zu durchbrechen, ist ein wichtiger Schritt zur Befreiung aus der Opferrolle.

An sich selbst glauben. Glauben Sie, dass Sie stark und in der Lage sind, Ihr Leben zu verändern. Machen Sie diesen ersten Schritt in Richtung Selbstverständnis und Selbstachtung. Denn wenn Sie an sich selbst glauben und Ihren Wert erkennen, öffnen Sie die Tür zu neuen Möglichkeiten und der Freiheit von Angst und Demütigung.

Damit alles nach unserem Plan funktioniert, müssen beide Faktoren gleichzeitig wirken und sich verändern. Wenn wir praktische Ratschläge in Betracht ziehen, werden wir immer wieder auf beide Faktoren zurückkommen und sie als ein Ganzes überdenken, das nicht getrennt existieren kann.

Kapitel 19.

Harmonie zweier Faktoren. Was Sie selbst wählen sollten.

Um sich auf den Widerstand gegen Aggressionen vorzubereiten, muss nicht nur der physische Körper gestärkt werden, sondern auch der mentale Zustand überdacht werden. Das ist kein einfacher Weg, aber ein wichtiger Schritt zur Befreiung aus der Opferrolle.

Dabei spielt die Wahl der sportlichen Aktivität eine zentrale Rolle. Es gibt viele Sportarten, von denen jede ein Werkzeug zur Entwicklung von körperlicher Stärke, Koordination und Selbstvertrauen sein kann. Allerdings sind nicht alle Sportarten dazu geeignet, Selbstverteidigung und schnelle Reaktion in kritischen Situationen zu lehren.

So kann beispielsweise ein Kampfsporttraining nicht nur Ihre Fitness verbessern, sondern Ihnen auch effektive Verteidigungstechniken vermitteln. Sie entwickeln nicht nur den Körper, sondern auch den Geist unter Berücksichtigung von Taktik und Strategie. Es ist wichtig, eine Sportart zu wählen, die Ihnen nicht nur dabei hilft, stärker zu werden, sondern auch zu lernen, in Stresssituationen Entscheidungen zu treffen.

Darüber hinaus sollte die Vorbereitung auf die Abwehr von Aggressionen die Arbeit an psychologischen Aspekten umfassen. Opfer geschlechtsspezifischer Gewalt erleben oft Gefühle der Hilflosigkeit, Angst und mangelndes Selbstwertgefühl. Neben der Schulung ist es wichtig, die Unterstützung eines Psychologen oder Trainers in Anspruch zu nehmen, der auf die Arbeit mit Gewaltopfern spezialisiert ist. Dies wird Ihnen nicht nur helfen, Traumata zu überwinden, sondern auch Ihre Situation neu zu gestalten, Selbstvertrauen zu gewinnen und zu lernen, wie Sie effektiv auf Aggressionen reagieren können.

Es ist wichtig, sich daran zu erinnern, dass die Vorbereitung auf den Widerstand gegen Aggressionen ein Prozess ist, der Zeit, Geduld und die ständige Weiterentwicklung sowohl physischer als auch psychischer Fähigkeiten erfordert. Sie müssen darauf vorbereitet sein, dass Veränderungen zwar Zeit brauchen, aber jeder Schritt auf dem Weg Sie näher daran bringt, sich von der Opferrolle zu befreien und die Kontrolle über Ihr eigenes Leben zu erlangen.

In diesem Abschnitt tauchen wir in die Welt des Sports ein, der Ihr zuverlässiger Verbündeter im Kampf gegen Aggression sein kann. Wir erkunden verschiedene einzigartige Wege, die Ihnen den Weg zu körperlicher und geistiger Stärke ebnen und Sie in die Lage versetzen, Ihren Angreifer herauszufordern.

Stellen Sie sich vor, dass jede Ihrer Bewegungen von Anmut und Kraft erfüllt sein könnte und dass Sie ein Selbstvertrauen haben, das sich von innen nach außen ausbreitet. Und das sind keine Träume, sondern eine Realität, die durch Sport erreicht werden kann. Deshalb empfehle ich Ihnen, den Weg der Selbstverbesserung durch sportliche Aktivitäten einzuschlagen.

Die Wahl der richtigen Sportart ist entscheidend. Ich habe nur einige Sportarten ausgewählt und Ihnen diese angeboten, um Ihre Aufmerksamkeit auf diejenigen Sportarten zu lenken, die leicht zu beherrschen und in jedem Winkel der Welt verfügbar sind. Schließlich ist es unser Ziel, Ihnen die Werkzeuge an die Hand zu geben, mit denen Sie dem Angreifer in kürzester Zeit wirksam widerstehen können.

Außerdem sind diese Schulungsarten sehr gut, da sie über erweiterte Online-Trainingsmöglichkeiten und viele Video-Tutorials auf YouTube verfügen. Heutzutage sind viele Video-Tutorials und Ressourcen online verfügbar, sodass Sie Ihre Transformationsreise noch heute direkt zu Hause beginnen können. Dies ist nicht nur eine Gelegenheit, Ihren Körper zu stärken, sondern auch Ihre Meinung zu ändern , Selbstvertrauen zu gewinnen und sich selbst zu verändern.

Denken Sie vor allem daran, dass Sie mit jedem Schritt in diese Richtung Ihrem Ziel näher kommen. Und auch wenn Sie nicht die Möglichkeit haben, bei einem Trainer in einem Sportverein zu lernen, und wir verstehen natürlich, dass das Selbststudium eine professionelle Ausbildung nicht ersetzt, kann es in manchen Situationen eine durchaus würdige Alternative sein und zu Ihrer Rettung werden. Ab heute haben Sie die volle Chance, die Kontrolle über Ihr Leben zu übernehmen, und in ein paar Monaten werden Sie vollständig darauf vorbereitet sein, dem Angreifer und allen Herausforderungen, die das Leben an Sie stellt, eine würdige Abfuhr zu erteilen.

Schauen wir uns einige beliebte Sportarten an, die in fast jedem Teil der Welt trainiert werden können und relativ schnell erlernt werden können, um einem Opfer geschlechtsspezifischer Gewalt zu helfen:

1. Boxen: Boxen ist eine Sportart, die dabei hilft, Kraft, Ausdauer, Koordination und Selbstbeherrschung zu entwickeln. Das Beherrschen grundlegender Boxtechniken kann einem Opfer helfen, sich selbst zu verteidigen und gegen einen Angreifer zu kämpfen.

Boxen ist nicht nur ein Sport, es ist ein Werkzeug, das nicht nur Ihr körperliches Erscheinungsbild, sondern auch Ihren geistigen Zustand verändern kann. Es ist kein Zufall, dass es als eine der wirksamsten Möglichkeiten gilt, Opfern geschlechtsspezifischer Gewalt zu helfen.

Das Positive daran ist, dass man beim Boxen völlig konzentriert sein und die Kontrolle behalten muss. Im Trainingsprozess lernen Sie, mit Ihren Emotionen umzugehen, Selbstdisziplin zu entwickeln und die Selbstkontrolle zu stärken. Diese Fähigkeiten sind für Opfer geschlechtsspezifischer Gewalt äußerst wichtig, da sie nicht nur dabei helfen, ihre Emotionen in Konfliktsituationen zu kontrollieren, sondern auch, in kritischen Momenten fundierte Entscheidungen zu treffen.

Darüber hinaus fördert das Boxen körperliche Kraft, Ausdauer und Koordination. Dies verbessert nicht nur Ihre körperliche Fitness, sondern gibt Ihnen auch Vertrauen in Ihre Fähigkeiten. Opfer geschlechtsspezifischer Gewalt können sich durch das Erlernen grundlegender Boxtechniken sicherer und auf die Konfrontation mit dem Angreifer vorbereitet fühlen.

Einer der wichtigsten Punkte beim Boxen ist die Entwicklung von Selbstverteidigungsfähigkeiten. Sie lernen nicht nur Schläge und Blockaden, sondern auch Strategien, um Angriffen auszuweichen. Dadurch sind Sie kompetenter und auf reale Situationen auf der Straße oder in der Schule vorbereitet, in denen es zu Konflikten kommen kann.

Somit ist Boxen nicht nur eine Sportdisziplin, sondern eine ganze Reihe von Werkzeugen, die Ihren Lebensstil verändern und Ihnen helfen können, kein Opfer mehr zu sein. Es trainiert nicht nur Ihren Körper, sondern auch Ihren Geist und macht Sie zu einem starken und selbstbewussten Menschen, der in der Lage ist, sich gegen einen Angreifer zu wehren und sich zu verteidigen.

Darüber hinaus ist zu berücksichtigen, dass Boxen neben dem körperlichen Training auch die Entwicklung psychologischer Fähigkeiten fördert, die notwendig sind, um Aggressionen wirksam entgegenzuwirken.

Erstens trägt regelmäßiges Boxtraining dazu bei, das Selbstwertgefühl und Selbstvertrauen eines Opfers geschlechtsspezifischer Gewalt zu stärken. Das Gefühl der Stärke und des Vertrauens in die eigenen Fähigkeiten, das durch die Überwindung physischer und psychischer Barrieren beim Boxen gewonnen wird, hilft dem Opfer, seinen Wert und seine Bedeutung zu erkennen.

Zweitens lehrt das Boxtraining dem Opfer, seine Reaktionen auf Stresssituationen zu kontrollieren. Beim Boxen lernt man nicht nur, mit körperlichen Herausforderungen umzugehen, sondern auch, seine Emotionen zu kontrollieren und in kritischen Situationen einen kühlen Kopf zu bewahren. Dies ist besonders wichtig für diejenigen, die Opfer geschlechtsspezifischer Gewalt sind, da die Fähigkeit, ruhig zu bleiben, dazu beitragen kann, Konflikte und eine Eskalation der Gewalt zu vermeiden.

Boxen hilft Opfern geschlechtsspezifischer Gewalt auch dabei, strategisches Denken und Planen zu entwickeln. Während des Trainings lernen Sie, Situationen zu analysieren, die Aktionen Ihres Gegners vorherzusagen und wirksame Gegenstrategien zu entwickeln. Diese Fähigkeiten können nicht nur im Ring, sondern auch im Alltag angewendet werden und helfen dem Opfer, kluge Entscheidungen zu treffen und in seinem besten Interesse zu handeln.

So stärkt Boxen nicht nur den physischen Körper, sondern entwickelt auch die psychologischen Fähigkeiten, die für eine wirksame Abwehr geschlechtsspezifischer Gewalt erforderlich sind. Angesichts des ganzheitlichen Ansatzes des Sports ist er eines der wirksamsten Mittel, um Opfern geschlechtsspezifischer Gewalt auf ihrem Weg zu Selbstbestimmung und Schutz zu helfen.

Boxen ist eine Kampfsportart, bei der die Hauptwaffen nur die Hände sind. Boxwettkämpfe werden in einem speziellen Ring ausgetragen, in dem zwei Boxer nur mit Schlägen gegeneinander antreten. Das Ziel des Boxens ist es, so viele Schläge wie möglich auf den Gegner zu landen und dabei den Kontakt mit seinen Schlägen zu vermeiden.

Beim Boxen wird viel Wert auf die Schlagtechnik gelegt: Gerade, Haken, Aufwärtshaken und andere. Wichtige Elemente des Boxens sind auch die Verteidigung und das Ausweichen vor gegnerischen Schlägen. Boxtraining fördert die Entwicklung von Geschwindigkeit, Kraft, Ausdauer und Reaktionszeit und verbessert die körperliche Fitness und Koordination.

2. Kickboxen: Kickboxen kombiniert Elemente des Boxens und verschiedene Tritttechniken. Es hilft, Kraft, Koordination und Selbstvertrauen zu entwickeln.

Kickboxen ist nicht nur ein Sport, es ist eine Lebensweise, die für Opfer geschlechtsspezifischer Gewalt ein wirksames Instrument auf ihrem Weg zur Selbstverbesserung und zum Schutz sein kann. Lassen Sie uns herausfinden, wie dieser Sport Ihnen helfen kann, kein Opfer mehr zu sein und sich gegen den Angreifer zu wehren.

Erstens bietet Kickboxen ein umfassendes Training, das sowohl Boxelemente als auch verschiedene Tritttechniken umfasst. Dadurch erhalten Sie die Möglichkeit, nicht nur die Kraft und Koordination Ihrer Arme, sondern auch Ihrer Beine zu entwickeln, wodurch Sie vielseitiger und für eine Vielzahl von Situationen gerüstet sind. Diese Vielfalt an Schulungen ermöglicht es Opfern geschlechtsspezifischer Gewalt, Fähigkeiten zu erwerben, die ihnen helfen, effektiv mit verschiedenen Arten von Aggression umzugehen.

Zweitens trägt Kickboxen zur Entwicklung des Selbstvertrauens bei. Ständiges Training, die schrittweise Verbesserung der Technik und das Erreichen neuer Ziele schaffen ein Gefühl des Fortschritts und des Selbstwertgefühls. Dies ist besonders wichtig für Opfer geschlechtsspezifischer Gewalt, die häufig unter einem geringen Selbstwertgefühl und Selbstvertrauen leiden. Selbstvertrauen wird ihnen helfen, sich sicherer zu fühlen und bereit zu sein, sich gegen einen Angreifer zu verteidigen.

Darüber hinaus vermittelt Kickboxen Selbstverteidigungsstrategien für Opfer geschlechtsspezifischer Gewalt. Im Training lernt man nicht nur, effektiv anzugreifen, sondern sich auch zurückzuziehen und sich gegen Angriffe zu verteidigen. Dies hilft dem Opfer geschlechtsspezifischer Gewalt, Fähigkeiten zu erlernen, die in realen Situationen auf der Straße oder in der Schule, in denen es zu Konflikten kommen kann, nützlich sein können.

Kickboxen ist also nicht nur ein Sport, sondern eine ganze Reihe von Werkzeugen, die das Leben eines Opfers geschlechtsspezifischer Gewalt verändern können. Es schult nicht nur körperliche Stärke, sondern auch Selbstvertrauen, strategisches Denken und Selbstverteidigungsfähigkeiten und macht sie stärker und fähiger, sich gegen einen Angreifer zu wehren.

Zusätzlich zu diesen Vorteilen fördert Kickboxen auch das emotionale Wohlbefinden und die Stressbewältigung bei Opfern geschlechtsspezifischer Gewalt. Während des Trainings werden Endorphine ausgeschüttet – Glückshormone, die helfen, die Stimmung zu verbessern und Stress und Ängste abzubauen. Dies ist besonders wichtig für diejenigen, die unter den psychischen Auswirkungen geschlechtsspezifischer Gewalt wie Depressionen, Angstzuständen oder posttraumatischen Belastungsstörungen leiden.

Darüber hinaus kann das Kickboxtraining zu einer Art Kanal für den Ausdruck negativer Emotionen und Aggression werden. Anstatt ihre Emotionen zu unterdrücken, können Opfer geschlechtsspezifischer Gewalt Sport als Mittel nutzen, um negative Gefühle und Energie loszulassen. Dies hilft ihnen nicht nur, mit emotionalem Unbehagen umzugehen, sondern entwickelt auch gesündere Wege, auf Stresssituationen zu reagieren.

Darüber hinaus kann Kickboxen ein wirksames Instrument zum Aufbau sozialer Kontakte und Unterstützung sein. Die Teilnahme an Gruppentrainings bietet die Möglichkeit, Menschen mit ähnlichen Erfahrungen oder Interessen kennenzulernen und sich gegenseitig bei der Erreichung gemeinsamer Ziele zu unterstützen. Dies hilft Opfern geschlechtsspezifischer Gewalt, sich als Teil einer Gemeinschaft zu fühlen und zusätzliche Unterstützung auf ihrem Weg zur Selbstverbesserung zu erhalten.

Somit ist Kickboxen nicht nur ein Mittel zum körperlichen Training, sondern auch ein wirksames Instrument zur Verbesserung des psychischen Wohlbefindens und der sozialen Anpassung von Opfern geschlechtsspezifischer Gewalt. Es hilft ihnen nicht nur, stärker und selbstbewusster zu werden, sondern lernt auch, effektiv mit negativen Emotionen und Stress umzugehen und schafft so die Grundlage für ein gesundes und glückliches Leben.

Kickboxin kombiniert Elemente des Boxens und der Tritttechniken. Beim Kickboxen kommen neben dem Schlagen auch Tritte zum Einsatz, was diesen Sport abwechslungsreicher und dynamischer macht. Beim Kickboxen sind verschiedene Arten von Schlägen möglich: niedrige, mittlere und hohe Schläge, die es den Kämpfern ermöglichen, verschiedene Bereiche des Körpers des Gegners anzugreifen.

Zum Kickboxtraining gehört auch die Arbeit an Schlagtechnik, Verteidigung, Ausweichen und körperlicher Fitness. Darüber hinaus fördert Kickboxen die Entwicklung von Flexibilität, Beinkraft und Ausdauer. Im Gegensatz zum Boxen können Sie beim Kickboxen nicht nur Ihre Arme, sondern auch Ihre Beine im Kampf einsetzen, was es in verschiedenen Situationen vielseitiger und effektiver macht.

3. Karate: Karate ist eine Kampfkunst, die Block-, Schlag- und Verteidigungstechniken lehrt. Es hilft auch, Konzentration und Selbstdisziplin zu entwickeln.

Karate ist nicht nur eine Verteidigungsmethode, sondern auch eine Lebensphilosophie, die Opfern geschlechtsspezifischer Gewalt helfen kann, sich körperlich und geistig zu verändern. Schauen wir uns an, wie dieser Sport Ihnen helfen kann, kein Opfer mehr zu sein und die Fähigkeiten zu erwerben, sich gegen einen Angreifer zu wehren.

Erstens lehrt Karate Selbstverteidigungstechniken, einschließlich

Block-, Schlag- und Verteidigungstechniken. Diese Fähigkeiten ermöglichen es Opfern geschlechtsspezifischer Gewalt, sich bei Angriffen effektiv zu verteidigen, wodurch ihr Selbstvertrauen und ihre Fähigkeit, sich gegen den Angreifer zu wehren, gestärkt werden. Durch regelmäßiges Karate-Training werden diese Fähigkeiten gestärkt und Reflexe trainiert, was für eine schnelle und adäquate Reaktion in Stresssituationen wichtig ist.

Zweitens hilft Karate dabei, Konzentration und Selbstdisziplin zu entwickeln. Durch das Training lernen die Schüler, ihre Gedanken und Emotionen zu kontrollieren, was ihnen hilft, sich auf eine Aufgabe zu konzentrieren und durchdachte Entscheidungen zu treffen. Diese Fähigkeiten sind besonders wichtig für Opfer geschlechtsspezifischer Gewalt, da sie ihnen helfen, ruhig zu bleiben und rational auf Druck und Drohungen zu reagieren.

Darüber hinaus lehrt Karate Respekt vor sich selbst und anderen, was zur Bildung einer positiven Einstellung sich selbst gegenüber und einem gesteigerten Selbstwertgefühl beiträgt. Dies ist besonders wichtig für Opfer geschlechtsspezifischer Gewalt, die möglicherweise unter Minderwertigkeitsgefühlen und einem negativen Selbstbild leiden. Selbstvertrauen und Respekt vor den eigenen Grenzen helfen ihnen, weniger anfällig für Aggressoren zu werden und sich bei Bedarf zur Wehr zu setzen.

Somit stellt Karate ein wirksames Instrument dar, um Opfern geschlechtsspezifischer Gewalt auf ihrem Weg zur Selbstverbesserung und zum Schutz zu helfen. Es vermittelt nicht nur Selbstverteidigungstechniken, sondern fördert auch Konzentration, Selbstdisziplin und Selbstachtung und ist damit ein wirksames Instrument zur Bekämpfung von Aggressionen und zur Entwicklung einer positiven Persönlichkeit.

Darüber hinaus sollte berücksichtigt werden, dass Karate neben körperlichem Training auch dazu beiträgt, innere Stärke und Selbstvertrauen bei Opfern geschlechtsspezifischer Gewalt zu entwickeln. Ständiges Training in dieser Sportart trägt dazu bei, die spirituellen und psychologischen Aspekte des Einzelnen zu stärken, was für einen wirksamen Widerstand gegen den Angreifer nicht weniger wichtig ist.

Karate lehrt Opfer geschlechtsspezifischer Gewalt nicht nur, sich körperlich zu verteidigen, sondern auch, innere Stärke und Frieden in sich selbst zu finden. Im Trainingsprozess lernen sie, ihre Emotionen zu kontrollieren, innere Harmonie zu finden und ihre innere Welt auszugleichen. Dies hilft ihnen nicht nur, mit den negativen Folgen geschlechtsspezifischer Gewalt umzugehen, sondern entwickelt auch einen starken und widerstandsfähigen Charakter, der dem Einfluss von Aggressoren nicht erliegt.

Darüber hinaus vermittelt Karate Opfern geschlechtsspezifischer

Gewalt Grundsätze der Moral und Ethik, die ihnen helfen, in schwierigen Situationen die richtigen Entscheidungen zu treffen. Sie lernen, ihre Rivalen zu respektieren, auch wenn diese aggressiv sind, und friedliche Lösungen für Konflikte zu finden. Diese Fähigkeiten helfen ihnen nicht nur, sich vor geschlechtsspezifischer Gewalt zu schützen, sondern auch Konflikte zu vermeiden und friedliche Lösungen für Probleme zu finden.

Somit ist Karate nicht nur eine körperliche Disziplin, sondern auch eine Lebensphilosophie, die die innere und äußere Welt von Opfern geschlechtsspezifischer Gewalt verändern kann. Es lehrt sie nicht nur, sich gegen Aggressionen zu verteidigen, sondern auch, innere Stärke, Selbstvertrauen und Weisheit zu entwickeln, die sie unerschütterlich und bereit machen, alle Herausforderungen zu meistern, die das Leben ihnen stellt.

Karate und Taekwondo sind ebenfalls Kampfsportarten, sie haben jedoch unterschiedliche Wurzeln und Methoden. Das aus Japan stammende Karate konzentriert sich häufig auf Schlag- und Blocktechniken, während das aus Korea stammende Taekwondo auf Tritttechniken spezialisiert ist.

Karate und Taekwondo sind beides alte orientalische Kampfkünste, die sich in unterschiedlichen kulturellen und historischen Kontexten entwickelt haben und ihnen ihre einzigartigen Eigenschaften verleihen.

Karate ist eine japanische Kampfkunst, die auf der Insel Okinawa entwickelt wurde. Die Grundlage des Karate sind Schlag-, Tritt- und Blocktechniken. Im Karate wird nicht nur auf die Schlagtechnik geachtet, sondern auch auf die innere Entwicklung des Kämpfers, seine mentale Stärke und spirituelle Aspekte. Karate ist ein wirksames System der Selbstverteidigung, das dem Kämpfer beibringt, Gewalt zu kontrollieren und sie zu Verteidigungszwecken einzusetzen.

Taekwondo ist eine koreanische Kampfkunst, die sich auf Tritttechniken konzentriert. Dieser Sport ist bekannt für seine hohen und kraftvollen Tritte, die sowohl mit Kraft als auch mit schnellen Bewegungen ausgeführt werden können. Taekwondo umfasst auch verschiedene Elemente des Schlagens, Blockens und der Verteidigung. Das Besondere daran ist jedoch, dass es sich speziell auf Tritttechniken konzentriert, was es zu einer ausgezeichneten Wahl für diejenigen macht, die Kraft und Flexibilität der unteren Extremitäten entwickeln möchten.

Obwohl Karate und Taekwondo wirksame Formen der Selbstverteidigung sind, haben sie doch ihre eigenen Eigenschaften, die je nach Vorlieben und Zielen für unterschiedliche Menschen attraktiv sein können. Karate mit seinem Schwerpunkt auf Schlagtechnik und innerer Entwicklung könnte für diejenigen geeignet sein, die die Koordination und die spirituellen Aspekte der Kampfkunst entwickeln möchten. Während Taekwondo mit seinem Schwerpunkt auf Tritten und Ausdauer möglicherweise für diejenigen vorzuziehen ist, die ihre Flexibilität und Trittfähigkeiten verbessern möchten.

4. Taekwondo: Taekwondo ist eine koreanische Kampfkunst, die Tritt- und Schlagtechniken umfasst. Es hilft, Koordination, Flexibilität und Ausdauer zu verbessern.

Karate und Taekwondo sind beides alte orientalische Kampfkünste, die sich in unterschiedlichen kulturellen und historischen Kontexten entwickelt haben und ihnen ihre einzigartigen Eigenschaften verleihen.

Karate ist eine japanische Kampfkunst, die auf der Insel Okinawa entwickelt wurde. Die Grundlage des Karate sind Schlag-, Tritt- und Blocktechniken. Im Karate wird nicht nur auf die Schlagtechnik geachtet, sondern auch auf die innere Entwicklung des Kämpfers, seine mentale Stärke und spirituelle Aspekte. Karate ist ein wirksames System der Selbstverteidigung, das dem Kämpfer beibringt, Gewalt zu kontrollieren und sie zu Verteidigungszwecken einzusetzen.

Taekwondo ist eine koreanische Kampfkunst, die sich auf Tritttechniken konzentriert. Dieser Sport ist bekannt für seine hohen und kraftvollen Tritte, die sowohl mit Kraft als auch mit schnellen Bewegungen ausgeführt werden können. Taekwondo umfasst auch verschiedene Elemente des Schlagens, Blockens und der Verteidigung. Das Besondere daran ist jedoch, dass es sich speziell auf Tritttechniken konzentriert, was es zu einer ausgezeichneten Wahl für diejenigen macht, die Kraft und Flexibilität der unteren Extremitäten entwickeln möchten.

Obwohl Karate und Taekwondo wirksame Formen der Selbstverteidigung sind, haben sie doch ihre eigenen Eigenschaften, die je nach Vorlieben und Zielen für unterschiedliche Menschen attraktiv sein können. Karate mit seinem Schwerpunkt auf Schlagtechnik und innerer Entwicklung könnte für diejenigen geeignet sein, die die Koordination und die spirituellen Aspekte der Kampfkunst entwickeln möchten. Während Taekwondo mit seinem Schwerpunkt auf Tritten und Ausdauer möglicherweise für diejenigen vorzuziehen ist, die ihre Flexibilität und Trittfähigkeiten verbessern möchten.

Taekwondo ist nicht nur eine Kampfkunst, sondern auch ein Weg zur Selbstverbesserung, der ein Opfer geschlechtsspezifischer Gewalt stärker und selbstbewusster machen kann. Schauen wir uns an, wie dieser Sport einem Opfer geschlechtsspezifischer Gewalt helfen kann, nicht länger ein Opfer zu sein und sich gegen den Angreifer zu wehren.

Erstens lehrt Taekwondo wirksame Selbstverteidigungstechniken, einschließlich Treten und Schlagen. Diese Techniken ermöglichen es Opfern geschlechtsspezifischer Gewalt, schnell und effektiv auf Angriffe zu reagieren, und befähigen sie, sich selbst und ihre Grenzen zu schützen. Regelmäßiges Taekwondo-Training verbessert die Koordination und entwickelt Reflexe, die für eine wirksame Selbstverteidigung in realen Situationen notwendig sind.

Zweitens trägt Taekwondo dazu bei, die mentale Stärke und das

Selbstvertrauen von Opfern geschlechtsspezifischer Gewalt zu entwickeln. Während des Trainings lernen sie, ihre Ängste und Zweifel zu überwinden sowie positives Denken und Selbstvertrauen zu entwickeln. Dies hilft ihnen, an sich selbst und ihre Fähigkeiten zu glauben, was sie weniger anfällig für Mobbing macht und ihnen hilft, ein positives Selbstbild zu entwickeln.

Taekwondo lehrt Opfer geschlechtsspezifischer Gewalt außerdem Disziplin und Selbstbeherrschung. Durch Training lernen sie, ihre Emotionen zu kontrollieren und auf Stresssituationen gelassen zu reagieren. Dies hilft ihnen nicht nur, mit negativen Emotionen umzugehen, sondern auch, in schwierigen Situationen durchdachte Entscheidungen zu treffen, was ein wichtiger Aspekt bei der Bekämpfung von Aggressionen ist.

Somit ist Taekwondo nicht nur eine sportliche Disziplin, sondern auch ein Weg zur persönlichen Weiterentwicklung und zum Schutz vor geschlechtsspezifischer Gewalt. Es vermittelt wirksame Selbstverteidigungstechniken, stärkt mentale Stärke und Selbstvertrauen und entwickelt Disziplin und Selbstbeherrschung. Diese Fähigkeiten machen Opfer geschlechtsspezifischer Gewalt stärker und fähiger, mit den Herausforderungen des Lebens umzugehen und sich gegen den Angreifer zu wehren.

Darüber hinaus hilft Taekwondo Opfern geschlechtsspezifischer Gewalt, eine respektvolle und tolerante Haltung gegenüber anderen zu entwickeln. Durch das Training lernen sie, ihre Trainer, Trainingspartner und andere Teilnehmer zu respektieren, wodurch sich eine respektvolle und offene Haltung gegenüber Menschen im Allgemeinen entwickelt. Diese Fähigkeiten helfen ihnen, die Beweggründe für das Verhalten anderer Menschen besser zu verstehen und Gemeinsamkeiten zu finden, was für den Aufbau positiver Beziehungen und die Überwindung von Konflikten wichtig ist.

Darüber hinaus fördert Taekwondo die körperliche Gesundheit und das Wohlbefinden von Opfern geschlechtsspezifischer Gewalt. Regelmäßiges Training trägt zur Verbesserung der körperlichen Fitness, Ausdauer, Flexibilität und Gesamtkraft bei. Dies hilft ihnen nicht nur, auf körperliche Konfrontationen vorbereitet zu sein, sondern verbessert auch ihr Wohlbefinden und ihr Selbstvertrauen.

Es ist auch erwähnenswert, dass Taekwondo den Opfern geschlechtsspezifischer Gewalt ethische und moralische Grundsätze vermittelt, die für die Entwicklung von Charakter und Werten wichtig sind. Während des Ausbildungsprozesses lernen sie, verantwortungsbewusst, ehrlich und fair zu sein, was ihnen hilft, Führungsqualitäten zu entwickeln und die richtigen Entscheidungen im Leben zu treffen.

Somit ist Taekwondo nicht nur eine Sportdisziplin, sondern auch eine ganze Lebensweise, die die Entwicklung der körperlichen und geistigen Gesundheit, die Bildung einer respektvollen und toleranten Haltung gegenüber anderen sowie die Grundsätze von Ethik und Moral fördert. Diese Aspekte machen es zu einem wirksamen Instrument, um Opfern geschlechtsspezifischer Gewalt dabei zu helfen, Schwierigkeiten zu überwinden und persönliches Wachstum zu erreichen.

4. Judo: Judo ist eine japanische Kampfkunst, die sich auf Wurf- und Ringkampftechniken konzentriert. Dies kann eine wirksame Möglichkeit sein, sich selbst zu schützen und die Situation zu kontrollieren.

Judo ist nicht nur eine Kampfkunst, sondern auch eine Philosophie, die Opfer geschlechtsspezifischer Gewalt verwandeln und ihnen helfen kann, sowohl körperlich als auch geistig stärker zu werden. Schauen wir uns an, wie dieser Sport einem Opfer geschlechtsspezifischer Gewalt helfen kann, nicht länger ein Opfer zu sein und sich gegen den Angreifer zu wehren.

Erstens lehrt Judo Wurf- und Greiftechniken, die bei der Abwehr von Angriffen wirksam sein können. Diese Techniken ermöglichen es Opfern geschlechtsspezifischer Gewalt, die Situation zu kontrollieren und sich im Falle aggressiver Einflussnahme zu schützen. Regelmäßiges Judo-Training verbessert die Koordination, Kraft und Flexibilität und bereitet das Opfer besser auf körperliche Konfrontationen vor.

Zweitens lehrt Judo Selbstbeherrschung und den Umgang mit den eigenen Emotionen. Durch Schulungen lernen Opfer geschlechtsspezifischer Gewalt, in Stresssituationen Ruhe zu bewahren und fundierte Entscheidungen zu treffen. Dies hilft ihnen, emotionale Ausbrüche und die Eskalation von Konflikten zu vermeiden, was ein wichtiger Aspekt bei der Bekämpfung von Aggressionen ist.

Darüber hinaus fördert Judo die Entwicklung spiritueller Qualitäten wie Respekt, Toleranz und Zurückhaltung. Opfer geschlechtsspezifischer Gewalt lernen, ihre Rivalen und Gegner, auch wenn diese aggressiv sind, zu respektieren und friedliche Lösungen für Konflikte zu finden. Diese Fähigkeiten helfen ihnen, im Umgang mit anderen selbstbewusster und unabhängiger zu werden, was ihre Position stärkt und sie weniger anfällig für Mobbing macht.

Somit ist Judo nicht nur eine sportliche Disziplin, sondern auch ein Weg zur persönlichen Weiterentwicklung und zum Schutz vor geschlechtsspezifischer Gewalt. Es vermittelt Opfern geschlechtsspezifischer Gewalt nicht nur körperliches Training, sondern auch den Umgang mit Emotionen, die Entwicklung spiritueller Qualitäten und die Stärkung des Selbstwertgefühls. Diese Fähigkeiten machen sie selbstbewusster und fähiger, die Herausforderungen des Lebens zu meistern und sich gegen einen Angreifer zur Wehr zu setzen.

Zusätzlich zu diesen Vorteilen hilft Judo Opfern

geschlechtsspezifischer Gewalt auch dabei, wichtige Lebenskompetenzen zu entwickeln, die in verschiedenen Bereichen ihres Lebens nützlich sein können.

Judo lehrt Opfer geschlechtsspezifischer Gewalt strategisches Denken und Planen. Im Training lernen sie, die Situation zu analysieren, die Aktionen des Gegners zu antizipieren und wirksame Reaktionsstrategien zu entwickeln. Diese Fähigkeiten können nicht nur auf der Matte, sondern auch im Alltag angewendet werden und helfen Opfern geschlechtsspezifischer Gewalt, sich an verschiedene Situationen anzupassen und die richtigen Entscheidungen zu treffen.

Judo lehrt Opfer geschlechtsspezifischer Gewalt auch Geduld und Ausdauer. Das Training in dieser Sportart erfordert oft viel Zeit und Mühe, um Erfolg zu haben. Opfer geschlechtsspezifischer Gewalt lernen, nicht beim ersten Rückschlag aufzugeben, sondern weiter an sich und ihren Fähigkeiten zu arbeiten, auch wenn sich nicht sofort Ergebnisse einstellen. Diese beharrliche Praxis hilft ihnen, Willenskraft und Ausdauer zu entwickeln, was nützlich ist, um mit Aggressionen umzugehen und ihre Ziele zu erreichen.

Darüber hinaus hilft Judo Opfern geschlechtsspezifischer Gewalt, Vertrauen in sich selbst und ihre Fähigkeiten zu entwickeln. Während des Trainingsprozesses erlernen sie nach und nach neue Techniken und Techniken und überwinden so ihre Zweifel und Ängste. Dies hilft ihnen, an sich selbst und ihre Fähigkeiten zu glauben, was ein wichtiger Faktor ist, um die negativen Auswirkungen geschlechtsspezifischer Gewalt zu überwinden und ein positives Selbstbild zu entwickeln.

Somit stellt Judo nicht nur eine Sportdisziplin dar, sondern auch einen Weg zur Entwicklung wichtiger Lebenskompetenzen für Opfer geschlechtsspezifischer Gewalt. Es lehrt sie strategisches Denken, Geduld und Selbstvertrauen, was ihnen nicht nur hilft, sich vor Aggressionen zu schützen, sondern auch die negativen Folgen geschlechtsspezifischer Gewalt zu überwinden und zu starken und selbstbewussten Individuen zu werden.

6. Ringen: Ringen ist eine Sportart, die Kraft, Flexibilität, Ausdauer und taktisches Denken fördert. Es vermittelt auch verschiedene Techniken zur Kontrolle eines Gegners und kann bei der Selbstverteidigung wirksam sein.

Wrestling ist ein uralter Sport, der Opfern geschlechtsspezifischer Gewalt viele Vorteile bietet, und hier erfahren Sie, warum.

Erstens werden beim Ringen wirksame Selbstverteidigungstechniken vermittelt. Opfer geschlechtsspezifischer Gewalt lernen beim Ringen, ihre Gegner zu kontrollieren und verschiedene

Griff- und Wurftechniken anzuwenden, was bei körperlichen Angriffen wichtig sein kann. Dies hilft ihnen nicht nur, sich selbst zu schützen, sondern auch das Verletzungsrisiko in Konfliktsituationen zu verringern.

Zweitens hilft Ringen dabei, die körperliche Fitness zu entwickeln und den Körper zu stärken. Regelmäßige Bewegung verbessert die Kraft, Ausdauer und Flexibilität von Opfern geschlechtsspezifischer Gewalt, was ihnen mehr Selbstvertrauen in ihre körperlichen Fähigkeiten gibt und das allgemeine Wohlbefinden fördert.

Darüber hinaus schult das Ringen taktisches Denken und strategisches Planen. Im Training lernen Opfer geschlechtsspezifischer Gewalt, die Situation zu analysieren, das Handeln des Gegners zu antizipieren und wirksame Handlungsstrategien zu entwickeln. Diese Fähigkeiten können nicht nur auf der Matte, sondern auch im Alltag nützlich sein und ihnen helfen, kluge Entscheidungen zu treffen und aus schwierigen Situationen herauszukommen.

Somit ist Ringen nicht nur eine sportliche Disziplin, sondern auch ein wirksames Instrument, um Opfern geschlechtsspezifischer Gewalt zu helfen. Es vermittelt wirksame Selbstverteidigungsmethoden, stärkt die körperliche Gesundheit und entwickelt taktisches Denken, das Opfer geschlechtsspezifischer Gewalt stärker und selbstbewusster macht und bereit ist, den Angreifer zu bekämpfen und sich in jeder Situation zu verteidigen.

Darüber hinaus trägt Wrestling auch dazu bei, die Widerstandsfähigkeit und das Selbstvertrauen von Opfern geschlechtsspezifischer Gewalt zu stärken. Während des Trainings begegnen sie verschiedenen Herausforderungen wie Konkurrenz, Stress und Müdigkeit und lernen, diese zu meistern. Diese Erfahrungen helfen ihnen, Selbstvertrauen und Vertrauen in die eigene Fähigkeit zu entwickeln, Herausforderungen zu bewältigen.

Wrestling trägt auch dazu bei, Disziplin und Selbstbeherrschung aufzubauen. Durch Schulungen lernen Opfer geschlechtsspezifischer Gewalt, einer Routine und strengen Regeln zu folgen, was ihnen hilft, Verantwortung und Selbstdisziplin zu entwickeln. Diese Eigenschaften sind nicht nur im Trainingsraum, sondern auch im Alltag wichtig und helfen ihnen, in allen Situationen ruhig zu bleiben und ihre Emotionen zu kontrollieren.

Schließlich hilft Wrestling dabei, Freundschaften und Unterstützung aufzubauen. Während des Trainings finden Opfer geschlechtsspezifischer Gewalt Unterstützung bei ihren Trainern und Teamkollegen, die ihnen ein sicheres und selbstbewusstes Gefühl geben. Dadurch entsteht eine Atmosphäre der gegenseitigen Hilfe und des Verständnisses, die zu ihrem psychischen Wohlbefinden und ihrer sozialen Anpassung beiträgt.

Somit ist Ringen nicht nur eine Sportdisziplin, sondern auch ein umfassender Ansatz zur Unterstützung von Opfern geschlechtsspezifischer

Gewalt. Es entwickelt mentale Stärke, Selbstvertrauen und Selbstbeherrschung und hilft ihnen, Herausforderungen zu meistern und sich vor Aggressionen zu schützen. Tatsächlich prägt Ringen nicht nur die körperliche Gesundheit, sondern stärkt auch die geistige Verfassung und schafft so die Grundlage für Selbstvertrauen und erfolgreiche Anpassung an die Gesellschaft.

Judo und Wrestling umfassen Grappling- und Wurftechniken, haben jedoch unterschiedliche Ursprünge und Regeln. Judo ist eine japanische Kampfkunst, während Ringen eine olympische Sportart ist, die auf der ganzen Welt ausgeübt wird.

Judo und Ringen sind zwei verschiedene Sportarten, die zwar Ähnlichkeiten in den Kampf- und Wurftechniken aufweisen, sich jedoch in Ursprung, Philosophie und Wettkampfregeln unterscheiden.

Judo ist eine japanische Kampfkunst, die Ende des 19. Jahrhunderts von Jigoro Kano entwickelt wurde. Es basiert auf den Prinzipien der Sanftheit, Flexibilität und Effizienz, wobei das Ziel darin besteht, die Stärke des Feindes gegen sich selbst einzusetzen. Die Hauptelemente des Judo sind Wurf- und Ringkampftechniken sowie Bodenarbeit. Ein wichtiger Aspekt im Judo ist die Entwicklung von Technik, Taktik und Strategie sowie die mentale Vorbereitung auf Wettkämpfe.

Ringen ist eine olympische Sportart, die neben dem Bodenringen auch Grappling- und Wurftechniken umfasst. Es hat seine Wurzeln in der Antike und entwickelte sich in verschiedenen Kulturen, darunter im antiken Griechenland und Rom. Es gibt verschiedene Arten des Ringens, darunter griechisch-römisches Ringen, Freistil-Ringen und Gürtel-Ringen. Die Hauptziele des Ringens bestehen darin, den Gegner zu kontrollieren, Griffe und Techniken auszuführen und Punkte für überlegene Position und Technik zu sammeln.

Obwohl also sowohl Judo als auch Ringen Kampf- und Wurftechniken beinhalten, unterscheiden sie sich in ihren Ursprüngen, ihrer Philosophie und ihrer Herangehensweise an den Wettbewerb. Judo mit seinen japanischen Wurzeln und dem Fokus auf Effizienz und Flexibilität kann für diejenigen attraktiv sein, die sich für die japanische Kultur und das Streben nach technischer Exzellenz interessieren. Während Wrestling aufgrund seines olympischen Status und seiner Vielfalt an Stilen diejenigen anziehen kann, die eine rasante und wettbewerbsorientierte Aktivität suchen.

7. Sambo: Sambo ist eine russische Kampfkunst, die Wurftechniken, Würgegriffe und Bodenkämpfe umfasst. Es kann wirksam sein, eine Situation zu kontrollieren und vor Aggressionen zu schützen.

Sambo ist ein dynamischer und multifunktionaler Sport, der aufgrund seiner zahlreichen Eigenschaften ein wirksames Instrument zur Unterstützung von Opfern geschlechtsspezifischer Gewalt ist.

Erstens lehrt Sambo verschiedene Methoden der Selbstverteidigung. Opfer geschlechtsspezifischer Gewalt erlernen beim Sambo-Training Techniken wie Würfe, Würgegriffe und Bodenkämpfe, die in Konfliktsituationen wichtig sein können. Sie lernen, Gegner zu kontrollieren, sich zu verteidigen und aus schwierigen Situationen herauszukommen, was ihr Selbstvertrauen und ihre Fähigkeit, mit Aggressionen umzugehen, stärkt.

Zweitens fördert Sambo die Entwicklung körperlicher Qualitäten. Regelmäßiges Training fördert Kraft, Ausdauer, Flexibilität und Koordination bei Opfern geschlechtsspezifischer Gewalt. Dies hilft ihnen, ihren Körper zu stärken, besser auf körperliche Konfrontationen vorbereitet zu sein und die Verletzungsgefahr im Falle eines Angriffs zu verringern.

Darüber hinaus schult Sambo Opfer geschlechtsspezifischer Gewalt in strategischem Denken und taktischer Planung. Im Training entwickeln sie ein Verständnis für die Situation, antizipieren die Aktionen des Gegners und entwickeln wirksame Handlungsstrategien. Dies hilft ihnen, in schwierigen Situationen fundierte Entscheidungen zu treffen und effektiv zu handeln, um sich zu schützen.

Somit ist Sambo nicht nur eine Sportdisziplin, sondern auch ein umfassender Ansatz zur Unterstützung von Opfern geschlechtsspezifischer Gewalt. Es vermittelt wirksame Selbstverteidigungstechniken, körperliche Fitness und psychische Gesundheit und ist damit ein wichtiges Instrument, um die Situation von Opfern geschlechtsspezifischer Gewalt zu verändern und ihnen zu helfen, stärker und selbstbewusster zu werden.

Darüber hinaus trägt Sambo dazu bei, das Selbstvertrauen und die psychische Widerstandsfähigkeit von Opfern geschlechtsspezifischer Gewalt zu stärken. Während des Trainings stellen sie sich ständig Herausforderungen und überwinden ihre eigenen Grenzen, was ihnen hilft, ihr Selbstvertrauen und ihren Glauben an die eigenen Fähigkeiten zu stärken. Solche Trainingsgewinne können sich auf den Alltag übertragen und sie selbstbewusster und gelassener machen.

Es ist auch wichtig zu beachten, dass Sambo Opfern geschlechtsspezifischer Gewalt emotionale Kontrolle und Stressbewältigung beibringt. Im Training lernen sie, ihre Emotionen zu kontrollieren, Ruhe zu bewahren und in schwierigen Situationen Entscheidungen zu treffen. Diese Fähigkeiten können bei der Bewältigung von Konfliktsituationen wichtig sein und dabei helfen, emotionale Ausbrüche im Umgang mit einem Angreifer zu vermeiden.

Darüber hinaus können Opfer geschlechtsspezifischer Gewalt durch Sambo Unterstützung und Verständnis in der Gemeinschaft ihrer Trainer und Teamkollegen finden. Dadurch fühlen sie sich sicher und geborgen, was ihr psychisches Wohlbefinden fördert und ein positives Umfeld für die persönliche Entwicklung schafft.

Somit ist Sambo nicht nur eine Sportdisziplin, sondern auch ein wirksames Instrument zur Unterstützung von Opfern geschlechtsspezifischer Gewalt. Es entwickelt nicht nur die körperliche Fitness, sondern auch die psychische Belastbarkeit, das Selbstvertrauen und die emotionale Kontrolle, was es zu einer wertvollen Ressource für die Überwindung von Schwierigkeiten und den Umgang mit Aggressionen macht.

8. Aikido: Aikido ist eine japanische Kampfkunst, die Techniken zur Abwehr von Angriffen einsetzt, die auf dem Prinzip der Umleitung der gegnerischen Kräfte basieren. Es ist für diejenigen geeignet, die berührungslose Verteidigungstechniken bevorzugen.

Aikido unterscheidet sich im Wesentlichen von vielen anderen Kampfsportarten dadurch, dass seine Methoden nicht nur körperlichen Widerstand umfassen, sondern auch die Fähigkeit, die Energie und Stärke des Feindes zu kontrollieren. Dies ist ein grundlegender Aspekt, der Aikido nicht nur zu einer wirksamen Form der Selbstverteidigung, sondern auch zu einem Instrument zur Veränderung des Denkens und Verhaltens eines Opfers geschlechtsspezifischer Gewalt macht.

Aikido lehrt die Prinzipien der Harmonie und Empathie statt Konfrontation und Aggression. Opfer geschlechtsspezifischer Gewalt, die Aikido praktizieren, lernen, die Macht des Angreifers zu verstehen und umzulenken, anstatt mit direkter Gewalt zu reagieren. Dieser Ansatz hilft ihnen, Empathie, Toleranz und emotionale Kontrolle zu entwickeln, was die Wahrscheinlichkeit von Konflikten verringern und die Beziehungen zu anderen verbessern kann.

Darüber hinaus steht beim Aikido die Verbesserung der Technik und der Körperkoordination im Vordergrund. Durch Schulungen entwickeln Opfer geschlechtsspezifischer Gewalt Beweglichkeit, Flexibilität und Reflexe und sind so besser auf den Umgang mit schnellen und unerwarteten Situationen vorbereitet. Dies stärkt ihre Fitness und ihr Vertrauen in ihre Fähigkeiten.

Einer der Schlüsselaspekte des Aikido ist die Betonung der Lösung von Konflikten, ohne Schaden anzurichten. Opfer geschlechtsspezifischer Gewalt, die Aikido praktizieren, lernen, auch in schwierigsten Situationen nach friedlichen Lösungen für Probleme zu suchen. Dies hilft ihnen nicht nur, körperliche Gewalt zu vermeiden, sondern entwickelt auch Fähigkeiten in Kommunikation, Respekt und Diplomatie, die im Umgang mit einem Angreifer wichtig sein können.

Somit ist Aikido nicht nur eine sportliche Disziplin, sondern auch eine Lebensphilosophie, die Opfern geschlechtsspezifischer Gewalt helfen kann, ihre Einstellung zu sich selbst und der Welt um sie herum zu ändern. Es entwickelt bei ihnen nicht nur körperliche Stärke und Technik, sondern auch psychische Belastbarkeit, Empathie und Friedfertigkeit, wodurch sie besser bereit sind, mit Aggressionen umzugehen und Architekten ihres eigenen Schicksals zu werden.

Zusätzlich zu den oben aufgeführten Vorteilen vermittelt Aikido Opfern geschlechtsspezifischer Gewalt auch die Prinzipien effektiver Kommunikation und Konfliktbewältigung. Während des Trainings lernen sie, ihre Gefühle und Bedürfnisse klarer und selbstbewusster auszudrücken, was ihnen hilft, effektiver auf Konfliktsituationen zu reagieren und deren Eskalation zu verhindern. Es fördert auch die Fähigkeit, Grenzen zu setzen und den persönlichen Freiraum zu schützen, was für die Prävention geschlechtsspezifischer Gewalt wichtig sein kann.

Darüber hinaus hilft Aikido Opfern geschlechtsspezifischer Gewalt, Vertrauen in sich selbst und ihre Fähigkeiten zu entwickeln. Durch das Training erlernen sie nach und nach neue Fähigkeiten und überwinden ihre eigenen Grenzen, wodurch sie sich kompetenter und unabhängiger fühlen. Dies stärkt ihr Selbstwertgefühl und hilft ihnen, mit den Gefühlen der Hilflosigkeit und Ohnmacht umzugehen, die Opfer geschlechtsspezifischer Gewalt oft begleiten.

Schließlich fördert Aikido die Entwicklung innerer Harmonie und Ausgeglichenheit bei Opfern geschlechtsspezifischer Gewalt. Durch Training lernen sie, im Moment zu sein, die Situation so zu akzeptieren, wie sie ist, und mit Ruhe und Entschlossenheit zu handeln. Dies hilft ihnen, mit Stress und Ängsten umzugehen und die Fähigkeit zu entwickeln, auch in schwierigen und unsicheren Situationen wichtige Entscheidungen zu treffen.

Aikido stellt daher eine wertvolle Ressource für Opfer geschlechtsspezifischer Gewalt dar und hilft ihnen nicht nur, körperliche Stärke und Selbstverteidigungstechniken zu erwerben, sondern auch geistige Belastbarkeit, Selbstvertrauen und emotionalen Umgang zu entwickeln. Dies ermöglicht es ihnen, nicht nur mit der Aggression äußerer Faktoren umzugehen, sondern auch gesündere und ausgeglichenere Beziehungen zu sich selbst und der Welt um sie herum aufzubauen.

Aikido ist eine japanische Kampfkunst, die auf den Prinzipien der Umlenkung der gegnerischen Kraft basiert. Der Sport legt mehr Wert auf berührungslose Verteidigungstechniken.

Aikido ist eine japanische Kampfkunst, die auf den Prinzipien der Umlenkung der gegnerischen Kraft basiert. Dieser Sport konzentriert sich auf eine effektive Selbstverteidigung und nutzt Techniken, die es Ihnen ermöglichen, sich an die Bewegungen Ihres Gegners anzupassen und die Situation zu kontrollieren, ohne direkte Schläge einzusetzen.

Im Gegensatz zu vielen anderen Kampfsportarten legt Aikido mehr Wert auf berührungslose Verteidigungstechniken. Das bedeutet, dass der Übende lernt, die Energie und Bewegungen des Gegners zu nutzen, um seine Kraft umzulenken und die Bedrohung zu neutralisieren, anstatt ihn direkt zu konfrontieren.

Für Opfer geschlechtsspezifischer Gewalt kann das Erlernen von

Aikido besonders hilfreich sein, da sie wirksame Methoden erlernen können, sich zu verteidigen, ohne physische Gewalt gegen den Angreifer anwenden zu müssen. Dies kann ihnen helfen, die Situation unter Kontrolle zu bringen und Gewalt zu verhindern, selbst wenn sie sich in körperlicher Nähe ihres Täters befinden.

Darüber hinaus fördert das Aikido-Studium die Entwicklung von Selbstvertrauen und mentaler Stärke, da es vom Übenden Vertrauen in seine Handlungen und die Fähigkeit erfordert, schnell auf sich ändernde Situationen zu reagieren. Dies kann dazu beitragen, dass sich Opfer geschlechtsspezifischer Gewalt selbstbewusster und bereiter fühlen, sich in verschiedenen Situationen zu verteidigen.

9. Brasilianisches Jiu-Jitsu: Brasilianisches Jiu-Jitsu ist eine Kampfkunst, die sich auf Bodenkampf- und Unterwerfungstechniken konzentriert. Es ist für diejenigen geeignet, die Nahkampftechniken bevorzugen.

Brasilianisches Jiu-Jitsu ist nicht nur ein Sport, sondern auch eine Philosophie, die Anpassungsfähigkeit, Selbstvertrauen und Selbstverteidigung lehrt. Für Opfer geschlechtsspezifischer Gewalt kann dies ein wirksames Instrument zur Überwindung von Ängsten und Selbstzweifeln sein. Schauen wir uns genauer an, wie dieser Sport Opfern geschlechtsspezifischer Gewalt dabei helfen kann, sich geistig und körperlich zu verändern und nicht mehr Opfer zu sein.

Physische Aspekte:

- Nahkampftechniken: Das brasilianische Jiu-Jitsu konzentriert sich auf den Bodenkampf, wobei der Schwerpunkt auf Techniken liegt, um den Gegner festzuhalten und zu unterwerfen. Dadurch können Opfer geschlechtsspezifischer Gewalt lernen, effektiv mit einem körperlichen Angriff umzugehen, selbst wenn sie sich am Boden oder in der Nähe ihres Angreifers befinden.

- Kraft und Flexibilität entwickeln: Das brasilianische Jiu-Jitsu-Training hilft, Kraft, Flexibilität und Ausdauer zu entwickeln. Dadurch wird die körperliche Fitness von Opfern geschlechtsspezifischer Gewalt verbessert und das Vertrauen in die eigenen Fähigkeiten und Fertigkeiten gestärkt.

Mentale Aspekte:

- Selbstvertrauen: Die Bewältigung schwieriger Situationen auf der Matte, in denen jeder Kampf die Fähigkeit erfordert, schnelle Entscheidungen zu treffen und unter Stressbedingungen zu handeln, trägt dazu bei, bei Opfern geschlechtsspezifischer Gewalt ein Gefühl des Selbstvertrauens zu entwickeln. Dies kann eine entscheidende Rolle dabei spielen, sie davon abzuhalten, sich selbst als leichtes Ziel für Mobber wahrzunehmen.

- Emotionale Belastbarkeit: Das brasilianische Jiu-Jitsu-Training lehrt Opfer geschlechtsspezifischer Gewalt, ihre Emotionen zu kontrollieren und in Stresssituationen ruhig zu bleiben. Dies hilft ihnen, Provokationen nicht nachzugeben und effektiver auf Aggressionen zu reagieren.

- Entscheidungskompetenz: Beim Ringen auf der Matte müssen Opfer geschlechtsspezifischer Gewalt ständig die Situation analysieren und spontan Entscheidungen treffen. Diese Erfahrung stärkt ihre Fähigkeit, im wirklichen Leben wichtige Entscheidungen zu treffen, auch in Konfliktsituationen mit Angreifern.

Somit ist brasilianisches Jiu-Jitsu nicht nur ein Sport, sondern auch ein wertvolles Instrument, um Opfern geschlechtsspezifischer Gewalt zu helfen. Es hilft ihnen, körperliche und geistige Stärke, Selbstvertrauen und die Fähigkeit, sich effektiv zu verteidigen, zu entwickeln. Das Training in diesem Sport kann Opfern geschlechtsspezifischer Gewalt dabei helfen, ihr Leben zu verändern, selbstbewusster zu werden und sich gegen Angreifer zu wehren.

Zusätzlich zu den körperlichen und geistigen Aspekten kann brasilianisches Jiu-Jitsu auch eine Reihe zusätzlicher Vorteile für Opfer geschlechtsspezifischer Gewalt bieten:

Soziale Fähigkeiten:

- Gemeinschaft der Unterstützung: Brasilianische Jiu-Jitsu-Kurse finden oft in Form von Gruppentrainings statt, bei denen die Schüler Kontakte knüpfen und miteinander interagieren. Dadurch entsteht ein Umfeld der Unterstützung und Solidarität, in dem sich Opfer geschlechtsspezifischer Gewalt als Teil einer Gemeinschaft fühlen können, die sie versteht und unterstützt.

- Verbesserte soziale Fähigkeiten: Durch Schulungen können Opfer geschlechtsspezifischer Gewalt lernen, effektiv mit anderen Gruppenmitgliedern zu interagieren und Kommunikations- und Kooperationsfähigkeiten zu entwickeln. Dies kann ihnen helfen, die Beziehungen zu ihren Mitmenschen zu stärken und sich in sozialen Situationen sicherer zu fühlen.

Psychologische Wirkung:

- Stress und Anspannung abbauen: Brasilianische Jiu-Jitsu-Übungen können Opfern geschlechtsspezifischer Gewalt dabei helfen, mit dem Stress und der Anspannung umzugehen, die durch die Dominanz ihrer Angreifer entstehen können. Dies ist auf die Freisetzung von Endorphinen bei körperlicher Aktivität zurückzuführen, die zur Verbesserung der Stimmung und zur Reduzierung des Stressniveaus beitragen.

- Erhöhtes Selbstwertgefühl und Selbstvertrauen: Die Bewältigung schwieriger Situationen im brasilianischen Jiu-Jitsu-Training, insbesondere das Erlernen neuer Fähigkeiten und das Erreichen von Zielen, kann das Selbstwertgefühl von Opfern geschlechtsspezifischer Gewalt erheblich verbessern. Dies wiederum kann ihnen helfen, Vertrauen in sich selbst und ihre Fähigkeiten zu entwickeln.

Brasilianisches Jiu-Jitsu hilft Opfern geschlechtsspezifischer Gewalt nicht nur dabei, körperliche Stärke und Selbstverteidigungsfähigkeiten zu entwickeln, sondern fördert auch positive soziale Kontakte, Stressabbau und ein verbessertes psychisches Wohlbefinden. Somit handelt es sich um ein umfassendes und wirksames Hilfsmittel für Menschen, die mit Problemen geschlechtsspezifischer Gewalt konfrontiert sind.

Brasilianisches Jiu-Jitsu ist bekannt für seine Bodenkampf- und Unterwerfungstechniken. Dieser Sport eignet sich besonders für Situationen, in denen der Kampf zu Boden geht.

Brasilianisches Jiu-Jitsu (BJJ) ist eine Kampfsportart, die sich durch den Schwerpunkt auf Bodenkampf- und Unterwerfungstechniken auszeichnet. BJJ entwickelte sich in Brasilien und wurde aus Jiu-Jitsu und Judo adaptiert, wobei der Schwerpunkt auf effektiven Techniken zum Ringen und Kontrollieren eines Gegners am Boden lag.

Der Schwerpunkt des BJJ liegt auf dem Liegend-Wrestling, bei dem Grappling- und Submission-Techniken eingesetzt werden, um einen Gegner zu kontrollieren und zu besiegen. Dieser Ansatz macht BJJ besonders nützlich in Situationen, in denen der Kampf zu Boden geht, was bei Kämpfen oder Angriffen häufig vorkommen kann.

Einer der Hauptvorteile von BJJ besteht darin, dass es Techniken lehrt, mit denen die körperliche Stärke eines Gegners durch Technik und Beweglichkeit überwunden wird. Dies kann besonders wertvoll für Opfer geschlechtsspezifischer Gewalt sein, die häufig körperlicher Gewalt oder Übergriffen ausgesetzt sind. Durch das Erlernen von BJJ können sie lernen, eine Situation zu kontrollieren und zu bewältigen, selbst wenn sie am Boden sind oder sich in einer ungünstigen Position befinden.

BJJ stellt daher ein wertvolles Instrument für Opfer geschlechtsspezifischer Gewalt dar, das ihnen hilft, Selbstverteidigungsfähigkeiten und Selbstvertrauen zu entwickeln und ihre körperliche und geistige Fitness zu verbessern.

10. Capoeira: Capoeira ist eine brasilianische Kampfkunst, die Elemente aus Tanz, Akrobatik und Kampfkunst vereint. Es kann in Situationen effektiv sein, die schnelle und flexible Reaktionen erfordern.

Capoeira, eine brasilianische Kampfkunst, verfügt über die einzigartige Fähigkeit, die körperlichen und geistigen Aspekte des Trainings zu kombinieren. Für Opfer geschlechtsspezifischer Gewalt kann dieser Sport ein wirksames Instrument zur Veränderung ihres psychischen Zustands und ihrer körperlichen Fitness sein.

Capoeira fördert die Flexibilität und Koordination des Körpers. Dies trägt nicht nur zur Verbesserung der allgemeinen körperlichen Gesundheit bei, sondern trägt auch dazu bei, dass Opfer geschlechtsspezifischer Gewalt besser auf Konfliktsituationen vorbereitet werden, in denen schnelle und präzise Reaktionen erforderlich sind.

Darüber hinaus trägt die Ausübung von Capoeira zur Entwicklung des Selbstvertrauens bei. Die Studierenden lernen nicht nur, komplexe Bewegungen auszuführen, sondern auch Entscheidungen in schnelllebigen Umgebungen zu treffen, was ihr Selbstvertrauen und ihre Fähigkeit stärkt, in Stresssituationen effektiv zu handeln.

Es ist auch wichtig zu beachten, dass Capoeira Respekt vor dem Partner und Gegner lehrt. Das Training findet in einer freundlichen Atmosphäre statt, in der jeder Teilnehmer den anderen unterstützt und hilft. Dies hilft Opfern geschlechtsspezifischer Gewalt, positive Beziehungen zu anderen aufzubauen und zu lernen, Konflikte friedlich zu lösen.

Somit entwickelt Capoeira nicht nur körperliche Fähigkeiten, sondern trägt auch dazu bei, einen starken und selbstbewussten Charakter aufzubauen, was der Schlüssel zur erfolgreichen Abwehr eines Angreifers und zur Überwindung der Folgen geschlechtsspezifischer Gewalt sein kann.

Capoeira verfügt neben seinen physischen und psychischen Vorteilen über mehrere weitere Eigenschaften, die es zu einem wertvollen Instrument zur Unterstützung von Opfern geschlechtsspezifischer Gewalt machen.

Capoeira legt erstens Wert auf die Interaktion mit dem Gegner, legt aber gleichzeitig großen Wert auf die Stärke der Gemeinschaft. Die Teilnahme am Capoeira-Gruppentraining fördert die Bildung von Freundschaften, die eine Quelle der Unterstützung für Opfer geschlechtsspezifischer Gewalt sein können. Sie können in dieser Gemeinschaft Verständnis, Unterstützung und Motivation finden, sich als Individuen zu entwickeln und dem Angreifer zu widerstehen.

Zweitens vermittelt Capoeira die Prinzipien des Respekts und der Toleranz. Während des Trainings erlernen die Schüler nicht nur Kampftechniken, sondern auch die Grundsätze des Respekts vor dem Gegner und seinen persönlichen Grenzen. Dies ist ein wichtiger Aspekt für Opfer geschlechtsspezifischer Gewalt, die sich möglicherweise unsicher über ihre Grenzen und ihr Selbstwertgefühl fühlen.

Schließlich fördert Capoeira das Bewusstsein für Ihren Körper und seine Fähigkeiten. Dadurch können sich Opfer geschlechtsspezifischer Gewalt stärker und selbstbewusster fühlen und ein neues Maß an Selbstbewusstsein erlangen. Sie lernen, auf ihren Körper zu hören, ihm zu vertrauen und seine Ressourcen zu nutzen, um sich zu schützen.

All diese Aspekte machen Capoeira nicht nur zu einem Sport, sondern auch zu einem wirksamen Instrument, um den geistigen und körperlichen Zustand von Opfern geschlechtsspezifischer Gewalt zu verändern und ihnen zu helfen, stärker, selbstbewusster und fähiger zu werden, sich gegen den Angreifer zu wehren.

Capoeira vereint Elemente aus Tanz, Akrobatik und Kampfkunst. Dadurch entsteht ein einzigartiger Selbstverteidigungsstil, der für diejenigen geeignet ist, die schnelle und flexible Reaktionen bevorzugen.

Capoeira ist eine brasilianische Kampfkunst, die auf einzigartige Weise Elemente aus Tanz, Akrobatik und Kampftechniken kombiniert. Der Sport ist nicht nur eine Methode der Selbstverteidigung, sondern auch eine Form der Selbstdarstellung und des kulturellen Erbes.

Capoeira unterscheidet sich von anderen Kampfsportarten durch den aktiven Einsatz von Musik, Rhythmus und Tanzbewegungen. Capoeira-Praktizierende entwickeln Flexibilität, Koordination und Reflexe und beherrschen gleichzeitig komplexe Bewegungen und akrobatische Kunststücke. Gleichzeitig vermittelt Capoeira Verteidigungs- und Angriffstechniken, was es zu einem wirksamen Mittel der Selbstverteidigung in realen Situationen macht.

Für Opfer geschlechtsspezifischer Gewalt kann Capoeira besonders nützlich sein, da der Sport schnelle und flexible Reaktionen auf Situationen entwickelt. Die Praktizierenden lernen, sich schnell an veränderte Bedingungen anzupassen und ihre Bewegungen zur Verteidigung und zum Ausweichen vor Angriffen zu nutzen. Darüber hinaus fördert Capoeira Selbstvertrauen und Selbstdisziplin, was Opfern geschlechtsspezifischer Gewalt hilft, sich stärker und sicherer in ihren eigenen Fähigkeiten zu fühlen.

11. Wushu (Kung Fu): Wushu ist eine chinesische Kampfkunst, die eine Vielzahl von Schlag-, Block- und Wurftechniken und sogar den Einsatz von Waffen umfasst. Es fördert die Entwicklung körperlicher Fähigkeiten und der Selbstverteidigung.

Wushu oder Kung Fu ist ein tiefgreifendes Kampfkunstsystem, das nicht nur körperliche Fähigkeiten, sondern auch spirituelle und philosophische Aspekte umfasst. Dieser Sport kann einen erheblichen Einfluss auf Opfer geschlechtsspezifischer Gewalt haben und ihnen helfen, sich sowohl geistig als auch körperlich zu verändern.

Einer der Schlüsselaspekte von Wushu ist seine Philosophie der Selbstverbesserung. Die Ausübung von Wushu fördert die Entwicklung von Willenskraft, Ausdauer und Selbstvertrauen, was besonders für Opfer geschlechtsspezifischer Gewalt wichtig ist. Wushu lehrt seine Schüler, ihre Emotionen zu kontrollieren, in Stresssituationen Entscheidungen zu treffen und innere Stärke zu entwickeln, die ihnen hilft, Aggressionen zu widerstehen.

Ein wichtiger Aspekt von Wushu ist auch die Betonung der Selbstverteidigung. Praktizierende dieser Art von Kampfkunst werden in verschiedenen Techniken und Techniken geschult, die in Konflikt- und Angriffssituationen nützlich sein können. Dies gibt Opfern geschlechtsspezifischer Gewalt die Möglichkeit, zu lernen, sich gegen den Angreifer zu wehren und zu kämpfen, und steigert so ihr Selbstvertrauen.

Darüber hinaus lehrt Wushu den Übenden, Flexibilität, Koordination und Gleichgewicht zu entwickeln, die für eine wirksame Selbstverteidigung und Verletzungsprävention unerlässlich sind. Das Üben von Wushu verbessert auch die allgemeine körperliche Gesundheit, was dazu beitragen kann, dass sich Opfer geschlechtsspezifischer Gewalt selbstbewusster und stärker fühlen.

Somit ist Wushu nicht nur ein Mittel zum körperlichen Training, sondern auch ein wirksames Instrument zur Veränderung des psychischen Zustands von Opfern geschlechtsspezifischer Gewalt. Die Ausübung dieses Sports kann ihnen helfen, Selbstvertrauen, Selbstbeherrschung und Selbstverteidigungsfähigkeiten zu entwickeln, die es ihnen ermöglichen, nicht mehr Opfer von Aggressionen zu werden und sich gegen den Angreifer zu wehren.

Wushu fördert neben seinen physischen und psychischen Vorteilen auch die Entwicklung zwischenmenschlicher Fähigkeiten, was besonders für Opfer geschlechtsspezifischer Gewalt von Vorteil sein kann. Die Ausübung dieser Kampfkunst umfasst in der Regel die Arbeit in Paaren oder Gruppen, wobei die Praktizierenden lernen, zusammenzuarbeiten, zu kommunizieren und Konflikte zu lösen.

Wushu lehrt seine Praktizierenden nicht nur Kampftechniken, sondern auch ethische Grundsätze und Werte. Durch die Ausbildung lernen die Schüler Respekt vor ihren Partnern, Toleranz gegenüber Unterschieden und ein Verständnis für die Bedeutung von Selbstbeherrschung und friedlicher Konfliktlösung.

Dieser Aspekt des Wushu ist besonders wichtig für Opfer geschlechtsspezifischer Gewalt, da er ihnen hilft, emotionale Intelligenz und die Fähigkeit zu entwickeln, effektiv mit anderen zu interagieren. Dadurch können sie lernen, gesunde Beziehungen zu anderen aufzubauen, Grenzen zu setzen und ihre Rechte durchzusetzen, ohne Gewalt anzuwenden.

Darüber hinaus lehrt Wushu den Übenden auch, seine Angst und seinen Stress in Stresssituationen zu kontrollieren. Dadurch können Opfer geschlechtsspezifischer Gewalt traumatische Ereignisse ohne übermäßigen Stress oder Panik bewältigen und überstehen.

Somit hilft die Ausübung von Wushu für Opfer geschlechtsspezifischer Gewalt nicht nur bei der Entwicklung körperlicher Stärke und Selbstverteidigungsfähigkeiten, sondern auch bei der Entwicklung geistiger und emotionaler Belastbarkeit sowie bei der Verbesserung zwischenmenschlicher Beziehungen. Diese Fähigkeiten können entscheidend sein, um von der Opferrolle zur aktiven Teilnahme am Selbstschutz und zur Verhinderung weiterer geschlechtsspezifischer Gewalt überzugehen.

Wushu (Kung Fu) ist eine vielfältige chinesische Kampfkunst, die verschiedene Stile und Techniken des Schlagens, Blockens und Werfens umfasst.

Wushu (Kung Fu) ist eine vielfältige chinesische Kampfkunst, die viele verschiedene Stile, Schlag-, Block- und Wurftechniken vereint. Dieser Sport zeichnet sich durch seine Vielseitigkeit und tiefe historische Wurzeln aus, die Jahrhunderte zurückreichen.

Wushu ist eine der vielfältigsten Kampfsportarten und Sportarten der Welt. Seine Stile und Methoden können je nach Region, Schule und Tradition stark variieren. Im Wushu finden Sie sowohl kraftvolle Schläge und Blocks als auch anmutige und anmutige Bewegungen, und diese Elemente können zu einem harmonischen System von Kampffähigkeiten kombiniert werden.

Für Opfer geschlechtsspezifischer Gewalt kann die Ausübung von Wushu von großem Nutzen sein, da der Sport körperliche Stärke, Flexibilität, Koordination und Reflexe fördert. Die Ausübung von Wushu fördert außerdem Selbstdisziplin, Konzentration und Aufmerksamkeit, was Opfern geschlechtsspezifischer Gewalt dabei helfen kann, ihr Selbstvertrauen und ihre Fähigkeit, mit aggressiven Situationen umzugehen, zu stärken. Darüber hinaus lehrt Wushu Respekt vor sich selbst und anderen, was ein wichtiger Aspekt im Prozess der Überwindung der Folgen geschlechtsspezifischer Gewalt und des Aufbaus positiver Beziehungen zu anderen ist.

12. Krav Maga: Krav Maga ist ein israelisches Nahkampfsystem, das den Schwerpunkt auf effektive Selbstverteidigung in realen Situationen legt. Es umfasst Techniken zur Abwehr von Schlägen, Würgen und Angriffsszenarien.

Krav Maga ist nicht nur ein Kampfkunstsystem, sondern eine umfassende Trainingsmethode, die darauf abzielt, praktische Fähigkeiten zur Selbstverteidigung und zum Umgang mit Stresssituationen zu entwickeln. Im Zusammenhang mit der Bekämpfung geschlechtsspezifischer Gewalt hat Krav Maga eine Reihe von Vorteilen und kann ein wirkungsvolles Instrument für die Opfer sein.

Das erste, was Krav Maga für Opfer geschlechtsspezifischer Gewalt wichtig macht, ist die Vermittlung echter Selbstverteidigungsfähigkeiten. Durch die Ausübung dieser Sportart werden dem Opfer wirksame Techniken zur Abwehr von Angriffen, zur Abwehr von Schlägen sowie Würge- und Ringkampftechniken vermittelt. Dadurch kann sich das Opfer geschlechtsspezifischer Gewalt im Falle einer Konfliktsituation sicherer und geschützter fühlen.

Darüber hinaus umfasst das Krav Maga-Training häufig Angriffsszenarien, die den Praktizierenden helfen, ihre Reaktion auf Stresssituationen zu entwickeln. Dies ist besonders wichtig für Opfer geschlechtsspezifischer Gewalt, die möglicherweise an einer posttraumatischen Belastungsstörung leiden oder aufgrund negativer Erfahrungen in der Vergangenheit ein geringes Selbstwertgefühl haben.

Ein wichtiger Aspekt von Krav Maga ist auch der Fokus auf die Wirksamkeit in realen Situationen. Im Gegensatz zu einigen anderen Kampfsportarten, die sich auf Form und Technik konzentrieren können, ist Krav Maga darauf ausgelegt, praktische Fähigkeiten zu vermitteln, die in der realen Welt eingesetzt werden können. Dies macht es besonders nützlich für Opfer geschlechtsspezifischer Gewalt, die schnellen und wirksamen Schutz benötigen.

Auf diese Weise kann Krav Maga Opfern geschlechtsspezifischer Gewalt dabei helfen, sich sowohl körperlich als auch geistig zu verändern. Durch die Vermittlung praktischer Fähigkeiten zur Selbstverteidigung, zur Bewältigung von Stresssituationen und zur Stärkung des Selbstvertrauens kann der Sport einem Opfer geschlechtsspezifischer Gewalt dabei helfen, nicht länger ein Opfer zu sein und sich gegen einen Angreifer wehren zu können.

Eine weitere Besonderheit von Krav Maga für Opfer geschlechtsspezifischer Gewalt ist die Technik zur Arbeit mit emotionalen Zuständen. Beim Training von Krav Maga wird nicht nur auf das körperliche Training geachtet, sondern auch auf die Stärkung der mentalen Stabilität.

Opfer geschlechtsspezifischer Gewalt leiden oft unter Stress, Ängsten und einem geringen Selbstwertgefühl, weil sie über einen längeren Zeitraum hinweg Aggressionen ausgesetzt sind. Krav Maga hilft ihnen, diese negativen Emotionen zu überwinden, da eine wirksame Selbstverteidigung weitgehend vom Selbstvertrauen und der Fähigkeit abhängt, die eigenen Emotionen in Stresssituationen zu kontrollieren.

Beim Krav-Maga-Training werden den Schülern Atem- und Entspannungstechniken vermittelt, um Stress zu bewältigen und die Konzentration zu verbessern. Dadurch können sich Opfer geschlechtsspezifischer Gewalt in Konfliktsituationen ausgeglichener und kontrollierter fühlen.

Darüber hinaus trägt das Krav-Maga-Training zur Entwicklung von Willenskraft und Selbstvertrauen bei. Opfer geschlechtsspezifischer Gewalt beginnen, wenn sie diesen Sport erlernen, allmählich ihre eigene Stärke und Fähigkeit, Aggressionen zu widerstehen, zu erkennen. Dies hilft ihnen, ihre innere Einstellung vom „Opfer" zum „Kämpfer" zu ändern, was für die Überwindung geschlechtsspezifischer Gewalt von entscheidender Bedeutung ist.

Somit vermittelt Krav Maga nicht nur wirksame Selbstverteidigungstechniken, sondern hilft Opfern geschlechtsspezifischer Gewalt auch dabei, ihre emotionale Belastbarkeit, ihr Selbstvertrauen und ihre Willenskraft zu stärken, was es zu einem wertvollen Instrument im Kampf gegen Aggression und zur Veränderung des psychischen Zustands der Opfer macht.

Krav Maga ist ein israelisches Nahkampfsystem, das auf effektive

Selbstverteidigung in realen Situationen ausgerichtet ist. Es umfasst Techniken zur Abwehr von Schlägen und Würgegriffen.

Krav Maga ist ein israelisches Nahkampfsystem, das zur effektiven Selbstverteidigung in realen Situationen entwickelt wurde. Dieser Sport zeichnet sich durch seinen Pragmatismus und seine einfache Erlernbarkeit aus und macht ihn für ein breites Publikum zugänglich.

Der Hauptzweck von Krav Maga besteht darin, Menschen wirksame Methoden zur Abwehr von Angriffen beizubringen, unabhängig von ihrer körperlichen Fitness oder ihrem Alter. Das Trainingsprogramm umfasst Techniken zum Schutz vor Schlägen, Würgetechniken sowie Methoden zur Kontrolle und Neutralisierung des Angreifers.

Für Opfer geschlechtsspezifischer Gewalt kann Krav Maga besonders hilfreich sein, da der Sport nicht nur körperliche Selbstverteidigung lehrt, sondern auch mentale Stärke und Selbstvertrauen entwickelt. Durch das Krav-Maga-Training können Opfer geschlechtsspezifischer Gewalt lernen, effektiv auf aggressive Situationen zu reagieren, ihr Selbstvertrauen zu stärken und lernen, mit Stress in Stresssituationen umzugehen.

Darüber hinaus erfordert Krav Maga kein spezielles körperliches Training, wodurch es für ein breites Spektrum von Menschen zugänglich ist, auch für diejenigen, die keine Erfahrung im Sport oder in den Kampfkünsten haben. Dies erleichtert Opfern geschlechtsspezifischer Gewalt die Teilnahme am Training und die Entwicklung ihrer Selbstverteidigungsfähigkeiten und ihres Selbstvertrauens.

13. Selbstverteidigung für Frauen: Hierbei handelt es sich nicht so sehr um eine eigenständige Sportart, sondern vielmehr um Trainingsprogramme, die darauf abzielen, Frauen effektive Selbstverteidigung in verschiedenen Situationen beizubringen. Sie umfassen Elemente aus Boxen, Karate, Sambo und Techniken zur Belästigungsbekämpfung.

Selbstverteidigungsprogramme für Frauen vermitteln nicht nur körperliche Verteidigungstechniken, sondern haben auch einen erheblichen Einfluss auf das psychische Wohlbefinden und das Selbstwertgefühl. Es ist wichtig zu verstehen, dass Opfer geschlechtsspezifischer Gewalt, darunter auch Frauen, aufgrund längerer Aggression Gefühle von Hilflosigkeit, Angst und geringem Selbstwertgefühl verspüren können.

Selbstverteidigungsprogramme für Frauen bieten eine einzigartige Gelegenheit, ihre eigenen Fähigkeiten und Stärken neu zu definieren. Durch systematisches Training erlernen Frauen nicht nur wirksame Selbstverteidigungstechniken, sondern entwickeln auch Vertrauen in ihre Fähigkeiten. Dies ist besonders wichtig für Opfer geschlechtsspezifischer Gewalt, die häufig unter einem Verlust des Selbstwertgefühls und des Selbstvertrauens leiden.

Durch Training verbessern Frauen ihre körperliche Fitness, Koordination und Flexibilität. Dadurch fühlen sie sich stärker und sind bereit, sich im Falle eines Angriffs zu verteidigen.

Neben dem körperlichen Training steht bei einem Selbstverteidigungsprogramm für Frauen aber auch die mentale Vorbereitung im Fokus. Trainerinnen unterstützen Frauen bei der Entwicklung von Konfliktpräventionsstrategien und zeigen ihnen, wie sie mit ihren Emotionen und Stresssituationen umgehen können.

So vermitteln Selbstverteidigungsprogramme für Frauen nicht nur die körperliche Stärke und Fähigkeiten zur Selbstverteidigung, sondern verbessern auch ihre geistige Verfassung, ihr Selbstvertrauen und ihr Selbstwertgefühl. Dadurch sind sie besser in der Lage, dem Angreifer zu widerstehen und ihren Status vom Opfer zum aktiven Teilnehmer seiner Verteidigung zu ändern.

Es ist wichtig zu beachten, dass die Teilnahme an Selbstverteidigungsprogrammen für Frauen auch dazu beitragen kann, ein unterstützendes Umfeld und ein soziales Netzwerk aufzubauen, was für Überlebende geschlechtsspezifischer Gewalt von wesentlicher Bedeutung ist. Teilnehmer dieser Programme können Erfahrungen austauschen, sich gegenseitig unterstützen und sich als Teil einer Gemeinschaft fühlen, wodurch sie sich weniger isoliert und verletzlich fühlen.

Darüber hinaus ist es ein wichtiger Bestandteil von Selbstverteidigungsprogrammen für Frauen, nicht nur die körperliche Selbstverteidigung zu trainieren, sondern auch Konfliktsituationen zu bewältigen und gewaltfrei zu lösen. Opfern geschlechtsspezifischer Gewalt wird beigebracht, effektiv mit potenziellen Angreifern zu kommunizieren, Grenzen zu setzen und Konflikten vorzubeugen.

Somit ist das Selbstverteidigungsprogramm für Frauen ein umfassender Ansatz zur Unterstützung von Opfern geschlechtsspezifischer Gewalt, der nicht nur körperliches Training, sondern auch psychologische Unterstützung, soziale Integration und die Schulung von Konfliktkompetenzen umfasst. Dadurch können Frauen nicht nur körperlich und geistig stärker werden, sondern auch ihr Selbstvertrauen, ihr Selbstwertgefühl und ihre Fähigkeit, effektiv auf potenzielle Bedrohungen zu reagieren, steigern.

Auch Männer können an Selbstverteidigungskursen für Frauen teilnehmen. Obwohl sich diese Programme oft an Frauen richten und speziell für sie konzipiert sind, können auch Männer von der Teilnahme profitieren.

Selbstverteidigungsprogramme für Frauen konzentrieren sich in der Regel auf Selbstverteidigungstechniken, von denen alle Menschen profitieren können, unabhängig von ihrem Geschlecht. Die meisten Übungen beinhalten Elemente aus Boxen, Karate, Sambo und anderen Kampfsportarten, die für jeden nützlich sein können, der lernen möchte, wie man sich verteidigt.

Darüber hinaus kann die Teilnahme von Männern an solchen Schulungen dazu beitragen, ein integrativeres und vielfältigeres Umfeld zu schaffen, in dem sich jeder willkommen und unterstützt fühlen kann. Es kann auch zu einem besseren Verständnis geschlechtsspezifischer Gewalt und Gewalt in der Gesellschaft insgesamt beitragen und ein toleranteres und freundlicheres Umfeld für alle Beteiligten schaffen.

14. Aerobic und Fitness: Obwohl Aerobic und Fitness keine direkten Kampfsportarten sind, können sie dazu beitragen, die körperliche Fitness zu verbessern, das Selbstvertrauen zu steigern und Fähigkeiten zur Selbstkontrolle zu entwickeln. Es kann auch für die Erhaltung der allgemeinen Gesundheit und Fitness von Vorteil sein.

Obwohl Aerobic und Fitness nicht direkt mit Kampfsportarten zu tun haben, können sie für Opfer geschlechtsspezifischer Gewalt sowohl körperlich als auch psychisch von großem Nutzen sein. Beginnen wir mit dem Physischen. Regelmäßige Aerobic- und Fitnesskurse stärken die Muskulatur, steigern die Ausdauer und verbessern die allgemeine Gesundheit. Dies kann insbesondere für Opfer geschlechtsspezifischer Gewalt hilfreich sein, die möglicherweise körperlich schwach sind oder sich aufgrund mangelnder körperlicher Fitness verletzlich fühlen.

Es ist auch wichtig zu beachten, dass Aerobic und Fitness dazu beitragen können, das Selbstwertgefühl und das Selbstvertrauen zu stärken. Regelmäßige Bewegung hilft Ihnen, ein Gefühl der Würde und Kontrolle über Ihren eigenen Körper zu entwickeln. Dies kann besonders wichtig für Opfer geschlechtsspezifischer Gewalt sein, die sich aufgrund der psychologischen Auswirkungen von Mobbing möglicherweise hilflos oder unwürdig fühlen.

Darüber hinaus können Aerobic und Fitness dabei helfen, Selbstbeherrschung und Selbstregulierungsfähigkeiten zu entwickeln, die für eine wirksame Selbstverteidigung wichtig sind. Die Verbesserung der motorischen Koordination, des Gleichgewichts und der Reaktion auf Situationen kann einem Opfer geschlechtsspezifischer Gewalt die notwendigen Werkzeuge an die Hand geben, um effektiv auf einen Angreifer zu reagieren. Letztendlich können Selbstvertrauen und die Fähigkeit, effektiv auf Stresssituationen zu reagieren, dazu beitragen, dass sich Opfer geschlechtsspezifischer Gewalt nicht mehr wehrlos fühlen und sich gegen den Angreifer wehren können.

Darüber hinaus können Aerobic und Fitness nicht nur das körperliche, sondern auch das emotionale Wohlbefinden von Opfern geschlechtsspezifischer Gewalt fördern. Regelmäßige Bewegung kann dazu beitragen, den Stress und die Angst zu reduzieren, unter denen Opfer geschlechtsspezifischer Gewalt häufig leiden. Körperliche Aktivität setzt Endorphine, natürliche Analgetika und Antidepressiva frei, die die

Stimmung und das allgemeine geistige Wohlbefinden verbessern können.

Darüber hinaus kann die Teilnahme an Gruppen-Aerobic- und Fitnesskursen Überlebenden geschlechtsspezifischer Gewalt dabei helfen, sich als Teil einer Gemeinschaft zu fühlen, Unterstützung von anderen Teilnehmern zu erhalten und neue soziale Kontakte aufzubauen. Dies ist besonders wichtig, da geschlechtsspezifische Gewalt häufig zu sozialer Isolation und Einsamkeitsgefühlen führt.

Darüber hinaus können Aerobic und Fitness Opfern geschlechtsspezifischer Gewalt dabei helfen, Strategien zur Konfliktbewältigung zu erlernen und Kommunikationsfähigkeiten zu entwickeln. Durch Schulungen können die Teilnehmer lernen, Probleme zu lösen, im Team zu arbeiten und effektiv mit anderen zu interagieren, was bei der Lösung von Konflikten und der Verhinderung weiterer Vorfälle geschlechtsspezifischer Gewalt hilfreich sein kann.

Somit tragen Aerobic und Fitness nicht nur zur Verbesserung der körperlichen Fitness bei, sondern spielen auch eine wichtige Rolle bei der psychologischen Unterstützung und sozialen Anpassung von Opfern geschlechtsspezifischer Gewalt. Die Teilnahme an diesen Sportarten kann ihnen nicht nur helfen, die negativen Auswirkungen geschlechtsspezifischer Gewalt zu überwinden, sondern auch stärker, selbstbewusster und fähiger zu werden, die Herausforderungen des Alltags zu meistern.

Diese Sportarten haben ihre eigenen Eigenschaften und Vorteile, aber alle können relativ schnell erlernt werden und helfen einem Opfer geschlechtsspezifischer Gewalt, Selbstverteidigungsfähigkeiten und Selbstvertrauen zu entwickeln.

Jede dieser Sportarten hat ihre eigenen einzigartigen Funktionen und Anwendungen. Die Wahl einer bestimmten Sportart kann von den Zielen, der Fitness und den Vorlieben jedes Einzelnen abhängen. Für diejenigen, die beispielsweise Schlag- und Blocktechniken erlernen möchten, können Boxen oder Karate geeignete Optionen sein, während für diejenigen, die es bevorzugen.

Es ist wichtig, eines zu wählen, das Ihren Vorlieben entspricht. Diese Sportarten haben unterschiedliche Merkmale und passen zu unterschiedlichen Persönlichkeitstypen. Die Wahl der richtigen Sportart hängt von Ihren Zielen, Ihren körperlichen Fähigkeiten und natürlich Ihren Vorlieben ab. Es ist wichtig, eine zu wählen, die Sie motiviert und inspiriert, persönliche Erfolge im Kampf gegen geschlechtsspezifische Gewalt zu erzielen.

❖ ❖ ❖ ❖ ❖ ❖ ❖ ❖ ❖ ❖ ❖ ❖ ❖ ❖ ❖

Kapitel 20.
Selbstverteidigungswerkzeuge sind in Ihrer Nähe.

Die Allgemeine Erklärung der Menschenrechte, die 1948 von der Generalversammlung der Vereinten Nationen angenommen wurde, ist ein internationales Dokument, das in vielen Industrieländern anerkannt und angewendet wird. Darin sind grundlegende Menschenrechte und Freiheiten verankert, darunter das Recht auf Leben, die Freiheit von Gewalt und willkürlicher Inhaftierung sowie das Recht auf Schutz.

Diese Rechte bilden die Grundlage für Gesetze und Richtlinien in verschiedenen Ländern, einschließlich des Rechts auf Selbstverteidigung im Falle einer Gefahr für Leib oder Leben. In diesem Zusammenhang wird der Begriff der Selbstverteidigung im Rahmen von Gesetzen und Rechtsnormen betrachtet, die die zulässigen Schutzmethoden und -methoden sowie die Einschränkungen und Verantwortlichkeiten für deren Verwendung festlegen.

Daher basieren Gesetze zur Selbstverteidigung in entwickelten Ländern in der Regel auf den in der Allgemeinen Erklärung der Menschenrechte verankerten Grundsätzen sowie auf zusätzlichen nationalen und regionalen Gesetzen, die den Schutz und die Sicherheit der Bürger gewährleisten. Gemäß diesem Dokument ist das Recht auf Selbstverteidigung in Art. verankert. 3, in dem es heißt: „Jeder Mensch hat das Recht auf Leben, Freiheit und Sicherheit."

Dieser Artikel ist eines der Grundprinzipien, auf denen die Menschenrechte aufbauen. Es bekräftigt, dass jeder Mensch das Recht hat, sein Leben und seine Freiheit vor Gewalt und Bedrohungen zu schützen.

Zusätzlich zur Allgemeinen Erklärung der Menschenrechte können verschiedene Länder unterschiedliche Gesetze und Vorschriften zum Recht auf Selbstverteidigung haben. Diese Gesetze können je nach Gerichtsbarkeit und Umständen variieren, der allgemeine Grundsatz bleibt jedoch derselbe: Eine Person hat das Recht auf Schutz ihres Lebens und ihrer persönlichen Integrität.

Gemäß internationalen Menschenrechtsdokumenten hat jeder Mensch das Recht auf Selbstverteidigung im Falle einer Gefahr für sein Leben oder seine Gesundheit. Dieses Recht ist nicht auf bestimmte Methoden oder Mittel beschränkt, sondern umfasst alle verfügbaren Schutzmöglichkeiten.

Wenn es um Selbstverteidigung geht, ist es wichtig zu verstehen, dass eine Person das Recht hat, alle verfügbaren Gegenstände in ihrer Umgebung zu nutzen, um ihre Sicherheit zu gewährleisten. Ob Schlüssel, Kugelschreiber, Bleistift oder auch Alltagsgegenstände wie eine Tasche oder ein Stuhl – sie können in bestimmten Situationen ein wirksamer

Schutz sein.

Beispielsweise können Schlüssel zum Schlagen in den Augen- oder Gesichtsbereich eines Angreifers sowie zum Schutz des eigenen Körpers eingesetzt werden. Ein Kugelschreiber oder Bleistift kann zu einer improvisierten Waffe werden, um den Hals oder andere gefährdete Stellen zu treffen. Der Beutel kann als Barriere zwischen Angreifer und Opfer dienen, aber auch zur Abwehr von Schlägen oder zum Schutz des Kopfes.

Es ist wichtig zu bedenken, dass Selbstverteidigung nicht immer körperlichen Widerstand bedeutet. Manchmal sind auch das Vermeiden einer Gefahr oder das Rufen um Hilfe wirksame Abwehrmaßnahmen. Jeder Mensch hat das Recht auf Sicherheit und Schutz, und in einer Bedrohungssituation ist es eine rechtmäßige und vernünftige Entscheidung, sich mit den verfügbaren Mitteln zu schützen.

Vor dem Einsatz aktiver Selbstverteidigungsmethoden ist es wichtig, alles zu tun, um Konflikte zu vermeiden. Dazu kann gehören, sich von der Gefahr fernzuhalten, um Hilfe zu rufen oder sogar zu versuchen, die Situation verbal zu lösen. Kann der Konflikt jedoch nicht verhindert werden und ist das Leben oder die Gesundheit einer Person gefährdet, hat sie Anspruch auf Schutz.

Um sich zu schützen, kann eine Person verschiedene Methoden anwenden, einschließlich der Verwendung verfügbarer Umweltgegenstände oder Kampfkunstfähigkeiten, sofern verfügbar. Es ist wichtig, sich daran zu erinnern, dass das Ziel der Selbstverteidigung nicht darin besteht, Schaden anzurichten, sondern das eigene Leben und die eigene Gesundheit zu schützen. Daher ist es wichtig, das Niveau der Selbstverteidigung nicht zu überschreiten und nur die Mittel einzusetzen, die zur Neutralisierung der Bedrohung erforderlich sind.

Das Ziel sollte nach Möglichkeit darin bestehen, den Angreifer zu neutralisieren und weitere Gewalt zu verhindern, und nicht darin, ihm schweren Schaden zuzufügen. Im Falle einer erfolgreichen Abwehr und Neutralisierung der Bedrohung wird empfohlen, unverzüglich die Hilfe der Strafverfolgungsbehörden in Anspruch zu nehmen und die Situation zur weiteren Untersuchung an diese zu übergeben.

Es ist wichtig, sich daran zu erinnern, dass Selbstverteidigung nicht nur eine legitime Möglichkeit ist, sich im Falle einer Bedrohung zu schützen, sondern auch ein wichtiges Mittel, um das Gefühl von Selbstvertrauen und Sicherheit wiederherzustellen. Für viele Opfer von Aggression und geschlechtsspezifischer Gewalt kann der Gedanke, sich selbst zu schützen, beängstigend und verwirrend wirken, insbesondere wenn sie sich verletzlich fühlen und kein Vertrauen in ihre eigenen Fähigkeiten haben. Allerdings kann das Verständnis, dass sie über die Ressourcen und die Fähigkeit verfügen, sich zu verteidigen, ihr Gefühl der Kontrolle über die Situation erheblich stärken und ihre Angst vor dem Angreifer verringern.

Bis Sie durch die Ausübung von Kampfsportarten die notwendigen Fähigkeiten für die von Ihnen gewählte vollständige Selbstverteidigung erworben haben, ist die Nutzung umliegender Gegenstände zum Schutz eine der Methoden, die jedem zur Verfügung stehen. Dieser Ansatz ermöglicht es einer Person, das, was sie zur Verfügung hat, zu nutzen, um sich im Falle eines Angriffs sicherer zu machen. Beispielsweise können ein Bleistift, ein Schlüssel, ein Kugelschreiber oder eine Tasche wirksame Werkzeuge zur Selbstverteidigung in einer kritischen Situation sein.

Es ist wichtig zu bedenken, dass Selbstverteidigung nicht immer körperlichen Widerstand bedeutet. Manchmal kann es die beste Verteidigung sein, einfach nur in der Lage zu sein, Gefahren einzuschätzen, Konflikte zu vermeiden und seinen Verstand und sein Urteilsvermögen einzusetzen. Wenn die Situation jedoch bedrohlich wird, kann es für die Sicherheit von entscheidender Bedeutung sein, zu wissen, wie man seine Umgebung zu seinem Schutz nutzt.

Daher ist es wichtig, Selbstverteidigungsfähigkeiten zu erlernen, einschließlich der Nutzung umliegender Objekte zum Schutz. Das steigert nicht nur das Selbstvertrauen, sondern schafft auch ein Gefühl der Kontrolle über das eigene Schicksal. Darüber hinaus hilft es zu erkennen, dass jeder Mensch das Recht auf Schutz und Sicherheit hat und dass Selbstverteidigung etwas völlig Normales und Legales ist.

Wenn wir über die Prinzipien der Selbstverteidigung sprechen, ist es wichtig zu verstehen, dass es sich hierbei nicht nur um eine Reihe von Techniken oder körperlichen Übungen handelt. Hierbei handelt es sich um einen umfassenden Ansatz zur Wahrung der eigenen Sicherheit, der sowohl physische als auch psychische Aspekte umfasst. Für Mobbingopfer, die sich möglicherweise verletzlich und unsicher fühlen, kann die Kenntnis der Grundprinzipien der Selbstverteidigung ein wirksames Instrument sein, um das Selbstvertrauen zu stärken und die Angst vor dem Mobber zu verringern.

1. Situationsbewusstsein: Der erste und wichtigste Schritt in der Selbstverteidigung ist das Situationsbewusstsein. Das bedeutet, dass Sie sich Ihrer Umgebung bewusst sind, potenzielle Bedrohungen erkennen und mögliche Risiken einschätzen. Um Gefahren zu vermeiden, müssen Sie vorsichtig und wachsam sein, auch wenn die Situation sicher erscheint.

Situationsbewusstsein ist der Grundstein für eine wirksame Selbstverteidigung, insbesondere für diejenigen, die Angst und Unsicherheit erleben. Wenn wir über Opfer von Aggressionen sprechen, die äußerst empfindlich und unsicher sein können, ist es wichtig zu verstehen, dass das Bewusstsein für die Situation die Kontrolle über die eigene Sicherheit gibt.

Situationsbewusstsein bedeutet zunächst einmal, aufmerksam auf die Umgebung zu achten, selbst in den Momenten, in denen es den Anschein hat, als ob nichts Gefährliches passiert. Dabei geht es nicht darum, paranoid zu sein oder ständig eine Bedrohung zu erwarten, sondern sich seiner Umgebung bewusst zu sein und potenzielle Gefahren erkennen zu können.

Für diejenigen, die Angst vor dem Tyrannen haben oder sich unsicher fühlen, kann das Bewusstsein für die Situation ein Mittel sein, um wieder ein Gefühl der Kontrolle zu erlangen. Wenn Sie wissen, was um Sie herum passiert, können Sie mögliche Risiken besser einschätzen und die notwendigen Maßnahmen ergreifen, um sich selbst zu schützen.

Es gibt Ihnen auch die Möglichkeit, proaktiv zu handeln, anstatt erst in letzter Minute auf eine Bedrohung zu reagieren. Wenn Sie die Situation im Voraus verstehen, können Sie einen Aktionsplan entwickeln und auf mögliche Bedrohungen vorbereitet sein. Dies trägt dazu bei, Stress und Ängste zu reduzieren, die in Konflikt- oder Gefahrensituationen entstehen können.

Am wichtigsten ist, dass Ihnen das Bewusstsein für die Situation die Fähigkeit gibt, Ihr eigenes Verhalten und Ihre eigenen Reaktionen zu kontrollieren. Dadurch können Sie fundierte Entscheidungen auf der Grundlage Ihrer Risikoeinschätzung und Ihres Verständnisses Ihrer eigenen Stärken und Fähigkeiten treffen. Dies kann besonders wichtig für diejenigen sein, die Angst oder Unsicherheit verspüren, da es ihnen ein Gefühl von Selbstvertrauen und Kontrolle in Situationen gibt, die sich bedrohlich oder gefährlich anfühlen können.

2. Konfliktprävention: Es ist wichtig, Konflikte möglichst verhindern zu können. Dazu kann gehören, dass man nonverbale Kommunikation nutzt, Konfrontationen vermeidet und lernt, seine Grenzen selbstbewusst auszudrücken und Situationen abzulehnen, die gefährlich oder bedrohlich erscheinen.

Konfliktprävention ist ein wirksames Mittel zur Selbstverteidigung, insbesondere für diejenigen, die unter Gefühlen der Hilflosigkeit und Angst vor dem Angreifer leiden. Selbst der kleinste Konflikt kann schwerwiegende Folgen haben. Daher ist es wichtig, ihn nach Möglichkeit vermeiden zu können.

Für diejenigen, die Gefühle der Hilflosigkeit und Unsicherheit verspüren, bietet Konfliktprävention eine Möglichkeit, die Situation unter Kontrolle zu bringen, bevor sie außer Kontrolle gerät. Dies kann besonders in Situationen nützlich sein, in denen der Angreifer versucht, einen Konflikt zu provozieren oder zu provozieren. Die Fähigkeit, Anzeichen einer wachsenden Spannung zu erkennen und deren Eskalation zu verhindern, kann Sie vor negativen Folgen bewahren.

Eine Möglichkeit, Konflikten vorzubeugen, ist die Verwendung nonverbaler Kommunikation. Nonverbale Hinweise wie ein selbstbewusster Gang, ein direkter Blick und ein ruhiger Gesichtsausdruck können eine klare Botschaft Ihres Selbstvertrauens und Ihrer Absichten vermitteln. Dies kann dazu beitragen, Konflikte zu verhindern, indem Sie dem Angreifer zeigen, dass Sie seinen Provokationen nicht nachgeben werden.

Darüber hinaus ist es wichtig für diejenigen, die sich gegenüber einem Aggressor verwundbar fühlen, zu lernen, sich von Konfrontationen zu lösen und überzeugende Wege zu finden, um Grenzen und Ablehnung zum Ausdruck zu bringen. Zu wissen, wie man die Teilnahme an einer gefährlichen oder bedrohlichen Situation verweigert, ohne Aggression oder Gewalt anzuwenden, trägt dazu bei, Ihre Würde und Sicherheit zu wahren.

Zur Konfliktvermeidung kann es auch gehören, zu lernen, sicherere Orte und Situationen für sich selbst zu wählen und gleichzeitig potenziell gefährliche Situationen zu vermeiden. Dazu kann die Wahl von überfüllten Bereichen, gut beleuchteten öffentlichen Bereichen oder sicheren Bereichen gehören.

3. Gefahr vermeiden: Wenn eine Situation bedrohlich oder gefährlich wird, ist es wichtig zu wissen, wie man der Gefahr entkommt. Dies kann bedeuten, dass Sie sich schnell und sicher an einen sicheren Ort bewegen, die Umgebung als Deckung nutzen oder sich einfach von einer potenziell gefährlichen Person oder einem potenziell gefährlichen Ort entfernen.

Das Vermeiden von Gefahren ist ein wichtiger Aspekt der Selbstverteidigung, insbesondere für diejenigen, die unter Gefühlen der Hilflosigkeit und Angst vor einem Angreifer leiden. Wenn eine Situation Ihre Sicherheit zu gefährden beginnt, kann die Fähigkeit, schnell zu reagieren und der Gefahr zu entgehen, Sie vor schwerwiegenden Folgen bewahren.

Für diejenigen, die sich gegenüber einem Angreifer anfällig fühlen, ist es wichtig zu erkennen, dass das Weggehen vor der Gefahr nicht bedeutet, wegzulaufen oder schwach zu sein, sondern vielmehr eine Strategie zur Aufrechterhaltung der eigenen Sicherheit und des eigenen Wohlbefindens. Die Fähigkeit, eine Situation schnell einzuschätzen und zu entscheiden, wie man einer Bedrohung am besten entkommen kann, zeugt von Selbstschutz und Selbstvertrauen.

Es ist wichtig zu wissen, wie man die Umwelt als Unterschlupf oder Schutz nutzt. Dies kann alles sein, von der Suche nach Schutz in einer Menschenmenge bis hin zur Suche nach Schutz hinter Absperrungen oder in Gebäuden. Die Fähigkeit, schnell einen sicheren Ort zu finden und zu nutzen, kann Ihnen helfen, Gefahren zu vermeiden und Aggressionen vorzubeugen.

Darüber hinaus kann die Vermeidung einer Gefahr darin bestehen, sich einfach von einem gefährlichen Ort oder einer Bedrohung zu entfernen. Dies kann bedeuten, dass Sie sich schnell an einen anderen Ort begeben oder sich einfach von einem Ort entfernen, an dem die Situation Ihre Sicherheit zu gefährden beginnt. Es ist wichtig, sich daran zu erinnern, dass das Vermeiden von Gefahren kein Zeichen von Schwäche ist, sondern vielmehr ein Zeichen der Sorge um die eigene Sicherheit und das eigene Wohlbefinden.

4. Physischer Schutz: Wenn Sie einer Gefahr nicht entkommen können, ist es manchmal notwendig, physischen Schutz zu verwenden. Dies sollte jedoch der letzte Ausweg sein und nur dann eingesetzt werden, wenn es absolut notwendig ist. Es ist wichtig, nur die nötige Gewalt anzuwenden, um die Bedrohung zu neutralisieren und so schnell wie möglich sofort Hilfe zu suchen.

Körperliche Verteidigung ist das letzte Mittel, wenn sich andere Methoden der Selbstverteidigung als unwirksam oder nicht verfügbar erwiesen haben. Bei vielen Menschen, insbesondere bei denen, die unter Gefühlen der Hilflosigkeit und Unsicherheit leiden, kann die Vorstellung, körperliche Gewalt anzuwenden, Angst und Zweifel hervorrufen. Es ist jedoch wichtig zu verstehen, dass der Einsatz von physischem Schutz auf Situationen beschränkt werden sollte, in denen die Bedrohung unmittelbar und überwältigend wird.

Für Opfer einer Aggression, die sich verletzlich fühlen und Angst davor haben, physische Gewalt anzuwenden, ist es wichtig zu erkennen, dass der Zweck der physischen Verteidigung nicht darin besteht, dem Angreifer Schaden zuzufügen, sondern die Bedrohung zu neutralisieren und ihre eigene Sicherheit zu gewährleisten. Dies bedeutet, dass Sie nur die minimale Kraft anwenden müssen, die erforderlich ist, um den Angriff zu stoppen und sofort Hilfe zu suchen.

Bei der körperlichen Verteidigung ist es wichtig, ruhig und konzentriert zu bleiben. Die Reaktion auf eine Stresssituation kann oft unvorhersehbar sein. Daher ist es wichtig, Selbstverteidigungstechniken zu erlernen, die es Ihnen ermöglichen, ruhig zu bleiben und Entscheidungen auf der Grundlage rationaler Handlungen und nicht auf der Grundlage von Emotionen zu treffen.

Es ist auch wichtig zu bedenken, dass die Anwendung physischer Gewalt in einem angemessenen Verhältnis zur Bedrohung stehen muss. Das bedeutet, dass die Gewaltanwendung dem Grad der Bedrohung angemessen sein muss und das zur Beendigung des Angriffs erforderliche Maß nicht überschreiten darf. Sobald die Bedrohung neutralisiert wurde, ist es wichtig, sofort Hilfe zu suchen und alle notwendigen Beweise für den Vorfall vorzulegen.

5. Psychologische Vorbereitung: Schließlich ist es äußerst wichtig, mental auf die Situation vorbereitet zu sein. Dazu gehört, dass Sie Vertrauen in Ihre Fähigkeiten haben, Ihre Rechte kennen und in

Stresssituationen effektiv reagieren können. Zur mentalen Vorbereitung gehört auch die Fähigkeit, in Stresssituationen ruhig und klar im Kopf zu bleiben, was es Ihnen ermöglicht, durchdachte und effektive Entscheidungen zu treffen.

Die psychologische Vorbereitung spielt eine entscheidende Rolle für die Fähigkeit, mit einer aggressiven Situation umzugehen. Für Mobbingopfer, die sich möglicherweise schwach oder unsicher fühlen, wird psychologisches Training zu einem wichtigen Instrument zur Verbesserung des Selbstwertgefühls und zur Stärkung des Selbstvertrauens.

Zur psychologischen Vorbereitung gehört zunächst Selbstvertrauen. Das bedeutet, dass Sie Ihre Fähigkeiten verstehen und darauf vorbereitet sind, im Falle einer Bedrohung zu handeln. Opfer von Mobbing können von einem Selbstverteidigungstraining oder einer Beratung profitieren, die ihnen hilft, Vertrauen in ihre Fähigkeiten zu entwickeln und ihr Selbstwertgefühl zu stärken.

Zweitens gehört zur psychologischen Vorbereitung die Kenntnis Ihrer Rechte. Viele Opfer von Mobbing kennen möglicherweise ihre Rechte nicht oder haben keine Erfahrung damit, Hilfe zu suchen. Daher ist es wichtig, sich über Ihre Rechte zu informieren und zu wissen, wie Sie diese effektiv zu Ihrem Schutz nutzen können.

Darüber hinaus gehört zur psychologischen Vorbereitung die Fähigkeit, effektiv auf Stresssituationen zu reagieren. Opfer von Mobbing können während eines Konflikts starken Emotionen und Stress ausgesetzt sein. Wenn sie lernen, ihre Emotionen zu kontrollieren und ruhig zu bleiben, können sie durchdachte und effektive Entscheidungen treffen.

Es ist auch wichtig zu lernen, in Stresssituationen ruhig und klar im Kopf zu bleiben. Dies wird Mobbingopfern helfen, durchdachte und rationale Entscheidungen zu treffen, anstatt aus Emotionen oder Angst heraus zu handeln. Regelmäßiges Praktizieren von Meditation, tiefem Atmen oder anderen Entspannungstechniken kann dazu beitragen, Ihre Fähigkeit zu verbessern, in Stresssituationen ruhig zu bleiben.

Das Verständnis dieser Selbstverteidigungsprinzipien kann Mobbingopfern helfen, sich selbstbewusster und auf die Bewältigung einer Vielzahl von Situationen vorbereitet zu fühlen. Dies gibt ihnen die Möglichkeit, ihre eigene Sicherheit zu kontrollieren und wirksame Maßnahmen zu ergreifen, um sich im Falle einer Bedrohung zu schützen.

Die Praxis, Alltagsgegenstände zur Selbstverteidigung zu nutzen, kann für diejenigen, die Opfer von Aggressionen geworden sind, sehr hilfreich sein. Dies bietet die Möglichkeit zu lernen, wie man die verschiedenen Gegenstände, die im Falle eines Konflikts oder Angriffs zur Verfügung stehen, effektiv und sicher nutzt.

Das Üben mit verschiedenen Objekten in der Umgebung trägt auch dazu bei, Vertrauen in die eigenen Fähigkeiten zu entwickeln und das Gefühl der Kontrolle über die Situation zu stärken. Wenn eine Person weiß, dass sie sich mit gewöhnlichen Gegenständen schützen kann, fühlt sie sich sicherer und fähiger, mit potenziellen Gefahren umzugehen.

Daher ist es wichtig, regelmäßig mit verschiedenen Umweltobjekten zu trainieren, Konfliktsituationen zu simulieren und zu lernen, diese effektiv einzusetzen. Dies wird nicht nur dazu beitragen, die notwendigen Fähigkeiten zur Selbstverteidigung zu erwerben, sondern auch dazu beitragen, sich auf mögliche Bedrohungen vorzubereiten und das Selbstvertrauen zu stärken.

Selbstverteidigung mit Alltagsgegenständen:

I - Bleistift/Kugelschreiber:

- Verletzliche Punkte treffen: Mit einem Bleistift oder Kugelschreiber können verletzliche Punkte am Körper des Angreifers getroffen werden, beispielsweise Augen, Nase, Hals, Schlüsselbein und Leistengegend. Wenn Sie beispielsweise angreifen, können Sie dem Angreifer mit einem Bleistift ins Auge oder in die Kehle schlagen, um seinen Angriff abzuschwächen und eine Fluchtmöglichkeit zu schaffen.

- Schläge abwehren: Gegen Schläge, die auf das Opfer gerichtet sind, kann auch ein Bleistift oder Kugelschreiber eingesetzt werden. Beispielsweise kann eine Person einen Griff verwenden, um ihren Kopf zu schützen, indem sie ihn während eines Angriffs vor sich anhebt, um einen Schlag zu verhindern.

- Abstand wahren: Mit einem Bleistift oder Kugelschreiber kann Abstand zwischen Opfer und Angreifer hergestellt werden. Eine Person kann ihre Hand mit einem Bleistift oder Kugelschreiber vor sich ausstrecken, um einen Angreifer wegzustoßen oder ein vorübergehendes Hindernis zwischen sich und dem Angreifer zu schaffen.

- Hilferuf: Im Falle eines Angriffs kann auch ein Bleistift oder Kugelschreiber genutzt werden, um andere auf sich aufmerksam zu machen. Das Opfer schreit möglicherweise oder schwenkt einen Kugelschreiber oder Bleistift, um Aufmerksamkeit zu erregen und Hilfe zu leisten.

Diese Methoden können zur Selbstverteidigung in kritischen Situationen wirksam sein und sind für fast jeden zugänglich, da in der Regel ein Bleistift oder Kugelschreiber zur Hand ist. Es ist jedoch wichtig zu bedenken, dass der Einsatz dieser Gegenstände zur Selbstverteidigung auf kritische Situationen beschränkt werden sollte, in denen es keine anderen Möglichkeiten gibt, und das Ziel darin bestehen sollte, eine Möglichkeit zur Flucht und zum Rufen um Hilfe zu schaffen.

II - Tasche:

- Distanz schaffen: Wenn Sie sich in einer Situation befinden, in der Sie Distanz zwischen Ihnen und dem Angreifer schaffen müssen, kann die Tasche als vorübergehende Barriere verwendet werden. Du kannst die Tasche vor dir ausziehen und damit deinen Angreifer zurückdrängen und Raum für den Rückzug schaffen.

- Schläge abwehren: Die Tasche kann auch zum Abwehren von Schlägen verwendet werden. Sie können die Tasche vor sich halten und damit die Schläge eines Angreifers abwehren. Es ist wichtig, dass Sie versuchen, den Schaden, den Sie erleiden, so gering wie möglich zu halten, bis Sie die Möglichkeit haben, zu fliehen oder um Hilfe zu rufen.

- Verwendung als Waffe: Im Extremfall, wenn keine andere Möglichkeit besteht, kann die Tasche als Waffe verwendet werden. Sie können Ihren Angreifer mit einer Tasche schlagen oder sie in seine Richtung werfen, um ihn abzulenken und eine Fluchtmöglichkeit zu schaffen.

- Abstand wahren: Die Tasche kann auch zum Abstandhalten während der Bewegung genutzt werden. Sie können die Tasche vor sich halten und damit einen Angreifer wegstoßen, wenn dieser versucht, sich Ihnen zu nähern.

Es ist wichtig zu bedenken, dass die Verwendung einer Tasche zur Selbstverteidigung auf kritische Situationen beschränkt werden sollte, in denen es keine anderen Möglichkeiten gibt, und das Ziel darin bestehen sollte, eine Möglichkeit zur Flucht und zum Rufen um Hilfe zu schaffen. Denken Sie auch daran, dass Ihre Sicherheit an erster Stelle steht und Ihr Ziel darin besteht, einer gefährlichen Situation so schnell wie möglich zu entkommen.

III - Schlüssel:

- Schlagen: Sie können Schlüssel zwischen Ihren Fingern halten, sodass sie aus Ihrer Faust herausragen, und damit verwundbare Punkte am Körper eines Angreifers treffen, beispielsweise Augen, Nase, Hals oder Leistengegend. Dies kann zu einem schmerzhaften Schock führen und Ihnen die Möglichkeit geben, zu gehen.

- Verteidigung gegen Angriffe: Wenn ein Angreifer Sie von hinten oder von der Seite angreift, können Sie sich mit Schlüsseln verteidigen. Indem Sie die Schlüssel mit festem Griff ergreifen, können Sie damit Ihren Angreifer angreifen oder schlagen, um ihn abzulenken und eine Gelegenheit zur Flucht zu schaffen.

- Aufspießen: In extremen Situationen, wenn Ihr Leben in Gefahr ist, können Sie versuchen, den Angreifer mit Schlüsseln aufzuspießen oder zu erstechen. Dies muss in einer kritischen Situation erfolgen, wenn es keine anderen Optionen gibt und Ihr Ziel das Überleben ist.

- Verwendung als Würgewaffe: Wenn Sie sich im Nahkampf mit einem Angreifer befinden, können Sie mit den Tasten Druck auf empfindliche Punkte am Hals oder Kopf ausüben, um ihn zu schwächen und Ihnen die Flucht zu ermöglichen.

Es ist wichtig, sich daran zu erinnern, dass der Einsatz von Schlüsseln als Waffe zur Selbstverteidigung der letzte Ausweg sein sollte und nur in äußerst gefährlichen Situationen eingesetzt werden sollte, wenn keine andere Möglichkeit besteht. Ihr Ziel ist es, eine Fluchtmöglichkeit zu schaffen und um Hilfe zu rufen. Denken Sie auch daran, dass Ihre Sicherheit das Wichtigste ist und Sie alles tun sollten, um sich im Falle eines Angriffs zu schützen.

IV – Regenschirme:

- Angriffe abwehren: Der Regenschirm kann verwendet werden, um Angriffe eines Angreifers abzuwehren. Sie können Ihren Regenschirm schnell herumschwingen und ihn vor sich halten, um Schläge von Ihren Händen oder Gegenstände abzuwehren, die Ihnen in die Quere kommen könnten. Dadurch haben Sie möglicherweise mehr Zeit zum Reagieren oder Entkommen.

- Schaffen Sie einen temporären Unterschlupf: Im Falle eines Angriffs oder Angriffs können Regenschirme verwendet werden, um einen temporären Unterschlupf zu schaffen. Sie können den Regenschirm über sich heben oder vor sich halten, um eine Barriere zwischen Ihnen und Ihrem Angreifer zu schaffen. Dies kann Sie vor einem Schock schützen und Ihnen Zeit geben, Ihre nächsten Schritte zu planen.

- Verwendung als Waffe: Der Regenschirm kann als improvisierte Waffe verwendet werden, um einen Angreifer abzuwehren oder anzugreifen. Mit der Spitze des Schirms können Sie verwundbare Stellen am Körper eines Angreifers treffen oder ihn verscheuchen. Denken Sie jedoch daran, dass die Verwendung eines Regenschirms als Waffe der letzte Ausweg sein sollte und nur dann eingesetzt werden sollte, wenn es absolut notwendig ist.

-Ablenkung: Auch wenn der Regenschirm keine mächtige Waffe ist, kann seine Verwendung die Aufmerksamkeit des Angreifers ablenken und Ihnen die Möglichkeit geben, zu fliehen oder um Hilfe zu rufen. Das Aufheben und Präsentieren eines Regenschirms kann dazu führen, dass Ihr Angreifer einen Moment innehält und ihn verwirrt, was möglicherweise ausreicht, damit Sie sicher entkommen können.

Es ist wichtig zu bedenken, dass die Verwendung eines Regenschirms zur Selbstverteidigung mit Vorsicht und nur in extremen Situationen erfolgen sollte, in denen Ihr Leben oder Ihre Sicherheit gefährdet ist. Das Hauptziel besteht darin, sich zu schützen und um Hilfe zu rufen.

V- Kugelschreiber:

- Verwundbare Punkte treffen: Ein Kugelschreiber hat eine Spitze, mit der verwundbare Punkte am Körper eines Angreifers getroffen werden können. Sie können beispielsweise einen Schlag auf Augen, Nase, Hals, Kinn oder andere weiche und empfindliche Bereiche richten, um Schmerzen und eine vorübergehende Funktionsbeeinträchtigung des Angreifers zu verursachen.

- Abwehr von Angriffen: Nähert sich Ihnen ein Angreifer, können Sie den Kugelschreiber als Behelfswaffe nutzen, um seine Angriffe abzuwehren bzw. abzuwehren. Sie können beispielsweise Ihren Griff schnell auf einen Angreifer zubewegen, um seinen Schlag abzuwehren oder seine Aufmerksamkeit abzulenken.

- Verwendung als Klaue: Wenn Sie nicht in der Lage sind, die Spitze des Griffs zum Schlagen zu nutzen, können Sie sie als Klaue verwenden, um Ihren Angreifer zu kratzen oder festzuhalten. Dies kann auch eine wirksame Möglichkeit sein, einen Angreifer abzuschrecken und eine vorübergehende Barriere zwischen Ihnen und ihm zu schaffen.

- Verwendung als Greifwaffe: Bei Bedarf kann ein Kugelschreiber verwendet werden, um Greif- oder Fesseltechniken an einem Angreifer auszuführen. Sie können beispielsweise einen Griff in Ihrer Hand greifen und damit Druck auf empfindliche Punkte am Körper Ihres Angreifers ausüben, um ihn zu zwingen, Sie freizulassen oder die Kontrolle zu verlieren.

Unabhängig von der Verwendungsmethode ist es wichtig zu bedenken, dass ein Kugelschreiber nur dann verwendet werden sollte, wenn dies zum Schutz vor Angriffen unbedingt erforderlich ist. Dies ist eine letzte Maßnahme zur Selbstverteidigung und sollte nur dann eingesetzt werden, wenn eine echte Gefahr für Ihr Leben oder Ihre Sicherheit besteht.

VI - Punkte:

- Augenschutz: Eine Brille kann im Falle eines Angriffs als vorübergehender Schutz Ihrer Augen dienen. Wenn ein Angreifer versucht, Sie im Gesicht oder am Kopf anzugreifen, können Sie schnell den Kopf senken oder Ihre Brille an Ihr Gesicht drücken, um Ihre Augen vor den Schlägen zu schützen.

- Distanz schaffen: Punkte können verwendet werden, um vorübergehend Distanz zwischen Ihnen und Ihrem Angreifer zu schaffen. Sie können beispielsweise schnell Ihre Brille abnehmen und sie in die Richtung eines Angreifers werfen, um seine Aufmerksamkeit abzulenken und eine Fluchtmöglichkeit zu schaffen.

- Verwendung als Waffe: Wenn die Brille einen starken oder scharfen Rand hat, kann sie als improvisierte Waffe verwendet werden. Sie können beispielsweise mit dem Rand Ihrer Brille einen Angreifer ins Gesicht oder an andere verwundbare Stellen schlagen, um ihn abzuschrecken und ihm Zeit zur Flucht zu geben.

- Bedrohung für den Angreifer: Das bloße Zeigen Ihrer Punkte gegenüber dem Angreifer kann als Drohung und als Warnung dienen, dass Sie bereit sind, sich zu verteidigen. Dies kann ihn dazu bringen, über seine Handlungen nachzudenken, und Ihnen Zeit geben, Selbstschutzmaßnahmen zu ergreifen.

Es ist wichtig zu bedenken, dass die Verwendung einer Brille zur Selbstverteidigung der letzte Ausweg sein sollte und nur dann verwendet werden sollte, wenn eine echte Gefahr für Ihre Sicherheit besteht. Denken Sie auch daran, dass die Brille bei der Selbstverteidigung beschädigt werden kann. Seien Sie also darauf vorbereitet, sie nach einem Vorfall auszutauschen.

VII – Haushaltsgeräte:

- Stöße: Viele Haushaltsgeräte sind schwer und stark genug, um Stößen ausgesetzt zu werden. Sie können beispielsweise einen Fön oder ein Bügeleisen nehmen und es als provisorischen Hammer verwenden, um Ihren Angreifer zu schlagen. Dies kann zu ausreichenden Schmerzen führen, um Ihren Angreifer abzulenken und Ihnen Zeit zu geben, zu fliehen oder Hilfe zu holen.

- Erstellen Sie eine vorübergehende Barriere: Einige Haushaltsgegenstände können zur Schaffung einer vorübergehenden Barriere verwendet werden. Wenn Sie beispielsweise eine Mikrowelle oder einen Wasserkocher haben, können Sie diese in den Weg des Angreifers stellen, um ein vorübergehendes Hindernis zu schaffen und Zeit zu gewinnen, um zu entkommen oder um Hilfe zu rufen.

- Verwendung von Drähten: Wenn Haushaltsgegenstände über elektrische Drähte oder Kabel verfügen, können diese zum Umwickeln von Händen oder zum Erstellen eines primitiven Knotens verwendet werden, um einen Angreifer zu fangen oder zu bezwingen. Dies kann Ihnen helfen, die Situation unter Kontrolle zu behalten und sich selbst zu schützen, bis Hilfe eintrifft.

- Improvisierte Abschirmung: Einige Haushaltsgegenstände wie ein Bügeleisen oder ein Haartrockner können verwendet werden, um eine vorübergehende Abschirmung oder einen Schutz vor Angriffen zu schaffen. Mit ihnen können Sie sich vor Schlägen oder Angriffen schützen, bis Sie Maßnahmen ergreifen oder um Hilfe rufen können.

Es ist wichtig zu bedenken, dass die Verwendung von Haushaltsgegenständen zur Selbstverteidigung das letzte Mittel sein sollte und nur dann eingesetzt werden sollte, wenn eine echte Gefahr für Ihre Sicherheit besteht. Achten Sie außerdem darauf, dass die Verwendung dieser Artikel den in Ihrer Region geltenden Gesetzen entspricht.

VIII – Kleidung:

- Schaffen Sie vorübergehenden Schutz: Wenn Sie eine Jacke oder einen Mantel haben, können Sie damit vorübergehend Schutz vor einem Angriff schaffen. Du kannst zum Beispiel deine Jacke aufklappen und sie als Schutzschild nutzen, um dich vor Schlägen oder Waffenangriffen zu schützen. Dies gibt Ihnen zusätzliche Zeit, die Situation einzuschätzen und über weitere Maßnahmen zu entscheiden.

- Kleidung als Hindernis nutzen: Sie können Ihre Kleidung auch nutzen, um ein vorübergehendes Hindernis zwischen Ihnen und Ihrem Angreifer zu schaffen. Sie können beispielsweise Ihre Jacke oder Ihr Hemd ausziehen und Ihrem Angreifer ins Gesicht werfen, um ihn zu verwirren und ihm Zeit zu verschaffen, zu fliehen oder um Hilfe zu rufen.

- Strangulationsschutz: Bestimmte Kleidungsstücke wie Schals oder

Gürtel können zum Schutz vor Strangulationen verwendet werden. Wenn Ihr Angreifer versucht, Sie zu würgen, können Sie einen Schal oder Gürtel verwenden, um eine vorübergehende Barriere zwischen seinen Händen und Ihrem Hals zu schaffen, sodass Sie die Möglichkeit haben, sich zu befreien oder die Situation zu kontrollieren.

- Sofortiger Schutz vor Stößen: Ihre Kleidung kann auch als spontaner Schutz vor Stößen oder stumpfen Verletzungen dienen. Sie können beispielsweise Ihre Jacke oder Ihr Hemd zusammenrollen und als Kissen zur Stoßdämpfung oder zum Schutz vor scharfen Gegenständen verwenden.

Es ist jedoch wichtig zu bedenken, dass die Verwendung von Selbstschutzkleidung das letzte Mittel sein und nur dann zum Einsatz kommen sollte, wenn es absolut notwendig ist. Beachten Sie, dass die Verwendung von Schutzkleidung möglicherweise nur vorübergehend ist und weitere Maßnahmen zu Ihrer Sicherheit erforderlich sein kann.

IX - Mobiltelefon:

- Angriff: Das Mobiltelefon kann im Falle eines Angriffs zum Angriff verwendet werden. Sie können das Telefon an der Hülle packen und es als schweren Gegenstand verwenden, um den Angreifer zu schlagen. Bedenken Sie jedoch, dass dies zu ernsthaften Schäden führen kann. Daher sollten Sie diese Methode nur als letzten Ausweg anwenden, wenn keine andere Möglichkeit besteht.

- Ablenkung: Im Falle eines Angriffs können Sie das Telefon in Richtung des Angreifers werfen, um seine Aufmerksamkeit abzulenken und ihm Zeit zur Flucht zu geben. Dadurch erhalten Sie möglicherweise zusätzliche Sekunden, um Hilfe zu rufen oder einen sicheren Ort zu finden.

- Hilfe rufen: Im Falle einer Bedrohung oder eines Angriffs können Sie mit dem Mobiltelefon schnell Hilfe rufen. Sie können die Notrufnummer 911 oder die Polizei anrufen, um die Situation zu melden und Hilfe anzufordern.

- Aufzeichnen, was passiert: Das Mobiltelefon kann auch zur Aufzeichnung des Geschehens verwendet werden. Sie können die Video- oder Audioaufzeichnung auf Ihrem Telefon aktivieren, um Details des Angriffs oder der Bedrohung zu erfassen. Dies kann ein nützlicher Beweis sein, wenn Sie zur Polizei oder zum Gericht gehen.

- Senden von Hilfenachrichten: Wenn Sie nicht telefonieren können, können Sie eine SMS senden oder die „SOS"-Funktion Ihres Mobiltelefons nutzen, um Ihre Kontakte automatisch auf Ihre Situation aufmerksam zu machen und Hilfe anzufordern.

- Verwendung von GPS: Viele Mobiltelefone verfügen über eine integrierte GPS-Funktion, die Rettungsdiensten dabei helfen kann, Ihren Standort zu bestimmen. Dies ist besonders nützlich, wenn Sie Ihren Standort nicht über das Telefon bestimmen können.

- Verwendung von Sicherheits-Apps: Es gibt spezielle mobile

Sicherheits-Apps, mit denen Sie per Knopfdruck Notsignale senden oder Hilfe rufen können. Diese Apps können im Falle einer Bedrohung oder eines Angriffs nützlich sein.

- Notalarm: Wenn Ihr Telefon in der Lage ist, auf Knopfdruck einen Notalarm zu senden oder um Hilfe zu rufen, können Sie diese Funktion im Falle einer Bedrohung oder eines Angriffs nutzen. Auf dem Markt erhältliche Sicherheitsprogramme und -anwendungen können unter bestimmten Bedingungen auch Funktionen zum automatischen Senden von Notrufen enthalten.

- Akustischer Alarm: Einige mobile Apps bieten eine akustische Alarmfunktion, mit der Sie im Falle eines Angriffs die Aufmerksamkeit der Menschen in Ihrer Umgebung auf sich ziehen können. Dies kann dazu beitragen, die Aufmerksamkeit auf Ihre Situation zu lenken und um Hilfe zu rufen.

Während ein Mobiltelefon in bestimmten Situationen ein nützliches Hilfsmittel zum Selbstschutz sein kann, ist es wichtig, sich daran zu erinnern, dass Ihre persönliche Sicherheit Ihr oberstes Ziel sein sollte. Verwenden Sie Ihr Telefon, um Hilfe zu rufen und achten Sie darauf, dass Ihre Sicherheit an erster Stelle steht. Es ist wichtig, sich daran zu erinnern, dass ein Mobiltelefon ein wirksames Werkzeug zum Selbstschutz sein kann, es aber auch mit Bedacht und Vorsicht verwendet werden muss. Versuchen Sie, Ihr Telefon aufgeladen und bei Bedarf zugänglich zu halten, und denken Sie daran, dass Ihre Sicherheit immer Vorrang vor materiellen Dingen hat.

X - Feuerzeug:

- Als Angriffsobjekt oder als improvisierte Waffe zur Verteidigung in einer kritischen Situation.

- Rauch erzeugen: In manchen Fällen kann ein Feuerzeug verwendet werden, um Rauch zu erzeugen. Dazu können Sie den Feuerzeugknopf drücken, ohne ihn zu öffnen, und ihn auf den Angreifer richten. Rauch kann einen vorübergehenden Vorhang bilden, der Ihren Standort verbirgt oder es einem Angreifer erschwert, ihn zu sehen.

- Feuer: Wenn die Situation kritisch ist und den Einsatz von Feuer zur Selbstverteidigung erfordert, können Sie ein Feuerzeug verwenden, um Feuer zu erzeugen. Beispielsweise können Sie einem Angreifer einen Werwolf in Brand setzen, wenn dies zu Ihrem Schutz erforderlich ist.

Es ist wichtig zu bedenken, dass die Verwendung eines Feuerzeugs oder eines Flash-Laufwerks zur Selbstverteidigung Vorsicht erfordert und durch die Situation gerechtfertigt sein muss. Das Ziel ist Ihre Sicherheit, daher sollte der Einsatz dieser Gegenstände gerechtfertigt sein und in einer kritischen Situation als letztes Mittel in Betracht gezogen werden.

XI - Schal oder Gürtel:

- Den Angreifer binden oder bewegungsunfähig machen: In einer kritischen Situation kann ein Schal oder Gürtel verwendet werden, um die

Hände des Angreifers zu fesseln, sodass Sie ihn vorübergehend bewegungsunfähig machen und eine Gelegenheit zur Flucht oder zum Rufen um Hilfe schaffen können.

- Erstellen Sie eine vorübergehende Barriere: Ein Schal oder Gürtel kann herumgeschwenkt werden, um eine vorübergehende Barriere zwischen Ihnen und dem Angreifer zu schaffen. Dies kann Ihnen zusätzliche Zeit geben, die Situation einzuschätzen oder andere Selbstschutzmaßnahmen zu ergreifen.

- Waffen zur Selbstverteidigung: Im Falle eines Angriffs kann ein Schal oder Gürtel verwendet werden, um den Angreifer anzugreifen. Sie können als Feuerwerkskörper oder, wenn lange genug, als Peitsche verwendet werden, um einen Angriff abzuwehren und sich zu verteidigen.

- Schaffen Sie einen vorübergehenden Unterschlupf: Wenn Sie in Gefahr sind, können Sie mit einem Schal oder Gürtel einen vorübergehenden Unterschlupf schaffen, um beispielsweise Geräusche zu dämpfen, Schutz vor Regen zu bieten oder sich vor einem Angreifer zu verstecken.

Bitte denken Sie daran, dass diese Maßnahmen nur dann ergriffen werden sollten, wenn sie unbedingt erforderlich sind und im Rahmen der gesetzlichen Bestimmungen erfolgen. Selbstverteidigung muss in einem angemessenen Verhältnis zur Bedrohung stehen und unnötige Gewalt muss vermieden werden.

XII - Plastikflasche:

- Zuschlagen: Eine mit Wasser oder einer anderen Flüssigkeit gefüllte Plastikflasche kann verwendet werden, um den Angreifer anzugreifen. Sie können auf die Flasche schlagen, um einen Angriff abzuwehren oder sich vor körperlicher Gewalt zu schützen.

- Schaffen Sie vorübergehenden Schutz: Wenn Sie keinen anderen Schutz haben, können Sie eine Plastikflasche verwenden, um vorübergehenden Schutz zu schaffen. Sie können beispielsweise eine Flasche als Schutzschild vor sich halten, um Schläge abzuwehren oder sich vor ihnen zu schützen.

- Bespritzen des Angreifers: Im Falle eines Angriffs können Sie den Angreifer mit Wasser aus einer Plastikflasche bespritzen. Dies kann zusätzliche Zeit und Gelegenheit zur Flucht oder zum Rufen um Hilfe schaffen und den Angreifer ablenken oder desorientieren.

Denken Sie daran, dass die Verwendung einer Plastikflasche zur Selbstverteidigung in einem angemessenen Verhältnis zum Grad der Bedrohung stehen sollte und Sie sich bemühen sollten, Gewalt nach Möglichkeit zu vermeiden. Bedenken Sie auch, dass die Wirksamkeit dieser Methode von Ihrer spezifischen Situation und Ihren Umständen abhängen kann.

XIII - Geldbörse oder Handtasche:

- Distanz schaffen: Sie können Ihre Brieftasche oder Handtasche nutzen, um Distanz zwischen Ihnen und dem Angreifer zu schaffen. Sie können sie vor sich hinschwenken, um einen Angreifer abzuschrecken oder ihn vorsichtig zu machen, während Sie sich zurückziehen oder der Gefahr entkommen.

- Ablenkung: Sie können einem Angreifer eine Brieftasche oder einen Geldbeutel zuwerfen, um seine Aufmerksamkeit abzulenken und ihm zusätzliche Zeit zu verschaffen, um zu fliehen oder um Hilfe zu rufen. Dies kann einen Überraschungsmoment hervorrufen und Ihnen die Möglichkeit geben, andere Maßnahmen zu ergreifen.

- Vorübergehender Schutz: Wenn Sie keinen anderen Schutz haben, können Sie Ihr Portemonnaie oder Ihre Handtasche nutzen, um sich zu schützen oder sich vor Stößen zu schützen. Du kannst sie zum Beispiel als Schutzschild vor dich halten oder sie zum Abmildern von Schlägen nutzen.

Es ist wichtig zu bedenken, dass eine Brieftasche oder ein Portemonnaie kein perfekter Schutz ist und dass ihre Verwendung in einem angemessenen Verhältnis zum Grad der Bedrohung stehen sollte. Vermeiden Sie Gewalt möglichst und versuchen Sie immer, die Situation sicher zu lösen.

XIV - Zeitung oder Zeitschrift:

- Schaffen Sie vorübergehenden Schutz: Sie können sich mit einer Zeitung oder Zeitschrift vor Schlägen oder Angriffen schützen. Falten Sie die Zeitung in zwei Hälften oder Viertel und halten Sie sie als vorübergehenden Schutz vor sich. Dies kann dazu beitragen, die Schläge abzumildern und Ihnen Zeit zum Reagieren oder Entkommen zu geben.

- Ablenkung: Das Werfen einer Zeitung oder Zeitschrift auf einen Angreifer kann seine Aufmerksamkeit für einige Momente ablenken, was Ihnen die Möglichkeit geben kann, andere Aktionen auszuführen. Dies kann nützlich sein, wenn Sie keine anderen Verteidigungsmöglichkeiten oder keine Fluchtmöglichkeit haben.

- Verwendung als Waffe: In manchen Situationen können Sie eine Zeitung oder Zeitschrift als vorübergehende Waffe verwenden. Sie können es beispielsweise drehen und als Schlagstock zur Selbstverteidigung verwenden. Dies sollte jedoch der letzte Ausweg sein und nur dann eingesetzt werden, wenn es absolut notwendig ist.

Denken Sie daran, dass eine Zeitung oder Zeitschrift nur eine vorübergehende Lösung ist und Ihr Hauptziel darin bestehen sollte, Gewalt zu vermeiden und Ihre Sicherheit zu gewährleisten. Versuchen Sie, Selbstverteidigung immer mit Bedacht und nur dann einzusetzen, wenn es unbedingt notwendig ist.

XV – Hut oder Mütze: kann verwendet werden, um den Kopf vor Schlägen zu schützen oder um zusätzlichen Abstand zu einem Angriff zu schaffen.

- Kopfschutz: Ein Hut oder eine Mütze kann als vorübergehender Kopfschutz vor Stößen dienen. Obwohl dies keinen Schutz bietet, kann es den Aufprall etwas abmildern und schwere Verletzungen verhindern.

- Distanz schaffen: Sie können einen Hut oder eine Mütze verwenden, um zusätzlichen Abstand zwischen Ihnen und Ihrem Angreifer zu schaffen. Wenn ein Angreifer versucht, sich Ihnen zu nähern, können Sie Ihre Kopfbedeckung vor sich hinschwenken, um ihn abzuschrecken oder ihm die Annäherung zu erschweren.

- Ablenkung: Wenn Sie einem Angreifer einen Hut oder eine Mütze zuwerfen, kann dies seine Aufmerksamkeit vorübergehend ablenken und Ihnen zusätzliche Zeit für andere Aktionen verschaffen. Dies kann nützlich sein, wenn Sie versuchen zu gehen oder um Hilfe zu rufen.

Ein Hut oder eine Mütze ist sicherlich nicht das wirksamste Mittel zur Selbstverteidigung, aber in einer kritischen Situation kann es Ihnen helfen, wertvolle Sekunden zu gewinnen, um Entscheidungen zu treffen oder andere Maßnahmen zu ergreifen, um Ihre Sicherheit zu gewährleisten.

Die Schulung und Vorbereitung im Umgang mit Alltagsgegenständen zur Selbstverteidigung ist der Schlüssel zur Erhöhung Ihrer Überlebenschancen und zur Gewährleistung der persönlichen Sicherheit. Hier sind einige Aspekte, die Sie berücksichtigen sollten:

1. Kennen Sie die Fähigkeiten von Objekten: Es ist wichtig zu verstehen, welche Objekte in Ihrer Umgebung zur Selbstverteidigung verwendet werden können und welche spezifischen Aktionen sie ausführen können. Sie sollten beispielsweise wissen, dass mit einem Bleistift verwundbare Stellen getroffen werden können oder dass Schlüssel als Verteidigungswaffe im Falle eines Angriffs dienen können.

2. Einsatztechniken: Es ist wichtig, ein Training durchzuführen, in dem Sie lernen, diese Gegenstände in verschiedenen Selbstverteidigungssituationen effektiv einzusetzen. Dies kann das Üben von Schlag-, Block-, Ausweich- und anderen Techniken mit den in Ihrer Umgebung verfügbaren Gegenständen beinhalten.

3. Reaktion auf Stresssituationen: Zur Vorbereitung gehört auch, Ihre Reaktion auf Stresssituationen zu trainieren. Bei einem echten Angriff kann Ihr Verhalten stark eingeschränkt sein, und es ist wichtig, über praktische Fähigkeiten zu verfügen, die automatisch aktiviert werden können.

4. Gesteigertes Selbstvertrauen: Das Üben der Verwendung von Alltagsgegenständen zur Selbstverteidigung trägt dazu bei, Ihr Selbstvertrauen und Ihre Handlungsbereitschaft zu stärken. Je mehr Sie üben, desto gewohnheitsmäßiger werden diese Fähigkeiten, sodass Sie besser darauf vorbereitet sind, effektiv auf eine Bedrohung zu reagieren.

5. Regelmäßiges Üben: Es ist wichtig, die Fähigkeiten nicht nur zu beherrschen, sondern sie auch regelmäßig zu pflegen und zu verbessern. Regelmäßiges Training und Übungssimulationen helfen dabei, Ihre Reaktionen scharf zu halten und Ihre Selbstverteidigungsfähigkeiten zu verbessern.

Das Training, Alltagsgegenstände zur Selbstverteidigung zu nutzen, erfordert Disziplin, Konsequenz und Selbstdisziplin. Es ist jedoch eine Investition in Ihre Sicherheit und Ihre Fähigkeit, sich im Falle einer Bedrohung zu schützen.

Die Schulung und Vorbereitung im Umgang mit Alltagsgegenständen zur Selbstverteidigung ist der Schlüssel zur Erhöhung Ihrer Überlebenschancen und zur Gewährleistung der persönlichen Sicherheit. Hier sind einige Aspekte, die Sie berücksichtigen sollten:

1. Kennen Sie die Fähigkeiten von Objekten: Es ist wichtig zu verstehen, welche Objekte in Ihrer Umgebung zur Selbstverteidigung verwendet werden können und welche spezifischen Aktionen sie ausführen können. Sie sollten beispielsweise wissen, dass mit einem Bleistift verwundbare Stellen getroffen werden können oder dass Schlüssel als Verteidigungswaffe im Falle eines Angriffs dienen können.

2. Einsatztechniken: Es ist wichtig, ein Training durchzuführen, in dem Sie lernen, diese Gegenstände in verschiedenen Selbstverteidigungssituationen effektiv einzusetzen. Dies kann das Üben von Schlag-, Block-, Ausweich- und anderen Techniken mit den in Ihrer Umgebung verfügbaren Gegenständen beinhalten.

3. Reaktion auf Stresssituationen: Zur Vorbereitung gehört auch, Ihre Reaktion auf Stresssituationen zu trainieren. Bei einem echten Angriff kann Ihr Verhalten stark eingeschränkt sein, und es ist wichtig, über praktische Fähigkeiten zu verfügen, die automatisch aktiviert werden können.

4. Gesteigertes Selbstvertrauen: Das Üben der Verwendung von Alltagsgegenständen zur Selbstverteidigung trägt dazu bei, Ihr Selbstvertrauen und Ihre Handlungsbereitschaft zu stärken. Je mehr Sie üben, desto gewohnheitsmäßiger werden diese Fähigkeiten, sodass Sie besser darauf vorbereitet sind, effektiv auf eine Bedrohung zu reagieren.

5. Regelmäßiges Üben: Es ist wichtig, die Fähigkeiten nicht nur zu beherrschen, sondern sie auch regelmäßig zu pflegen und zu verbessern. Regelmäßiges Training und Übungssimulationen helfen dabei, Ihre Reaktionen scharf zu halten und Ihre Selbstverteidigungsfähigkeiten zu verbessern.

Das Training, Alltagsgegenstände zur Selbstverteidigung zu nutzen, erfordert Disziplin, Konsequenz und Selbstdisziplin. Es ist jedoch eine Investition in Ihre Sicherheit und Ihre Fähigkeit, sich im Falle einer Bedrohung zu schützen.

Die Beherrschung von Selbstverteidigungsfähigkeiten mit umliegenden Gegenständen spielt eine Schlüsselrolle für die Gewährleistung der persönlichen Sicherheit:

- Erhöhte Verteidigung: Wenn Sie wissen, wie Sie Ihre Umgebung zur Verteidigung nutzen können, können Sie besser auf Bedrohungen reagieren und sich in verschiedenen Situationen verteidigen.

- Ermächtigung: Die Verwendung verfügbarer Gegenstände als Selbstverteidigungswerkzeuge erweitert Ihr Arsenal an Fähigkeiten und ermöglicht es Ihnen, effektiv auf Bedrohungen zu reagieren, auch wenn Sie keine spezielle Ausbildung in Kampfkunst oder Selbstverteidigung haben.

- Erhöhtes Selbstvertrauen: Das Wissen, dass Sie Gegenstände in Ihrer Umgebung zum Schutz nutzen können, erhöht Ihr Selbstvertrauen und das Gefühl der Kontrolle in potenziell gefährlichen Situationen.

- Proaktive Vorbereitung: Das Erlernen von Selbstverteidigungsfähigkeiten unter Nutzung Ihrer Umgebung ermöglicht es Ihnen, proaktiv für Ihre eigene Sicherheit zu sorgen, anstatt sich ausschließlich auf äußere Faktoren oder Willenskraft zu verlassen.

- Praktisch und zugänglich: Die meisten Gegenstände, die zur Selbstverteidigung verwendet werden können, sind in der Regel im Alltag vorhanden und daher praktisch und bei Bedarf leicht zugänglich.

Daher ist die Beherrschung der Selbstverteidigungsfähigkeiten mithilfe von umliegenden Objekten ein wichtiger Bestandteil der Gewährleistung der persönlichen Sicherheit. Dies trägt dazu bei, den Schutz zu erhöhen, das Vertrauen zu stärken und eine proaktive Vorbereitung auf mögliche Bedrohungen sicherzustellen.

❖ · ❖ · ❖ · ❖ · ❖ · ❖ · ❖ · ❖ · ❖ · ❖ · ❖ · ❖ · ❖ · ❖ · ❖

Kapitel 21.
Stärke und Selbstvertrauen entwickeln. Praktische Ratschläge.

Um Stärke und Selbstvertrauen zu entwickeln, wird Opfern geschlechtsspezifischer Gewalt Folgendes empfohlen:

1. Körperliche Aktivität: Regelmäßige Bewegung wie Sport oder Fitness stärkt Ihren Körper und stärkt Ihr Selbstvertrauen. Wählen Sie Sportarten, die Ihnen Spaß machen, und betreiben Sie diese regelmäßig.

Körperliche Aktivität ist nicht nur ein zentraler Aspekt der Gesundheitsfürsorge, sondern auch ein wirksames Instrument zum Aufbau von Selbstvertrauen und Selbstwertgefühl, insbesondere für diejenigen, die geschlechtsspezifische Gewalt erlebt haben und sich verletzlich und unsicher fühlen. Hier sind einige Möglichkeiten, wie körperliche Aktivität für Opfer geschlechtsspezifischer Gewalt besonders vorteilhaft sein kann:

- Körperliche Gesundheit: Regelmäßige Bewegung trägt dazu bei, die allgemeine Gesundheit zu verbessern, Muskeln und Knochen zu stärken, die Herz-Kreislauf-Gesundheit zu verbessern und die Ausdauer zu steigern. Dadurch entsteht ein Gefühl von körperlicher Stärke und Vitalität, das Ihnen dabei helfen kann, sich im Alltag sicherer zu fühlen und Herausforderungen zu meistern.

- Emotionales Wohlbefinden: Körperliche Aktivität setzt Endorphine frei, die Wohlfühlhormone, die Ihre Stimmung verbessern, Stress und

Ängste reduzieren und den Schlaf verbessern können. Für Opfer geschlechtsspezifischer Gewalt, die unter Angstzuständen und Depressionen leiden, kann dies besonders wertvoll sein.

- Verbessertes Selbstwertgefühl: Erfolge bei körperlicher Betätigung können dazu beitragen, das Selbstwertgefühl zu stärken. Wenn Sie neue Ergebnisse erzielen, Ihre Fähigkeiten verbessern oder Fortschritte in Ihrer Fitness feststellen, bestätigt dies Ihre Fähigkeit, Ihre Ziele zu erreichen, und verbessert Ihr Selbstwertgefühl.

- Soziale Aspekte: Sport- oder Fitnessaktivitäten werden oft im Gruppenformat durchgeführt, was Möglichkeiten zur Kommunikation und zur Stärkung sozialer Bindungen bietet. Dies kann besonders wichtig für diejenigen sein, die sich aufgrund geschlechtsspezifischer Gewalt isoliert oder unsicher fühlen.

- Umgang mit Emotionen: Körperliche Aktivität kann ein Ausdruck und eine Möglichkeit sein, mit negativen Emotionen umzugehen. Sport kann dazu dienen, Stress, Ärger oder Frustration abzubauen, deren Entstehung zu verhindern und ihre Auswirkungen auf Ihren Geisteszustand zu verringern.

- Erhöhte Energie und Konzentration: Körperliche Aktivität trägt dazu bei, das Energieniveau zu steigern und die Konzentration zu verbessern, was Ihnen helfen kann, sich besser auf die täglichen Aufgaben zu konzentrieren und Herausforderungen zu meistern.

Körperliche Aktivität ist daher ein wirksames Instrument zur Verbesserung des Selbstwertgefühls, des Selbstvertrauens und des allgemeinen Wohlbefindens und ist daher besonders vorteilhaft für Überlebende geschlechtsspezifischer Gewalt, die nach Möglichkeiten suchen, ihre psychologische und emotionale Sicherheit zu verbessern.

2. Selbstverteidigungstraining: Durch die Teilnahme an einem Selbstverteidigungskurs oder Kampfsporttraining können Sie nicht nur die Grundlagen der Selbstverteidigung erlernen, sondern auch Ihr Selbstvertrauen stärken.

Selbstverteidigung ist eine Fähigkeit, die in verschiedenen Situationen wichtig sein kann, insbesondere wenn es um geschlechtsspezifische Gewalt oder andere Formen der Aggression geht. Durch die Teilnahme an einem Selbstverteidigungskurs oder dem Praktizieren von Kampfsportarten erwerben Sie nicht nur die körperlichen Fähigkeiten zur Selbstverteidigung, sondern können auch Ihr Selbstvertrauen in Ihre eigenen Fähigkeiten und Ihre Fähigkeit, mit ähnlichen Situationen umzugehen, erheblich stärken.

Eine der Schlüsselkomponenten der Selbstverteidigung ist das Bewusstsein für die eigene Stärke und Fähigkeiten. Viele Opfer geschlechtsspezifischer Gewalt oder Aggression fühlen sich oft hilflos und haben Angst vor ihren Angreifern. Selbstverteidigungstraining trägt dazu bei, diese Einstellung zu ändern, indem es den Menschen das Selbstvertrauen gibt, sich bei Bedarf zu schützen.

Darüber hinaus fördert das Selbstverteidigungstraining die Entwicklung der körperlichen Fitness und Koordination. Es ist nicht nur für eine wirksame Selbstverteidigung von Vorteil, sondern fördert auch die allgemeine Gesundheit und das Wohlbefinden. Körperliche Aktivität kann auch Stress reduzieren und das Selbstwertgefühl verbessern, was besonders wichtig für diejenigen ist, die geschlechtsspezifische Gewalt oder Aggression erleben.

Bei der Selbstverteidigung geht es jedoch nicht nur um körperliches Training, sondern auch um die Entwicklung psychologischer Fähigkeiten. In der Schulung werden in der Regel auch Strategien zur Konfliktvermeidung, Stressbewältigung und Selbstvertrauen besprochen. Diese Fähigkeiten können nicht nur wichtig sein, um sich im Falle eines Angriffs zu schützen, sondern auch, um die Entstehung von Konflikten oder die Eskalation von Aggressionen zu verhindern.

Darüber hinaus kann das Erlernen der Selbstverteidigung eine starke Gemeinschaft von Gleichgesinnten schaffen, die Sie unterstützen und durch den Lernprozess begleiten. Dies ist besonders wichtig für diejenigen, die empfindlich auf Aggressionen reagieren und Angst vor Angreifern haben. Wenn Sie wissen, dass Sie die Unterstützung Ihrer Trainer und Kollegen haben, fühlen Sie sich selbstbewusster und sind auf die Herausforderung vorbereitet.

Letztendlich kann das Erlernen der Selbstverteidigung nicht nur eine Möglichkeit sein, zu lernen, wie man sich selbst verteidigt, sondern auch ein Weg zu mehr Selbstwertgefühl, Selbstvertrauen und allgemeinem Wohlbefinden. Es ist ein wichtiges Instrument für alle, insbesondere für diejenigen, die geschlechtsspezifische Gewalt oder andere Formen der Aggression erleben, und kann ihnen helfen, den Teufelskreis der Gewalt zu durchbrechen und gesündere Beziehungen zu sich selbst und anderen aufzubauen.

3. Entwicklung von Kommunikationsfähigkeiten: Vermitteln Sie die Fähigkeiten einer selbstbewussten Kommunikation mit anderen, lernen Sie, über Ihre Grenzen zu sprechen und Respekt einzufordern. Dadurch fühlen Sie sich sicherer und haben die Kontrolle über Situationen.

Die Entwicklung kommunikativer Fähigkeiten ist nicht nur ein wichtiger Bestandteil einer erfolgreichen Sozialisierung, sondern auch der Sicherung des eigenen Wohlbefindens und des Schutzes vor Aggressionen. Für Opfer geschlechtsspezifischer Gewalt, insbesondere diejenigen, die sensibel sind und denen es an Selbstvertrauen mangelt, ist es entscheidend, zu lernen, ihre Grenzen zu kommunizieren und Respekt einzufordern, um Ängste zu überwinden und Selbstvertrauen wiederherzustellen.

Der erste Schritt zur Entwicklung von Selbstvertrauen in der

Kommunikation besteht darin, den eigenen Wert und das Recht auf Respekt anzuerkennen. Opfer geschlechtsspezifischer Gewalt haben oft das Gefühl, dass ihre Stimme keine Rolle spielt oder dass sie es verdienen, angegriffen zu werden. Dies ist jedoch nicht der Fall. Das Vertrauen in Ihre Rechte und die Fähigkeit, über Ihre Bedürfnisse und Grenzen zu sprechen, ist die Grundlage für gesunde Beziehungen und den Schutz vor Manipulation.

Zunächst müssen Sie lernen, Ihre Gedanken und Gefühle klar und deutlich auszudrücken. Dazu gehört, dass Sie lernen, in Situationen, in denen Ihr Wohlbefinden beeinträchtigt ist, „Nein" zu sagen, und keine Angst haben, Ihre Meinung zu äußern, auch wenn diese sich von der anderer unterscheidet. Das Üben von Affirmationen und positiver Selbstverstärkung kann dabei helfen, Selbstvertrauen aufzubauen und sicherzustellen, dass Sie das Richtige tun.

Ein wichtiger Aspekt bei der Entwicklung von Kommunikationsfähigkeiten ist auch die Fähigkeit, Grenzen zu setzen und einzuhalten. Das bedeutet, dass Sie entscheiden, was für Sie akzeptabel ist und was nicht, und dies anderen klar mitteilen. Grenzen können sowohl den physischen Raum als auch emotionale oder psychologische Aspekte Ihres Lebens betreffen. Wenn beispielsweise jemand Ihre persönlichen Grenzen überschritten hat, ist es wichtig, darauf zu reagieren und dies der Person mitzuteilen und klare Grenzen für zukünftige Interaktionen zu setzen.

Es ist jedoch wichtig, sich daran zu erinnern, dass es beim Setzen von Grenzen nicht darum geht, andere zu beleidigen oder anzugreifen, sondern vielmehr darum, sich selbst und seine Bedürfnisse zu schützen. Dadurch können Sie gesunde, gegenseitig respektvolle Beziehungen aufbauen, die auf gegenseitigem Verständnis und Respekt basieren.

Schließlich sollte das Training der Kommunikationsfähigkeiten auch die Fähigkeit umfassen, effektiv auf aggressives Verhalten anderer zu reagieren. Dazu können Deeskalationstechniken gehören, etwa das Bewahren eines ruhigen Tonfalls und das Vermeiden von Konfrontationen, aber auch das Erlernen, Hilfe bei den zuständigen Behörden oder Personen einzuholen, die bei der Lösung des Problems helfen können.

Insgesamt ist die Entwicklung von Kommunikationsfähigkeiten ein Prozess, der Zeit, Geduld und Übung erfordert. Für Opfer von geschlechtsspezifischer Gewalt oder anderen Formen der Aggression kann dies aufgrund aufgestauter Ängste und negativer Erfahrungen besonders schwierig sein. Mit schrittweiser Selbstverbesserung und der Unterstützung anderer ist dies jedoch durchaus erreichbar und kann zu erheblichen Verbesserungen des Selbstwertgefühls, des Selbstvertrauens und der Kontrolle über Situationen führen.

4. Üben Sie Durchsetzungsvermögen: Lernen Sie,

durchsetzungsfähig statt aggressiv oder passiv zu sein. Lernen Sie, Ihre Gedanken und Gefühle klar und selbstbewusst auszudrücken, ohne die Rechte anderer zu verletzen.

Die Ausübung von Durchsetzungsvermögen spielt eine Schlüsselrolle bei der Bildung gesunder und effektiver zwischenmenschlicher Beziehungen. Für Opfer von Aggression und geschlechtsspezifischer Gewalt, insbesondere für diejenigen, die sensibel und unsicher sind, kann die Entwicklung von Durchsetzungsfähigkeiten ein wirksames Instrument zum Schutz und zur Verbesserung der persönlichen Harmonie sein.

Es ist wichtig, Durchsetzungsvermögen von Aggressivität und Passivität zu unterscheiden. Zu durchsetzungsfähigem Verhalten gehört die Fähigkeit, die eigenen Gedanken, Gefühle und Bedürfnisse klar und selbstbewusst auszudrücken und gleichzeitig die Rechte und Gefühle anderer zu respektieren. Dadurch können wir Grenzen setzen, unsere Interessen schützen und Konflikte lösen, ohne Gewalt anzuwenden oder andere zu verletzen.

Um Durchsetzungsvermögen zu entwickeln, müssen Sie sich zunächst Ihrer Rechte und Werte bewusst werden. Opfer von Aggression oder geschlechtsspezifischer Gewalt fühlen sich oft hilflos oder des Respekts unwürdig. Allerdings hat jeder Mensch das Recht auf seine Gedanken, Gefühle und Grenzen, und Durchsetzungsvermögen trägt dazu bei, diese Rechte zu schützen.

Dann sollten Sie lernen, Ihre Gedanken und Gefühle klar und selbstbewusst auszudrücken. Dazu gehört, dass Sie eine klare und verständliche Sprache verwenden, Vorwürfe und Beleidigungen vermeiden und Ihre Bedürfnisse ohne Aggression oder Unterwerfung äußern. Empathie zu üben und die Gefühle anderer zu verstehen, ist ebenfalls ein wichtiger Bestandteil einer durchsetzungsfähigen Kommunikation.

Darüber hinaus setzt Durchsetzungsvermögen die Fähigkeit voraus, effektiv auf Konfliktsituationen zu reagieren. Dazu gehört, dass Sie lernen, mit Ihren Emotionen umzugehen, auf die Standpunkte anderer zu hören und nach für beide Seiten akzeptablen Lösungen zu suchen. Anstatt beispielsweise auf Aggression mit Aggression zu reagieren, kann eine durchsetzungsfähige Person Deeskalations- und Kompromisstechniken anwenden.

Es ist wichtig zu beachten, dass die Entwicklung von Durchsetzungsvermögen ein Prozess ist, der Zeit und Übung erfordert. Für Opfer geschlechtsspezifischer Gewalt oder Aggression kann dies aufgrund angesammelter Ängste und negativer Erfahrungen besonders schwierig sein. Mit Unterstützung und Schulung können sie jedoch lernen, für sich selbst und ihre Rechte einzutreten und gesunde Beziehungen aufzubauen, die auf gegenseitigem Respekt und Verständnis basieren.

Zusammenfassend lässt sich sagen, dass die Entwicklung von

Durchsetzungsvermögen nicht nur ein Schutz vor Aggression und geschlechtsspezifischer Gewalt ist, sondern auch ein Schlüsselelement beim Aufbau gesunder und harmonischer Beziehungen zu anderen. Es ist eine Fähigkeit, die uns hilft, selbstbewusst für uns selbst einzustehen und gleichzeitig den Respekt vor anderen zu bewahren und gut in der Gesellschaft zu interagieren.

5. Selbstbewusstsein entwickeln: Erfahren Sie mehr über sich selbst, Ihre Stärken und Grenzen. Das Verständnis Ihrer eigenen Fähigkeiten wird Ihnen helfen, sich selbst und Ihre Handlungen sicherer zu fühlen.

Die Entwicklung des Selbstbewusstseins ist ein wichtiger Schritt in der persönlichen Entwicklung eines jeden Menschen. Für Opfer von Aggression und geschlechtsspezifischer Gewalt, insbesondere für diejenigen, die unter extremer Sensibilität und Selbstzweifeln leiden, spielt das Verständnis der eigenen Stärken und Grenzen eine grundlegende Rolle im Prozess der Selbstfindung und Selbstentwicklung.

Der erste Schritt zur Entwicklung des Selbstbewusstseins besteht darin, sich selbst als Individuum mit seinen eigenen einzigartigen Qualitäten und Eigenschaften zu erkennen. Dabei geht es darum, die eigenen Stärken zu analysieren – jene Qualitäten und Fähigkeiten, die Ihnen helfen, erfolgreich zu sein und Schwierigkeiten zu überwinden. Oft neigen Opfer geschlechtsspezifischer Gewalt aufgrund negativer Erfahrungen dazu, ihre positiven Eigenschaften zu vergessen oder zu unterschätzen. Das Bewusstsein für ihre Stärken hilft ihnen jedoch, ihren Selbstwert und ihr Selbstvertrauen neu zu bewerten.

Darüber hinaus ist es auch wichtig, Ihre Grenzen und Schwächen zu verstehen. Niemand ist ohne Fehler, und das Eingeständnis seiner Schwächen ist kein Eingeständnis einer Niederlage, sondern ein Schritt in Richtung Wachstum und Verbesserung. Opfern geschlechtsspezifischer Gewalt fällt es möglicherweise schwer, ihre Schwächen einzugestehen, weil sie befürchten, gegenüber dem Angreifer verwundbar zu sein. Dies ist jedoch notwendig, um mit der Verbesserung der eigenen Fähigkeiten und der Überwindung von Hürden in der persönlichen Entwicklung beginnen zu können.

Um das Selbstbewusstsein zu entwickeln, ist es sinnvoll, sich regelmäßig selbst zu reflektieren. Dazu kann das Führen eines Tagebuchs gehören, in dem Sie Ihre Gedanken, Gefühle, Erfolge und Probleme festhalten. Es kann auch hilfreich sein, Feedback von Menschen in Ihrem Umfeld einzuholen, die Ihnen helfen können, Ihre Stärken und Bereiche, in denen es Raum für Wachstum gibt, besser zu verstehen.

Darüber hinaus kann die Entwicklung des Selbstbewusstseins durch die Arbeit an Selbstakzeptanz und Selbstwertgefühl gefördert werden. Dazu gehört, Selbstliebe zu üben und sich selbst so zu akzeptieren, wie man ist, mit all seinen Stärken und Schwächen. Opfern geschlechtsspezifischer Gewalt fällt es möglicherweise aufgrund negativer Erfahrungen schwer, sich selbst zu lieben und zu akzeptieren. Dies ist jedoch ein wichtiger Schritt zur Wiederherstellung des Selbstvertrauens und der psychischen Gesundheit.

Abschließend ist anzumerken, dass die Entwicklung des Selbstbewusstseins ein Prozess ist, der Zeit und Mühe erfordert. Für Opfer von Aggression und geschlechtsspezifischer Gewalt kann dies aufgrund der negativen Auswirkungen auf ihr Selbstwertgefühl und Selbstvertrauen besonders schwierig sein. Mit schrittweiser Selbstverbesserung, der Unterstützung anderer und professionellen Beratungsmöglichkeiten können sie jedoch erhebliche Fortschritte in der Selbstwahrnehmung und -akzeptanz machen, was ihnen letztendlich dabei hilft, sich selbst und ihre Handlungen sicherer zu fühlen und effektiv mit Aggressionen umzugehen und geschlechtsspezifische Gewalt.

6. Unterstützung durch soziale Netzwerke: Der Kontakt zu Freunden, Familie oder Fachleuten kann Ihnen helfen, sich unterstützter und selbstbewusster zu fühlen. Zögern Sie nicht, bei Bedarf um Hilfe zu bitten.

Die Unterstützung durch soziale Netzwerke ist eine der wichtigsten Ressourcen, die bei der Überwindung von Aggression, geschlechtsspezifischer Gewalt und anderen schwierigen Situationen genutzt werden können. Für Mobbingopfer, insbesondere diejenigen, die sensibel sind und denen es an Selbstvertrauen mangelt, kann das Gespräch mit Freunden, der Familie oder Fachleuten in schwierigen Zeiten eine Quelle der Unterstützung sein und ihnen helfen, sich unterstützt und selbstbewusst zu fühlen.

Sie müssen verstehen, dass die Kommunikation mit Freunden und Familie eine Möglichkeit bietet, Ihre Gefühle und Erfahrungen auszudrücken und emotionale Unterstützung zu erhalten. Die Unterstützung durch geliebte Menschen kann Ihnen das Gefühl geben, dass Sie mit Ihren Problemen nicht allein sind, dass es Menschen gibt, die Sie verstehen und bereit sind, Sie in schwierigen Momenten zu unterstützen.

Darüber hinaus können Freunde und Familie neue Perspektiven und Wege zum Umgang mit einem Problem bieten, das Sie aufgrund emotionaler Anspannung oder Stress möglicherweise nicht sehen. Ihre Unterstützung und Beratung können Ihnen helfen, die Situation objektiver zu betrachten und die beste Vorgehensweise zu finden.

Es ist auch wichtig, die Hilfe von Fachleuten wie Psychologen oder Opferberatern in Anspruch zu nehmen. Diese Fachleute verfügen nicht nur über das Wissen und die Erfahrung, sondern auch über eine neutrale Sichtweise, die es ihnen ermöglicht, qualitativ hochwertige und effektive Unterstützung zu leisten. Sie können Ihnen helfen, Ihre Gefühle zu verstehen, zu lernen, effektiv auf Aggression oder geschlechtsspezifische Gewalt zu reagieren und Strategien zum Umgang mit Angst und Selbstvertrauen zu entwickeln.

Egal wie klein oder schwerwiegend Ihr Anliegen auch sein mag, es ist immer wichtig, Unterstützung und Hilfe dort zu suchen, wo sie benötigt wird. Zögern Sie nicht, um Hilfe zu bitten, auch wenn Sie der Meinung sind, dass Ihr Problem geringfügig ist oder keine Aufmerksamkeit verdient. Ihre Gefühle und Bedürfnisse sind wichtig, und Unterstützung ist der erste Schritt zur Lösung des Problems und zur Verbesserung Ihres Wohlbefindens.

Schließlich ist es wichtig, sich daran zu erinnern, dass die Pflege eines sozialen Netzwerks nicht nur bei der Bewältigung aktueller Schwierigkeiten hilft, sondern auch die allgemeine psychische Gesundheit fördert und das Selbstvertrauen stärkt. Zu wissen, dass Sie Menschen haben, die Sie unterstützen und bereit sind, Ihnen in jeder Situation zu helfen, schafft ein Gefühl der Sicherheit und des Selbstvertrauens, das Ihnen wiederum hilft, besser mit Aggression, geschlechtsspezifischer Gewalt und anderen Herausforderungen umzugehen, denen Sie möglicherweise gegenüberstehen.

7. Positive Affirmationen: Das Wiederholen positiver Aussagen über sich selbst wird dazu beitragen, Ihr Selbstwertgefühl zu stärken und Ihr Selbstvertrauen zu stärken. Versuchen Sie, sich auf Ihre Stärken und Erfolge zu konzentrieren, anstatt auf negative Gedanken.

Positive Aussagen sind ein wirksames Instrument zum Aufbau des Selbstwertgefühls und zur Stärkung des Selbstvertrauens. Für Opfer von Aggression und geschlechtsspezifischer Gewalt, insbesondere für diejenigen, die hochsensibel und unsicher sind, kann die Verwendung positiver Affirmationen der Schlüssel zur Neuformulierung negativer Erfahrungen und zum Aufbau psychologischer Abwehrkräfte sein.

Der erste Schritt beim Einsatz positiver Affirmationen besteht darin, Ihre Stärken und Erfolge anzuerkennen. Opfer von Aggressionen neigen aufgrund negativer Erfahrungen und Kritik oft dazu, ihre positiven Eigenschaften zu vergessen. Wenn Sie sich jedoch auf Ihre Stärken und Erfolge konzentrieren, können Sie diese negative Denkweise ändern und Ihr Selbstwertgefühl stärken.

Als nächstes ist es wichtig, positive Aussagen konkret und klar zu formulieren. Anstatt zum Beispiel zu sagen: „Ich werde diese Situation nie bewältigen können", ist es besser zu sagen: „Ich bin ein starker und geschickter Mensch und werde einen Weg finden, diese Schwierigkeiten zu überwinden." Solche Aussagen zielen auf Unterstützung und Motivation ab, nicht auf Selbstkritik und Verzweiflung.

Wichtig ist auch, positive Aussagen regelmäßig und systematisch zu wiederholen. Je öfter Sie sie wiederholen, desto stärker werden sie Ihr

Denken und Verhalten beeinflussen. Dies könnte eine Morgenroutine sein, bei der Sie sich vor Beginn des Tages oder tagsüber, wenn Sie sich besonders verletzlich oder gestresst fühlen, ein paar positive Affirmationen sagen.

Darüber hinaus ist es wichtig, eine positive Einstellung zu sich selbst und Ihren Leistungen zu entwickeln. Anstatt sich mit anderen zu vergleichen oder sich auf Ihre Mängel zu konzentrieren, sollten Sie sich auf Ihr Wachstum und Ihren Fortschritt konzentrieren. Positive Affirmationen können Ihnen helfen, Ihren Fokus von negativen Gedanken auf positive Aspekte Ihrer Persönlichkeit und Ihres Lebens zu verlagern.

Abschließend ist es wichtig zu verstehen, dass die Verwendung positiver Affirmationen kein Allheilmittel, sondern ein wirksames Mittel zum Aufbau mentaler Stärke und zur Steigerung des Selbstvertrauens ist. Dies kann besonders für Opfer von Aggression und geschlechtsspezifischer Gewalt wichtig sein, da sie häufig mit Kritik und negativen Bewertungen konfrontiert werden. Positive Aussagen helfen ihnen, eine Schutzbarriere gegen die negativen Auswirkungen des Angreifers aufzubauen und das Vertrauen in die eigenen Stärken und Fähigkeiten wiederherzustellen.

8. Ziele setzen und erreichen: Setzen Sie sich kleine Ziele und erreichen Sie diese nach und nach. Dies wird Ihnen helfen, sich effektiver und sicherer in Ihren Fähigkeiten zu fühlen.

Das Setzen und Erreichen von Zielen ist nicht nur der Schlüssel zu mehr Produktivität, sondern auch ein Mittel zum Aufbau von Selbstwertgefühl und Selbstvertrauen. Für Opfer von Mobbing und geschlechtsspezifischer Gewalt, insbesondere für diejenigen, die hochsensibel sind und denen es an Selbstvertrauen mangelt, kann das Setzen kleiner Ziele und deren schrittweises Erreichen ein wirkungsvolles Instrument zur Neudefinition der eigenen Fähigkeiten und zum Aufbau von Resilienz sein.

Der erste Schritt bei der Festlegung von Zielen besteht darin, konkrete und messbare Ergebnisse zu identifizieren, die Sie erreichen möchten. Es ist wichtig, dass Ihre Ziele realistisch und erreichbar sind, damit Sie schrittweise darauf hinarbeiten können, sie zu erreichen. Wenn Ihr Ziel beispielsweise darin besteht, Ihre Kommunikationsfähigkeiten zu verbessern, könnten Sie sich dazu herausfordern, jeden Tag ein Gespräch mit einem Fremden zu beginnen.

Dann sollten Sie Ihre großen Ziele in kleinere, konkretere Schritte herunterbrechen. Dies trägt dazu bei, dass der Prozess zur Erreichung Ihres Ziels leichter zu bewältigen und motivierender ist, da Sie in jeder Phase Fortschritte sehen. Wenn Ihr großes Ziel beispielsweise darin besteht, einen neuen Job zu finden, könnten kleine Schritte sein: Ihren Lebenslauf aktualisieren, nach offenen Stellen suchen, sich auf Vorstellungsgespräche vorbereiten usw.

Es ist auch wichtig, Quellen der Unterstützung und Motivation im Prozess der Zielerreichung zu finden. Dies kann die Unterstützung von Freunden, der Familie oder Fachleuten sein, die Ihnen dabei helfen können, Ihre Ziele auf dem richtigen Weg zu halten und Ihnen Selbstvertrauen und Motivation zu verleihen. Teilen Sie Ihre Ziele mit Menschen in Ihrem Umfeld und bitten Sie sie, Sie in diesem Prozess zu unterstützen.

Auf dem Weg zum Erreichen Ihrer Ziele treten zwangsläufig Schwierigkeiten und Rückschläge auf, und es ist wichtig, diese bewältigen zu können. Betrachten Sie Misserfolge als Chance für Wachstum und Lernen und nicht als Quelle von Selbstkritik und Verzweiflung. Analysieren Sie Ihre Fehler, lernen Sie daraus und machen Sie mit neuen Erfahrungen weiter.

Schließlich ist es wichtig, jeden kleinen Erfolg auf dem Weg zum Ziel zu feiern. Belohnen Sie sich für jeden Fortschritt und jeden Fortschritt, auch wenn er unbedeutend erscheint. Dadurch bleiben Ihre Motivation und Ihr Selbstvertrauen erhalten, was letztendlich zum erfolgreichen Erreichen Ihrer Ziele führt.

Insgesamt ist das Setzen und Erreichen von Zielen ein wirksames Instrument zur Stärkung des Selbstwertgefühls und des Selbstvertrauens von Opfern von Mobbing und geschlechtsspezifischer Gewalt. Dieser Prozess hilft ihnen, sich effektiver und sicherer in ihren Fähigkeiten zu fühlen, was wiederum zu ihrem psychischen Wohlbefinden und ihrer erfolgreichen Bewältigung beiträgt.

9. Um Hilfe bitten: Zögern Sie nicht, um Hilfe zu bitten, wenn Sie das Gefühl haben, dass Sie eine Situation nicht alleine bewältigen können. Wenden Sie sich an Freunde, Familie oder Fachleute, die Ihnen helfen können, Ihre Situation zu verstehen und eine Lösung zu finden.

Um Hilfe zu bitten ist kein Zeichen von Schwäche, sondern ein Ausdruck von Stärke und Bewusstsein für Ihre Bedürfnisse. Für Opfer von Aggression und geschlechtsspezifischer Gewalt, insbesondere für diejenigen, die sensibel und unsicher sind, kann dies der Schlüssel zur Neuordnung der Situation und zur Suche nach Lösungen sein.

Zunächst ist es wichtig zu verstehen, dass die Bitte um Hilfe kein Zeichen von Schwäche oder mangelnden Fähigkeiten ist. Niemand kann jedes Problem alleine lösen, und es gibt Zeiten, in denen die Hilfe anderer erforderlich sein kann. Die Unterstützung anderer hilft nicht nur bei der Lösung des Problems, sondern vermittelt auch ein Gefühl der Unterstützung und des Verständnisses, was besonders wichtig für diejenigen ist, die unter Aggression oder geschlechtsspezifischer Gewalt leiden.

Es ist auch wichtig, die richtigen Menschen auszuwählen, an die man sich wenden kann, um Hilfe zu erhalten. Freunde, Familie oder Fachleute können in verschiedenen Situationen hilfreich sein. Freunde und Familie können auf der Grundlage persönlicher Erfahrungen emotionale

Unterstützung und Ratschläge geben, während Fachkräfte wie Psychologen oder Berater über das nötige Wissen und die Fähigkeiten verfügen, um in schwierigen Situationen zu helfen.

Teilen Sie Ihre Gefühle und Erfahrungen gerne mit denen, denen Sie vertrauen. Oft kann schon das bloße Reden über das Problem Spannungen abbauen und Ihnen helfen, die Situation klarer zu sehen. Dies kann auch der erste Schritt zur Lösungsfindung sein.

Darüber hinaus kann die Suche nach Hilfe auch die Suche nach professioneller Hilfe umfassen. Psychologische Unterstützung oder Beratung kann Ihnen helfen, Ihre Gefühle zu verstehen, zu lernen, effektiv mit Aggression oder geschlechtsspezifischer Gewalt umzugehen und Strategien zum Umgang mit Angst und Selbstvertrauen zu entwickeln.

Denken Sie abschließend daran, dass das Bitten um Hilfe ein Akt der Sorge um sich selbst und Ihr Wohlbefinden ist. Nutzen Sie diese Ressource gerne, wenn Sie das Gefühl haben, dass es schwierig oder unmöglich ist, eine Situation alleine zu bewältigen. Ihr Wohlbefinden und Ihr Selbstvertrauen sind es wert, die Unterstützung und Hilfe zu erhalten, die Sie brauchen.

Tipps zum Aufbau von Stärke und Selbstvertrauen werden Ihnen helfen, selbstbewusster und stärker zu werden, was Ihnen wiederum dabei hilft, mit Situationen geschlechtsspezifischer Gewalt umzugehen und Ihre Lebensqualität zu verbessern.

❖ · ❖ · ❖ · ❖ · ❖ · ❖ · ❖ · ❖ · ❖ · ❖ · ❖ · ❖ · ❖ · ❖ · ❖

Kapitel 22.
Deine Maske des Biests.

In einer Welt, in der Aggression und geschlechtsspezifische Gewalt immer häufiger vorkommen, ist es wichtig, über Instrumente und Strategien zu verfügen, die Ihnen helfen, sich selbst zu schützen und Ihr Selbstvertrauen zu bewahren. In diesem Kapitel werden wir über das Konzept der „Maske des Tieres" sprechen und wie sie Ihr Verbündeter im Kampf gegen negative Einflüsse werden kann.

Die Maske des Tieres ist eine metaphorische Darstellung der Fähigkeit eines Menschen, sein Denken und Verhalten als Reaktion auf verschiedene Situationen zu ändern, insbesondere in Fällen, in denen es notwendig ist, sich vor Aggression und Druck anderer zu schützen. Stellen Sie sich vor, dass Sie ein inneres Tier haben – ein Symbol für Stärke, Entschlossenheit und Selbstvertrauen. Wenn Sie das Gefühl haben, einer Bedrohung oder aggressivem Verhalten ausgesetzt zu sein, können Sie diese Tiermaske aufsetzen, um Ihre Position zu stärken und sich zu schützen.

Die Maske des Biests ermöglicht es Ihnen, Ihre innere Einstellung und Herangehensweise an eine Situation zu ändern, sodass Sie selbstbewusster und effektiver reagieren können. Dies bedeutet nicht, dass Sie Ihre Authentizität verlieren oder aggressives Verhalten annehmen. Im Gegenteil: Es ist eine Möglichkeit, die eigene Integrität zu wahren und sich vor negativen Einflüssen zu schützen, ohne die persönlichen Werte und Prinzipien zu verlieren.

Die Maske des Biests wird benötigt, um Ihnen zu helfen, die Kontrolle über sich selbst und die Situation in den Momenten zu behalten, in denen Sie sich verletzlich fühlen oder unter dem Druck anderer Menschen stehen. Es ist ein Werkzeug zur Selbstverteidigung und zum Aufbau von Selbstvertrauen, das Ihnen hilft, unter allen Umständen standhaft und emotional stabil zu bleiben.

Wenn es darum geht, die Maske des Tieres „aufzusetzen", ist dies nicht nur ein körperlicher Vorgang, sondern in erster Linie ein psychologischer Vorgang. Es ist wichtig zu lernen, in die richtige Geisteshaltung zu wechseln, um effektiv auf aggressive Situationen reagieren zu können. Hier sind ein paar Schritte, die Ihnen helfen werden, die Maske des Biests „aufzusetzen" und Ihr Verhalten zu ändern:

1. Mentale Vorbereitung: Beginnen Sie mit dem mentalen Training. Stellen Sie sich vor, Sie schlüpfen in die Rolle eines Tieres: kraftvoll, stark, selbstbewusst und bereit, sich zu verteidigen. Stellen Sie sich dieses Bild voller Wut, Verachtung und Hass gegenüber Ihrem Angreifer vor. Dadurch können Sie die richtigen Emotionen aktivieren und sich auf eine Kampfsituation vorbereiten.

2. Training mit Gefühlen von Wut und Mitgefühl: Konzentrieren Sie sich beim Training darauf, Gefühle von Wut und Mitgefühl gegenüber Ihrem Angreifer hervorzurufen. Dies wird Ihnen helfen, die Maske des Biests zu aktivieren und in den gewünschten emotionalen Modus zu wechseln. Es ist wichtig zu lernen, diese Emotionen zu kontrollieren und sie als Kraft- und Motivationsquelle zu nutzen.

3. Übungstraining: Führen Sie regelmäßige Schulungen durch, bei denen Sie Konfliktsituationen oder Angriffe des Angreifers herbeiführen. Stellen Sie sich vor, Sie wären ein Biest, das die Angriffe Ihres Gegners mit Intelligenz, Stärke und Wut abwehrt. Dies wird Ihnen helfen, Ihre Reaktionen auf Aggressionen zu üben und Ihre Verteidigungsfähigkeiten zu verbessern.

4. Werden Sie wie er, aber schlauer, stärker und wütender: Denken Sie daran, dass Ihr Ziel nicht nur darin besteht, die Angriffe des Angreifers abzuwehren, sondern auch darin, sich selbst zu schützen und Ihre Integrität zu bewahren. Werden Sie wie er in dem Sinne, dass Sie Ihre Biestmaske aktivieren und ihm zeigen, dass Sie sich nicht einschüchtern oder zerstören lassen. Seien Sie schlau und nutzen Sie Ihre intellektuelle und emotionale Stärke, um wirksame Wege zu finden, sich zu schützen. Seien Sie stärker, zeigen Sie Ihre körperliche und emotionale Belastbarkeit. Und seien Sie

gemeiner, in dem Sinne, dass Sie nicht zulassen, dass der Angreifer Sie manipuliert und Ihre Selbstachtung und Ihre Grenzen verletzt.

Eine Biestmaske zu tragen bedeutet nicht, sich ganztägig in ein Biest zu verwandeln. Das bedeutet, dass Sie lernen, im richtigen Moment die richtigen Geisteszustände und Emotionen zu aktivieren, um sich selbst zu schützen und Ihr Selbstvertrauen zu bewahren. Trainiere, übe und glaube an dich.

Der Einsatz der Biestmaske zum Schutz vor der Aggression geschlechtsspezifischer Gewalt erfordert ein Verständnis dafür, wie sie den Geisteszustand einer Person verändern kann und wie man sie in Konfliktsituationen effektiv trägt. Hier sind einige Möglichkeiten, die Maske des Biests zu verwenden und ihre Auswirkungen auf den Geisteszustand des Opfers:

1. Aktivierung der Maske des Biests vor einer Konfliktsituation:

- Bevor das Opfer einen Angriff des Angreifers erwartet, kann es ein mentales Training und eine Visualisierung durchführen und so seine Tiermaske aktivieren.

- Die Visualisierung eines mächtigen, starken und selbstbewussten Tieres wird dem Opfer helfen, sich sicherer und bereit zu fühlen, mit der Situation umzugehen.

2. Mentalen Fokus ändern:

- Durch das Aufsetzen der Maske des Biests ändert das Opfer seinen Fokus von Gefühlen der Verletzlichkeit und Angst hin zu Stärke und Entschlossenheit.

- Die Maske des Biests hilft Ihnen, sich darauf zu konzentrieren, auf Aggressionen mit Selbstvertrauen und Entschlossenheit zu reagieren, anstatt in Panik oder Hilflosigkeit zu verfallen.

3. Emotionen als Kraftquelle nutzen:

- Die Maske des Biests aktiviert die Emotionen Wut, Verachtung und Entschlossenheit, die als Kraft- und Motivationsquelle zum Selbstschutz genutzt werden können.

- Diese Emotionen helfen dem Opfer, Angst und Unsicherheit zu überwinden, sodass es effektiver mit dem Angreifer umgehen kann.

4. Bildung von selbstbewusstem Verhalten:

- Durch das Tragen der Maske des Biestes ändert das Opfer sein Verhalten und wird selbstbewusster und entschlossener.

- Sie kann einen strahlenden und energischen Gesichtsausdruck, eine Stimme und Gesten einsetzen, um gegenüber einem Angreifer ihr Selbstvertrauen und ihre Standhaftigkeit zu zeigen.

5. Aggressive Grenzverteidigung:

- Die Maske des Tieres hilft dem Opfer, eine aggressive Haltung einzunehmen und seine persönlichen Grenzen und Rechte zu schützen.

- Das Opfer kann klar und selbstbewusst seine Grenzen zum Ausdruck bringen und Respekt einfordern, um dem Angreifer zu zeigen, dass es seiner Dominanz nicht nachgeben wird.

Die Maske des Tieres zu tragen bedeutet nicht, zum Aggressor zu werden oder Gewalt anzuwenden. Das bedeutet, dass Sie Ihre Stärke und Ihr Selbstvertrauen akzeptieren, um sich vor Aggression und geschlechtsspezifischer Gewalt zu schützen. Darüber hinaus hilft die Verwendung der Tiermaske dem Opfer, seine psychische Integrität und sein emotionales Wohlbefinden in einer Konfliktsituation zu bewahren.

Die Rolle der Tiermaske beim Schutz vor Aggression und geschlechtsspezifischer Gewalt besteht darin, dem Opfer dabei zu helfen, negative Situationen effektiver zu bewältigen und sein Selbstvertrauen und seine psychische Integrität zu bewahren. Hier sind die Hauptaspekte der Rolle der Tiermaske:

1. Emotionen und Kraft aktivieren: Die Maske des Biests hilft, Emotionen wie Wut, Entschlossenheit und Nächstenliebe zu aktivieren. Diese Emotionen dienen dem Opfer als Kraft- und Motivationsquelle und ermöglichen ihm, selbstbewusster auf Aggression und geschlechtsspezifische Gewalt zu reagieren.

2. Änderung des psychologischen Fokus: Durch das Aufsetzen der Maske des Biests ändert das Opfer seinen Geisteszustand von Gefühlen der Verletzlichkeit und Hilflosigkeit hin zu Stärke und Entschlossenheit. Dadurch behält sie die Kontrolle über die Situation und kann sicherere Entscheidungen treffen.

3. Persönliche Grenzen schützen: Die Maske des Biests hilft dem Opfer, seine persönlichen Grenzen festzulegen und zu schützen. Es ermöglicht Ihnen, Ihre Bedürfnisse und Forderungen klar und selbstbewusst zum Ausdruck zu bringen, ohne dass es zu Verstößen seitens des Angreifers kommt.

4. Manifestation von Durchsetzungsvermögen: Die Maske des Tieres hilft dem Opfer, durchsetzungsfähiges Verhalten zu zeigen, das heißt, seine Gedanken, Gefühle und Bedürfnisse selbstbewusst und klar auszudrücken. Dadurch kann sie sich vor negativen Einflüssen schützen und in ihren Beziehungen zu anderen gesunde Grenzen setzen.

5. Erhöhtes Selbstwertgefühl und Selbstvertrauen: Die Verwendung der Biestmaske hilft dem Opfer, sich selbstbewusster und kraftvoller zu fühlen. Dies trägt dazu bei, das Selbstwertgefühl und das Selbstwertgefühl zu steigern, wodurch sie weniger anfällig für den Einfluss des Angreifers und geschlechtsspezifische Gewalt wird.

Insgesamt spielt die Biestmaske eine wichtige Rolle beim Schutz des Opfers vor Aggression und geschlechtsspezifischer Gewalt und hilft ihr, innere Ressourcen zu aktivieren und negative Situationen effektiver zu bewältigen. Es ermöglicht dem Opfer, trotz der Herausforderungen und Prüfungen, denen es gegenübersteht, seine Stärke, Würde und sein Selbstvertrauen zu bewahren.

Um die Maske des Tieres zu beherrschen, muss man nicht nur das

Konzept dieser Metapher verstehen, sondern auch Situationen erkennen, in denen ihre Verwendung notwendig ist. Lass uns genauer hinschauen:

1. Die Maske des Tieres verstehen: Um die Maske des Tieres zu beherrschen, muss man zunächst verstehen, was sie darstellt. Die Tiermaske ist ein Symbol für Stärke, Entschlossenheit und Selbstvertrauen, das ein Opfer aktivieren kann, um sich vor Aggression und geschlechtsspezifischer Gewalt zu schützen. Dies ist nicht nur eine Maske, sondern auch ein psychologisches Werkzeug, das dabei hilft, den mentalen Zustand und das Verhalten zu ändern.

2. Situationen erkennen: Um die Bestienmaske zu beherrschen, muss das Opfer lernen, Situationen zu erkennen, in denen ihre Verwendung nützlich sein könnte. Dies können Zeiten sein, in denen sie aggressives Verhalten oder Bedrohungen durch andere Menschen erfährt, in denen sie sich verletzlich oder unter Druck fühlt. Zu solchen Situationen können Konflikte am Arbeitsplatz oder in der Schule, unangenehme Begegnungen mit aggressiven Menschen oder sogar innere Kämpfe mit negativen Gedanken und Emotionen gehören.

3. Auf Herausforderungen reagieren: Sobald das Opfer Situationen erkannt hat, in denen es notwendig ist, „die Maske des Biests aufzusetzen", muss es lernen, mit Zuversicht und Entschlossenheit auf Herausforderungen zu reagieren. Dazu kann gehören, eine durchsetzungsfähige Sprache und Körpersprache zu verwenden, klare Grenzen und Erwartungen zu setzen und in Beziehungen mit anderen selbstbewusst zu sein.

4. Training und Übung: Die Beherrschung der Beast Mask erfordert Training und Übung. Das Opfer kann Visualisierungsübungen durchführen und sich dabei die Rolle eines starken und selbstbewussten Tieres vorstellen. Sie kann ihre Fähigkeiten auch in realen Situationen üben, indem sie mit einfacheren beginnt und sich nach und nach zu schwierigeren übergeht.

5. Bewerten und anpassen: Es ist wichtig, dass das Opfer regelmäßig die Wirksamkeit der Verwendung der Tiermaske bewertet und seine Vorgehensweise bei Bedarf anpasst. Sie kann lernen, welche Strategien in verschiedenen Situationen am besten funktionieren, und lernen, ihre Emotionen besser zu erkennen und zu bewältigen.

Die Beherrschung der Beast-Maske erfordert Zeit, Geduld und Übung, aber sie kann ein wirksames Instrument zum Schutz und zur Beruhigung für Opfer von Aggression und geschlechtsspezifischer Gewalt sein. Dadurch können sie sich selbstbewusster fühlen und negative Situationen mit Kraft und Entschlossenheit meistern.

Das Training und die Entwicklung emotionaler Regulierungsfähigkeiten ist ein wichtiger Teil der Verwendung der Beast Mask. Wenn ein Opfer geschlechtsspezifischer Gewalt die Maske des Biests aufsetzt, muss es seine Emotionen unter Kontrolle halten, um in

Konfliktsituationen ruhig und selbstbewusst zu bleiben. Hier sind einige Möglichkeiten, wie Sie diese Fähigkeiten üben und weiterentwickeln können:

1. Sich Ihrer Emotionen bewusst werden: Der erste Schritt zur emotionalen Regulierung ist das Bewusstsein Ihrer eigenen Emotionen. Das Opfer muss lernen zu erkennen, welche Emotionen in verschiedenen Situationen entstehen und wie diese sich auf sein Verhalten auswirken.

2. Atemtechniken: Atemübungen helfen, Stress und Ängste abzubauen, wodurch Sie Ihre Emotionen besser kontrollieren können. Das Opfer kann tiefes Atmen oder andere Entspannungstechniken üben, um sich in Momenten der Anspannung zu beruhigen.

3. Üben Sie Meditation und Visualisierung: Meditation und Visualisierung helfen dabei, die Konzentration zu verbessern und sich auf den gegenwärtigen Moment zu konzentrieren, was dabei hilft, Emotionen zu kontrollieren. Das Opfer führt möglicherweise kurze Meditationssitzungen durch oder nutzt die Visualisierung, um sich vorzustellen, dass es ruhig und stark ist, während es die Maske des Tieres aufsetzt.

4. Gedankenmanagement: Das Opfer kann lernen, seine Gedanken neu zu formulieren und von negativ auf positiv umzustellen. Dies hilft Ihnen, Ihre emotionale Reaktion auf eine Situation zu ändern und ruhiger und ausgeglichener zu bleiben.

5. Selbstbewusstsein entwickeln: Das Opfer muss sich seiner Stärken und Schwächen sowie seiner Auslöser bewusst sein, die emotionale Reaktionen hervorrufen können. Dadurch kann sie ihre Emotionen besser kontrollieren und entsprechend ihren Zielen und Bedürfnissen darauf reagieren.

6. Üben Sie in realen Situationen: Das Opfer muss die emotionale Regulierung aktiv in realen Situationen üben, in denen es sich verletzlich oder anfällig für Aggressionen fühlt. Nach und nach wird sie Fähigkeiten entwickeln, Emotionen zu kontrollieren und ruhiger und selbstbewusster zu werden.

Das Training und die Entwicklung emotionaler Regulierungsfähigkeiten sind wichtige Aspekte beim Einsatz der Tiermaske zum Schutz vor Aggression und geschlechtsspezifischer Gewalt. Diese Fähigkeiten ermöglichen es dem Opfer, in allen Situationen ruhig und selbstbewusst zu bleiben, was ihm hilft, Herausforderungen effektiv zu meistern und seine psychische Integrität zu bewahren.

Der effektive Einsatz der Bestienmaske in Situationen geschlechtsspezifischer Gewalt kann der Schlüssel zum Schutz und zur Selbstverteidigung sein. Hier einige praktische Tipps, wie Sie die Biest-Maske effektiv nutzen können:

1. Vorbereitung und Schulung:

- Führen Sie Vorbereitungen und Schulungen durch, bevor Sie sich in eine potenzielle Konfliktsituation begeben. Stellen Sie sich vor, Sie wären ein starkes und selbstbewusstes Tier, das bereit ist, sich zu verteidigen.

- Üben Sie emotionale Regulierungs- und Entspannungstechniken, um Ihre Emotionen in einer Situation geschlechtsspezifischer Gewalt zu bewältigen.

2. Selbstbewusstes Verhalten:

- Zeigen Sie Vertrauen in Ihr Verhalten und Ihren Gesichtsausdruck. Behalten Sie eine aufrechte Haltung bei, halten Sie Augenkontakt und verwenden Sie eine klare Stimme, wenn Sie mit dem Angreifer kommunizieren.

- Denken Sie daran, dass Ihr Selbstvertrauen dazu beitragen kann, Aggressionen zu unterdrücken und den Angreifer davon zu überzeugen, dass Sie kein leichtes Ziel sind.

3. Grenzen setzen:

- Seien Sie bereit, Ihre Grenzen klar zum Ausdruck zu bringen und Respekt einzufordern. Zögern Sie nicht, darauf hinzuweisen, dass Sie sich unwohl fühlen oder mit dem Verhalten des Angreifers nicht einverstanden sind.

- Behalten Sie Ihre Grenzen unerschütterlich bei, auch wenn der Angreifer versucht, sie zu verletzen.

4. Durchsetzungsfähige Kommunikation:

- Nutzen Sie durchsetzungsfähige Kommunikationsfähigkeiten, um Ihre Gedanken und Gefühle klar und selbstbewusst auszudrücken, ohne aggressiv zu sein.

- Üben Sie bei Bedarf vorbereitete Formulierungen oder Reaktionen auf typische geschlechtsspezifische Gewaltszenarien.

5. Reagieren Sie nicht auf Provokationen:

- Denken Sie daran, dass der Angreifer möglicherweise versucht, Sie zu provozieren, um eine negative Reaktion hervorzurufen. Stehen Sie über diesen Versuchen und bleiben Sie ruhig.

- Ignorieren Sie Beleidigungen und Drohungen, konzentrieren Sie sich auf Ihr Ziel – sich selbst zu schützen und ruhig zu bleiben.

6. Unterstützung finden:

- Zögern Sie nicht, um Hilfe zu bitten, wenn die Situation außer Kontrolle gerät. Wenden Sie sich an Freunde, Familie oder Fachleute, die Sie unterstützen und Ihnen helfen können, eine Lösung für das Problem zu finden.

- Notieren oder merken Sie sich die Kontakte von Organisationen, die Opfern geschlechtsspezifischer Gewalt Hilfe anbieten, um zusätzliche Unterstützung und Beratung zu erhalten.

7. Bleiben Sie ruhig und unter Kontrolle:

- Es ist wichtig, in Situationen geschlechtsspezifischer Gewalt ruhig zu bleiben und die Kontrolle über seine Gefühle zu behalten. Verwenden

Sie die Maske des Biests, um Angst und Unsicherheit zu unterdrücken und sich weiterhin darauf zu konzentrieren, sich selbst zu schützen.

Die Verwendung einer Biestmaske erfordert Übung und Geschick, kann aber eine wirkungsvolle Abwehr gegen Aggression und geschlechtsspezifische Gewalt sein. Denken Sie daran, dass Ihre Sicherheit und Ihr Wohlbefinden von größter Bedeutung sind und Sie das Recht haben, sich vor allen Formen von Gewalt und Herrschaft zu schützen.

Um gemäß der Maske des Biests zu reagieren, müssen Sie die verschiedenen Arten aggressiven Verhaltens verstehen und wirksame Strategien entwickeln, um darauf zu reagieren. Hier finden Sie einen Überblick über die Arten aggressiven Verhaltens und geeignete Reaktionsstrategien:

1. Körperliche Aggression: Dazu gehören körperliche Angriffe, Schläge, Tritte, Stoßen und andere Formen körperlicher Gewalt. Reaktionsstrategien:

- Entfernen Sie sich vom Angreifer und entfernen Sie sich aus der gefährlichen Situation.

- Wenn möglich, rufen Sie um Hilfe oder bitten Sie andere um Hilfe.

- Wenden Sie bei Bedarf Selbstverteidigungstechniken an, um sich zu schützen.

2. Verbale Aggression: Dazu gehören Beleidigungen, Drohungen, Spott, Demütigungen und andere Formen verbaler Gewalt. Reaktionsstrategien:

- Bleiben Sie ruhig und geraten Sie nicht in einen Streit mit dem Angreifer.

- Drücken Sie Ihre Grenzen klar und selbstbewusst aus und fordern Sie Respekt ein.

- Ignorieren Sie Beleidigungen und Drohungen und lassen Sie den Angreifer Ihre Reaktion nicht sehen.

3. Psychische Aggression: Dazu gehören Demütigung, Manipulation, Isolation, psychischer Druck und andere Formen psychischer Gewalt. Reaktionsstrategien:

- Bewahren Sie Ihre Selbstachtung und Ihr Selbstvertrauen, indem Sie die Versuche des Tyrannen, Ihr Selbstwertgefühl zu untergraben, zurückweisen.

- Nutzen Sie durchsetzungsfähige Kommunikationsfähigkeiten, um Ihre Gefühle und Bedürfnisse klar und selbstbewusst auszudrücken.

- Suchen Sie Unterstützung bei Freunden, Familie oder Fachleuten, wenn Sie das Gefühl haben, dass Sie alleine nicht zurechtkommen.

4. Soziale Aggression: Dazu gehören der Ausschluss aus der Gruppe, das Verbreiten von Klatsch, die Zerstörung von Beziehungen und andere Formen sozialer Gewalt. Reaktionsstrategien:

- Pflegen Sie Ihre sozialen Kontakte und Beziehungen zu denen, die Sie unterstützen und respektieren.

- Ignorieren Sie Klatsch und Verleumdung, lassen Sie sich nicht auf Konflikte ein und reagieren Sie nicht auf Provokationen.

- Suchen Sie Hilfe bei sozialen Gruppen oder Organisationen, wenn Sie mit systematischen Formen sozialer Gewalt konfrontiert sind.

Es ist wichtig, sich daran zu erinnern, dass eine wirksame Reaktion auf Aggressionen eine Kombination aus Selbstbeherrschung, Selbstvertrauen und strategischem Denken erfordert.

Mit den folgenden Strategien können Sie beim Tragen der Maske des Biests Selbstvertrauen und Stärke bewahren:

1. Positive Bestätigung: Wiederholen Sie positive Aussagen über sich selbst. Stellen Sie sicher, dass Sie Ihre Gedanken auf Ihre Stärken und Erfolge konzentrieren und nicht auf negative Gedanken über sich selbst. Dies wird dazu beitragen, Ihr Selbstvertrauen und Ihre Stärke zu stärken.

2. Erfolgsvisualisierung: Stellen Sie sich eine starke und selbstbewusste Person vor, die bereit ist, sich vor Aggressionen zu schützen. Stellen Sie sich vor, Sie befinden sich in verschiedenen Situationen geschlechtsspezifischer Gewalt, in denen Sie Herausforderungen erfolgreich meistern und die Kontrolle über die Situation behalten.

3. Unterstützung durch soziale Netzwerke: Vernetzen Sie sich mit Freunden, Familie oder anderen vertrauenswürdigen Personen, die Sie unterstützen und Ihr Selbstvertrauen und Ihre Stärke bestätigen können. Die Unterstützung anderer trägt zur Aufrechterhaltung des emotionalen Wohlbefindens bei.

4. Körperliche Aktivität: Machen Sie körperliche Aktivität, die Ihnen Spaß macht und Ihren Körper stärkt. Körperliche Stärke und Gesundheit können Ihnen Selbstvertrauen und Stärke verleihen.

5. Entwicklung von Selbstverteidigungsfähigkeiten: Beherrschen Sie Selbstverteidigungsfähigkeiten und lernen Sie, sich im Falle einer Aggression effektiv zu verteidigen. Zu wissen, dass Sie sich schützen können, stärkt Ihr Selbstvertrauen und Ihre Stärke.

6. Üben Sie die mentale Vorbereitung: Nehmen Sie sich Zeit für die mentale Vorbereitung, indem Sie sich stark und selbstbewusst vorstellen. Mentales Training hilft Ihnen, in kritischen Momenten konzentriert und einsatzbereit zu bleiben.

7. Akzeptieren Sie Ihre Grenzen und Bedürfnisse: Seien Sie sich Ihrer Grenzen und Bedürfnisse sicher und fühlen Sie sich frei, diese klar und selbstbewusst auszudrücken. Wenn Sie Ihre Bedürfnisse kennen und akzeptieren, bewahren Sie Ihre Stärke und Ihr Selbstvertrauen.

Indem Sie Selbstvertrauen und Stärke bewahren, wenn Sie die Maske des Biests tragen, können Sie sich besser vor Aggression und geschlechtsspezifischer Gewalt schützen und gleichzeitig Ihre psychische Integrität bewahren.

Hier sind einige Beispielszenarien und Erfolgsgeschichten, die zeigen, wie der Einsatz der Biestmaske anderen Opfern geschlechtsspezifischer Gewalt helfen kann:

Beispiel 1: Szenario: Jane leidet in der Schule langfristig unter geschlechtsspezifischer Gewalt. Vor anderen Schülern wird sie oft gemobbt und gedemütigt.

Erfolgsgeschichte: Jane beginnt, die Maske des Biests zu tragen und präsentiert sich als stark und selbstbewusst. Sie lernte, ihre Grenzen auszudrücken und Respekt einzufordern. Dadurch ist die geschlechtsspezifische Gewalt deutlich zurückgegangen und einige ehemalige Täter haben ihre Angriffe eingestellt.

Beispiel 2: Szenario: Mark war das Ziel psychischer geschlechtsspezifischer Gewalt am Arbeitsplatz. Sein Chef kritisiert ständig seine Arbeit und macht vor seinen Kollegen abfällige Bemerkungen.

Erfolgsgeschichte: Mark beschließt, bei der Arbeit eine Biestmaske zu verwenden. Er wird selbstbewusster und beginnt, seine Interessen zu verteidigen. Bald bemerkt der Chef eine Veränderung in Marks Verhalten und hört auf, ihn zu demütigen. Mark erhält zunehmend Respekt von seinen Kollegen.

Beispiel 3: Szenario: Anna leidet unter geschlechtsspezifischer Gewalt im Internet. In sozialen Netzwerken erhält sie häufig Drohungen und Beleidigungen von anonymen Personen.

Erfolgsgeschichte: Anna beginnt in der virtuellen Welt, eine Biestmaske zu tragen. Sie reagiert nicht mehr auf Provokationen und Drohungen und beginnt stattdessen, ihre Gedanken und Gefühle selbstbewusst und selbstbewusst auszudrücken. Dies führt dazu, dass die Angreifer das Interesse verlieren und die Verfolgung einstellen.

Diese Beispiele zeigen, wie der Einsatz der Biestmaske Opfern geschlechtsspezifischer Gewalt dabei helfen kann, ihre Mentalität und ihr Verhalten zu ändern, was wiederum zu einem Rückgang der Aggression und einer Verbesserung ihrer Lebensqualität führt. Sie unterstreichen die Bedeutung von Selbstvertrauen und Stärke in Situationen geschlechtsspezifischer Gewalt und zeigen, dass dies mit der richtigen mentalen Vorbereitung und Verteidigungsstrategien erreicht werden kann.

Bei der Verwendung der Biestmaske können zahlreiche Hindernisse auftreten, die ihre Wirksamkeit beeinträchtigen können. Hier sind einige der größten Hindernisse und wie man sie überwindet:

1. Angst und Unsicherheit: Opfer geschlechtsspezifischer Gewalt verspüren häufig Angst und Selbstzweifel, die die Verwendung der Biestmaske beeinträchtigen können. Sie haben möglicherweise Angst vor einer negativen Reaktion anderer oder befürchten, dass die Situation dadurch nur noch schlimmer wird.

- Überwindung: Um Angst und Unsicherheit zu überwinden, ist es wichtig, sich allmählich an die Verwendung der Maske des Biests zu gewöhnen. Dies kann durch das Üben emotionaler Regulierung und Durchsetzungsvermögen erreicht werden. Training und Rollenspiele können dazu beitragen, die Fähigkeiten zur emotionalen Kontrolle zu verbessern und das Selbstvertrauen zu stärken.

2. Mangelnde Unterstützung durch andere: Manche Menschen verstehen die Verwendung der Maske des Biests möglicherweise nicht oder billigen sie nicht, was für diejenigen, die versuchen, sie zu verwenden, zu Schwierigkeiten führen kann.

- Bewältigung: Es ist wichtig, Unterstützung von engen Freunden, der Familie oder Fachleuten zu finden, die Ihre Situation verstehen und bereit sind zu helfen. Der Kontakt zu Menschen, die Sie unterstützen, kann dazu beitragen, Ihr Selbstvertrauen und Ihr Selbstvertrauen im Umgang mit der Maske des Biests zu stärken.

3. Mangelnde Übung und Schulung: Die Verwendung der Tiermaske erfordert Übung und Schulung, um zu einer wirksamen Verteidigung gegen geschlechtsspezifische Gewalt zu werden. Für manche kann es schwierig sein, dies regelmäßig aufrechtzuerhalten.

- Überwindung: Regelmäßiges Üben und Training sind der Schlüssel zum erfolgreichen Einsatz der Maske des Biests. Entwickeln Sie Ihre Fähigkeiten zur emotionalen Regulierung und zum Selbstvertrauen, indem Sie positive Affirmationen wiederholen und mit Unterstützung von Freunden oder Fachleuten an Trainingsszenarien teilnehmen.

4. Beharrlichkeit des Angreifers: Manchmal können Angreifer hartnäckig sein und ihre Aktionen fortsetzen, obwohl sie die Maske des Biests tragen.

- Überwindung: In solchen Situationen ist es wichtig, beharrlich und konsequent die Maske des Biests zu verwenden. Verwenden Sie durchsetzungsfähige Kommunikations- und emotionale Stabilitätsstrategien, um effektiv mit einem Angreifer umzugehen.

Die Überwindung dieser Hindernisse erfordert Zeit, Mühe und Unterstützung, aber mit Übung und Beharrlichkeit können Sie den Einsatz der Beast Mask meistern und sich wirksam gegen geschlechtsspezifische Gewalt verteidigen.

Die Aufrechterhaltung der Motivation und des Selbstvertrauens beim Tragen der Biestmaske ist der Schlüssel zur erfolgreichen Bekämpfung geschlechtsspezifischer Gewalt. Hier sind einige Tipps, die Ihnen dabei helfen können:

1. Bestimmen Sie Ihre Ziele und Motivationen: Bestimmen Sie, warum Sie die Biestmaske verwenden möchten und welche Ziele Sie erreichen möchten. Behalten Sie Ihre Ziele im Auge und erinnern Sie sich daran, wenn Schwierigkeiten auftreten.

2. Üben Sie regelmäßig: Durch regelmäßiges Üben und Training werden Sie sicherer im Umgang mit der Biestmaske. Nehmen Sie sich jeden Tag Zeit, um emotionale Regulierung und durchsetzungsfähige

Kommunikation zu üben.

3. Lernen Sie aus Ihren Fehlern: Wenn etwas nicht funktioniert, verzweifeln Sie nicht. Versuchen Sie stattdessen, aus Ihren Fehlern zu lernen und zu verstehen, wie Sie Ihre Fähigkeiten verbessern können. Jeder Misserfolg bringt Sie dem Erfolg näher, wenn Sie bereit sind zu lernen.

4. Suchen Sie Unterstützung: Zögern Sie nicht, Freunde, Familie oder Fachleute um Hilfe zu bitten, wenn Sie Unterstützung oder Rat benötigen. Erzählen Sie ihnen von Ihren Erfahrungen mit der Biestmaske und bitten Sie um Feedback.

5. Behalten Sie eine positive Einstellung bei: Konzentrieren Sie sich auf Ihre Stärken und Erfolge statt auf Misserfolge und Schwierigkeiten. Denken Sie daran, dass Sie jedes Hindernis überwinden können, wenn Sie an sich glauben.

6. Belohnen Sie sich für den Erfolg: Belohnen Sie sich für Ihre Erfolge bei der Verwendung der Maske des Biests. Belohnen Sie sich nach jeder gemeisterten Herausforderung oder jedem kleinen Ziel, das Sie erreichen.

7. Führen Sie ein Fortschrittsprotokoll: Das Führen eines Tagebuchs über Ihre Fortschritte hilft Ihnen, Ihre Fortschritte und Verbesserungen zu verfolgen. Es wird Ihnen auch helfen zu erkennen, wie weit Sie bereits gekommen sind.

8. Bleiben Sie flexibel und geduldig: Denken Sie daran, dass die Entwicklung von Fähigkeiten Zeit und Mühe erfordert. Seien Sie darauf vorbereitet, dass nicht von Anfang an alles perfekt sein wird, und machen Sie auch in schwierigen Momenten weiter.

Bleiben Sie motiviert und selbstbewusst, indem Sie diese Tipps befolgen, und denken Sie daran, dass Sie mit jedem Schritt vorwärts Ihren Zielen näher kommen.

Die Verwendung einer Biestmaske kann ein wirksames Mittel sein, um sich vor geschlechtsspezifischer Gewalt zu schützen. Es ist jedoch wichtig, die Unterstützung anderer zu haben und bei Bedarf professionelle Hilfe in Anspruch zu nehmen. Hier sind einige Quellen, auf die Sie sich bei der Verwendung der Maske des Biests verlassen können:

1. Familie und Freunde: Enge Menschen wie Familie und Freunde können Ihre erste Verteidigungslinie sein. Sie können Ihnen emotionale Unterstützung bieten, Ihnen beim Entspannen helfen und Ihnen Ratschläge zum Umgang mit geschlechtsspezifischer Gewalt geben.

2. Lehrer und Arbeitgeber: Wenn Sie in der Schule, an der Universität oder am Arbeitsplatz geschlechtsspezifische Gewalt erleben, wenden Sie sich an Ihre Lehrer oder Ihr Management, um Hilfe zu erhalten. Sie können Strategien zur Lösung des Problems vorschlagen und Maßnahmen ergreifen, um weitere Vorfälle zu verhindern.

3. Psychologen und Berater: Professionelle Psychologen, Berater und Therapeuten verfügen über die erforderlichen Fähigkeiten und

Erfahrungen, um bei der Bewältigung emotionaler Schwierigkeiten, einschließlich geschlechtsspezifischer Gewalt, zu helfen. Sie können Sie emotional unterstützen, Ihnen bei der Entwicklung von Bewältigungsstrategien helfen und konkrete Empfehlungen geben.

4. Selbsthilfegruppen: Der Beitritt zu Selbsthilfegruppen für Opfer geschlechtsspezifischer Gewalt kann Ihnen die Möglichkeit bieten, Erfahrungen mit Menschen auszutauschen, die mit ähnlichen Problemen konfrontiert sind. In diesen Gruppen erhalten Sie Unterstützung, Verständnis und praktische Ratschläge.

5. Online-Ressourcen: Es stehen zahlreiche Online-Ressourcen zur Verfügung, die zur Bekämpfung geschlechtsspezifischer Gewalt und zur Unterstützung der Opfer beitragen. Dies können Websites, Foren, Social-Media-Communities oder Apps zur Unterstützung der psychischen Gesundheit sein.

6. Helplines: In einigen Ländern gibt es Organisationen, die Helplines für Menschen anbieten, die mit geschlechtsspezifischer Gewalt und anderen Problemen konfrontiert sind. Für vertrauliche Unterstützung und Beratung können Sie sich an sie wenden.

Es ist wichtig, sich daran zu erinnern, dass das Bitten um Hilfe kein Zeichen von Schwäche ist, sondern im Gegenteil ein Ausdruck von Stärke und Selbstvertrauen. Finden Sie Menschen, denen Sie vertrauen, und zögern Sie nicht, sich an sie zu wenden, wenn Sie Hilfe benötigen. Gemeinsam können Sie alle Herausforderungen meistern, auch geschlechtsspezifische Gewalt.

❖·❖·❖·❖·❖·❖·❖·❖·❖·❖·❖·❖·❖·❖·❖

Kapitel 23.
Wie man effektiv auf geschlechtsspezifische Gewalt reagiert.

Die Überwindung geschlechtsspezifischer Gewalt erfordert eine Kombination verschiedener Strategien und Fähigkeiten, um dem Opfer zu helfen, effektiv auf Aggression zu reagieren. Hier sind einige wichtige Schritte, die Sie unternehmen können, um geschlechtsspezifische Gewalt zu überwinden:

1. Ruhe und Selbstbeherrschung bewahren: In Situationen geschlechtsspezifischer Gewalt ist es wichtig, Ruhe und Selbstbeherrschung zu bewahren. Verwenden Sie Atemübungen oder andere Entspannungstechniken, um Stress und Ängste abzubauen.

In Situationen geschlechtsspezifischer Gewalt Ruhe und Selbstbeherrschung zu bewahren ist ein wichtiger Aspekt, um sich selbst und Ihr emotionales Wohlbefinden zu schützen. Für diejenigen, die unter geschlechtsspezifischer Gewalt leiden und Gefühle der Hilflosigkeit verspüren, kann dies besonders schwierig sein. Mithilfe bestimmter Strategien und Praktiken können Sie jedoch lernen, Ihre Emotionen zu kontrollieren und auch in unangenehmen Situationen ruhig zu bleiben.

- Stressreaktionen verstehen: Der erste Schritt zur Bewahrung von Ruhe besteht darin, zu verstehen, wie Sie auf Stress reagieren. Kennen Sie Ihre typischen körperlichen und emotionalen Reaktionen auf Stresssituationen. Dazu können schneller Herzschlag, beschleunigte Atmung, Angstzustände oder Reizbarkeit gehören.

- Üben Sie Atemübungen: Atemübungen sind ein wirksames Mittel zur Bewältigung von Stress und Ängsten. Probieren Sie die 4-7-8-Atemtechnik aus: 4 Sekunden lang einatmen, 7 Sekunden lang den Atem anhalten, 8 Sekunden lang ausatmen. Dies hilft, Stress abzubauen und das Gefühl der Kontrolle wiederherzustellen.

- Üben Sie Meditation und Visualisierung: Regelmäßige Meditation und Visualisierung eines ruhigen Ortes können dazu beitragen, Ihre Ruhe zu stärken und Ihre Emotionen auszugleichen. Stellen Sie sich einen sicheren und gemütlichen Ort vor, an dem Sie sich wohl und ruhig fühlen.

- Durchsetzungsfähige Kommunikation: Lernen Sie, selbstbewusst zu kommunizieren, um Ihre Gefühle und Bedürfnisse klar und selbstbewusst auszudrücken, ohne die Rechte und Gefühle anderer zu verletzen. Üben Sie, Ihre Grenzen und Respektforderungen selbstbewusst zum Ausdruck zu bringen.

- Vermeiden Sie toxische Situationen: Vermeiden Sie nach Möglichkeit toxische Situationen und Menschen, die Ihnen Stress und Angst bereiten könnten. Dies kann bedeuten, die Zeit, die man an bestimmten Orten oder in der Nähe bestimmter Menschen verbringt, zu begrenzen.

- Unterstützung suchen: Zögern Sie nicht, Freunde, Familie oder Fachleute um Hilfe zu bitten, wenn Sie das Gefühl haben, dass Sie eine Situation nicht alleine bewältigen können. Sprechen Sie über Ihre Gefühle und holen Sie sich Unterstützung und Rat.

- Selbstberuhigende Praxis: Entwickeln Sie Ihr eigenes selbstberuhigendes System, das für Sie funktioniert. Dazu kann gehören, draußen spazieren zu gehen, entspannende Musik zu hören, einem Hobby nachzugehen oder andere Aktivitäten, die Ihnen helfen, sich zu entspannen und Ihre Gedanken zu sammeln.

- Positives Denken: Konzentrieren Sie sich auf die positiven Aspekte Ihres Lebens und Ihrer Fähigkeiten. Üben Sie sich in Dankbarkeit und belohnen Sie sich für jeden kleinen Schritt vorwärts.

Diese Strategien können Ihnen helfen, in Situationen geschlechtsspezifischer Gewalt Ruhe und Selbstbeherrschung zu bewahren, emotionale Reaktionen zu verhindern und effektiv auf negative Situationen zu reagieren.

2. Grenzen setzen und Respekt einfordern: Drücken Sie Ihre Grenzen klar und selbstbewusst aus. Zögern Sie nicht, Respekt einzufordern und Ihre Rechte zu verteidigen. Du könntest zum Beispiel sagen: „Ich bin nicht damit einverstanden, wie du mich behandelst. Bitte hör auf."

Grenzen zu setzen und Respekt einzufordern sind wichtige Aspekte, um sich vor geschlechtsspezifischer Gewalt zu schützen und das eigene Wohlergehen zu gewährleisten. Für viele Opfer geschlechtsspezifischer Gewalt, insbesondere für diejenigen, die hochsensibel und unsicher sind, kann es äußerst schwierig sein, ihre Grenzen zu verteidigen. Mit Übung und der Unterstützung anderer können Sie jedoch lernen, Ihre Grenzen selbstbewusst und effektiv auszudrücken.

- Verstehen Sie Ihre eigenen Grenzen: Zunächst ist es wichtig zu verstehen, wo Ihre persönlichen Grenzen liegen, also jene Grenzen, die Sie nicht überschreiten möchten oder können. Dies kann den physischen, emotionalen, persönlichen Raum und andere Aspekte Ihres Lebens umfassen.

- Grenzen selbstbewusst ausdrücken: Sobald Sie Ihre Grenzen verstanden haben, ist es wichtig zu lernen, wie Sie sie selbstbewusst ausdrücken können. Erklären Sie anderen mit klaren und konkreten Aussagen, dass Sie mit der Art und Weise, wie sie Sie behandeln, nicht einverstanden sind. Zum Beispiel: „Ich fühle mich nicht wohl, wenn du so mit mir sprichst. Ich bitte dich, damit aufzuhören."

- Üben Sie Selbstvertrauen: Selbstvertrauen ist ein Schlüsselelement, um Grenzen erfolgreich auszudrücken. Üben Sie Selbstvertrauen, indem Sie selbstbewusste Posen wiederholen, an Ihren Selbstgesprächen arbeiten und Ihren Wert als Person erkennen.

- Unterstützung durch andere: Zögern Sie nicht, Unterstützung von Freunden, Familie oder Fachleuten einzuholen. Erzählen Sie ihnen von Ihren Bedenken und Schwierigkeiten, Grenzen auszudrücken, und bitten Sie sie um Hilfe dabei.

- Bereiten Sie sich auf mögliche Reaktionen vor: Seien Sie auf unterschiedliche Reaktionen auf Ihre Grenzäußerung vorbereitet. Manche Menschen sind vielleicht verständnisvoll und respektvoll, während andere versuchen, Sie deswegen zu ignorieren oder sogar anzugreifen. Bereiten Sie sich darauf vor und bleiben Sie dabei.

- Ständiges Üben: Das Ausdrücken von Grenzen ist eine Fähigkeit, die ständige Übung erfordert. Haben Sie keine Angst davor, Ihre Grenzen in verschiedenen Situationen und mit verschiedenen Menschen zu wiederholen. Je öfter Sie es tun, desto sicherer und effektiver werden Sie darin.

Grenzen zu setzen und Respekt einzufordern ist Ihr Recht und Ihre Pflicht, Ihre Interessen und Ihr Wohlergehen zu schützen. Fangen Sie klein an, üben Sie sich und holen Sie sich Unterstützung, und Sie werden mit

Sicherheit Erfolg dabei haben, Ihre Grenzen auszudrücken.

3. Um Hilfe bitten: Zögern Sie nicht, Freunde, Familie, Lehrer oder andere vertrauenswürdige Personen um Hilfe zu bitten. Erzählen Sie ihnen von der Situation geschlechtsspezifischer Gewalt und bitten Sie um Unterstützung und Rat.

Hilfe zu suchen ist ein wichtiger Schritt zur Überwindung geschlechtsspezifischer Gewalt und zur Wiederherstellung Ihres Wohlbefindens. Für diejenigen, die geschlechtsspezifische Gewalt erleben und sich unsicher oder ängstlich fühlen, kann es schwierig sein, Hilfe zu suchen. Dies ist jedoch ein wichtiger Schritt, um das Problem zu lösen und die Unterstützung zu erhalten, die Sie benötigen. Hier sind einige zusätzliche Tipps für die Suche nach Hilfe in Situationen geschlechtsspezifischer Gewalt:

- Wählen Sie eine Vertrauensperson: Finden Sie jemanden, dem Sie vertrauen und der Ihnen Unterstützung und Rat bieten kann. Dies kann ein Freund, ein Familienmitglied, ein Lehrer, ein Schulberater oder eine psychiatrische Fachkraft sein.

- Bereiten Sie sich auf das Gespräch vor: Bevor Sie um Hilfe bitten, überlegen Sie, was Sie sagen möchten und welche Fragen Sie haben. Seien Sie darauf vorbereitet, dass Ihnen Fragen zu Ihren Erfahrungen mit geschlechtsspezifischer Gewalt gestellt werden. Versuchen Sie also, ehrlich und offen zu sein.

- Seien Sie ruhig und selbstbewusst: Versuchen Sie, während des Gesprächs ruhig und selbstbewusst zu bleiben. Dies wird Ihnen helfen, Ihre Gedanken und Gefühle klarer und effektiver auszudrücken.

- Bitten Sie um konkrete Unterstützung: Sagen Sie Ihrer Vertrauensperson genau, welche Hilfe Sie benötigen. Das kann ganz einfach jemand sein, der Ihnen zuhört und Sie emotional unterstützt, oder jemand, der Ihnen bei der Entwicklung von Strategien zur Bekämpfung geschlechtsspezifischer Gewalt helfen kann.

- Suchen Sie professionelle Hilfe: Wenn Sie mit einem schwerwiegenden Fall geschlechtsspezifischer Gewalt konfrontiert sind oder das Gefühl haben, dass Sie die Situation nicht alleine bewältigen können, zögern Sie nicht, professionelle Hilfe in Anspruch zu nehmen. Schulpsychologen, Verhaltensberater und Psychotherapeuten können Ihnen die Unterstützung und Hilfe bieten, die Sie zur Lösung Ihres Problems benötigen.

Hilfe zu suchen ist ein mutiger und wichtiger Schritt, der Ihnen helfen kann, schwierige Situationen geschlechtsspezifischer Gewalt zu überwinden und die Kontrolle über Ihr Leben zurückzugewinnen. Denken Sie daran, dass Sie nicht allein sind und es immer Menschen gibt, die bereit sind, Ihnen zu helfen.

4. Isolation vermeiden: Versuchen Sie, sich nicht zu isolieren oder soziale Kontakte aus Angst oder Unruhe zu vermeiden. Pflegen Sie Ihre sozialen Kontakte und finden Sie Unterstützung bei Freunden und Familie.

Die Vermeidung von Isolation ist ein wichtiger Aspekt, um sich vor den negativen Auswirkungen geschlechtsspezifischer Gewalt zu schützen und das psychische Wohlbefinden zu erhalten. Bei vielen Opfern geschlechtsspezifischer Gewalt, insbesondere bei hochsensiblen und unsicheren Opfern, können Konfliktsituationen große Angst und den Wunsch nach Isolation auslösen. Allerdings verschlimmert sich das Problem oft durch die Isolation, daher ist es wichtig, aktiv soziale Kontakte zu pflegen und Unterstützung von Freunden und Familie zu finden. Hier sind einige zusätzliche Tipps, um Isolation in Situationen geschlechtsspezifischer Gewalt zu vermeiden:

- Suchen Sie Unterstützung: Wenden Sie sich an Menschen, denen Sie vertrauen, und teilen Sie ihnen Ihre Sorgen mit. Dies kann ein Freund, ein Verwandter, ein Lehrer oder ein Schulberater sein. Sprechen Sie offen mit ihnen über Ihre Gefühle und Probleme und bitten Sie sie um Unterstützung und Rat.

- Treten Sie Gruppen und Clubs bei: Versuchen Sie, Gruppen oder Clubs beizutreten, die Sie interessieren. Dies kann eine Sportmannschaft, ein Kunstclub, ein Theaterclub oder eine andere allgemeine Aktivität sein. Die Teilnahme an solchen Gruppen wird Ihnen helfen, sich als Teil einer Gemeinschaft zu fühlen und neue soziale Kontakte aufzubauen.

- Zeit mit Freunden verbringen: Versuchen Sie, aktive Zeit mit Freunden und Angehörigen zu verbringen. Treffen, kommunizieren, gemeinsam an verschiedenen Veranstaltungen teilnehmen. Die Unterstützung von Freunden und Familie wird Ihnen helfen, sich beschützt und geliebt zu fühlen.

- Entwicklung neuer Fähigkeiten: Entdecken Sie neue Interessen oder Hobbys, die Ihnen helfen können, Ihren sozialen Kreis zu erweitern und etwas Neues zu lernen. Das kann das Studium von Musik, Tanz, Kunst oder irgendetwas anderem sein, das Sie interessiert.

- Schaffen Sie ein unterstützendes Umfeld: Schaffen Sie sich ein unterstützendes Umfeld, in dem Sie sich wohl und sicher fühlen. Dazu kann gehören, zu Hause einen positiven und erhebenden Raum zu schaffen, Orte aufzusuchen, an denen Sie sich gut fühlen, und diejenigen zu meiden, die Ihnen Negativität bringen.

Die Vermeidung von Isolation ist nicht nur für Ihr emotionales Wohlbefinden wichtig, sondern auch für die wirksame Bekämpfung geschlechtsspezifischer Gewalt. Je mehr Unterstützung und ein soziales Netzwerk Sie haben, desto leichter können Sie die negativen Auswirkungen geschlechtsspezifischer Gewalt bewältigen und überwinden.

5. Nutzen Sie durchsetzungsfähige Kommunikation: Drücken Sie Ihre Gefühle und Gedanken klar und selbstbewusst aus, indem Sie durchsetzungsfähige Kommunikationsfähigkeiten einsetzen. Seien Sie ruhig und entschlossen in Ihren Aussagen.

Durchsetzungsfähige Kommunikation ist ein wichtiges Instrument, um geschlechtsspezifischer Gewalt entgegenzuwirken und sich selbst zu schützen. Für Überlebende geschlechtsspezifischer Gewalt, insbesondere für diejenigen, die hochsensibel und unsicher sind, kann der Umgang mit einem Angreifer Angst und Furcht auslösen. Wenn Sie jedoch lernen, selbstbewusst zu sein und Ihre Gedanken und Gefühle klar und selbstbewusst auszudrücken, kann dies die Situation erheblich verbessern und dazu beitragen, weitere Gewalt zu verhindern. Hier sind einige zusätzliche Empfehlungen für den Einsatz durchsetzungsfähiger Kommunikation zum Schutz vor geschlechtsspezifischer Gewalt:

- Bereiten Sie sich im Voraus vor: Bevor Sie sich auf ein Gespräch mit einem Angreifer einlassen, überlegen Sie, was Sie sagen möchten und wie Sie es sagen werden. Bleiben Sie bei den Fakten und verwenden Sie klare und konkrete Aussagen.

- Drücken Sie Ihre Gefühle aus: Seien Sie offen beim Ausdruck Ihrer Gefühle. Sagen Sie zum Beispiel: „Ich bin sehr verärgert darüber, wie Sie mich behandeln." Dies wird dem Tyrannen helfen zu verstehen, welche Auswirkungen seine Handlungen auf Sie haben.

- Seien Sie selbstbewusst: Sprechen Sie mit Zuversicht und Entschlossenheit. Behalten Sie einen geraden Blick und eine feste Haltung bei. Dies zeigt dem Angreifer, dass Sie Ihre Worte ernst nehmen und nicht bereit sind, seinem Einfluss zu erliegen.

- Grenzen setzen: Seien Sie bereit, Grenzen zu setzen und für Ihre Rechte einzustehen. Sagen Sie zum Beispiel: „Ich bin mit dieser Behandlung nicht einverstanden." Ich bitte dich aufzuhören."

- Vermeiden Sie Aggression: Denken Sie daran, dass Durchsetzungsvermögen nicht gleichbedeutend mit Aggression ist. Vermeiden Sie Beleidigungen und Provokationen. Ihr Ziel ist es, Ihre Gedanken und Gefühle ohne Gewalt oder Drohungen auszudrücken.

- Üben Sie Grenzen: Setzen Sie zunächst Grenzen in Ihrem täglichen Leben und üben Sie durchsetzungsfähige Kommunikationsfähigkeiten in verschiedenen Situationen. Je mehr Sie diese Fähigkeiten nutzen, desto einfacher wird es, geschlechtsspezifischer Gewalt entgegenzutreten.

Durchsetzungsfähige Kommunikation hilft Ihnen, sich vor der Aggression geschlechtsspezifischer Gewalt zu schützen und im Umgang mit anderen gesunde Grenzen zu setzen. Denken Sie daran, dass Ihr Recht auf Respekt und Sicherheit unbestreitbar ist und dass Sie das Recht haben, sich vor allen Formen von Gewalt und Diskriminierung zu schützen.

6. Auf Aggressionen mit Humor reagieren oder sie ignorieren:

Manchmal kann es helfen, die Situation zu mildern und Spannungen abzubauen, wenn man Aggressionen ignoriert oder mit Humor darauf reagiert. Gehen Sie diesen Ansatz jedoch vorsichtig und nur dann an, wenn Sie das Gefühl haben, dass er zu Ihrem Stil und Ihrer Situation passt.

Auf Aggressionen mit Humor zu reagieren oder sie zu ignorieren, kann ein wirksames Instrument zur Entschärfung einer Konfliktsituation und zum Abbau von Spannungen sein. Es ist jedoch wichtig zu verstehen, dass dieser Ansatz nicht immer für alle Fälle geschlechtsspezifischer Gewalt geeignet ist und mit Vorsicht angewendet werden sollte.

- Humor verwenden: Humor kann hilfreich sein, wenn die Aggression nicht schwerwiegend oder körperlich ist. Versuchen Sie beispielsweise, auf Beleidigungen oder abfällige Bemerkungen mit Humor zu reagieren, um angespannte Situationen zu entschärfen. Allerdings ist es wichtig zu bedenken, dass witzige Zeilen nicht immer effektiv sind und die Sache noch verschlimmern können, wenn sie nicht zum spezifischen Kontext passen.

- Ignorieren: Aggressionen zu ignorieren kann nützlich sein, wenn Sie die Möglichkeit haben, der Situation zu entkommen, oder wenn die Aggression keine unmittelbare Gefahr für Ihre Sicherheit darstellt. Das Ignorieren eines Angreifers kann dazu führen, dass ihm die Aufmerksamkeit und die Befriedigung Ihrer Reaktion entzogen wird, was dazu führen kann, dass er Ihnen keine Aufmerksamkeit mehr schenkt.

Für Opfer geschlechtsspezifischer Gewalt, die hochsensibel und unsicher sind, kann es jedoch schwierig sein, Humor zu verwenden oder ignoriert zu werden. Manche befürchten vielleicht, dass ihre Witze falsch aufgefasst werden, was die Aggression nur verstärken wird. Darüber hinaus kann der Versuch, einen Angreifer zu ignorieren, Angst und Furcht hervorrufen, insbesondere wenn die Situation bedrohlich erscheint.

Es ist wichtig zu bedenken, dass es nur einer von vielen möglichen Ansätzen zur Konfliktlösung ist, auf Aggressionen mit Humor zu reagieren oder sie zu ignorieren. Es gibt kein Universalrezept, das für jeden passt. Daher ist es wichtig, Strategien zu wählen, die zu Ihrer Persönlichkeit, Situation und Ihren Zielen passen. Wenn Sie sich über die beste Vorgehensweise nicht sicher sind, suchen Sie Unterstützung bei vertrauenswürdigen Personen oder Fachleuten, die Ihnen dabei helfen können, den am besten geeigneten Weg zu finden, auf Aggression zu reagieren.

7. Erfassen Sie Vorfälle und wenden Sie sich an den Support: Führen Sie Aufzeichnungen über Vorfälle geschlechtsspezifischer Gewalt, damit Sie dokumentierte Informationen darüber haben, was passiert. Wenden Sie sich bei Bedarf an den Helpdesk Ihrer Schule, Universität oder Ihres Arbeitsplatzes, um Hilfe und Rat zu erhalten.

Das Führen einer Akte zu geschlechtsspezifischer Gewalt und die

Kontaktaufnahme mit Unterstützungsdiensten sind wichtige Schritte, um sich zu schützen und in Konfliktsituationen Hilfe zu erhalten. Für Überlebende geschlechtsspezifischer Gewalt, insbesondere für diejenigen, die hochsensibel und unsicher sind, kann es aus Angst oder Unruhe schwierig sein, dokumentierte Informationen zu sammeln und Hilfe zu suchen. Diese Maßnahmen können jedoch eine Schlüsselrolle bei der Beendigung geschlechtsspezifischer Gewalt und der Gewährleistung Ihrer Sicherheit und Ihres Wohlbefindens spielen.

Hier sind einige zusätzliche Richtlinien zur Verwendung dieses Ansatzes:

- Aufzeichnungen: Es ist wichtig, jeden Vorfall geschlechtsspezifischer Gewalt zu dokumentieren, einschließlich Datum, Uhrzeit, Ort und Beschreibung der Ereignisse. Dies wird Ihnen helfen, ein klares Bild davon zu bekommen, was passiert, und Ihnen dokumentierte Beweise liefern, wenn Sie Hilfe benötigen. Aufzeichnungen können Ihnen auch dabei helfen, die Verhaltensmuster des Tyrannen zu verfolgen und zu verstehen, wie Sie am besten darauf reagieren können.

- Kontaktieren Sie die Mobbing-Dienste oder die Polizei: Wenn Sie das Gefühl haben, dass Sie die Situation nicht alleine bewältigen können, wenden Sie sich an die Mobbing-Dienste Ihrer Schule, Universität, Ihres Arbeitsplatzes oder Ihrer Gemeinde oder an die Polizei, um Hilfe zu erhalten. Fachleute können Ihnen mit Rat, Unterstützung und Ressourcen zur Lösung des Problems zur Seite stehen. Scheuen Sie sich nicht, um Hilfe zu bitten. Damit ist nicht Schwäche gemeint, sondern vielmehr Mut und die Fähigkeit, auf sich selbst aufzupassen.

- Bauen Sie ein unterstützendes Netzwerk auf: Sprechen Sie mit engen Freunden, Familienmitgliedern oder vertrauenswürdigen Kollegen über Ihre Situation. Denken Sie daran, dass Sie Menschen haben, die Sie unterstützen und bereit sind, Ihnen zu helfen. Gemeinsam können Sie Strategien entwickeln, um auf geschlechtsspezifische Gewalt zu reagieren und Herausforderungen zu meistern.

- Ergreifen von Sicherheitsmaßnahmen: Wenn Sie das Gefühl haben, dass Ihre Sicherheit gefährdet ist, informieren Sie umgehend die verantwortlichen Personen oder den Sicherheitsdienst. Zögern Sie nicht, Maßnahmen zu ergreifen, um sich zu schützen.

Insgesamt sind das Führen von Aufzeichnungen und die Kontaktaufnahme zu Unterstützungsdiensten wichtige Schritte zur Bekämpfung geschlechtsspezifischer Gewalt und zum Selbstschutz. Scheuen Sie sich nicht, um Hilfe zu bitten, Ihr Wohlbefinden ist wichtig und Sie verdienen Unterstützung und Schutz.

8. Entwickeln Sie Selbstverteidigungsfähigkeiten: Erlernen und üben Sie Selbstverteidigungsfähigkeiten, die Ihnen helfen können, sich im Falle körperlicher Aggression zu verteidigen. Wenden Sie sich an professionelle

Trainer oder Organisationen, die Selbstverteidigungskurse anbieten.

Die Entwicklung von Selbstverteidigungsfähigkeiten ist ein wichtiger Aspekt zur Aufrechterhaltung der eigenen Sicherheit und des Selbstvertrauens, insbesondere für Opfer geschlechtsspezifischer Gewalt, die sich möglicherweise verletzlich und unsicher fühlen. Selbstverteidigungstraining vermittelt nicht nur praktische körperliche Verteidigungsfähigkeiten, sondern verbessert auch die mentale Vorbereitung und das Selbstvertrauen, was in einer tatsächlichen Mobbing-Situation den entscheidenden Unterschied machen kann.

Hier sind einige wichtige Aspekte des Selbstverteidigungstrainings:

- Grundlegende Techniken beherrschen: Professionelle Trainer und Organisationen, die Selbstverteidigungskurse anbieten, lehren eine Vielzahl körperlicher Verteidigungstechniken wie Blocken, Schlagen, Grappling und wie man sich aus dem Grappling befreit. Diese Fähigkeiten können hilfreich sein, um sich im Falle eines Angriffs zu verteidigen.

- Selbstvertrauen und Selbstbeherrschung: Das Erlernen der Selbstverteidigung trägt auch dazu bei, Selbstvertrauen und Selbstbeherrschung zu entwickeln. Zu wissen, dass Sie über die Fähigkeiten verfügen, sich selbst zu schützen, hilft Ihnen, sich in einer Vielzahl von Situationen sicherer zu fühlen, einschließlich potenzieller Aggressionsvorfälle.

- Reaktion auf Stresssituationen: Selbstverteidigungstraining trägt auch dazu bei, die Reaktionsfähigkeit auf Stresssituationen zu verbessern. Durch die Teilnahme an simulierten Trainingssituationen können Sie sich an Adrenalin und Anspannung gewöhnen, was Ihnen helfen kann, Ihre Emotionen und Handlungen in einer realen Situation zu kontrollieren.

- Angst überwinden: Für viele Opfer geschlechtsspezifischer Gewalt ist Angst eines der größten Hindernisse für die Selbstverteidigung. Die Teilnahme an einem Selbstverteidigungstraining hilft, diese Angst zu überwinden, indem es zeigt, dass der Umgang mit Aggression möglich ist und dass man über die Fähigkeiten und Werkzeuge dazu verfügt.

Es ist wichtig zu verstehen, dass das Erlernen von Selbstverteidigung nicht bedeutet, zu Gewalt aufzurufen oder Konflikte zu provozieren. Es handelt sich vielmehr um ein Mittel zur Gewährleistung der persönlichen Sicherheit und des Schutzes im Falle einer realen Bedrohung. Daher ist es wichtig, Kurse und Trainer auszuwählen, die diese Aspekte betonen und den intelligenten Einsatz der erlernten Fähigkeiten fördern.

9. Aktiver Schutz mithilfe von Umweltobjekten, „Biestmasken" und Fähigkeiten, die durch das Training in Sportvereinen mit Kampfschwerpunkt erworben wurden.

Der Einsatz von Umweltgegenständen, der „Biestmaske" und durch das Training in Kampfsportvereinen erworbener Fähigkeiten stellt einen wichtigen Aspekt der aktiven Abwehr von Aggression und geschlechtsspezifischer Gewalt dar. Dieser Ansatz hilft Opfern geschlechtsspezifischer Gewalt, sich in verschiedenen Situationen, in denen möglicherweise eine Bedrohung besteht, selbstbewusster und sicherer zu fühlen.

- Verwendung von Gegenständen aus der Umgebung: Bei diesem Aspekt der Selbstverteidigung geht es darum, Gegenstände in Ihrer Nähe zu nutzen, um sich vor einem Angreifer zu schützen oder ihm zu entkommen. Das kann alles sein, von einer Tasche oder einem Rucksack bis hin zu Möbeln, Steinen oder sogar Sand. Wenn Sie wissen, wie Sie Umgebungsobjekte zu Ihrem Vorteil nutzen können, können Sie sich einen Vorteil verschaffen und Ihre Chancen erhöhen, einem Angriff erfolgreich auszuweichen oder sich zu verteidigen.

- Maske des Biests: Die Maske des Biests ist ein Konzept, bei dem es darum geht, Ihr Denken und Verhalten in einer Situation der Aggression zu ändern. Die „Maske des Biests" bezieht sich auf die Aktivierung innerer Stärke und Entschlossenheit, die es Ihnen ermöglicht, selbstbewusster und effektiver auf eine Bedrohung zu reagieren. Opfer geschlechtsspezifischer Gewalt werden ermutigt, sich als starke und entschlossene Wesen vorzustellen, die sich verteidigen können. Dies trägt dazu bei, Gefühle der Hilflosigkeit zu reduzieren und das Selbstvertrauen zu stärken.

- Im Training erworbene Fähigkeiten: Durch die Teilnahme am Training in kampfbetonten Sportvereinen wie Karate, Jiu-Jitsu oder Boxen werden verschiedene Techniken der Körperverteidigung erlernt und darüber hinaus die körperliche und psychische Ausdauer entwickelt. Diese Fähigkeiten können im Umgang mit Aggression hilfreich sein.

Es ist wichtig zu bedenken, dass der Einsatz von aktivem Schutz auf Situationen beschränkt werden sollte, in denen andere Methoden unwirksam sind und eine echte Gefahr für Ihre Sicherheit besteht. Es ist auch wichtig, eine entsprechende Ausbildung und Schulung von Fachleuten zu erhalten, um diese Methoden sicher und effektiv anwenden zu können. Darüber hinaus spielt die mentale Vorbereitung beim Einsatz dieser Techniken eine wichtige Rolle, damit Sie in Stresssituationen ruhig bleiben und kluge Entscheidungen treffen können.

Die Überwindung geschlechtsspezifischer Gewalt ist ein langer und schwieriger Prozess, aber mit der Unterstützung anderer und wirksamen Reaktionsstrategien können Sie Herausforderungen meistern und das Gefühl der Kontrolle über Ihr Leben zurückgewinnen. Die Überwindung geschlechtsspezifischer Gewalt ist ein komplexer Prozess, der Zeit, Mühe und Unterstützung erfordern kann. Wenn Sie Aggressionen anderer erleben, kann dies schwerwiegende Auswirkungen auf Ihr emotionales und psychisches Wohlbefinden haben. Bedenken Sie jedoch, dass Sie nicht allein sind und dass es viele Möglichkeiten gibt, diese schwierige Situation zu überwinden.

1. Unterstützung durch andere: Es ist wichtig, Hilfe von engen Freunden, Familienmitgliedern, Lehrern, Psychologen oder anderen Fachleuten zu suchen. Diese Menschen können Ihnen emotionale Unterstützung, Rat und Unterstützung bei der Entwicklung von Strategien zur Bewältigung geschlechtsspezifischer Gewalt bieten. Wenn Sie Ihre Sorgen und Befürchtungen mit jemandem besprechen, dem Sie vertrauen, kann das dazu führen, dass sich Ihre Situation weniger einsam und beherrschbarer anfühlt.

2. Effektive Reaktionsstrategien anwenden: Die Entwicklung eines Aktionsplans zur Reaktion auf geschlechtsspezifische Gewalt kann Ihnen dabei helfen, sich sicherer zu fühlen und die Situation unter Kontrolle zu haben. Dazu kann gehören, Grenzen zu setzen, durchsetzungsfähige Kommunikation zu nutzen, ruhig zu bleiben, Hilfe von Erwachsenen oder Autoritätspersonen in Anspruch zu nehmen und Vorfälle für eine spätere Überprüfung zu dokumentieren.

3. Selbsthilfe und Stärkung des Selbstwertgefühls: Es ist wichtig, an der Stärkung Ihres Selbstwertgefühls und Selbstvertrauens zu arbeiten. Wenn Sie positive Affirmationen praktizieren, sich für Erfolge belohnen, Hobbys nachgehen und Aktivitäten ausführen, die Ihnen Freude und Zufriedenheit bereiten, können Sie sich wertgeschätzt und kraftvoll fühlen, ganz gleich, was andere Menschen sagen oder tun.

4. Suchen Sie professionelle Hilfe: Wenn geschlechtsspezifische Gewalt Ihre geistige oder körperliche Gesundheit ernsthaft beeinträchtigt, kann es notwendig sein, die Hilfe eines Psychologen oder einer anderen qualifizierten Fachkraft in Anspruch zu nehmen. Sie bieten Ihnen wirksame Strategien zur Bewältigung geschlechtsspezifischer Gewalt, helfen Ihnen, Ihre Gefühle und Emotionen zu verstehen und bieten Ihnen Unterstützung und Verständnis.

Die Überwindung geschlechtsspezifischer Gewalt ist ein Prozess, der Geduld, Entschlossenheit und Unterstützung erfordert. Es ist wichtig, sich daran zu erinnern, dass Sie Respekt und Sicherheit verdienen und dass es viele Ressourcen und Strategien gibt, die Ihnen bei der Bewältigung dieser Herausforderungen helfen können. Zögern Sie nicht, um Hilfe und Unterstützung zu bitten, Sie haben es verdient, in einer sicheren und fürsorglichen Umgebung zu leben.

❖ · ❖ · ❖ · ❖ · ❖ · ❖ · ❖ · ❖ · ❖ · ❖ · ❖ · ❖ · ❖ · ❖ · ❖

Kapitel 24.
Wie Sie eingreifen können, wenn Sie geschlechtsspezifische Gewalt sehen.

Wenn Sie Zeuge einer Situation geschlechtsspezifischer Gewalt werden, ist es wichtig, nicht gleichgültig zu bleiben und Maßnahmen zu ergreifen, um dem Opfer zu helfen. Wenn Sie sich Ihrer Fähigkeiten nicht sicher sind, können Sie um Hilfe rufen und die Aggression dokumentieren. Und wenn das Training im Kampfsport bereits erste Erfolge zeigt, können Sie direkt eingreifen. Hier sind einige Möglichkeiten, wie Sie eingreifen können:

1. Suchen Sie Hilfe: Wenn eine Situation außer Kontrolle gerät oder Sie das Gefühl haben, dass Sie sie nicht alleine bewältigen können, suchen Sie Hilfe bei Lehrern, Eltern oder anderen Erwachsenen. Lassen Sie sie wissen, was passiert, und bitten Sie sie, Maßnahmen zu ergreifen.

Die Suche nach Hilfe bei geschlechtsspezifischer Gewalt ist einer der wichtigsten Schritte, die Sie unternehmen können, um diese unangenehme Situation zu beenden. Für diejenigen, die unter geschlechtsspezifischer Gewalt leiden, kann dies eine schwierige Entscheidung sein, aus Angst vor möglichen Konsequenzen oder weil sie nicht sicher sind, ob jemand bereit oder in der Lage ist, zu helfen. Es ist jedoch wichtig zu verstehen, dass das Bitten um Hilfe kein Zeichen von Schwäche, sondern ein Zeichen von Stärke und Entschlossenheit ist, geschlechtsspezifischer Gewalt entgegenzutreten.

Wenn Sie eine Situation geschlechtsspezifischer Gewalt erleben, die Sie nicht kontrollieren können, oder das Gefühl haben, dass Sie diese nicht alleine bewältigen können, ist es zunächst einmal wichtig, einen Erwachsenen zu finden, dem Sie vertrauen. Dies kann ein Lehrer, ein Schulberater, ein Elternteil oder ein anderer Erwachsener sein, den Sie kennen und mit dem Sie sich wohl fühlen. Erwachsene können sofort die Polizei rufen und durch Schilderung der Situation um Hilfe bitten.

Wenn Sie um Hilfe bitten, ist es wichtig, darauf vorbereitet zu sein, die Situation so detailliert wie möglich zu beschreiben. Beschreiben Sie, was passiert, wann und wo es passiert, wer daran beteiligt ist und welche Auswirkungen es auf Sie hat. Je genauer Sie die Situation beschreiben können, desto besser können sie Ihnen helfen.

Zögern Sie nicht, um Unterstützung und Maßnahmen zu bitten. Erwachsene haben die Verantwortung, für die Sicherheit und das Wohlergehen von Kindern und Jugendlichen zu sorgen, und sie müssen Maßnahmen ergreifen, um geschlechtsspezifische Gewalt zu stoppen und das Opfer zu schützen. Sie können Ihnen auch Beratung und Unterstützung für den künftigen Umgang mit geschlechtsspezifischer Gewalt bieten.

Erwachsene können die Situation selbst analysieren, um Hilfe rufen und, wenn es die körperliche Verfassung der Person zulässt, sogar in die Situation eingreifen.

Denken Sie daran, dass die Suche nach Hilfe Ihnen nicht nur bei der Bewältigung Ihrer aktuellen Situation geschlechtsspezifischer Gewalt hilft, sondern auch dazu beitragen kann, ein sicheres und unterstützendes Umfeld in Ihrer Schule oder Gemeinde insgesamt zu schaffen.

2. Dokumentieren Sie den Vorfall: Wenn es gefahrlos möglich ist, notieren Sie Einzelheiten zum Vorfall, einschließlich Datum, Uhrzeit, Ort und Namen der Zeugen. Dies kann in Zukunft nützlich sein, wenn Sie Informationen darüber bereitstellen müssen, was passiert ist.

Die Dokumentation von Vorfällen geschlechtsspezifischer Gewalt ist ein wichtiger Schritt nicht nur für das Opfer, sondern auch für diejenigen, die zur Lösung des Problems beitragen können. Die Aufzeichnung der Details von Vorfällen bietet eine dokumentierte und objektive Grundlage für nachfolgende Maßnahmen und kann in verschiedenen Situationen nützlich sein.

Zunächst ist es wichtig zu verstehen, dass die Dokumentation von Vorfällen geschlechtsspezifischer Gewalt nicht nur notwendig ist, um die Sicherheit des Opfers zu gewährleisten, sondern auch, um weitere Vorfälle zu verhindern. Das Aufzeichnen von Details eines Ereignisses, wie Datum, Uhrzeit, Ort und Beschreibung des Geschehens, trägt dazu bei, ein objektives Bild des Geschehens zu erstellen und liefert wichtige Informationen für die Untersuchung der Situation.

Es ist wichtig zu beachten, dass die Dokumentation von Vorfällen nur in einer sicheren Umgebung erfolgen sollte, um eine Gefährdung des Opfers zu vermeiden. Wenn das Opfer das Gefühl hat, dass es in Gefahr ist oder dass seine Sicherheit durch die Dokumentation des Vorfalls gefährdet sein könnte, sollte es Hilfe von einem Erwachsenen oder einer anderen Vertrauensperson suchen.

Es ist auch wichtig, die Namen von Zeugen in die Dokumentation aufzunehmen, sofern diese verfügbar sind. Zeugenaussagen können wichtig sein, um den Vorfall zu bestätigen und Entscheidungen über die nächsten Schritte zu treffen.

Schließlich trägt die Dokumentation von Vorfällen geschlechtsspezifischer Gewalt dazu bei, eine Grundlage für Maßnahmen zu schaffen, um weitere geschlechtsspezifische Gewalt zu verhindern und die Rechte der Opfer zu schützen. Diese Aufzeichnungen können in verschiedenen Kontexten verwendet werden, z. B. bei Bedarf zur Kontaktaufnahme mit Schulbehörden, Strafverfolgungsbehörden oder Justizbehörden.

Insgesamt spielt die Dokumentation von Vorfällen

geschlechtsspezifischer Gewalt eine wichtige Rolle, um die Sicherheit des Opfers zu gewährleisten, weitere Vorfälle zu verhindern und Gerechtigkeit zu gewährleisten.

3. Unterbrechen Sie die Situation: Wenn Sie sehen, dass jemand geschlechtsspezifischer Gewalt ausgesetzt ist, versuchen Sie, die Situation zu unterbrechen, indem Sie die Aufmerksamkeit des Angreifers auf etwas anderes lenken oder ein Gespräch mit dem Opfer beginnen, um seine Aufmerksamkeit abzulenken.

Wenn Sie mit einer Situation geschlechtsspezifischer Gewalt konfrontiert sind, kann eine Unterbrechung eine wirksame Möglichkeit sein, dem Opfer zu helfen und den Lauf der Dinge zu ändern. Interventionen können dazu beitragen, Spannungen abzubauen und eine weitere Eskalation des Konflikts zu verhindern. Hier finden Sie einige Details dazu, wie Sie geschlechtsspezifische Gewalt unterbinden können und warum dies wichtig ist.

- Direkte Intervention: Wenn Sie erleben, dass jemand geschlechtsspezifische Gewalt erlebt, ist eine direkte Intervention möglicherweise am effektivsten. Sie können den Tyrannen ansprechen und in seinem Verhalten unterbrechen, indem Sie beispielsweise sagen: „Bitte hören Sie auf, das ist nicht die richtige Art, mit anderen Menschen zu kommunizieren." Dies kann funktionieren, insbesondere wenn Sie entschlossen und selbstbewusst sind.

- Den Angreifer ablenken: Manchmal kann es schon helfen, eine Situation geschlechtsspezifischer Gewalt zu unterbrechen, indem man die Aufmerksamkeit des Angreifers einfach ablenkt. Sie können mit dem Tyrannen ein Gespräch über ein anderes Thema beginnen oder ihn zu einer anderen Aktivität einladen. Dies kann dazu beitragen, seinen Fokus zu ändern und seinen Wunsch zu verringern, das aggressive Verhalten fortzusetzen.

- Unterstützung des Opfers: Es ist auch wichtig, dem Opfer Aufmerksamkeit zu schenken und Unterstützung zu leisten. Mitgefühl und Verständnis zu zeigen kann einen großen Unterschied dabei machen, dass sich ein Opfer geschützt und unterstützt fühlt. Wenn Sie einfach mit dem Opfer sprechen oder Ihre Unterstützung zum Ausdruck bringen, kann dies dazu beitragen, dass es sich weniger allein und selbstbewusster fühlt.

- Suchen Sie Hilfe: Wenn Sie sich nicht sicher sind, wie Sie eine Situation geschlechtsspezifischer Gewalt am besten beenden können, oder wenn Sie selbst nicht in der Lage sind, dies zu tun, suchen Sie Hilfe bei anderen Erwachsenen oder pädagogischem Personal. Sie können Unterstützung anbieten und die notwendigen Schritte unternehmen, um geschlechtsspezifische Gewalt zu stoppen.

Es mag kein einfacher Schritt sein, eine Situation geschlechtsspezifischer Gewalt zu beenden, aber es ist wichtig, ein sicheres und unterstützendes Umfeld für alle zu schaffen. Intervention kann dazu beitragen, den Lauf der Dinge zu ändern, das Opfer zu schützen und eine weitere Eskalation des Konflikts zu verhindern.

4. Zeigen Sie Unterstützung: Gehen Sie auf das Opfer zu und zeigen Sie Ihre Unterstützung. Zeigen Sie Freundlichkeit und Mitgefühl, machen Sie deutlich, dass Sie sehen, was passiert, und dass Sie bereit sind zu helfen.

Die Unterstützung eines Opfers geschlechtsspezifischer Gewalt ist ein wichtiger Schritt, der sich erheblich auf sein emotionales Wohlbefinden und seine Fähigkeit, damit umzugehen, auswirken kann. Hier ist ein genauerer Blick auf diese Strategie:

- Gehen Sie mit Freundlichkeit und Mitgefühl vor: Wenn Sie sich einem Opfer nähern, ist es sehr wichtig, freundlich und mitfühlend zu sein. Zeigen Sie mit freundlichen Worten und einem selbstbewussten Körperausdruck, dass Sie an ihrem Wohlergehen interessiert sind und bereit sind zu helfen.

- Die Situation verstehen: Es ist wichtig, dem Opfer zu zeigen, dass Sie sich dessen bewusst sind, was passiert, und dass Sie es in seinem Kampf unterstützen. Sie könnten so etwas sagen wie: „Ich habe gesehen, wie Sie eine schwierige Situation durchgemacht haben, und ich möchte, dass Sie wissen, dass ich hier bin, um Sie zu unterstützen."

- Hilfe anbieten: Nachdem Sie Ihre Unterstützung zum Ausdruck gebracht haben, bieten Sie Ihre Hilfe an. Fragen Sie das Opfer, was Sie tun können, um ihm zu helfen und ihm zu ermöglichen, seine Gefühle und Bedürfnisse mitzuteilen. Es könnte etwa lauten: „Wenn Sie jemanden brauchen, der Ihnen einfach zuhört, bin ich für Sie da. Oder wenn Sie Hilfe bei der Lösung dieser Situation benötigen, lassen Sie mich wissen, dass ich für Sie da bin."

- Schaffung eines sicheren Raums: Es ist wichtig, für das Opfer einen sicheren und unterstützenden Raum zu schaffen, in dem es sich wohl und geschützt fühlen kann. Bieten Sie Ihre Unterstützung und die Gewissheit, dass sie mit ihrem Kampf nicht allein ist. Hören Sie ihr aufmerksam und ohne Urteil zu und respektieren Sie ihre Gefühle.

- Kontinuierliche Unterstützung: Es ist wichtig, das Opfer weiterhin zu unterstützen und ihm langfristig nahe zu bleiben. Bieten Sie ihr Ihre Unterstützung und Freundschaft an und seien Sie jederzeit bereit, sie zu unterstützen, wenn sie Ihre Hilfe braucht.

Freundlichkeit, Mitgefühl und die Bereitschaft, einem Opfer geschlechtsspezifischer Gewalt zu helfen, können einen großen Unterschied in seinem Leben machen. Dies kann dazu beitragen, dass sie sich weniger einsam und selbstbewusster fühlt, und ihr die Unterstützung geben, die sie braucht, um mit einer schwierigen Situation zurechtzukommen.

5. Aufklärung: Informieren Sie andere über die Schäden geschlechtsspezifischer Gewalt und darüber, wie Sie den Opfern helfen können. Sorgen Sie in Ihrer Umgebung für ein freundliches und respektvolles Umfeld, in dem sich jeder sicher und geborgen fühlt.

Andere über die Schäden geschlechtsspezifischer Gewalt aufzuklären und den Opfern zu helfen, ist ein wichtiger Schritt zur Schaffung eines sicheren und respektvollen Umfelds in unserer Gesellschaft. Hier ist ein genauerer Blick auf diese Strategie und warum sie effektiv sein kann:

- Den Schaden geschlechtsspezifischer Gewalt verstehen: Der erste Schritt bei der Aufklärung anderer über geschlechtsspezifische Gewalt besteht darin, sie darüber aufzuklären, was geschlechtsspezifische Gewalt ist, welche Formen sie annehmen kann und welchen Schaden sie den Opfern zufügt. Dies wird anderen helfen, die Ernsthaftigkeit des Problems zu verstehen und zu verstehen, warum es wichtig ist, dagegen anzukämpfen.

- Förderung des Wissens darüber, wie man helfen kann: Um andere darüber aufzuklären, wie man Opfern geschlechtsspezifischer Gewalt helfen kann, gehört auch die Vermittlung der verschiedenen Unterstützungs- und Interessenvertretungsstrategien, die in Fällen geschlechtsspezifischer Gewalt eingesetzt werden können. Dazu kann gehören, dass man lernt, die Anzeichen geschlechtsspezifischer Gewalt zu erkennen, zu wissen, wie man effektiv darauf reagiert und dem Opfer Unterstützung und Empathie bietet.

- Eine freundliche und respektvolle Atmosphäre schaffen: Zum Unterrichten anderer gehört auch die Schaffung einer allgemeinen Kultur des Respekts und der Unterstützung in ihrem Umfeld. Dies kann durch die Förderung einer respektvollen Kommunikation, gegenseitiger Hilfe und Verständnis zwischen Menschen erreicht werden. Wenn Menschen wissen, dass sie auf die Unterstützung und den Schutz ihrer Mitmenschen zählen können, fällt es ihnen leichter, mit Situationen geschlechtsspezifischer Gewalt umzugehen.

- Unterstützungsprogramme gegen geschlechtsspezifische Gewalt: Es ist wichtig, Programme und Aktivitäten zur Bekämpfung geschlechtsspezifischer Gewalt und zur Unterstützung von Opfern zu unterstützen und daran teilzunehmen. Dazu kann die Teilnahme an Aktivitäten zur Bekämpfung geschlechtsspezifischer Gewalt, die Aufklärung von Schulen und Gemeinden sowie die Unterstützung von Wohltätigkeitsorganisationen gehören, die das Problem bekämpfen.

Andere über die Schäden geschlechtsspezifischer Gewalt aufzuklären und darüber aufzuklären, wie man den Opfern helfen kann, trägt nicht nur dazu bei, das Bewusstsein für das Problem zu schärfen, sondern schafft auch eine Gesellschaft, in der sich jeder geschützt und respektiert fühlt. Dies ist ein wichtiger Schritt zur Schaffung eines sicheren und unterstützenden Umfelds für alle Mitglieder.

Es ist wichtig, sich daran zu erinnern, dass das Eingreifen in einer Situation geschlechtsspezifischer Gewalt Mut und Entschlossenheit erfordert, aber Ihre Unterstützung kann das Opfer vor Aggression bewahren.

Kapitel 25.
Bildung und Berichterstattung.

In der modernen Gesellschaft bleibt das Problem der geschlechtsspezifischen Gewalt eine der gravierendsten gesellschaftlichen Herausforderungen, die ein sofortiges und wirksames Eingreifen erfordert. Trotz der Bemühungen vieler Länder und internationaler Organisationen ist geschlechtsspezifische Gewalt weiterhin ein weit verbreitetes Phänomen, das das Leben von Millionen Menschen auf der ganzen Welt beeinträchtigt. In diesem Zusammenhang kommt der Aufklärung über geschlechtsspezifische Gewalt eine Schlüsselrolle bei der Prävention, Überwindung und Transformation des Problems zu.

In diesem Kapitel werden wir uns mit der Bedeutung der Aufklärung über geschlechtsspezifische Gewalt und ihren Auswirkungen auf die Prävention dieses Phänomens befassen. Wir werden die Rolle der Bildung bei der Prävention geschlechtsspezifischer Gewalt und die Folgen mangelnden Bewusstseins für das Thema untersuchen. Als nächstes betrachten wir wirksame Ansätze zur Aufklärung über geschlechtsspezifische Gewalt sowie Beispiele erfolgreicher Bildungsprogramme und -initiativen. Der letzte Teil des Kapitels ist der Bewertung der Wirksamkeit von Bildungsprogrammen und deren Entwicklungsperspektiven gewidmet.

Aufklärung über geschlechtsspezifische Gewalt ist aus mehreren Gründen ein Eckpfeiler bei der Bekämpfung dieses Problems.

Erstens spielt es eine Schlüsselrolle bei der Aufklärung der Gesellschaft über die verschiedenen Formen geschlechtsspezifischer Gewalt, ihre Ursachen und Folgen. Informierte Bürger sind besser in der Lage, Gewaltvorfälle zu erkennen, darauf zu reagieren und Opfern Unterstützung zu leisten.

Zweitens trägt die Aufklärung über geschlechtsspezifische Gewalt dazu bei, die kulturellen Einstellungen und Stereotypen zu ändern, die diesem Phänomen zugrunde liegen. Durch Bildung kann eine tolerante und integrative Gesellschaft geschaffen werden, in der Gewalt und Diskriminierung aufgrund des Geschlechts keinen Platz haben.

Schließlich trägt eine wirksame Aufklärung über

geschlechtsspezifische Gewalt dazu bei, nachhaltige Mechanismen zum Schutz der Rechte der Opfer und zur Bestrafung der Täter zu schaffen. Es klärt die Bürger über Menschenrechte auf und trägt dazu bei, Gewalt in der Öffentlichkeit zu verurteilen – ein wichtiger Schritt zur Beseitigung dieser Gewalt.

Geschlechtsspezifische Gewalt ist nach wie vor ein ernstes Problem und Aufklärung spielt bei der Prävention eine wichtige Rolle. In diesem Abschnitt werden wir verschiedene Aspekte der Rolle der Bildung bei der Prävention und Bekämpfung geschlechtsspezifischer Gewalt betrachten.

Bildungsprogramme und Kurse zu geschlechtsspezifischer Gewalt sind ein wichtiges Instrument zur Bekämpfung dieses Phänomens. Sie ermöglichen die Verbreitung von Wissen über verschiedene Formen geschlechtsspezifischer Gewalt, ihre Ursachen und Folgen in verschiedenen Altersgruppen und sozialen Schichten. Diese Programme können Vorträge, Seminare, Schulungen und Webinare sowie Online-Kurse umfassen, die einem breiten Benutzerkreis zur Verfügung stehen. Der Zweck solcher Programme besteht nicht nur darin, die Gesellschaft über das Problem geschlechtsspezifischer Gewalt aufzuklären, sondern auch darin, Fähigkeiten zur Prävention und Reaktion darauf zu vermitteln.

Schulen und Bildungseinrichtungen spielen eine wichtige Rolle bei der Gestaltung der Weltanschauung und der Werte der jungen Generation. Hier beginnt der Prozess der Entwicklung eines Verständnisses für die Gleichstellung der Geschlechter und die Achtung der Rechte aller Menschen, unabhängig vom Geschlecht. Die Lehrpläne der Schulen sollten Bildungsmodule zu geschlechtsspezifischer Gewalt enthalten, die den Schülern helfen, ihre schädlichen Auswirkungen zu verstehen und wirksame Möglichkeiten zu vermitteln, wie man darauf reagiert. Es ist auch wichtig, im Bildungsumfeld ein sicheres und unterstützendes Umfeld zu schaffen, in dem sich die Schüler sicher und verstanden fühlen können.

Ein wichtiger Schritt zur Überwindung geschlechtsspezifischer Gewalt ist die Aufnahme relevanter Themen in Lehrpläne und Schulbücher. Dies wird dazu beitragen, eine systematische und umfassende Untersuchung des Problems auf verschiedenen Bildungsebenen sicherzustellen. Die Schülerinnen und Schüler erhalten schon früh in ihrer Ausbildung Informationen über geschlechtsspezifische Gewalt, die es ihnen ermöglichen, ein korrektes Verständnis ihrer Rechte und Pflichten zu entwickeln.

Aufklärungsaktivitäten und Sensibilisierungskampagnen zu geschlechtsspezifischer Gewalt sind wichtig, um das öffentliche Bewusstsein für das Thema zu schärfen. Sie ermöglichen nicht nur die Verbreitung von Informationen über die Formen und Folgen von Gewalt, sondern auch die öffentliche Verurteilung dieses Phänomens. Solche Kampagnen können Märsche, Foren, Konferenzen und die Nutzung sozialer Netzwerke und Medien zur Verbreitung von Informationen umfassen. Es ist wichtig, dass sich diese Veranstaltungen an ein breites Publikum richten und zur Bildung einer toleranten und integrativen Gesellschaft beitragen.

Eine unzureichende Aufklärung über geschlechtsspezifische Gewalt hat schwerwiegende Folgen sowohl für die Gesellschaft als Ganzes als auch für das psychische Wohlbefinden des Einzelnen. Dieser Abschnitt ist der Betrachtung dieser Konsequenzen gewidmet.

Eine unzureichende Aufklärung über geschlechtsspezifische Gewalt hat eine Reihe negativer Folgen für die Gesellschaft. Erstens hält es kulturelle und soziale Normen aufrecht, die Diskriminierung und Gewalt gegen bestimmte Gruppen begünstigen. Dadurch entsteht ein unwirtliches Umfeld, in dem geschlechtsspezifische Gewalt andauern und sich sogar verstärken kann. Darüber hinaus schränkt unzureichende Bildung die Fähigkeit einer Gesellschaft als Ganzes ein, sich zu entwickeln und zu gedeihen, da sie ein Hindernis dafür ist, das volle Potenzial aller ihrer Mitglieder auszuschöpfen.

Mangelnde Information über geschlechtsspezifische Gewalt kann schwerwiegende Folgen für das psychische Wohlbefinden einer Person haben. Menschen, die nicht über ausreichende Kenntnisse über geschlechtsspezifische Gewalt verfügen, können Opfer oder Zeugen davon werden, ohne angemessen reagieren und sich schützen zu können. Dies kann bei den Opfern zu Gefühlen der Hilflosigkeit, Angst, geringem Selbstwertgefühl, Ängsten und Depressionen sowie zu einer Verschlechterung der familiären und gemeinschaftlichen Beziehungen führen.

Eine unzureichende Aufklärung über geschlechtsspezifische Gewalt hat auch wirtschaftliche und soziale Folgen. Dies kann zu einer verminderten Beteiligung von Frauen am gesellschaftlichen und wirtschaftlichen Leben sowie zu einem eingeschränkten Zugang zu Bildung, Gesundheitsversorgung und Ressourcen führen. Dies wiederum wirkt sich negativ auf die wirtschaftliche Entwicklung des Landes und die soziale Struktur der Gesellschaft insgesamt aus. Die Bekämpfung geschlechtsspezifischer Gewalt durch Bildung wird daher zu einem notwendigen Schritt, um eine nachhaltige und gerechte Entwicklung der Gesellschaft sicherzustellen.

Aufklärung über geschlechtsspezifische Gewalt erfordert innovative Ansätze und Strategien, um möglichst effektiv zu sein. In diesem Abschnitt werden verschiedene Ansätze untersucht, mit denen Bildungsprogramme erfolgreich umgesetzt werden können.

Der Einsatz innovativer Lehrmethoden ist der Schlüssel zu einer wirksamen Aufklärung über geschlechtsspezifische Gewalt. Dazu gehören aktives Lernen, spielbasierte Techniken, Fallstudien und andere interaktive Formen des Lernens, die die Schüler einbeziehen und sie motivieren können, sich mit einem bestimmten Thema auseinanderzusetzen. Solche

Techniken tragen dazu bei, den Bildungsprozess für ein breites Publikum zugänglicher, verständlicher und attraktiver zu machen.

Die Einbindung der Medien und der Öffentlichkeit ist ein weiterer wirksamer Ansatz zur Aufklärung über geschlechtsspezifische Gewalt. Dazu gehört die Erstellung von Sensibilisierungskampagnen, die Veröffentlichung von Artikeln und Materialien in Printpublikationen, die Teilnahme an Fernseh- und Radioprogrammen sowie die Nutzung sozialer Medien und anderer Kommunikationskanäle zur Verbreitung von Informationen über geschlechtsspezifische Gewalt. Durch aktives öffentliches Engagement ist es möglich, das Bewusstsein für ein Thema zu schärfen und den öffentlichen Dialog zu diesem Thema anzuregen.

Die Einbindung von Jugendlichen und Studierenden spielt eine wichtige Rolle bei der Bekämpfung geschlechtsspezifischer Gewalt. Jugendliche sind die treibende Kraft für gesellschaftlichen Wandel, und ihre aktive Teilnahme an Bildungsprogrammen kann dazu beitragen, neue Werte und Normen zu entwickeln, die mit Gewalt und Diskriminierung unvereinbar sind. Dies kann durch die Organisation von Studierendenclubs, Veranstaltungen und Projekten, die sich der Problematik geschlechtsspezifischer Gewalt widmen, sowie durch die Aufnahme relevanter Themen in den Lehrplan und deren aktive Auseinandersetzung im Unterricht erreicht werden.

Ein interdisziplinärer Ansatz zur Aufklärung über geschlechtsspezifische Gewalt ermöglicht es uns, dieses Thema aus verschiedenen Perspektiven und im Kontext verschiedener wissenschaftlicher Disziplinen zu betrachten. Dazu gehört die Nutzung von Erkenntnissen aus Soziologie, Psychologie, Rechtswissenschaften, Medizin, Kulturwissenschaften und anderen Wissenschaftsbereichen, um die Ursachen und Folgen geschlechtsspezifischer Gewalt besser zu verstehen und wirksamere Methoden zu ihrer Prävention und Überwindung zu entwickeln.

Bildungsprogramme und Initiativen zur Bekämpfung geschlechtsspezifischer Gewalt sind von entscheidender Bedeutung, um dieses ernste gesellschaftliche Problem anzugehen. In diesem Abschnitt werden Beispiele erfolgreicher Bildungsprogramme und -initiativen auf verschiedenen Ebenen untersucht.

A. Internationale Projekte und Initiativen:

1. UNITE to End Violence against Women: Diese UN-Initiative zielt darauf ab, die Bemühungen von Staaten zur Bekämpfung geschlechtsspezifischer Gewalt zu fördern. Das Programm umfasst zahlreiche Bildungs- und Informationsaktivitäten, die darauf abzielen, das öffentliche Bewusstsein für das Problem zu schärfen und die öffentliche Meinung für den Kampf gegen Gewalt gegen Frauen zu mobilisieren.

2. MenEngage Alliance Project: Dieses Projekt ist eine globale

Allianz von Organisationen, die sich dafür einsetzen, Männer und Jungen im Kampf gegen geschlechtsspezifische Gewalt zu engagieren. Es unterstützt Bildungsprogramme und -initiativen, die darauf abzielen, Geschlechterrollenstereotypen zu überwinden und Gewalt vorzubeugen.

Programme auf nationaler Ebene:

1. Bildung ohne Gewalt, Brasilien: Dieses an brasilianischen Schulen eingeführte Programm zielt darauf ab, Gewalt in Bildungseinrichtungen zu verhindern. Es umfasst Bildungsaktivitäten für Schüler, Eltern und Lehrer zum Thema geschlechtsspezifische Gewalt sowie Schulungen für Lehrer in Methoden zur Prävention und Reaktion auf Fälle von Gewalt.

2. Chancengleichheit für alle, Schweden: Dieses nationale Programm zielt darauf ab, Chancengleichheit für alle Bürger zu schaffen, einschließlich der Prävention und Bekämpfung geschlechtsspezifischer Gewalt. Das Programm umfasst groß angelegte Bildungsaktivitäten und Kampagnen, die darauf abzielen, kulturelle Einstellungen und Normen zu ändern, die Gewalt fördern.

3. Spanien verfügt außerdem über ein Programm zur Bekämpfung geschlechtsspezifischer Gewalt, das als „Ley Orgánica de medidas de protección integral contra la violencia de género" bekannt ist. Dieses Programm wurde 2004 verabschiedet und umfasst eine Reihe von Maßnahmen zur Prävention, zum Schutz und zur Bestrafung geschlechtsspezifischer Gewalt.

Das Programm umfasst verschiedene Aspekte der Bekämpfung geschlechtsspezifischer Gewalt:

- Prävention und Sensibilisierung: Durchführung von Aufklärungskampagnen und Veranstaltungen, um die Öffentlichkeit für das Problem geschlechtsspezifischer Gewalt, ihre Formen, Folgen und verfügbaren Hilfsressourcen zu sensibilisieren.

- Schutz und Unterstützung für Opfer: Bereitstellung verschiedener Arten von Unterstützung für Opfer geschlechtsspezifischer Gewalt, einschließlich Beratung, psychologischer Hilfe, Unterkünften, Rechtsbeistand usw.

- Bestrafung von Vergewaltigern: Verabschiedung von Gesetzen, um die Strafen für Täter geschlechtsspezifischer Gewalt zu erhöhen und Gerechtigkeit für die Opfer sicherzustellen.

- Bildung und Ausbildung: Einführung von Bildungsprogrammen in Bildungseinrichtungen, um bei Kindern und Jugendlichen eine respektvolle Haltung gegenüber der Gleichstellung der Geschlechter und gewaltfreiem Verhalten zu entwickeln.

Dieses Programm ist ein wichtiger Schritt im Kampf gegen geschlechtsspezifische Gewalt in Spanien und umfasst Maßnahmen auf verschiedenen Ebenen der Gesellschaft, um die Sicherheit und den Schutz der Opfer zu gewährleisten und kulturelle Einstellungen zu ändern, die zur

Gewalt beitragen.

C. Lokale Initiativen und Gemeinschaftsprojekte

1. Community Without Violence Project, Indien: Dieses Projekt wird auf lokaler Ebene umgesetzt und zielt darauf ab, geschlechtsspezifische Gewalt in ländlichen Gemeinden in Indien zu verhindern. Es umfasst Bildungsprogramme für die Anwohner, Seminare und Schulungen zu Geschlechtergleichstellung und gewaltfreier Kommunikation.

2. Supporting Victims of Gender Violence Initiative, USA: Diese Initiative arbeitet auf lokaler Ebene und zielt darauf ab, Opfer geschlechtsspezifischer Gewalt zu unterstützen. Dazu gehören Aufklärungsprogramme für lokale Gemeinschaften über die Ursachen und Folgen von Gewalt sowie verfügbare Ressourcen und Unterstützung.

Die Bewertung der Wirksamkeit von Bildungsprogrammen zur Bekämpfung geschlechtsspezifischer Gewalt spielt eine wichtige Rolle bei der Bestimmung ihrer Auswirkungen auf die Gesellschaft und die Opfer. Hierzu kommen verschiedene Methoden zum Einsatz:

1. Datenanalyse: Sammeln und analysieren Sie quantitative und qualitative Daten über die Reaktionen des Publikums auf Bildungsprogramme, einschließlich Teilnahmequoten, Problemverständnis, Verhaltensänderungen und Programm-Feedback.

2. Umfragen und Interviews: Durchführung von Umfragen und Interviews mit Teilnehmern an Bildungsprogrammen, um deren Zufriedenheit, Wissensstand und Absichten, ihr Verhalten nach der Teilnahme am Programm zu ändern, zu ermitteln.

3. Beobachtung und Inhaltsanalyse: Beobachten Sie den Fortschritt des Programms und analysieren Sie den Inhalt der Materialien, um ihre Relevanz für die Programmziele und die Wirksamkeit der Wirkung zu bewerten.

4. Vergleichsstudien: Durchführung von Vergleichsstudien, um die Ergebnisse des Programms mit den Ergebnissen anderer ähnlicher Programme oder Kontrollgruppen zu vergleichen.

Um ein Programm effektiv zu bewerten, ist es wichtig, die Bedürfnisse und Anliegen des Publikums zu identifizieren, die seinen Erfolg beeinflussen können:

1. Gewaltdatenanalyse: Untersuchen Sie Statistiken und Daten zu geschlechtsspezifischer Gewalt, um die Prioritäten und Ziele des Bildungsprogramms festzulegen.

2. Umfragen und Fokusgruppen: Führen Sie Umfragen und Fokusgruppen mit Zielgruppen durch, um deren Bedürfnisse, Erwartungen und Probleme im Zusammenhang mit geschlechtsspezifischer Gewalt zu ermitteln.

3. Feedback-Analyse: Analyse des Feedbacks der Programmteilnehmer, um Probleme und Mängel in der Organisation und

im Inhalt zu erkennen.

Die Bestimmung wichtiger Erfolgsindikatoren hilft bei der Bewertung der Wirksamkeit von Bildungsprogrammen:

1. Wissens- und Verhaltensänderung: Messung des Wissensstands der Teilnehmer vor und nach dem Programm sowie Änderungen in ihrem Verhalten und ihrer Einstellung gegenüber geschlechtsspezifischer Gewalt.

2. Grad der Zufriedenheit: Eine Bewertung der Zufriedenheit der Programmteilnehmer mit Inhalt, Organisation und Nutzen.

3. Grad der Teilnahme und Einbindung: Bewerten Sie den Grad der Teilnahme und Aktivität der Teilnehmer an den Programmen sowie ihre Bereitschaft, sich nach Abschluss der Bildungskurse aktiv am Kampf gegen geschlechtsspezifische Gewalt zu beteiligen.

Die Bewertung der Wirksamkeit geschlechtsspezifischer Gewaltaufklärungsprogramme hilft dabei, deren Stärken und Schwächen zu erkennen und Anpassungen vorzunehmen, um ihre Wirksamkeit weiter zu verbessern und zu steigern.

Abschließend sollten wir die Bedeutung der Aufklärung über geschlechtsspezifische Gewalt und ihre Auswirkungen auf die Gesellschaft, die Opfer und den Prozess der Überwindung von Gewalt zusammenfassen. Zu den Highlights gehören:

1. Bedeutung der Aufklärung: Aufklärung über geschlechtsspezifische Gewalt ist ein wesentlicher Bestandteil der Prävention und Bekämpfung dieses Phänomens. Es spielt eine Schlüsselrolle bei der Sensibilisierung der Öffentlichkeit, beim Aufbau von Empathie und Unterstützung für Opfer sowie bei der Veränderung kultureller Normen und Werte, die Gewalt fördern.

Aufklärung über geschlechtsspezifische Gewalt ist ein Eckpfeiler bei der Bewältigung dieses globalen gesellschaftlichen Phänomens. Es ist unbestreitbar, dass das Wissen und Verständnis der Hauptaspekte geschlechtsspezifischer Gewalt unter Mitgliedern der Gesellschaft der erste Schritt zur Überwindung dieser Gewalt ist. Schauen wir uns an, warum Bildung eine so wichtige Rolle spielt:

- Sensibilisierung der Öffentlichkeit: Bildung zu geschlechtsspezifischer Gewalt klärt ein breites Spektrum von Menschen über die verschiedenen Formen von Gewalt, ihre Ursachen, Folgen und Möglichkeiten zu ihrer Bekämpfung auf. Dies hilft Menschen, Gewalt in ihrem Umfeld zu erkennen und wachsamer und handlungsbereiter zu sein.

- Aufbau von Empathie und Unterstützung für Opfer: Bildung trägt dazu bei, Empathie und Mitgefühl für Opfer geschlechtsspezifischer Gewalt zu entwickeln. Je mehr Menschen die Schwere und das Ausmaß des Problems verstehen, desto mehr können sie Unterstützung und Solidarität mit den Opfern zeigen.

- Veränderung kultureller Normen und Werte: Bildung kann Debatten anstoßen und veraltete kulturelle Normen und Werte in Frage stellen, die zu geschlechtsspezifischer Gewalt beitragen können. Je besser informiert und gebildeter eine Gesellschaft ist, desto wahrscheinlicher ist es, dass sie Gewalt als inakzeptables Verhalten ablehnt.

Für Opfer geschlechtsspezifischer Gewalt, die äußerst sensibel und unsicher sein können, ist Bildung nicht nur ein Mittel zum Schutz, sondern auch ein Instrument, um die Kontrolle über ihr Leben zurückzugewinnen. Das Kennen und Verstehen ihrer Rechte und Möglichkeiten hilft Opfern, selbstbewusster und handlungsfähiger zu werden und Unterstützung und Hilfe in ihrem Umfeld zu finden.

Darüber hinaus schafft Bildung die Voraussetzungen für einen Wandel der öffentlichen Meinung und Kultur und macht das Umfeld unterstützender und besser auf den Umgang mit geschlechtsspezifischer Gewalt vorbereitet. Letztendlich ist Aufklärung über geschlechtsspezifische Gewalt nicht nur ein Instrument zur Bekämpfung, sondern auch eine Grundlage für den Aufbau einer gerechteren und integrativeren Gesellschaft.

2. Positive Ergebnisse: Bildungsprogramme zu geschlechtsspezifischer Gewalt zeigen positive Ergebnisse bei der Reduzierung von Gewaltvorfällen, der Erhöhung der Unterstützung für Opfer und der Schaffung sichererer und integrativerer Umgebungen.

Die positiven Ergebnisse, die durch geschlechtsspezifische Gewaltaufklärungsprogramme erzielt werden, haben erhebliche Auswirkungen auf die Gesellschaft im Allgemeinen und auf Gewaltopfer im Besonderen. Schauen wir uns die Hauptaspekte an, die die Wirksamkeit solcher Programme bestätigen:

- Reduzierung von Gewaltvorfällen: Aufklärungsprogramme über geschlechtsspezifische Gewalt zielen häufig darauf ab, kulturelle Normen zu ändern, die zur Gewalt beitragen können. Durch die Aufklärung der Menschen über Rechte, Gleichheit und Respekt schaffen diese Programme eine Grundlage für die Reduzierung von Gewalt in der Gesellschaft. Gebildete und informierte Menschen neigen eher dazu, Gewalt zu verurteilen und abzulehnen, was dazu beiträgt, ein sichereres Umfeld zu schaffen.

- Verstärkte Unterstützung für Opfer: Aufklärungsprogramme zu geschlechtsspezifischer Gewalt tragen auch dazu bei, Stigmatisierung und Isolation für Opfer zu verringern, indem sie ihnen Informationen über Ressourcen und Unterstützungsmöglichkeiten im Falle von Gewalt vermitteln. Diese Programme stärken auch Unterstützungsnetzwerke, darunter Freunde, Familie, Gemeinschaften und Berufsverbände, und erleichtern so den Opfern die Suche nach Hilfe und Unterstützung.

- Schaffung eines sicheren und integrativen Umfelds: Bildungsprogramme zu geschlechtsspezifischer Gewalt tragen zur Schaffung einer Gesellschaft bei, in der jeder Mensch respektiert und vor Gewalt geschützt wird. Indem sie Gemeinschaften über Rechte und

Gleichheit aufklären, tragen diese Programme dazu bei, eine Kultur des Respekts und der Unterstützung zu schaffen, die ein sichereres und integrativeres Umfeld für alle fördert.

Für Opfer geschlechtsspezifischer Gewalt, die sensibel sind und kein Selbstvertrauen haben, kann das Wissen über die Wirksamkeit von Bildungsprogrammen eine Quelle der Unterstützung und Motivation sein. Sie können erkennen, dass es Werkzeuge und Ressourcen gibt, die ihnen helfen können, Herausforderungen zu meistern und Stärke zu finden. Die positiven Ergebnisse dieser Programme zeigen, dass Veränderungen möglich sind und dass jeder Mensch es verdient, in einer sicheren und respektvollen Umgebung zu leben.

3. Weiterentwicklungsbedarf: Es ist wichtig, Bildungsprogramme unter Berücksichtigung der sich ändernden Bedürfnisse der Gesellschaft, neuer Herausforderungen und Anforderungen weiterzuentwickeln und zu verbessern.

Die Weiterentwicklung und Verbesserung von Bildungsprogrammen zu geschlechtsspezifischer Gewalt ist ein äußerst wichtiger Aspekt bei der Bekämpfung dieses globalen Phänomens. Schauen wir uns einige Schlüsselargumente an, die die Notwendigkeit dieser Entwicklung verdeutlichen:

- Veränderte Bedürfnisse der Gesellschaft: Die Gesellschaft entwickelt sich ständig weiter, und damit auch der Bedarf an Aufklärung über geschlechtsspezifische Gewalt. Neue Technologien, soziokulturelle Trends und Änderungen in der Gesetzgebung erfordern möglicherweise eine Aktualisierung und Anpassung von Bildungsprogrammen, um den Bedürfnissen der Gesellschaft besser gerecht zu werden.

- Neue Herausforderungen und Anforderungen: Geschlechtsspezifische Gewalt ist ein komplexes und vielschichtiges Phänomen, das ständig neue Formen und Erscheinungsformen annimmt. Um diesem Phänomen entgegenzuwirken, müssen Bildungsprogramme flexibel und bereit sein, sich an neue Herausforderungen wie digitale Gewalt, Online-Mobbing, wirtschaftliche Gewalt und andere möglicherweise auftretende Formen der Aggression anzupassen.

- Kontinuierliche Verbesserung von Methoden und Ansätzen: Die Entwicklung von Bildungsprogrammen zu geschlechtsspezifischer Gewalt erfordert auch eine kontinuierliche Verbesserung von Methoden und Ansätzen. Dazu können Forschung, Leistungsbewertung, Erfahrungsaustausch mit anderen Programmen sowie innovative Ansätze für Schulung und Kommunikation gehören.

- Unterstützung und Stärkung von Opfern: Für Opfer geschlechtsspezifischer Gewalt bedeutet die Weiterentwicklung von Bildungsprogrammen Zugang zu einem breiteren Spektrum an Ressourcen und Unterstützung. Dazu können Programme zur psychischen Gesundheit, Rechtsberatung, gemeinschaftliche Unterstützung und andere Formen der

Unterstützung gehören, die den Opfern bei der Heilung und der Rückkehr in ein normales Leben helfen sollen.

Für Opfer geschlechtsspezifischer Gewalt, die äußerst sensibel sind und kein Selbstvertrauen haben, ist es wichtig zu verstehen, dass die Entwicklung von Bildungsprogrammen bedeutet, dass die Gesellschaft ihre Probleme erkennt und bereit ist, ihnen Hilfe und Unterstützung zukommen zu lassen. Dies schafft die Grundlage für Veränderungen zum Besseren und gibt Hoffnung auf ein sichereres und unterstützenderes Umfeld.

Die Gesellschaft muss Perspektiven für die Entwicklung der Aufklärung über geschlechtsspezifische Gewalt entwickeln und weitere Schritte festlegen:

1. Entwicklung neuer Methoden: Es ist notwendig, unter Berücksichtigung aktueller Trends und technologischer Möglichkeiten ständig neue Methoden und Ansätze für die Vermittlung geschlechtsspezifischer Gewalt zu suchen und umzusetzen.

Die Entwicklung neuer Lehrmethoden zu geschlechtsspezifischer Gewalt ist ein wichtiger Aspekt bei der Bekämpfung dieses Phänomens. Werfen wir einen Blick auf einige Schlüsselaspekte, die die Bedeutung der ständigen Suche und Implementierung neuer Techniken verdeutlichen:

- Aktuelle Trends: Die Gesellschaft verändert sich ständig und mit ihr ändern sich auch die Bildungs- und Informationstrends. Neue Generationen stehen vor einzigartigen Herausforderungen und Situationen, die geeignete Lernmethoden erfordern. Mit der Entwicklung digitaler Technologien und des Internets können Bildungsprogramme beispielsweise Online-Kurse, mobile Anwendungen und andere moderne Lehrmittel einführen.

- Technologische Möglichkeiten: Moderne Technologien bieten große Möglichkeiten zur Erstellung interaktiver und attraktiver Lehrmaterialien. Der Einsatz von Virtual Reality, Animation, Gamification und anderen innovativen Methoden kann das Lernen insbesondere für junge Menschen und Studierende unterhaltsamer und effektiver machen.

- Individueller Ansatz: Eine Vielzahl von Lehrmethoden ermöglicht es Ihnen, den Lernansatz an die individuellen Bedürfnisse und Eigenschaften jedes Schülers anzupassen. Für einige Opfer geschlechtsspezifischer Gewalt kann es schwierig sein, in traditionellen Klassenzimmern zu kommunizieren oder zu lernen. In diesem Fall können beispielsweise Einzelberatungen oder Gruppensitzungen effektiver sein.

- Interdisziplinärer Ansatz: Durch die Integration von Wissen aus verschiedenen Bereichen wie Psychologie, Soziologie, Rechtswissenschaften und anderen können wir ein umfassenderes und tieferes Verständnis für das Problem geschlechtsspezifischer Gewalt schaffen. Die Ausbildung von Studenten und Fachkräften mit einem multidisziplinären Ansatz kann eine umfassendere und effektivere Antwort auf dieses Phänomen bieten.

- Kontinuierliche Forschung: Kontinuierliche Forschung zu Bildung und geschlechtsspezifischer Gewalt trägt dazu bei, neue Ansätze und Techniken zu identifizieren, die möglicherweise wirksamer bei der Gewaltprävention und der Unterstützung von Opfern sind. Die Unterstützung von Forschungsprojekten und der Erfahrungsaustausch zwischen Wissenschaftlern und Praktikern tragen zur Entwicklung innovativer Lehrmethoden bei.

Die Einführung neuer Lehrmethoden zu geschlechtsspezifischer Gewalt verbessert nicht nur das Verständnis für dieses Problem, sondern trägt auch zu einer wirksameren Prävention und Bekämpfung bei. Dies weckt Hoffnung auf eine Zukunft, in der jeder Zugang zu hochwertiger Bildung und Informationen hat, die zum Schutz der Rechte und der Sicherheit aller Mitglieder der Gesellschaft beitragen.

2. Verbesserung der Zugänglichkeit: Es muss sichergestellt werden, dass Aufklärung über geschlechtsspezifische Gewalt für alle Teile der Gesellschaft, einschließlich verschiedener Altersgruppen, sozialer Kategorien und Regionen, zugänglich ist.

Die Aufklärung über geschlechtsspezifische Gewalt allen Teilen der Gesellschaft zugänglich zu machen, ist ein zentraler Aspekt bei der Bekämpfung dieses gravierenden gesellschaftlichen Problems. Werfen wir einen Blick auf einige wichtige Punkte, die die Bedeutung eines verbesserten Zugangs zu Bildung verdeutlichen:

- Inklusivität: Bildungsprogramme über geschlechtsspezifische Gewalt sollten inklusiv sein und verschiedene soziale Kategorien erreichen, darunter Frauen, Männer, Kinder, Jugendliche, ältere Menschen und Menschen mit unterschiedlichem kulturellen und ethnischen Hintergrund. Dies ermöglicht eine maximale Abdeckung und berücksichtigt unterschiedliche Situationen und Bedürfnisse.

- Mehrebenenansatz: Aufklärung über geschlechtsspezifische Gewalt sollte auf verschiedenen Ebenen angeboten werden, von Kindergärten und Schulen bis hin zu Universitätskursen und Berufsausbildungsprogrammen. Dieser mehrstufige Ansatz ermöglicht es uns, alle Altersgruppen zu erreichen und eine lebenslange kontinuierliche Bildung sicherzustellen.

- Regionaler Aspekt: Bei der Entwicklung von Bildungsprogrammen ist es wichtig, die Besonderheiten verschiedener Regionen zu berücksichtigen. In einigen Gesellschaften kommt geschlechtsspezifische Gewalt möglicherweise häufiger vor oder wird seltener gemeldet. Daher müssen die Ansätze auf die lokalen Bedürfnisse und kulturellen Kontexte zugeschnitten werden.

- Psychologische Sicherheit: Für viele Opfer geschlechtsspezifischer Gewalt kann es emotional schwierig sein, sich mit diesem Thema auseinanderzusetzen. Daher ist es wichtig, sichere und unterstützende Bildungsumgebungen zu schaffen, in denen Menschen offen über ihre Erfahrungen sprechen und die Hilfe und Unterstützung erhalten können, die sie benötigen.

- Zugang zu Ressourcen: Neben Schulungsprogrammen ist es wichtig, Zugang zu verschiedenen Informationsressourcen zu geschlechtsspezifischer Gewalt wie Broschüren, Websites, Vorträgen, Videos usw. bereitzustellen. Dies ermöglicht es den Menschen, sich über das Thema zu informieren und zu informieren die nötigen Informationen.

Die Bereitstellung geschlechtsspezifischer Gewaltaufklärung für alle Bereiche der Gesellschaft trägt nicht nur zur Gewaltprävention bei, sondern trägt auch dazu bei, ein unterstützenderes und sichereres Umfeld zu schaffen, in dem sich jeder geschützt und respektiert fühlen kann.

3. Stärkung der internationalen Zusammenarbeit: Es ist notwendig, den Erfahrungsaustausch und die Zusammenarbeit zwischen Ländern und internationalen Organisationen zu fördern, um wirksame Bildungsprogramme zu entwickeln und umzusetzen.

Die Stärkung der internationalen Zusammenarbeit bei der Entwicklung und Umsetzung von Bildungsprogrammen zu geschlechtsspezifischer Gewalt spielt eine wichtige Rolle bei der Bekämpfung dieses schwerwiegenden gesellschaftlichen Phänomens. Schauen wir uns die Hauptaspekte dieses Prozesses an:

- Erfahrungsaustausch und Wissenstransfer: Die internationale Zusammenarbeit ermöglicht es Ländern und Organisationen, ihre Erfahrungen, Best Practices und Best Practices im Bereich der geschlechtsspezifischen Gewaltaufklärung auszutauschen. Dieser Austausch ermöglicht es uns, von den Erfahrungen anderer Länder zu lernen und erfolgreiche Ansätze an unsere besonderen Bedingungen und Bedürfnisse anzupassen.

- Gemeinsame Forschung und Projekte: Die internationale Zusammenarbeit ermöglicht auch die gemeinsame Entwicklung von Bildungsprogrammen und -initiativen sowie die gemeinsame Forschung und Analyse der Wirksamkeit angewandter Methoden. Dies hilft, gemeinsame Herausforderungen zu erkennen und innovative Lösungen zu finden.

- Ausbildung und Personal: Der Erfahrungsaustausch umfasst nicht nur die Wissensvermittlung, sondern auch die Ausbildung von Fachkräften, die im Bereich geschlechtsbasierter Gewalt tätig sind, wie etwa Psychologinnen, Sozialarbeiterinnen, Lehrerinnen und andere Fachkräfte. Dies ermöglicht eine bessere Ausbildung des Personals und eine effektivere Betreuung der Opfer.

- Entwicklung internationaler Standards und Richtlinien: Die internationale Zusammenarbeit trägt zur Entwicklung und Unterstützung internationaler Standards und Gesetze im Bereich des Schutzes der Rechte von Opfern geschlechtsspezifischer Gewalt bei. Dies schafft die Grundlage für die Bildung harmonisierter Lösungsansätze für das Problem auf internationaler Ebene.

-Unterstützung gefährdeter Gruppen: Die internationale Zusammenarbeit trägt auch dazu bei, dass gefährdete Gruppen wie Migranten, Flüchtlinge, die LGBTQ+-Gemeinschaft und andere besonders unterstützt werden, wobei ihre spezifischen Bedürfnisse und Herausforderungen im Zusammenhang mit geschlechtsspezifischer Gewalt berücksichtigt werden.

Für Überlebende geschlechtsspezifischer Gewalt, die möglicherweise Angst und Unsicherheit verspüren, ist es wichtig zu verstehen, dass internationale Zusammenarbeit die Fähigkeit zur weltweiten Bekämpfung von Gewalt stärkt. Der Erfahrungs- und Wissensaustausch zwischen den Ländern trägt dazu bei, wirksamere Ansätze zur Gewaltprävention und zur Unterstützung der Opfer zu entwickeln und so ein sichereres und unterstützenderes Umfeld für alle zu schaffen.

Abschließend sollte betont werden, dass Aufklärung über geschlechtsspezifische Gewalt eine entscheidende Rolle bei der Schaffung einer sichereren und gerechteren Gesellschaft spielt. Unsere gesellschaftliche Verantwortung besteht darin, sicherzustellen, dass diese Bildung allen Bevölkerungsgruppen zugänglich ist, unabhängig von ihrem sozialen Status, Alter, Geschlecht oder Wohnort.

Die Weiterentwicklung von Bildungsprogrammen zu geschlechtsspezifischer Gewalt ist ein notwendiger Schritt zur Schaffung einer Kultur der Gewaltlosigkeit und der Achtung der Rechte jedes Menschen. Diese Programme fördern nicht nur vorbeugende Maßnahmen, sondern helfen den Opfern auch, sich zu erholen und die Unterstützung zu erhalten, die sie benötigen.

Angesichts der sich ständig ändernden Herausforderungen und aktuellen Trends sollten wir ständig nach neuen Methoden und Ansätzen für die Vermittlung geschlechtsspezifischer Gewalt suchen sowie den Erfahrungsaustausch und die Zusammenarbeit auf internationaler Ebene fördern.

Nur durch verstärkte Aufmerksamkeit für dieses Thema und verstärkte Anstrengungen im Bildungsbereich können wir eine Gesellschaft aufbauen, in der jeder Mensch vor geschlechtsspezifischer Gewalt geschützt ist und in der die Rechte und Freiheiten jedes Einzelnen anerkannt und respektiert werden.

❖·❖·❖·❖·❖·❖·❖·❖·❖·❖·❖·❖·❖·❖·❖

Kapitel 26.
Gesellschaftliches Engagement.

In der modernen Gesellschaft bleibt das Problem der geschlechtsspezifischen Gewalt eine der gravierendsten Herausforderungen, die einer sofortigen und umfassenden Lösung bedarf. Geschlechtsspezifische Gewalt, unabhängig von ihrer Form – physisch, psychisch, sexuell oder wirtschaftlich, hat verheerende Folgen für den Einzelnen und die Gesellschaft als Ganzes. Es zerstört Leben, stört das psychische und emotionale Wohlbefinden und führt zu Ungleichgewichten in den sozioökonomischen Beziehungen.

Unter geschlechtsspezifischer Gewalt versteht man Gewalt, die auf der Zugehörigkeit einer Person zu einem bestimmten Geschlecht oder einer bestimmten Geschlechtergruppe beruht. Sie kann die Form physischer, psychischer, sexueller oder wirtschaftlicher Gewalt annehmen und kommt in verschiedenen Lebensbereichen vor, darunter in der Familie, in der Gemeinschaft, am Arbeitsplatz und in Bildungseinrichtungen. Geschlechtsspezifische Gewalt richtet sich am häufigsten gegen Frauen und Mädchen, betrifft aber auch Männer und Jungen in unterschiedlichen Formen und Kontexten. Das Engagement der Gemeinschaft ist ein entscheidendes Element im Kampf gegen geschlechtsspezifische Gewalt. Indem die Gesellschaft die Ernsthaftigkeit des Problems erkennt und sich aktiv an ihrer Lösung beteiligt, kann sie ein wichtiger Treiber für Veränderungen und die Schaffung eines sicheren und integrativen Umfelds für alle ihre Mitglieder sein. Die Unterstützung und Beteiligung jedes Einzelnen bei der Überwindung geschlechtsspezifischer Gewalt trägt nicht nur dazu bei, Opfer zu unterstützen und weitere Fälle von Gewalt zu verhindern, sondern schafft auch eine bewusste, empathische und verantwortungsvolle Gesellschaft, die bereit ist, Unterschiede zu akzeptieren und zu respektieren und Bedingungen für Gleichheit und Gerechtigkeit zu schaffen.

Bildung spielt eine Schlüsselrolle bei der Überwindung geschlechtsspezifischer Gewalt, da sie eines der wichtigsten Instrumente zur Gestaltung von Werten, Normen und Verhaltensmustern in der Gesellschaft ist. Effektive Aufklärungsprogramme und -kampagnen tragen dazu bei, das Bewusstsein für geschlechtsspezifische Gewalt zu schärfen, Empathie und Unterstützung für Opfer aufzubauen und kulturelle Einstellungen zu ändern, die Gewalt fördern. Bildung hilft den Menschen, die Bedeutung der Geschlechtergleichheit, der Achtung der individuellen Rechte und der Würde jedes Menschen zu verstehen, was die Grundlage für die Schaffung einer sicheren und integrativen Gesellschaft ist.

Bildungsprogramme und Kampagnen:

1. Vorträge und Seminare: Die Organisation von Vorträgen und Seminaren zum Thema geschlechtsspezifische Gewalt trägt dazu bei, das Bewusstsein für das Thema zu schärfen und bietet außerdem eine Plattform, um Probleme zu diskutieren und Lösungen zu finden.

2. Meisterkurse und Trainings: Die Durchführung von Meisterkursen und Trainings zum Thema geschlechtsspezifische Gewalt trägt dazu bei, Wissen und Fähigkeiten im Bereich der Gewaltprävention und -reaktion zu erweitern.

3. Erstellung von Informationsbroschüren und Werbekampagnen: Die Entwicklung von Informationsmaterialien und Werbekampagnen trägt dazu bei, Informationen über Formen geschlechtsspezifischer Gewalt, ihre Folgen sowie verfügbare Ressourcen und Möglichkeiten zu ihrer Bekämpfung zu verbreiten.

4. Aufklärungsvideos: Durch die Erstellung von Aufklärungsvideos können Sie Informationen über geschlechtsspezifische Gewalt einem breiteren Publikum zugänglicher und verständlicher machen.

5. Interaktive Social-Media-Kampagnen: Die Nutzung sozialer Medien zur Durchführung interaktiver Kampagnen zu geschlechtsspezifischer Gewalt trägt dazu bei, ein breiteres Publikum, insbesondere Jugendliche, zu erreichen, und regt den Dialog und Austausch zu diesem Thema an.

6. Integration von geschlechtsspezifischer Gewalt in Lehrpläne: Die Einbeziehung geschlechtsspezifischer Gewaltaufklärung in Lehrpläne und Lehrbücher trägt dazu bei, das Bewusstsein für das Thema auf Bildungsebene zu schärfen und eine Grundlage für das Verständnis und die Prävention künftiger Gewalt zu schaffen.

Die Ausbildung von Gemeindearbeitern und Fachkräften spielt eine wichtige Rolle bei der Bekämpfung geschlechtsspezifischer Gewalt, da diese Fachkräfte häufig die ersten Helfer für Opfer von Gewalt sind und eine Schlüsselrolle bei der Bereitstellung von Unterstützung und Schutz spielen.

1. Verschiedene Berufsgruppen: Es werden Schulungen für Strafverfolgungsbeamte, Mitarbeiter des Gesundheitswesens, Sozialarbeiter, Pädagogen, Anwälte und andere Fachkräfte angeboten, die bei ihrer Arbeit möglicherweise auf Opfer geschlechtsspezifischer Gewalt stoßen.

2. Anzeichen von Gewalt erkennen: Ziel der Schulung ist es, Fachkräfte in die Lage zu versetzen, Anzeichen geschlechtsspezifischer Gewalt bei ihren Klienten oder Patienten zu erkennen und ihnen entsprechende Unterstützung und Hilfestellung zu geben.

3. Durchführung einer angemessenen Reaktion: Die Schulung umfasst Techniken für angemessene Reaktionen auf Situationen geschlechtsspezifischer Gewalt, einschließlich der Bereitstellung von Notfallhilfe, der Bereitstellung von Informationen über verfügbare

Ressourcen und Dienste sowie der Bereitstellung sicherer Unterkünfte für Opfer.

4. Bereitstellung emotionaler Unterstützung: Fachkräfte sind darin geschult, Opfern geschlechtsspezifischer Gewalt emotionale Unterstützung zu bieten, einschließlich Zuhören, Einfühlen und Verstehen ihrer Bedürfnisse.

5. Zusammenarbeit mit anderen Organisationen: Die Schulung umfasst auch Aspekte der Zusammenarbeit mit anderen Fachkräften und Organisationen, die im Bereich der Prävention und Bekämpfung geschlechtsspezifischer Gewalt tätig sind, um Opfern eine umfassende Unterstützung zu bieten.

Die Schulung von Gemeindearbeitern und Fachkräften hilft ihnen nicht nur, geschlechtsspezifische Gewalt besser zu verstehen und darauf zu reagieren, sondern trägt auch dazu bei, wirksamere Unterstützungssysteme für Opfer zu schaffen und Gewalt in der Gesellschaft zu verhindern.

Die Einbeziehung geschlechtsspezifischer Gewalt in Lehrpläne und Unterrichtsmaterialien spielt eine Schlüsselrolle bei der Bekämpfung dieses Phänomens. Dies ermöglicht es den Schülern, ein Verständnis für Geschlechternormen, Stereotypen und Rollen zu entwickeln und ihnen Fähigkeiten zur Prävention und Reaktion auf Gewalt zu vermitteln. Hier sind einige Aspekte, die bei der Einbeziehung geschlechtsspezifischer Gewalt in Lehrpläne berücksichtigt werden müssen:

1. Integration in verschiedene Fächer: Themen geschlechtsspezifischer Gewalt können in verschiedene Unterrichtsfächer wie Soziologie, Psychologie, Recht, Medizin, Sozialwissenschaften und andere eingebracht werden. Dies hilft den Studierenden, ein umfassendes Verständnis eines Problems aus mehreren Perspektiven zu erlangen und ein umfassendes Verständnis seiner Mechanismen und Konsequenzen zu entwickeln.

2. Empathie- und Unterstützungskompetenztraining: Bildungsprogramme sollten Module zur Entwicklung von Empathie, zum Verständnis der Gefühle und Bedürfnisse anderer sowie zu Fähigkeiten zur Unterstützung von Opfern geschlechtsspezifischer Gewalt umfassen. Dies trägt dazu bei, eine Atmosphäre des gegenseitigen Verständnisses und der Solidarität in der Lernumgebung zu schaffen.

3. Über Rechte und Ressourcen kommunizieren: Bildungsmaterialien sollten Informationen über die Rechte von Opfern geschlechtsspezifischer Gewalt, verfügbare Ressourcen für Unterstützung und Schutz sowie Verfahren für die Suche nach Hilfe enthalten. Dies hilft den Schülern, ihre Rechte und Möglichkeiten zu verstehen, wenn sie mit Gewalt konfrontiert werden.

4. Entwicklung kritischen Denkens: Der Unterricht über geschlechtsspezifische Gewalt fördert die Entwicklung kritischen Denkens bei Schülern und hilft ihnen, die Stereotypen, Normen und Vorurteile, die

Gewalt zugrunde liegen, zu analysieren und eine eigene Position zu diesem Problem zu entwickeln.

5. Praxisnahe Anwendung: Es ist wichtig, dass Bildungsprogramme den Studierenden die Möglichkeit bieten, erworbene Kenntnisse und Fähigkeiten im wirklichen Leben anzuwenden, beispielsweise durch die Teilnahme an Projekten, Veranstaltungen oder ehrenamtliches Engagement zur Bekämpfung geschlechtsspezifischer Gewalt.

Insgesamt ist die Einbeziehung geschlechtsspezifischer Gewalt in Lehrpläne und Unterrichtsmaterialien ein wichtiger Schritt zur Schaffung einer bewussten und einfühlsamen Gesellschaft, die diesem Problem begegnen und ein sicheres Umfeld für alle schaffen kann.

Medien und öffentliche Kommunikation spielen eine Schlüsselrolle bei der öffentlichen Meinungsbildung und der Beeinflussung gesellschaftlicher Normen und Werte. Wenn es um die Bekämpfung geschlechtsspezifischer Gewalt geht, können diese Instrumente ein wirksames Instrument zur Aufklärung, zur Sensibilisierung für das Problem und zur Änderung der öffentlichen Einstellung zu diesem Thema sein. Hier sind einige Möglichkeiten, wie Medien und öffentliche Kommunikation in diesem Bereich einbezogen werden können:

1. Informationskampagnen: Medienkampagnen können gezielt Informationen über geschlechtsspezifische Gewalt, ihre Folgen und Möglichkeiten zu ihrer Prävention verbreiten. Dies kann über Fernseh- und Radiosendungen, Printpublikationen, Werbespots sowie über Online-Plattformen und soziale Netzwerke erfolgen.

2. Bildungsprogramme: Medien können Bildungsprogramme zu geschlechtsspezifischer Gewalt durch spezielle Programme, Dokumentationen, Webinare und Interviews mit Experten unterstützen. Dies trägt dazu bei, das öffentliche Bewusstsein für das Problem zu schärfen und positive Verhaltensmuster zu fördern.

3. Unterstützung für Opfer: Medienplattformen können als Ort der Unterstützung für Opfer geschlechtsspezifischer Gewalt dienen und über verfügbare Ressourcen, anonyme Beratungsstellen und Beratungsmöglichkeiten informieren. Dies schafft Raum, um Ihre Gefühle auszudrücken und die Hilfe zu erhalten, die Sie brauchen.

4. Sensibilisierung: Die Medien können ihre Plattform nutzen, um die öffentliche Aufmerksamkeit auf konkrete Fälle geschlechtsspezifischer Gewalt zu lenken und eine Debatte über Ursachen, Folgen und Lösungen des Problems anzustoßen.

5. Stereotypen in Frage stellen: Medien können dazu beitragen, Geschlechterstereotypen und Vorurteilen, die zu Gewalt beitragen können, entgegenzuwirken, indem sie positive Bilder von Geschlechtergleichheit und Respekt schaffen.

Durch Medien und öffentliche Kommunikation kann ein wirkungsvoller Informations- und Kulturkontext geschaffen werden, der dazu beiträgt, die Einstellung gegenüber geschlechtsspezifischer Gewalt zu ändern und ein sicheres Umfeld für alle Mitglieder der Gesellschaft zu schaffen.

Die Rolle der Medien bei der Gestaltung der öffentlichen Meinung über geschlechtsspezifische Gewalt kann nicht hoch genug eingeschätzt werden. Sie sind ein mächtiges Werkzeug, das Wahrnehmungen, Normen und Werte in der Gesellschaft prägt. Hier sind einige Aspekte, die ihre Bedeutung in diesem Zusammenhang hervorheben:

1. Informationsfunktion: Medien sind die Hauptinformationsquelle der Gesellschaft. Sie beleuchten Fälle geschlechtsspezifischer Gewalt und legen deren Einzelheiten, Konsequenzen und Kontext offen. Dies schärft das öffentliche Bewusstsein für das Thema und bietet die Möglichkeit, es breiter zu betrachten.

2. Öffentliche Meinungsbildung: Medien können die Meinungen und Überzeugungen der Menschen beeinflussen. Sie fungieren als Plattformen für Diskussionen, Analysen und öffentliche Kommentare zu geschlechtsspezifischer Gewalt. Filme, Fernsehsendungen, Artikel und Reportagen können bestimmte Vorstellungen über die Ursachen und Folgen solcher Gewalt prägen.

3. Verhaltensmuster schaffen: Medien können Helden und Antihelden präsentieren, die das Verhalten der Zuschauer beeinflussen. Positive Verhaltensmuster, wie die Unterstützung von Opfern oder der Widerstand gegen Gewalt, können Vorbilder sein. Gleichzeitig können negative Bilder, die Gewalt rechtfertigen oder normalisieren, das Problem verschärfen.

4. Stereotypen und Vorurteilen entgegenwirken: Medien können die Bildung von Geschlechterstereotypen und Vorurteilen beeinflussen, die zur Grundlage für geschlechtsspezifische Gewalt werden können. Indem sie vielfältige und positive Bilder von Frauen und Männern vermitteln und die Ursachen und Folgen von Gewalt hervorheben, können Medien dazu beitragen, diese Stereotypen zu ändern.

5. Aufklärung und Sensibilisierung: Medien können als Instrument der Aufklärung und Sensibilisierung dienen und dem Publikum Informationen über geschlechtsspezifische Gewalt, ihre Formen, Folgen und Präventionsmethoden liefern. Dies kann das Bewusstsein schärfen und der Gesellschaft helfen, die Bedeutung der Bekämpfung dieses Problems zu verstehen.

Die durch die Medien erzeugte öffentliche Meinung kann einen erheblichen Einfluss auf die Unterstützung von Reaktionen auf geschlechtsspezifische Gewalt, die Gestaltung von Richtlinien und kulturellen Normen sowie die Schaffung eines sicheren Umfelds für alle Mitglieder der Gesellschaft haben.

Aufklärungskampagnen und soziale Medien spielen eine Schlüsselrolle im Kampf gegen geschlechtsspezifische Gewalt, indem sie ein breites Publikum erreichen und Plattformen für den Informationsaustausch, die Unterstützung und die Stärkung der öffentlichen Meinung schaffen. Hier sind einige Möglichkeiten, wie sie zu diesem Kampf beitragen:

1. Aufklärung und Sensibilisierung: Informationskampagnen und soziale Medien informieren über geschlechtsspezifische Gewalt, ihre Formen, Symptome und Folgen. Sie helfen der Öffentlichkeit, das Problem und sein Ausmaß besser zu verstehen, indem sie Fälle von Gewalt und die Geschichten von Überlebenden hervorheben.

2. Unterstützung und Hilfe: Soziale Medien ermöglichen die Schaffung von Gemeinschaften zur Unterstützung von Opfern geschlechtsspezifischer Gewalt. Sie bieten ein Forum für den Erfahrungsaustausch, Ratschläge und emotionale Unterstützung und helfen den Überlebenden, sich weniger isoliert und mehr unterstützt zu fühlen.

3. Öffentliche Meinung mobilisieren: Informationskampagnen und Social-Media-Aktivitäten können die öffentliche Meinung mobilisieren und auf das Problem geschlechtsspezifischer Gewalt aufmerksam machen. Sie können Diskussionen anstoßen, Fragen zum Handlungsbedarf aufwerfen und Handlungsaufforderungen aussprechen.

4. Fördern Sie gesunde Beziehungen: Gesunde und gleichberechtigte Beziehungen zwischen den Geschlechtern können über soziale Medien gefördert werden, indem Beispiele von Respekt, Zusammenarbeit und Unterstützung gezeigt werden. Dies trägt zur Bekämpfung von Geschlechterstereotypen und Vorurteilen bei, die manchen Formen der Gewalt zugrunde liegen.

5. Schulung und Ressourcen: Soziale Medien können eine Plattform für die Verbreitung von Schulungsmaterialien, Ressourcen und Ratschlägen zur Prävention und Reaktion auf geschlechtsspezifische Gewalt sein. Sie können Zugang zu Informationen über verfügbare Unterstützungsdienste bieten und Überlebenden dabei helfen, die Hilfe zu finden, die sie benötigen.

6. Überwachung und Berichterstattung: Soziale Medien können genutzt werden, um Vorfälle geschlechtsspezifischer Gewalt zu überwachen und Daten zu sammeln. Sie können auch dazu beitragen, das öffentliche Bewusstsein für das Problem zu schärfen und den Überlebenden durch ihre Geschichten eine Stimme zu geben.

Aufklärungskampagnen und soziale Medien sind daher wirksame Instrumente zur Bekämpfung geschlechtsspezifischer Gewalt, zur Schaffung eines unterstützenden Umfelds und zur Sensibilisierung für die Notwendigkeit, dieses Problem anzugehen.

Projekte zur Bekämpfung von Cybermobbing und Online-Gewalt spielen eine wichtige Rolle beim Schutz von Internetnutzern, insbesondere Jugendlichen und Kindern, vor verschiedenen Formen digitaler Gewalt und Belästigung. Hier sind einige Schlüsselaspekte solcher Projekte:

1. Aufklärung und Bildung: Anti-Cybermobbing-Projekte umfassen in der Regel pädagogische Komponenten, die Benutzern helfen, negatives Online-Verhalten zu erkennen, Online-Sicherheit zu lehren und Ressourcen für den Umgang mit Cybermobbing bereitzustellen.

2. Sichere Umgebungen schaffen: Projekte zielen darauf ab, eine unterstützende und sichere Online-Umgebung für alle Benutzer zu schaffen. Dazu kann die Entwicklung von Plattformen gehören, auf denen Opfer Unterstützung erhalten können, sowie die Umsetzung von Online-Sicherheitsrichtlinien und -maßnahmen.

3. Opferunterstützung: Projekte stellen Ressourcen und Dienste bereit, um Opfern von Cybermobbing und Online-Gewalt zu helfen. Dazu können psychologische Unterstützung, Beratung und Informationsmaterialien gehören, wie Sie sich schützen und Hilfe erhalten können.

4. Überwachung und Prävention: Anti-Cybermobbing-Projekte überwachen die Online-Umgebung, um Fälle von Gewalt und digitaler Belästigung zu identifizieren. Sie stellen auch Tools und Ressourcen zur Verfügung, um solche Vorfälle zu verhindern und darauf zu reagieren.

5. Zusammenarbeit mit der Industrie: Viele Projekte arbeiten mit Online-Plattformen, sozialen Netzwerken und anderen digitalen Unternehmen zusammen, um Maßnahmen zum Schutz der Nutzer vor Cybermobbing zu entwickeln und umzusetzen. Dazu könnte die Aktualisierung von Nutzungsrichtlinien, die Moderation von Inhalten und die Entwicklung von Tools zur Prävention und Reaktion auf digitale Gewalt gehören.

6. Aufklärung und Unterstützung der Öffentlichkeit: Die Projekte führen öffentliche Sensibilisierungs- und Aufklärungskampagnen über Cybermobbing und seine Folgen durch. Sie können auch dazu beitragen, eine Community zur Unterstützung von Nutzern aufzubauen, die digitale Gewalt erleben, und das Bewusstsein für das Problem im Allgemeinen zu schärfen.

Diese Projekte spielen eine wichtige Rolle bei der Förderung der Sicherheit und des Wohlbefindens im Internet, indem sie Benutzern, die Cybermobbing und Online-Gewalt erlebt haben, wichtige Ressourcen, Unterstützung und Aufklärung bieten.

Die Arbeit mit jungen Menschen und Studierenden ist ein zentraler Aspekt bei der Bekämpfung geschlechtsspezifischer Gewalt und dem Aufbau gesunder Beziehungen in der Gesellschaft. Hier sind verschiedene Methoden und Ansätze für die Arbeit mit dieser Zielgruppe:

1. Bildungsprogramme: Durchführung von Bildungsveranstaltungen und Kursen für Jugendliche und Studierende über geschlechtsspezifische Gewalt, ihre Formen, Folgen und Methoden der Prävention. Diese Programme können Vorträge, Seminare, Schulungen und Diskussionsgruppen umfassen.

2. Schaffen Sie sichere Räume: Schaffen Sie sichere und unterstützende Räume für Jugendliche und Studierende, um offen über Probleme geschlechtsspezifischer Gewalt zu diskutieren, ihre Bedenken zu äußern und Unterstützung von Gleichaltrigen und Fachleuten zu erhalten.

3. Unterstützung von Opfern: Gewährleistung des Zugangs zu Unterstützung und Ressourcen für Jugendliche und Studierende, die von geschlechtsspezifischer Gewalt betroffen sind. Dazu können psychologische Unterstützung, Beratung, Gruppenunterstützungssitzungen und Informationsmaterialien gehören.

4. Medien- und Informationskampagnen: Durchführung von Informationskampagnen und Medienprojekten, die darauf abzielen, das Bewusstsein junger Menschen für geschlechtsspezifische Gewalt zu schärfen und gesunde Geschlechterrollen und -beziehungen zu fördern.

5. Aktivismus und Protest: Unterstützung der aktiven Beteiligung junger Menschen an sozialen Bewegungen und Protesten gegen geschlechtsspezifische Gewalt. Dazu kann die Organisation von Märschen, Protesten, Petitionen und anderen Formen des bürgerschaftlichen Engagements gehören.

6. Fähigkeiten und Empathie entwickeln: Vermitteln Sie jungen Menschen Empathie, Respekt für die Geschlechtervielfalt und den Umgang mit Gewalt in ihrem Umfeld. Dies kann ihnen helfen, sich aktiv für die Gleichstellung der Geschlechter und die Prävention geschlechtsspezifischer Gewalt einzusetzen.

Die Arbeit mit Jugendlichen und Studierenden ist wichtig, denn es ist eine Zeit der Meinungs-, Werte- und Verhaltensbildung. Durch Bildung, Unterstützung und aktive Beteiligung können Jugendliche eine wichtige Rolle dabei spielen, geschlechtsspezifische Gewalt zu beenden und gerechtere und sicherere Gesellschaften zu schaffen.

Es gibt eine Reihe von Programmen und Initiativen, die darauf abzielen, Jugendliche zu Themen geschlechtsspezifischer Gewalt zu sensibilisieren und aufzuklären. Einige davon sind:

1. Schulbildungsprogramme: Viele Länder haben Unterrichtseinheiten oder Module zu geschlechtsspezifischer Gewalt in ihre Lehrpläne aufgenommen, um Schülern Informationen über Formen von Gewalt, ihre Folgen und Möglichkeiten zu ihrer Prävention zu vermitteln. Diese Programme können als Pflicht- oder Wahlkurse organisiert werden.

2. Universitätskurse und Clubs: Viele Universitäten bieten Kurse, Workshops und Clubs zu den Themen geschlechtsspezifische Gewalt, Geschlechtergleichstellung und sexuelle Sicherheit an. Zu diesen Initiativen können Gender Studies-Kurse, Gewaltaufklärungsaktivitäten und Aufklärungsprogramme zur Gewaltprävention gehören.

3. Jugendorganisationen und -clubs: Viele Jugendorganisationen und -clubs arbeiten daran, Jugendliche im Kampf gegen geschlechtsspezifische

Gewalt aufzuklären und zu mobilisieren. Diese Organisationen bieten möglicherweise Bildungsveranstaltungen, Schulungen, Sensibilisierungskampagnen und andere Möglichkeiten zur aktiven Teilnahme an.

4. Online-Ressourcen und -Kurse: Es gibt viele Online-Ressourcen und -Kurse für Jugendliche, die es ihnen ermöglichen, Informationen über geschlechtsspezifische Gewalt zu erhalten und Präventionskompetenzen zu entwickeln. Dies können Webinare, Videokurse, Online-Schulungen und Informationsressourcen sein.

5. Internationale Austauschprogramme: Viele Jugendaustauschprogramme umfassen Bildungskomponenten, die sich auf geschlechtsspezifische Gewalt und Geschlechtergleichstellung konzentrieren. Die Teilnahme an solchen Programmen gibt Jugendlichen die Möglichkeit, mit Jugendlichen aus anderen Ländern und Kulturen zu lernen und Erfahrungen auszutauschen.

Diese Programme und Initiativen spielen eine wichtige Rolle bei der Schaffung einer informierten und engagierten Generation, die bereit ist, geschlechtsspezifischer Gewalt entgegenzutreten und zur Schaffung sichererer und integrativerer Umgebungen beizutragen.

Studentenorganisationen und -bewegungen spielen eine wichtige Rolle bei der Bekämpfung geschlechtsspezifischer Gewalt und der Förderung sicherer und integrativer Umgebungen auf dem Universitätsgelände und darüber hinaus. Hier sind einige Möglichkeiten, wie Studentenorganisationen und -bewegungen dieses Problem beeinflussen:

1. Bewusstsein schaffen: Studentenorganisationen und -bewegungen organisieren Veranstaltungen, Kampagnen und Veranstaltungen, die darauf abzielen, das Bewusstsein für geschlechtsspezifische Gewalt, ihre Formen, Folgen und Möglichkeiten der Prävention zu schärfen. Hierzu können Meetings, Seminare, Webinare, Vorträge und Diskussionen gehören.

2. Unterstützung von Opfern: Studentenorganisationen können unterstützende Aktivitäten und Dienste für Studenten schaffen, die von geschlechtsspezifischer Gewalt betroffen sind. Dazu können Beratung, Hotlines, Selbsthilfegruppen und andere Formen der Unterstützung gehören.

3. Aktivismus und Proteste: Studentenbewegungen können Aktionen und Proteste gegen geschlechtsspezifische Gewalt organisieren und Änderungen in der Hochschulpolitik oder in der Gesellschaft insgesamt fordern. Sie können auf die Straße gehen, Petitionen unterzeichnen, Kundgebungen und andere Formen des Aktivismus organisieren.

4. Partnerschaft mit der Universität: Studentenorganisationen können mit der Universität zusammenarbeiten, um Richtlinien und Programme zur Prävention und Bekämpfung geschlechtsspezifischer Gewalt zu entwickeln. Sie können die Interessen der Studierenden im Dialog mit der

Hochschulleitung vertreten und sich an der Entwicklung und Umsetzung von Initiativen beteiligen.

5. Bildung und Schulung: Studentenorganisationen können Bildungsaktivitäten und Schulungen für Studenten und Universitätspersonal über geschlechtsspezifische Gewalt und Methoden zu ihrer Prävention anbieten. Sie können den Schülern die Fähigkeiten des aktiven Zuhörens, des Einfühlungsvermögens und des Eingreifens bei Bedarf beibringen.

Die Rolle studentischer Organisationen und Bewegungen bei der Bekämpfung geschlechtsspezifischer Gewalt ist von unschätzbarem Wert, da sie die Campuskultur beeinflussen, die öffentliche Meinung formen und gesellschaftliche Veränderungen anregen können.

Jugendorientierte Projekte und Initiativen spielen eine wichtige Rolle bei der Bekämpfung geschlechtsspezifischer Gewalt, da junge Menschen eine wichtige Zielgruppe darstellen und einen erheblichen Einfluss auf kulturelle Normen und soziales Verhalten haben können. Hier sind einige Arten von Projekten und Initiativen, die sich an Jugendliche richten:

1. Bildungsprogramme: Diese Programme sollen Jugendliche über geschlechtsspezifische Gewalt, ihre Formen, Ursachen und Folgen aufklären. Dazu können auch Schulungen in Konfliktlösung, Empathie und Opferunterstützung gehören.

2. Kampagnen und Veranstaltungen: Die Organisation von Kampagnen und Veranstaltungen zur Prävention geschlechtsspezifischer Gewalt kann dazu beitragen, junge Menschen für dieses Thema zu sensibilisieren. Dies können Marathons, Konzerte, Festivals, Webinare, Vorträge und andere Veranstaltungen sein, deren Zweck es ist, junge Menschen zu informieren und zum Handeln zu inspirieren.

3. Schulungen und Workshops: Die Durchführung von Schulungen und Workshops für Jugendliche zum Thema geschlechtsspezifische Gewalt kann dazu beitragen, Konfliktmanagement-, Kommunikations- und Führungskompetenzen zu entwickeln sowie das Bewusstsein und Verständnis für dieses Thema zu erhöhen.

4. Forschungsprojekte: Jugendliche können an Forschungsprojekten beteiligt werden, um geschlechtsspezifische Gewalt, ihre Ursachen und Folgen zu untersuchen. Dies trägt nicht nur dazu bei, das Wissen über das Thema zu erweitern, sondern schafft auch eine Plattform für die Äußerung junger Stimmen und Ideen.

5. Soziale Medien und Online-Plattformen: Durch die Nutzung sozialer Medien und Online-Plattformen kann ein breites Publikum junger Menschen erreicht und das Bewusstsein für geschlechtsspezifische Gewalt geschärft werden. Dies kann in Form von Social-Media-Kampagnen, Webserien, Podcasts und anderen digitalen Formaten geschehen.

6. Teilnahme an sozialen Bewegungen: Jugendliche können sich

aktiv an sozialen Bewegungen und Organisationen beteiligen, die für Frauenrechte und gegen geschlechtsspezifische Gewalt kämpfen. Die Teilnahme an Märschen, Protesten und anderen Veranstaltungen trägt zur Bildung eines bürgerschaftlichen Bewusstseins und zur Einbindung junger Menschen in öffentliche Aktivitäten bei.

Jugendorientierte Projekte und Initiativen spielen eine wichtige Rolle bei der Sensibilisierung, der Veränderung kultureller Normen und der Schaffung eines sicheren und integrativen Umfelds für alle.

Die Zusammenarbeit mit der Regierung und öffentlichen Organisationen ist ein wichtiger Aspekt bei der Bekämpfung geschlechtsspezifischer Gewalt und der Schaffung eines sicheren Umfelds für alle Mitglieder der Gesellschaft. Durch die Interaktion zwischen Regierungsbehörden und Nichtregierungsorganisationen können wir unsere Kräfte bündeln, um das Problem effektiv zu lösen. Hier sind einige Möglichkeiten, mit diesen Organisationen zusammenzuarbeiten:

1. Partnerschaft und Zusammenarbeit: Regierung und Nichtregierungsorganisationen können Partnerschaften eingehen, um gemeinsam Programme und Projekte zur Prävention und Bekämpfung geschlechtsspezifischer Gewalt zu entwickeln und umzusetzen. Dadurch können Sie die Ressourcen, das Fachwissen und die Erfahrung beider Parteien kombinieren, um bessere Ergebnisse zu erzielen.

2. Austausch von Erfahrungen und Best Practices: Regierung und öffentliche Organisationen können Erfahrungen austauschen und Best Practices im Bereich der Arbeit mit Opfern geschlechtsspezifischer Gewalt, der Durchführung von Informationskampagnen, der Schulung von Personal und anderen Aspekten weitergeben. Dieser Erfahrungsaustausch hilft, Aktivitäten zu optimieren und die betriebliche Effizienz zu steigern.

3. Lobbyarbeit und Einflussnahme auf die Gesetzgebung: Regierung und öffentliche Organisationen können zusammenarbeiten, um Gesetze zu geschlechtsspezifischer Gewalt zu entwickeln und zu verbessern, und sich für die Einführung und Umsetzung neuer Gesetze und Richtlinien zum Schutz der Rechte der Opfer und zur Verhinderung von Gewalt einsetzen.

4. Schulung und berufliche Entwicklung: Die Zusammenarbeit zwischen Regierung und Nichtregierungsorganisationen kann Schulung und berufliche Entwicklung für Arbeitnehmer umfassen, die mit geschlechtsspezifischer Gewalt zu tun haben. Dies trägt dazu bei, die Fähigkeiten der Fachkräfte zu verbessern und den Opfern wirksamer zu helfen.

5. Überwachung und Bewertung von Programmen: Regierung und öffentliche Organisationen können gemeinsam Programme und Projekte zur Bekämpfung geschlechtsspezifischer Gewalt überwachen und bewerten. Auf diese Weise können Sie effektive Ansätze identifizieren und Betriebsstrategien an sich ändernde Bedürfnisse und Herausforderungen anpassen.

Im Allgemeinen spielt die Zusammenarbeit zwischen Regierung und öffentlichen Organisationen eine wichtige Rolle, um die Wirksamkeit des Kampfes gegen geschlechtsspezifische Gewalt zu erhöhen und ein sicheres Umfeld für alle Mitglieder der Gesellschaft zu schaffen.

Die Gesetze und Richtlinien zu geschlechtsspezifischer Gewalt variieren von Land zu Land, umfassen jedoch im Allgemeinen eine Reihe von Gesetzen, Richtlinien und Maßnahmen, die darauf abzielen, Fälle geschlechtsspezifischer Gewalt zu verhindern, zu bekämpfen und zu bestrafen sowie die Rechte und die Unterstützung der Opfer zu schützen. Hier sind einige wichtige Aspekte der Gesetzgebung und Politik in diesem Bereich:

1. Gesetze zum Schutz der Rechte von Opfern: In vielen Ländern gibt es Gesetze zum Schutz der Rechte von Opfern geschlechtsspezifischer Gewalt. Diese Gesetze können Maßnahmen zur Bereitstellung von Unterkünften, zum Rechtsschutz, zur Einschränkung des Kontakts mit dem Täter und andere Maßnahmen umfassen.

2. Gesetze zur Bestrafung von Vergewaltigern: Die Gesetzgebung kriminalisiert generell geschlechtsspezifische Gewalt und sieht Strafen für Vergewaltiger vor. Dazu können Freiheitsstrafen, Geldstrafen, obligatorische Rehabilitationsprogramme und andere Maßnahmen gehören.

3. Richtlinien zur Verhinderung geschlechtsspezifischer Gewalt: Viele Länder entwickeln und implementieren Richtlinien und Programme zur Verhinderung geschlechtsspezifischer Gewalt. Diese Richtlinien können Aufklärung und Sensibilisierung, Anti-Gewalt-Kampagnen und Schulungen für Gesundheitspersonal, Strafverfolgungsbehörden und andere Bereiche umfassen.

4. Unterstützung für Opfer: Gesetze und Richtlinien können auch Unterstützungsmaßnahmen für Opfer geschlechtsspezifischer Gewalt vorsehen, einschließlich Zugang zu Gesundheitsversorgung, Beratung, Rechtsbeistand, psychologischer Unterstützung, vorübergehender Unterbringung und anderen Diensten.

5. Internationale Verträge und Standards: Viele Länder haben internationale Verträge und Konventionen ratifiziert, die sie verpflichten, Maßnahmen zur Bekämpfung geschlechtsspezifischer Gewalt und zum Schutz der Rechte der Opfer zu ergreifen. Zum Beispiel das UN-Übereinkommen zur Beseitigung jeder Form von Diskriminierung der Frau (CEED) und das Beilis-Protokoll.

Die Wirksamkeit von Gesetzen und Maßnahmen zur Bekämpfung geschlechtsspezifischer Gewalt hängt von ihrer Umsetzung, dem Zugang zur Justiz, Ressourcen, Überwachung und Bewertung ab. Es ist auch wichtig, weiterhin Gesetze und Richtlinien entsprechend den sich ändernden Bedürfnissen und Herausforderungen im Bereich geschlechtsspezifischer Gewalt zu entwickeln und zu verbessern.

Bei der Bekämpfung geschlechtsspezifischer Gewalt spielt die

Zusammenarbeit mit Strafverfolgungsbehörden und staatlichen Institutionen eine wichtige Rolle. Hier sind einige Aspekte einer solchen Zusammenarbeit:

1. Bereitstellung von Hilfe und Schutz: Strafverfolgungsbehörden spielen eine Schlüsselrolle bei der Gewährleistung der Sicherheit von Opfern geschlechtsspezifischer Gewalt. Sie reagieren auf Gewaltaufrufe, leisten Opferhilfe, führen Ermittlungen durch und ergreifen Maßnahmen zum Schutz der Opfer.

2. Erhebung von Daten und Statistiken: Strafverfolgungsbehörden sammeln Daten zu Fällen geschlechtsspezifischer Gewalt, die es ihnen ermöglichen, das Ausmaß des Problems einzuschätzen, Trends zu erkennen und vorbeugende Maßnahmen zu ergreifen.

3. Ausbildung und Schulung des Personals: Regierungsinstitutionen und Strafverfolgungsbehörden führen für ihr Personal Schulungen und Seminare zu Themen geschlechtsspezifischer Gewalt durch, darunter das Erkennen von Anzeichen von Gewalt, die Arbeit mit Opfern und Angreifern, die Einhaltung von Gesetzen usw.

4. Gemeinsame Programme und Initiativen: Strafverfolgungsbehörden können mit Nichtregierungsorganisationen und anderen staatlichen Institutionen zusammenarbeiten, um gemeinsame Programme und Initiativen zur Bekämpfung geschlechtsspezifischer Gewalt zu entwickeln und umzusetzen.

5. Gesetzgebung und Rechtsschutz: Regierungsinstitutionen spielen eine entscheidende Rolle bei der Entwicklung und Verabschiedung von Gesetzen, Richtlinien und Maßnahmen zur Prävention und Bekämpfung geschlechtsspezifischer Gewalt. Sie bieten auch rechtlichen Schutz für Opfer und die strafrechtliche Verfolgung von Vergewaltigern.

6. Überwachung und Bewertung: Strafverfolgungsbehörden sind an der Überwachung und Bewertung der Wirksamkeit von Gesetzen und Richtlinien zur Bekämpfung geschlechtsspezifischer Gewalt sowie an der Entwicklung von Empfehlungen für deren Verbesserung beteiligt.

Durch die Zusammenarbeit mit Strafverfolgungsbehörden und Regierungsinstitutionen können wir ein wirksameres System zum Schutz von Opfern geschlechtsspezifischer Gewalt und zur Unterdrückung von Gesetzesbrechern schaffen.

Nichtregierungsorganisationen (NGOs) und Gemeinschaftsinitiativen spielen eine Schlüsselrolle bei der Bekämpfung geschlechtsspezifischer Gewalt und der Schaffung eines sicheren Umfelds für alle. Hier sind einige Aspekte ihrer Rolle:

1. Unterstützung für Opfer: Nichtregierungsorganisationen und Gemeinschaftsinitiativen bieten ein breites Spektrum an Dienstleistungen und Unterstützung für Opfer geschlechtsspezifischer Gewalt an, darunter Beratung, Rechtsbeistand, Krisenzentren, Unterkünfte, psychologische Unterstützung und andere Arten der Hilfe.

2. Aufklärung und Sensibilisierung: Sie führen Aufklärungskampagnen, Schulungen, Seminare und Veranstaltungen durch, die darauf abzielen, die Öffentlichkeit für das Thema geschlechtsspezifische Gewalt zu sensibilisieren, ihre Formen und Folgen zu erkennen und Möglichkeiten zu ihrer Prävention aufzuzeigen.

3. Aktivismus und Lobbying: NGOs und Gemeinschaftsinitiativen setzen sich aktiv für Änderungen in der Gesetzgebung, Richtlinien und Grundsatzdokumenten ein, um den Schutz der Rechte von Opfern geschlechtsspezifischer Gewalt zu verbessern, die Bestrafung von Tätern zu verschärfen und die Wirksamkeit von Gewaltpräventionsmaßnahmen zu erhöhen.

4. Überwachung und Bewertung: Sie überwachen und bewerten die Situation geschlechtsspezifischer Gewalt, sammeln Daten zu Gewaltfällen, analysieren Trends und stellen Informationen bereit, um wirksame Strategien zur Bekämpfung dieses Phänomens zu entwickeln.

5. Unterstützungsnetzwerke: NGOs schaffen Unterstützungsnetzwerke für Opfer geschlechtsspezifischer Gewalt, zu denen professionelle Berater, Freiwillige, Selbsthilfegruppen und andere Organisationen gehören, die bereit sind, Überlebenden zu helfen.

6. Bildungsprogramme: Sie entwickeln und implementieren Bildungsprogramme und Materialien zum Thema geschlechtsspezifische Gewalt und führen außerdem Schulungsveranstaltungen für Fachkräfte und die Öffentlichkeit durch.

7. Internationale Zusammenarbeit: NGOs arbeiten aktiv auf internationaler Ebene zusammen, tauschen Erfahrungen, bewährte Verfahren und Informationen aus, was zu einem wirksameren Kampf gegen geschlechtsspezifische Gewalt beiträgt.

Die Rolle von Nichtregierungsorganisationen und öffentlichen Initiativen ist von unschätzbarem Wert bei der Schaffung eines unterstützenden Umfelds für Opfer, der Verhinderung geschlechtsspezifischer Gewalt und der Bewältigung ihrer Folgen in der Gesellschaft.

Die Stärkung der familiären und gemeinschaftlichen Bindungen ist von entscheidender Bedeutung für die Bekämpfung geschlechtsspezifischer Gewalt und die Schaffung eines sicheren Umfelds für alle Mitglieder der Gesellschaft. Hier sind einige Schlüsselaspekte, wie wichtig es ist, diese Verbindungen zu stärken:

1. Unterstützung und Schutz: Familie und Gemeinschaft können Opfern geschlechtsspezifischer Gewalt Unterstützung und Schutz bieten. Wenn Familienmitglieder und andere Gemeindemitglieder Unterstützung und Hilfsbereitschaft zeigen, kann dies dazu beitragen, dass sich die Opfer sicherer und gestärkt fühlen.

2. Gewalt verhindern: Wenn Familien und Gemeinschaften ein warmes und unterstützendes Umfeld haben, ist es weniger wahrscheinlich,

dass es zu Gewalt kommt. Prävention beginnt mit der Schaffung gesunder und sicherer Beziehungen innerhalb der Familie und des sozialen Umfelds.

3. Aufklärung und Aufklärung: Familien und Gemeinschaften können Orte für Aufklärung und Aufklärung über geschlechtsspezifische Gewalt sein. Eltern, Verwandte, Freunde und Nachbarn können über das Problem der Gewalt sprechen, ihre Anzeichen erkennen und ihnen beibringen, wie man ihr vorbeugen und darauf reagieren kann.

4. Opfer unterstützen und Gewalt überwinden: Familien und Gemeinschaften können Opfern geschlechtsspezifischer Gewalt helfen, toxische Beziehungen zu verlassen und ein neues Leben zu beginnen. Dazu können Wohnraum, finanzielle Unterstützung, emotionale Unterstützung und Zugang zu Ressourcen gehören.

5. Soziale Auswirkungen: Wenn Familien und Gemeinschaften Gewalt verurteilen und Opfer unterstützen, sendet dies eine klare Botschaft an die Gesellschaft, dass ein solches Verhalten nicht toleriert wird. Dies kann zum kulturellen Wandel und zur Schaffung einer gewaltfreien Gesellschaft beitragen.

Die Stärkung familiärer und gemeinschaftlicher Bindungen ist ein zentraler Bestandteil der öffentlichen Reaktion auf geschlechtsspezifische Gewalt. Investitionen in die Entwicklung dieser Verbindungen können dazu beitragen, ein sichereres und unterstützenderes Umfeld für alle Mitglieder zu schaffen.

Es gibt eine Reihe von Programmen zur Unterstützung von Familien und Opfern geschlechtsspezifischer Gewalt, die ein breites Spektrum an Diensten und Ressourcen anbieten. Nachfolgend sind einige davon aufgeführt:

1. Krisenzentren und Notunterkünfte: Dies sind Orte, an denen Opfer geschlechtsspezifischer Gewalt vorübergehende Unterkunft, Nahrung, Kleidung und Sicherheit erhalten können. Krisenzentren bieten auch emotionale Unterstützung und Zugang zu rechtlichen und medizinischen Dienstleistungen.

2. Telefon-Hotlines und Online-Unterstützung: Viele Organisationen bieten Telefon-Hotlines und Online-Unterstützung für Opfer geschlechtsspezifischer Gewalt an. Dazu können telefonische oder Online-Beratung, anonyme Chats und Support-Foren gehören.

3. Psychologische und emotionale Unterstützung: Psychologische Unterstützungsprogramme bieten Beratung und Therapie für Opfer geschlechtsspezifischer Gewalt und helfen ihnen, mit den durch die Gewalt verursachten Traumata, Ängsten und Belastungen umzugehen.

4. Rechtshilfe und Interessenvertretung: Rechtsprogramme bieten Rechtsberatung, Unterstützung bei der Erlangung von Schutzanordnungen und Gerichtsvertretung für Opfer geschlechtsspezifischer Gewalt.

5. Finanzielle Unterstützung: Einige Programme bieten finanzielle Unterstützung für Opfer, die ihre Täter verlassen haben und Hilfe bei der

Bezahlung von Unterkunft, Arztrechnungen und anderen Ausgaben benötigen.

6. Bildungsprogramme: Bildungs- und Sensibilisierungsprogramme helfen Opfern geschlechtsspezifischer Gewalt, sich über ihre Rechte, Unterstützungsmöglichkeiten und Möglichkeiten, einer Gewaltsituation zu entkommen, zu informieren.

Diese Programme sollen Überlebenden geschlechtsspezifischer Gewalt die Sicherheit, Unterstützung und Ressourcen bieten, die sie benötigen, um ihrer gefährlichen Situation zu entkommen und ein neues Leben zu beginnen.

Gemeindenetzwerke und -organisationen spielen eine Schlüsselrolle bei der Unterstützung von Opfern geschlechtsspezifischer Gewalt, indem sie verschiedene Formen der Hilfe anbieten und ein sicheres Umfeld für Überlebende schaffen. Hier sind einige Möglichkeiten, wie sie Unterstützung leisten:

1. Bereitstellung von Informationen und Ressourcen: Communitybasierte Organisationen verbreiten Informationen über die Anzeichen und Folgen geschlechtsspezifischer Gewalt und bieten Ressourcen für Opfer an, wie z. B. Hotlines, Unterkünfte, Rechtsbeistand und Beratung.

2. Emotionale Unterstützung: Organisationen bieten Opfern geschlechtsspezifischer Gewalt emotionale Unterstützung, indem sie ihnen zuhören und in schwierigen Zeiten bedingungslose Unterstützung leisten. Dies kann Gruppenunterstützungssitzungen, Beratung und Therapie umfassen.

3. Gewaltfreie Gemeinschaften schaffen: Organisationen arbeiten daran, gewaltfreie Gemeinschaften durch Bildungsaktivitäten, Anti-Gewalt-Kampagnen und die Förderung von Veränderungen in kulturellen Normen, die Gewalt unterstützen, zu schaffen.

4. Unterstützung bei der Kontaktaufnahme mit Strafverfolgungsbehörden und Gerichten: Gemeinschaftsorganisationen helfen Opfern geschlechtsspezifischer Gewalt bei der Kontaktaufnahme mit Strafverfolgungsbehörden, der Erlangung einer Schutzanordnung und der Vertretung vor Gericht. Sie können auch die Begleitung von Gerichtsverhandlungen und die Unterstützung während des Gerichtsverfahrens übernehmen.

5. Schaffen Sie sichere Räume: Organisationen schaffen sichere Räume für Überlebende geschlechtsspezifischer Gewalt, in denen sie mit anderen Überlebenden in Kontakt treten, Unterstützung und Beratung erhalten und an verschiedenen Gruppen- und Selbsthilfeaktivitäten teilnehmen können.

6. Unterstützung nach dem Verlassen einer gefährlichen Situation: Gemeinnützige Organisationen unterstützen Opfer geschlechtsspezifischer Gewalt nicht nur während einer Krise, sondern auch nach dem Verlassen einer gefährlichen Situation. Dazu gehört die Unterstützung bei der

Anpassung an ein neues Leben, bei der Arbeits- und Wohnungssuche sowie bei anderen Aspekten der Rehabilitation.

Die Rolle kommunaler Netzwerke und Organisationen bei der Unterstützung von Opfern geschlechtsspezifischer Gewalt ist von entscheidender Bedeutung für die Schaffung einer gewaltfreien Gesellschaft und dafür, dass jeder in Zeiten der Not Hilfe und Unterstützung erhalten kann.

Es gibt viele Projekte und Initiativen zur Schaffung sicherer öffentlicher Räume zur Prävention und Bekämpfung geschlechtsspezifischer Gewalt. Hier sind einige davon:

1. Stadtplanungsprogramme: Viele Städte entwickeln Stadtplanungsprogramme, die darauf abzielen, sichere und integrative öffentliche Räume zu schaffen. Dazu könnte die Sanierung von Straßen und Parks, der Einbau von Beleuchtung und Videoüberwachung sowie die Einrichtung sicherer Haltestellen für den öffentlichen Nahverkehr gehören.

2. Initiativen zur Verbesserung der Beleuchtung: Unzureichende Beleuchtung in öffentlichen Räumen kann gefährliche Bedingungen schaffen und zu geschlechtsspezifischer Gewalt beitragen. Viele Projekte initiieren die Installation zusätzlicher und hellerer Lichtquellen, um die Sichtbarkeit und Sicherheit zu verbessern.

3. Bildungsprogramme und -kampagnen: Initiativen zur Aufklärung über geschlechtsspezifische Gewalt können die Erstellung von Informationskampagnen über die Sicherheit an öffentlichen Orten, die Schulung von Opfern und Zeugen von Gewalt darin, sich selbst zu schützen, und die Meldung von Vorfällen umfassen.

4. Gewaltpräventionsprogramme: Einige Projekte zielen auf die frühzeitige Prävention geschlechtsspezifischer Gewalt ab, indem sie die Öffentlichkeit über die Gefahren von Gewalt aufklären und gesunde Beziehungen und emotionale Bildung fördern.

5. Schaffen Sie sichere Zonen: Viele Gemeinden richten sichere Zonen in Städten, Parks und Schulen ein, in denen Menschen im Notfall Hilfe und Unterstützung erhalten können. Diese Bereiche können mit Telefonen für Hilferufe, Informationstafeln und geschultem Personal ausgestattet sein.

6. Community-Partnerschaftsprogramme: Viele Regierungs- und Nichtregierungsorganisationen arbeiten zusammen, um sichere öffentliche Räume zu schaffen. Sie können gemeinsam Projekte entwickeln und umsetzen, die darauf abzielen, die Sicherheit und den Schutz der Rechte aller Mitglieder der Gesellschaft zu verbessern.

Diese und andere Projekte werden sowohl auf der Ebene staatlicher und kommunaler Behörden als auch auf der Ebene öffentlicher Organisationen und Aktivistengruppen initiiert. Ihr Ziel ist es, öffentliche Räume zu schaffen, in denen sich jeder sicher und geborgen fühlen kann.

Die Bewertung der Wirksamkeit von Programmen und Initiativen zur Schaffung sicherer öffentlicher Räume spielt eine wichtige Rolle bei deren weiterer Verbesserung und Entwicklung. Hier sind mehrere Methoden zur Beurteilung der Wirksamkeit und Entwicklungsaussichten:

1. Überwachung und Bewertung: Durch die systematische Überwachung und Bewertung der Wirksamkeit verschiedener Projekte und Initiativen können wir deren Auswirkungen auf die Sicherheit und den Komfort öffentlicher Räume beurteilen. Dazu gehört die Erhebung von Daten zur Anzahl der Gewaltvorfälle, zum Grad des Sicherheitsgefühls bei Bewohnern und Besuchern sowie zur Wahrnehmung von Gemeinschaftsveranstaltungen und -kampagnen.

2. Feedback aus der Öffentlichkeit: Das Einholen von Feedback aus der Öffentlichkeit, einschließlich Opfern und potenziellen Opfern geschlechtsspezifischer Gewalt, ermöglicht die Bewertung der Wirksamkeit von Interventionen und die Identifizierung von Verbesserungsmöglichkeiten. Dies kann durch Umfragen, Fokusgruppen, Social-Media-Diskussionen und andere Kommunikationsmethoden erfolgen.

3. Benchmarking: Der Vergleich der Ergebnisse verschiedener Programme und Initiativen ermöglicht es uns, die erfolgreichsten Ansätze zur Schaffung sicherer öffentlicher Räume zu identifizieren und Best Practices für die zukünftige Nutzung zu ermitteln.

4. Kosten-Nutzen-Analyse: Die Kosten-Nutzen-Analyse hilft dabei, die Wirksamkeit der in Programme und Initiativen zur Bekämpfung geschlechtsspezifischer Gewalt investierten Ressourcen zu ermitteln. Dazu gehört die Analyse der finanziellen Kosten, der Personalressourcen und der für Projekte aufgewendeten Zeit.

5. Berücksichtigung von Veränderungen in der Gesellschaft: Die ständige Aktualisierung und Anpassung von Programmen und Initiativen an die sich ändernden Bedürfnisse und Herausforderungen der Gesellschaft ist ein wichtiger Aspekt bei der Bewertung ihrer Wirksamkeit. Dazu gehört die Berücksichtigung sozialer, wirtschaftlicher, kultureller und politischer Veränderungen, die sich auf die Wirksamkeit bestehender Programme auswirken können.

Zu den Entwicklungsperspektiven gehören die Verbesserung der Methoden zur Leistungsmessung, die Erweiterung des Angebots an Programmen und Initiativen sowie die Stärkung der Partnerschaften zwischen staatlichen, nichtstaatlichen und privaten Organisationen. Dazu gehört auch die Aufstockung der Mittel und Ressourcen zur Umsetzung wirksamer Maßnahmen zur Schaffung sicherer öffentlicher Räume. Letztendlich ist die Entwicklung und Unterstützung wirksamer Programme und Initiativen zur Bekämpfung geschlechtsspezifischer Gewalt ein Schlüsselaspekt bei der Schaffung eines sicheren und integrativen Umfelds für alle Mitglieder der Gesellschaft.

Die Ermittlung von Bedürfnissen und Herausforderungen ist ein wichtiger Schritt bei der Bewertung der Wirksamkeit von Programmen und Initiativen zur Bekämpfung geschlechtsspezifischer Gewalt. Dieser Prozess ermöglicht es uns zu verstehen, wie gut bestehende Programme auf die tatsächlichen Bedürfnisse von Gewaltopfern und der Gesellschaft als Ganzes eingehen, und auch bestehende Probleme zu identifizieren, die das Erreichen der Ziele behindern könnten.

1. Analyse von Daten und Statistiken: Die Durchführung einer Analyse von Daten zu Fällen geschlechtsspezifischer Gewalt, Beschwerden bei relevanten Organisationen und dem Grad der Verfügbarkeit von Diensten hilft, die wichtigsten Bedürfnisse und Probleme in diesem Bereich zu ermitteln. Dabei werden quantitative und qualitative Daten über Art, Ausmaß und Kontext von Gewalt analysiert.

2. Sammeln von Feedback von Teilnehmern und Stakeholdern: Die Durchführung von Umfragen, Interviews und Fokusgruppen mit Opfern von Gewalt, Gemeindearbeitern, Strafverfolgungsbehörden, Vertretern von Nichtregierungsorganisationen und anderen Stakeholdern hilft dabei, deren Meinungen, Bedürfnisse und Einschätzungen zur Wirksamkeit von zu ermitteln bestehende Programme.

3. Bewertung der Zugänglichkeit von Diensten: Die Bewertung des Grads der Zugänglichkeit und der Zugänglichkeit von Diensten für Opfer geschlechtsspezifischer Gewalt ermöglicht es uns, Probleme im Zusammenhang mit der Verfügbarkeit von Diensten zu identifizieren und Bereiche für Verbesserungen zu identifizieren. Dazu gehört die Bewertung der geografischen Zugänglichkeit, der finanziellen Zugänglichkeit sowie der kulturellen und sprachlichen Anpassung der Dienste.

4. Identifizierung der wichtigsten Herausforderungen: Die Identifizierung der wichtigsten Herausforderungen und Probleme, mit denen Opfer geschlechtsspezifischer Gewalt und Gemeindearbeiter konfrontiert sind, ermöglicht es, die Bemühungen auf die Bewältigung der dringendsten Probleme und die Entwicklung wirksamer Strategien zu deren Überwindung zu konzentrieren.

Zukünftige Entwicklungen und nächste Schritte bei der Bewertung der Wirksamkeit von Programmen und Initiativen zur Bekämpfung geschlechtsspezifischer Gewalt umfassen:

1. Vertiefung der Forschung: Weitere Forschung ist erforderlich, um die Natur, Ursachen und Folgen geschlechtsspezifischer Gewalt sowie die Wirksamkeit verschiedener Methoden zu ihrer Bekämpfung besser zu verstehen.

2. Entwicklung neuer Evaluierungsmethoden: Es ist wichtig, neue Methoden zur Bewertung der Wirksamkeit von Programmen zu entwickeln, die die Besonderheiten geschlechtsspezifischer Gewalt berücksichtigen und eine zuverlässige Messung der Ergebnisse bestehender Initiativen ermöglichen.

3. Ausweitung der geografischen Lage und Reichweite: Streben Sie

danach, die geografische Lage und Reichweite von Programmen und Initiativen zu erweitern, um mehr Opfer von Gewalt zu erreichen und die am stärksten gefährdeten Gruppen der Gesellschaft zu unterstützen.

4. Sensibilisierung: Es ist wichtig, das öffentliche Bewusstsein für das Problem geschlechtsspezifischer Gewalt und ihre Bekämpfung weiter zu schärfen, um ein unterstützendes und integratives Umfeld zu schaffen.

5. Schaffung interdisziplinärer Netzwerke: Die Entwicklung interdisziplinärer Netzwerke der Zusammenarbeit zwischen Regierungsbehörden, Nichtregierungsorganisationen, akademischen Einrichtungen und dem Privatsektor trägt dazu bei, wirksame Mechanismen für die Umsetzung von Programmen und Initiativen zur Bekämpfung geschlechtsspezifischer Gewalt zu schaffen.

Insgesamt spielen die Bewertung der Wirksamkeit von Programmen und Initiativen sowie der Aussichten für ihre Entwicklung und weitere Schritte eine wichtige Rolle bei der Gewährleistung der Wirksamkeit des Kampfes gegen geschlechtsspezifische Gewalt und der Schaffung eines sicheren und integrativen Umfelds für alle Mitglieder der Gesellschaft.

❖·❖·❖·❖·❖·❖·❖·❖·❖·❖·❖·❖·❖·❖·❖

Abschluss.

Zum Abschluss des Buches zur Bekämpfung geschlechtsspezifischer Gewalt können wir einige Kernpunkte hervorheben, die aus unserer Diskussion deutlich werden:

1. Geschlechtsspezifische Gewalt als globales Problem: Geschlechtsspezifische Gewalt bleibt in vielen Gesellschaften auf der ganzen Welt ein ernstes Problem. Sie betrifft Millionen von Menschen und hat verheerende Folgen für ihr physisches, psychisches und soziales Wohlbefinden.

2. Multidimensionalität des Problems: Geschlechtsspezifische Gewalt manifestiert sich in verschiedenen Formen und Kontexten und ihre Bekämpfung erfordert einen integrierten Ansatz, der die verschiedenen Ursachen und Folgen dieses Phänomens berücksichtigt.

3. Die Bedeutung von Bildung und Sensibilisierung: Bildung und Sensibilisierung spielen eine Schlüsselrolle bei der Prävention und Bekämpfung geschlechtsspezifischer Gewalt. Die Sensibilisierung der Öffentlichkeit, der Aufbau von Empathie und Unterstützung für die Opfer sowie die Veränderung kultureller Normen und Werte tragen zur Schaffung eines sicheren und integrativen Umfelds bei.

4. Die Rolle von Programmen und Initiativen: Staatliche und öffentliche Programme und Initiativen zur Bekämpfung geschlechtsspezifischer Gewalt spielen eine wichtige Rolle bei der Gewaltprävention, der Unterstützung von Opfern und der Rehabilitierung

von Vergewaltigern.

5. Notwendigkeit einer Zusammenarbeit und eines internationalen Ansatzes: Die Bekämpfung geschlechtsspezifischer Gewalt erfordert konzertierte Maßnahmen auf internationaler Ebene und die Zusammenarbeit verschiedener Interessengruppen, darunter Regierungen, Nichtregierungsorganisationen, Wissenschaft, Privatwirtschaft und Öffentlichkeit.

6. Die Notwendigkeit einer kontinuierlichen Weiterentwicklung: Die Komplexität des Problems der geschlechtsspezifischen Gewalt und seine sich verändernde Natur erfordern die ständige Entwicklung und Verbesserung von Programmen und Initiativen unter Berücksichtigung aktueller Trends und technologischer Möglichkeiten sowie die ständige Suche nach Neuem Methoden und Ansätze zur Gewaltbekämpfung.

Insgesamt ist die Bekämpfung geschlechtsspezifischer Gewalt eine komplexe und vielschichtige Aufgabe, die den Einsatz aller Mitglieder der Gesellschaft erfordert. Unser Buch möchte Licht ins Dunkel bringen, Lösungen anbieten und die Leser dazu inspirieren, sich dieser wichtigen Bewegung für Gerechtigkeit, Gleichheit und Sicherheit für alle anzuschließen.

Zusammenfassend lässt sich sagen, dass die Rolle der Gesellschaft bei der Bekämpfung geschlechtsspezifischer Gewalt zweifellos wichtig und einflussreich ist. Eine wirksame Bekämpfung dieses Problems ist nur möglich, wenn jeder Mensch aktiv daran teilnimmt, ein sicheres und unterstützendes Umfeld für alle zu schaffen. In diesem Prozess spielen öffentliche Meinung, kulturelle Normen, rechtliche Rahmenbedingungen, Bildung, Medien, Organisationen und staatliche Institutionen eine Rolle.

Unser Buch möchte Leser dazu inspirieren, eine aktive Rolle im Kampf gegen geschlechtsspezifische Gewalt zu übernehmen und einen Wandel in der öffentlichen Meinung und im öffentlichen Verhalten voranzutreiben. Wir haben verschiedene Aspekte dieses Problems untersucht, Schlüsselfaktoren hervorgehoben und praktische Empfehlungen für das weitere Vorgehen gegeben.

Wir hoffen, dass jeder Leser in diesem Buch nicht nur Wissen über geschlechtsspezifische Gewalt findet, sondern auch Inspiration und Motivation, sich den Reihen derjenigen anzuschließen, die sich für die Überwindung dieser Gewalt einsetzen. Gemeinsam können wir unsere Gesellschaft für alle ihre Mitglieder sicher, fair und integrativ machen.

Gleichzeitig sind wir uns bewusst, dass wir bei der Schaffung eines sicheren Umfelds für alle Opfer geschlechtsspezifischer Gewalt vor großen Herausforderungen und Chancen stehen. Eine dieser Herausforderungen besteht darin, weiterhin daran zu arbeiten, die kulturellen Normen und Stereotypen zu ändern, die Gewalt unterstützen und rechtfertigen. Dies erfordert gemeinsame Anstrengungen auf der Ebene der Gesellschaft, der Medien, der Bildung und der staatlichen Institutionen.

Darüber hinaus ist es wichtig, bestehende Gesetze und Richtlinien zum Schutz der Rechte von Opfern geschlechtsspezifischer Gewalt weiterzuentwickeln und zu verbessern und die wirksame Umsetzung dieser Maßnahmen sicherzustellen. Dazu gehört die Schulung von Strafverfolgungsbehörden und anderen Diensten, die mit Opfern arbeiten, sowie die Gewährleistung des Zugangs zu hochwertigen Unterstützungs- und Schutzdiensten.

Gleichzeitig sehen wir Potenzial in der Entwicklung neuer Technologien und Ansätze, die bei der Bekämpfung geschlechtsspezifischer Gewalt helfen können, etwa digitale Tools zur Prävention von Cybermobbing und Online-Gewalt sowie die Nutzung sozialer Medien, um auf das Problem aufmerksam zu machen und die öffentliche Meinung zu mobilisieren.

Trotz der Herausforderungen haben wir die Möglichkeit, eine Welt zu schaffen, in der geschlechtsspezifische Gewalt inakzeptabel ist und alle Opfer unterstützt, geschützt und mit Gerechtigkeit behandelt werden. Dies erfordert unseren ständigen Einsatz, unsere Solidarität und unser Engagement für die Ideale der Gleichheit und Gerechtigkeit.

Zum Abschluss des Buches möchte ich die wichtigsten Schlussfolgerungen zusammenfassen, die sich aus den darin vorgestellten Ideen und Analysen ergeben. Es ist wichtig zu betonen, dass geschlechtsspezifische Gewalt nach wie vor eines der schwerwiegendsten und am weitesten verbreiteten Probleme der modernen Gesellschaft ist. Dieses Phänomen hat verheerende Auswirkungen auf das Leben von Millionen Menschen auf der ganzen Welt und beeinträchtigt nicht nur ihre physische und psychische Gesundheit, sondern auch ihre Grundrechte und -freiheiten.

Das Buch ist ein Versuch, verschiedene Aspekte geschlechtsspezifischer Gewalt hervorzuheben, von ihrer Definition und ihren Ursachen bis hin zu Methoden zur Bekämpfung und Unterstützung der Opfer. Wir diskutierten über die Rolle von Bildung, Medien, Regierung und Gemeinschaftsprogrammen und die Bedeutung der Beteiligung der Gemeinschaft bei der Lösung dieses Problems.

Eine der zentralen Erkenntnisse ist, dass die Bekämpfung geschlechtsspezifischer Gewalt gemeinsame Anstrengungen aller Mitglieder der Gesellschaft erfordert. Dies ist ein Problem, das wir nicht ignorieren oder ignorieren können. Es ist notwendig, danach zu streben, eine Gesellschaft zu schaffen, die auf Gleichheit, Gerechtigkeit und der Achtung der Rechte jedes Menschen basiert.

Das Buch soll eine Inspirationsquelle und praktische Anleitung für alle sein, die sich für die Schaffung einer sicheren und integrativen Gesellschaft interessieren. Seine Bedeutung liegt darin, das Bewusstsein für das Problem geschlechtsspezifischer Gewalt zu schärfen und konkrete Schritte und Lösungen zu deren Lösung vorzuschlagen.

Wir hoffen, dass das Buch als Ausgangspunkt für weitere Maßnahmen und Forschungen in diesem Bereich dienen und die Leser dazu inspirieren wird, sich aktiv für die Bekämpfung geschlechtsspezifischer Gewalt in ihren eigenen Gesellschaften zu engagieren.

Zum Abschluss dieses Buches über geschlechtsspezifische Gewalt ist es wichtig, hoffnungsvoll und optimistisch in die Zukunft zu blicken. Trotz der Herausforderungen, vor denen wir heute stehen, haben wir allen Grund zu der Annahme, dass Veränderungen und Verbesserungen möglich sind.

In den letzten Jahren hat sich das Bewusstsein für das Problem geschlechtsspezifischer Gewalt erheblich verändert und die Notwendigkeit, dieses Phänomen zu bekämpfen, ist weithin anerkannt. Internationale Gemeinschaften, Regierungen, Nichtregierungsorganisationen und einfache Menschen begannen zusammenzuarbeiten, um Gewalt zu überwinden und gerechtere und sicherere Gesellschaften zu schaffen.

Wir sehen ein wachsendes Interesse an diesem Thema, eine Zunahme der Zahl von Programmen und Initiativen sowie eine Stärkung des rechtlichen Rahmens zum Schutz der Rechte der Opfer und zur Gewaltprävention. Dies zeigt, dass wir uns in die richtige Richtung bewegen.

Die Zukunft ist eine Welt, in der jeder vor geschlechtsspezifischer Gewalt geschützt ist, in der sich jeder sicher und respektiert fühlen kann und in der die Werte Gleichheit und Gerechtigkeit jeden Aspekt des öffentlichen Lebens durchdringen.

Wir glauben, dass dieses Buch Teil dieser Bewegung für positive Veränderungen sein wird. Wir hoffen, dass jeder, der es liest, Inspiration und Motivation zum Handeln findet. Lassen Sie uns weiterhin gemeinsam an einer besseren Zukunft für alle arbeiten.

❖·❖·❖·❖·❖·❖·❖·❖·❖·❖·❖·❖·❖·❖·❖

Wohltätigkeit.

auch von meiner privaten Wohltätigkeitsstiftung „UA heart" erzählen , in der ich und meine Frau eine sehr wichtige und edle Arbeit leisten. Diese persönliche Stiftung unterstützt Waisenhäuser in der Ukraine, in denen Kinder untergebracht werden, die ihre Eltern aufgrund des brutalen Krieges Russlands gegen die Ukraine verloren haben.

Diese Kinder brauchen unsere Unterstützung und Fürsorge. Sie wollen in Frieden und Glück leben, lernen und sich weiterentwickeln, Freunde und Familie haben. Aber sie haben nichts als Angst und Einsamkeit. Sie warten auf unsere Hilfe und Hoffnung.

Unsere persönliche Stiftung „UA Herz" organisiert verschiedene Veranstaltungen und Projekte, um das Leben dieser Kinder zu verbessern. Er sammelt Spenden, um Kleidung, Spielzeug, Bücher, Medikamente und andere notwendige Dinge zu kaufen. Er veranstaltet auch Veranstaltungen, bei denen Kinder mit Freiwilligen, Psychologen und anderen Menschen kommunizieren können, die bereit sind, ihre Wärme und Liebe mit ihnen zu teilen.

Wenn Sie möchten, können Sie dieser Stiftung beitreten und zur Rettung dieser Kinder beitragen, indem Sie auf der unten aufgeführten Website der Stiftung eine Spende tätigen. Sie können auch ehrenamtlich tätig werden und eines der Waisenhäuser in der Ukraine besuchen, um den Kindern persönlich Ihre Aufmerksamkeit und Ihr Lächeln zu schenken. Sie können Ihren Freunden und Bekannten von dem Fonds erzählen, um Informationen über seine Aktivitäten zu verbreiten.

Lassen Sie uns dem Schicksal dieser Kinder nicht gleichgültig gegenüberstehen. Zeigen wir ihnen, dass wir sie nicht vergessen haben, dass wir bei ihnen sind, dass wir sie lieben und an sie glauben. Geben wir ihnen eine Chance auf eine glückliche Kindheit und eine glänzende Zukunft. Öffnen wir unsere Herzen für die Stiftung „UA heart".

https://www.buymeacoffee.com/UAheart

https://www.facebook.com/o.nashchubskiy

Jetzt herrscht Krieg in der Ukraine, Städte werden zerstört, Zivilisten sterben, Familien werden zerstört und Kinder verlieren ihre Eltern und bleiben Waisen. Ich bin mir sicher, dass Ihnen diese große Tragödie, die sich in unserem Jahrhundert vor unseren Augen in der Ukraine abspielt, nicht gleichgültig bleiben kann. Und wenn Sie den Wunsch haben, etwas Gutes zu tun, um diesen unglücklichen Kriegsopfern zu helfen, die ein besseres Leben verdienen, dann gibt es mehrere Möglichkeiten, Ihre Freundlichkeit und Ihr Mitgefühl zu zeigen.

Sie können auch eine Spende an unsere gemeinnützige Privatstiftung für Familien leisten, die Waisenkindern humanitäre Hilfe leistet in der Ukraine :

Und es gibt noch eine andere Möglichkeit, Kindern zu helfen, die für jedermann leicht zugänglich ist: Kaufen Sie ein weiteres Exemplar dieses Buches und geben Sie es an jeden weiter, den Sie möchten. Auf diese Weise unterstützen Sie finanziell die Autoren des Buches, die die Hälfte des Erlöses für vom Krieg betroffene Kinder spenden. Schließlich sind es Kinder, die Zukunft unseres Planeten, und wir können sie nicht ohne Unterstützung und Fürsorge zurücklassen.

Aber die beste Möglichkeit, zu helfen, ist die Adoption eines Kindes aus der Ukraine. Auf diese Weise retten Sie ein zerstörtes Leben und geben ihm eine neue Familie, ein neues Zuhause, eine neue Hoffnung. Sie werden einer kleinen unschuldigen Seele, die Ihre Liebe und Fürsorge so sehr braucht, eine Zukunft im Leben schenken. Sie werden diese Welt zu einem besseren und freundlicheren Ort machen und dafür das Wertvollste erhalten, nämlich die Dankbarkeit und das Glück des Kindes, das Ihr Sohn oder Ihre Tochter wird."